중국어 중등교사 임용시험 대비

중국어 어학 기본 이론서

정경미 编译

目 录

第一章　绪论 ·· 2

第一节　现代汉语概述 ·· 2
　　一．什么是现代汉语 ·· 2
　　二．现代汉民族共同语 ··· 2
　　三．现代汉语方言 ··· 3
　　四．现代汉语的特点 ·· 4
　　五．汉语的规范化 ··· 7
　　☆．主要方言区示意图 ··· 9

第二章　语音 ·· 10

第一节　语音概说 ·· 10
　　一．语音的性质 ··· 10
　　二．语音单位 ·· 11
　　三．记音符号 ·· 12
　　☆．汉语拼音和国际音标，注音符号对照表 ·················· 13

第二节　辅音与声母 ··· 15
　　一．辅音的发音 ··· 15
　　二．声母的发音 ··· 17

第三节　元音与韵母 ··· 21
　　一．元音的发音 ··· 21
　　二．韵母的发音 ··· 22

第四节　声调 ··· 24
　　一．什么是声调 ··· 24
　　二．调值和调类 ··· 24
　　三．普通话声调的特点 ··· 25

第五节　音节 ··· 26
　　一．音节的结构 ··· 26
　　二．拼音 ··· 27
　　三．音节的拼写规则 ·· 28

第六节　音变 ··· 31
　　一．变调 ··· 31
　　二．轻声 ··· 33

三．儿化 ··· 36
　　四．语气词"啊"的音变 ··· 37
第七节　朗读和语调 ··· 39
　　一．朗读 ··· 39
　　二．语调 ··· 39
第八节　语音规范化 ··· 43
　　一．确立正音标准 ·· 43
　　二．推广标准音（省略） ··· 45
第九节　音位 ·· 46
　　一．音位简说 ··· 46
　　二．普通话音位 ··· 50
　　☆．国际音标辅音表附拼音对照 ······························ 56

第三章　文字 ·· 57
　第一节　汉字概说 ·· 57
　　一．文字的性质 ··· 57
　　二．汉字的产生 ··· 57
　　三．汉字的特点 ··· 57
　　四．汉字的作用 ··· 58
　第二节　汉字的形体 ·· 59
　　一．现行汉字的前身 ·· 59
　　二．现行汉字的形体 ·· 60
　第三节　汉字的结构 ·· 61
　　一．结构单位 ··· 61
　　二．造字法 ··· 63
　第四节　汉字的整理和标准化 ····································· 67
　　一．汉字的整理 ··· 67
　　二．汉字的标准化 ·· 68

第四章　词汇 ·· 69
　第一节　词汇和词的结构 ·· 69
　　一．词汇 ··· 69
　　二．几种词汇单位 ·· 69
　　三．词的结构 ··· 77

第二节　词义的性质和构成 ··· 82
　　一．什么是词义 ·· 82
　　二．词义的性质 ·· 83
　　三．词义的分类 ·· 83
第三节　义项和义素 ·· 86
　　一．义项 ·· 86
　　二．义素 ·· 90
第四节　语义场 ·· 91
　　一．语义场 ·· 91
　　二．同义义场和同义词 ·· 94
　　三．反义义场和反义词 ··· 100
第五节　词义和语境的关系 ··· 105
　　一．语境对解释词义的作用 ····································· 105
　　二．语境对词义的影响 ··· 105
第六节　现代汉语词汇的组成 ······································· 108
　　一．基本词汇和一般词汇 ······································· 108
　　二．古语词、方言、外来词 ····································· 110
　　三．行业语、隐语 ··· 114
第七节　熟语 ··· 115
　　一．成语 ··· 115
　　二．谚语 ··· 119
　　三．惯用语 ··· 120
　　四．歇后语 ··· 121
第八节　词汇的发展变化和词汇的规范化 ····························· 123
　　一．词汇的发展变化 ··· 123
　　二．词汇的规范化 ··· 126

第五章　语法 ··· 130
第一节　语法概说 ··· 130
　　一．语法和语法体系 ··· 130
　　二．语法的性质 ··· 131
　　三．语法单位和句法成分 ······································· 133
第二节　词类（上） ··· 136
　　一．划分词类的依据 ··· 136
　　二．实词和虚词的划分 ··· 137

  三．实词 ·· 137
第三节　词类（下）·· 167
  一．虚词 ·· 167
  二．词类的小结 ·· 178
第四节　短语 ·· 181
  一．短语及其分类 ·· 181
  二．短语的结构类型 ·· 182
  三．短语的功能类 ·· 192
  四．多义短语 ·· 199
  五．短语分析小结 ·· 204
第五节　句法成分 ·· 206
  一．主语　谓语 ·· 206
  二．动语　宾语 ·· 218
  三．定语 ·· 221
  四．状语 ·· 225
  五．补语 ·· 230
  六．中心语 ·· 261
  七．独立语 ·· 262
第六节　单句 ·· 266
  一．句型 ·· 268
  二．几种常用句式 ·· 271
  三．变式句 ·· 288
  四．句子的变换 ·· 290
  五．句类 ·· 292
  ☆．语法分析 ·· 303
第七节　现代汉语语法的语义分析 ································ 307
  一．“语义”的含义 ·· 307
  二．语义结构与句法结构 ···································· 307
  三．语义关系 ·· 310
  四．句子的语义框架分析 ···································· 312
  五．语义指向分析 ·· 313
第八节　检查、修改语病的方法和原则 ······················· 318
  一．常见的句法失误 ·· 319
  二．检查语病的方法 ·· 329
  三．修改语病的原则 ·· 333
第九节　复句 ·· 336

一．概说 ·· 336
　　二．复句的意义类型 ··· 340
　　三．多重复句和紧缩句 ··· 358
　　四．复句运用中常见的错误 ··· 364

第六章　修辞 ··· 368
第一节　修辞概说 ·· 368
　　一．什么是修辞 ·· 368
　　二．修辞和语境 ·· 369
　　三．修辞同语音、词汇、语法的关系 ····································· 370
　　四．修辞与语用学 ··· 372
第二节　词语的锤炼 ··· 374
　　一．意义的锤炼 ·· 374
　　二．声音的锤炼 ·· 379
第三节　句式的选择 ··· 385
　　一．长句和短句 ·· 386
　　二．整句和散句 ·· 387
　　三．主动句和被动句 ·· 392
　　四．肯定句和否定句 ·· 394
　　五．设问句和反问句 ·· 395
　　【补充】句式的选择 练习题及应掌握的要点 ···························· 399
第四节　辞格（一） ··· 404
　　☆．辞格及其特征 ··· 404
　　一．比喻 ··· 404
　　二．比拟 ··· 410
　　三．借代 ··· 411
　　四．拈连 ··· 414
　　五．夸张 ··· 416
第五节　辞格（二） ··· 420
　　一．双关 ··· 420
　　二．仿词 ··· 422
　　三．反语 ··· 424
　　四．婉曲 ··· 425
第六节　辞格（三） ··· 428
　　一．对偶 ··· 428

二．排比 ·········· 430
  三．层递 ·········· 433
  四．顶真 ·········· 434
  五．回环 ·········· 434

 第七节　辞格（四） ·········· 436
  一．对比 ·········· 436
  二．映衬 ·········· 437
  三．反复 ·········· 440
  四．设问 ·········· 442
  五．反问 ·········· 442
  ☆．语言禁忌 ·········· 444
  参考文献 ·········· 450

附录Ⅰ　汉语拼音正词法基本规则 ·········· 451
附录Ⅱ　汉字的结构 ·········· 463
附录Ⅲ　成语 ·········· 468
附录Ⅳ　现代汉语概述（翻译） ·········· 500
附录Ⅴ　现代汉语强调句 ·········· 511

第一章　绪论

第一节　现代汉语概述

一．什么是现代汉语

（为什么说语言是人类最重要的交际工具？）

　　从结构上说，语言是以语音为物质外壳，以词汇为建筑材料，以语法为结构规律的一种音义结合的符号系统。

　　从功能上看，语言是人类最重要的社会交际工具和思维工具。人们利用语言传达信息，交流思想，协调行为，组织社会活动，有口语和书面语两种不同形式。

语言因其在使用上的轻便性，负载语言信息的无限性表义传情的准确细腻性，使它成为人类最重要的交际工具。

二．现代汉民族共同语

1. 汉语发展的历史非常悠久，大致可分为四个时期。
   ① 先秦、两汉至魏晋（公元三世纪前）为上古时期；
   ② 南北朝至唐宋（四至十二世纪前）为中古时期；
   ③ 元明清（十三至十九世纪）为近代时期；
   ④ "五四"以后为现代时期。

2. 现代汉民族共同语口头语言的形成。
   ① 春秋时期－－－雅言
   ② 汉代以后－－－通语
   ③ 明清时期－－－官话
   ④ 辛亥革命－－－国语
   ⑤ 1955年－－－普通话

3. 现代汉民族共同语书面语的形成。
   ① 先秦两汉时代→文言文
   ② 唐宋时代→白话文
   ③ 明代→官话
   ④ "五四"运动以后→白话运动和国语运动（书面语与口语接近）

4. 普通话

① **普通话为什么要以北京语音为标准音？**

七八百年来，特别是三四百年来，北京是政治、经济、文化的中心。

② **普通话为什么要以北方话为基础方言？**

中国政治、经济、文化的发展，从夏、商、周到秦、汉、唐、宋都是从北方推向全国的；辽、金、元、明、清等朝代又都在北京建都。这越加强了北方作为全国政治、经济、文化的中心地位。这是北方方言成为基础方言的根本条件。还有北方方言，使用的人口最多，通行的地区广，说北方方言的人占说汉语总人口的70%以上。

③ **普通话为什么要以典范的现代白话文著作作为语法规范呢？**

北方方言继承了古代书面语言的丰富遗产，并在这个基础上有了巨大的发展。这种语言用文字写下来就是白话文，如宋代的话本，元代的戏曲，明清的小说。白话文著作流行于全国，凡是学习文化的人必须都要学习以北方方言为基础方言的普通话的词汇和语法。因而北方方言就更容易为汉民族全体人民共同学习和使用。

> 보통화: 북경어음을 표준어음으로, 북방 방언을 기초방언으로, 전형적이고 모범적인 현대백화문저작을 어법규범으로 한다.

三. 现代汉语方言（七大方言）

除了汉民族共同语普通话外，现代汉语还有它的地域分支方言。这些方言之间，虽然在语音、词汇、语法上有许多明显的差异，但由于它们在语音上有整齐的对应规律，在基本词汇和语法结构上也大体相同，因而他们不是同普通话并立的独立的语言。相反，随着社会的政治、经济、文化的高度发展，普通话的影响必将日益扩大，而汉语方言的影响也将逐渐缩小。

北方方言（广义的官话）

通行在中国中原、东北、西北和西南的广大地区。

吴方言（即浙江话）

分布在上海地区、江苏东南部和浙江大部分地区。以上海话为主要代表。

湘方言

分布在湖南省大部分地区。以湖南长沙话为代表。

赣方言

分布在江西省大部分地区和湖北东南角以及福建省东北部和湖南省东部。以南昌话为主要代表。

客家方言

分布在广东、广西、福建和江西的部分地区。以梅州话为主要代表。

闽方言

分布在福建、广东潮汕地区、海南部分地区和台湾大部分地区。以福州话或厦门话为代表。

粤方言

分布在广东中部及西南部、广西东南部，以及港澳地区和北美华人社区。以广州话为主要代表。

四. 现代汉语的特点

现代汉语属于汉藏语系，具有区别于印欧语系语言的许多特点。

1. 语音方面

音节界限分明，乐音较多，噪音少，加上声调高低变化和语调的抑扬顿挫，因而具有音乐性强的特点。具体表现如下。

① 没有复辅音。音节内辅音不连用，例如没有str、sp等，因而噪音少。（汉语拼音字母ng、zh、ch、sh是两个字母表示一个音素，不是复辅音。）

② 元音占优势。汉语音节中复元音比例高。因元音是乐音，所以汉语语音乐音成分比例大。

③ 音节整齐简洁。多数音节一个辅音在前，一个单元音或复元音在后，辅音在后头的很少，音节结构整齐而简洁，音节数目较少。

④ 有声调。每个音节都有几个固定音高形式的声调，表示不同的意义。声调还可以使音节和音节之间界限分明，使语言富有高低升降的变化，所以音乐性强。

2. 词汇方面

① 单音节语素多，双音节词占优势。

汉语词形简短，古汉语单音词更多，发展到现代汉语，逐渐趋向双音节化。

如：目－－眼睛， 石－－石头。

有些多音节短语也被缩减为双音节词，

如：外交部长——外长， 彩色电视机——彩电

② 构词广泛运用词根复合法。

词根语素构成的合成词最多，如：江河、山峰

使用附加法，用词缀语素和词根语素构成的词特别少，如：袜子、石头

③ 同音语素多。

如：yì - 亿、易、意、义、益、艺、译、异、议 等232个古今语素和字。 这个特点使汉字长期适应于汉语。

3. 语法方面

① 汉语表示语法意义的手段不大用形态，主要用语序和虚词。

1)汉语的词没有严格意义上的形态变化，因而语序就显得非常重要。如汉语词组有主谓结构，而没有谓主结构等，汉语的句子，由于语用的需要，有时比较灵活，但如果随意变化词在句子中的位置，常常会引起意义上的变化或逻辑上的混乱。

虚词可以用来表示一些形态意义。在有些语言里用形态变化表示的意义，在现代汉语中却常用一些虚词来表示。

例如：介词"把"可以表示处置义；

介词"被"可以表示被动义；

动态组词"了、着、过"可以分别表示持续、完成、经历等各种动态。

② 词、短语和句子的结构原则基本一致。

无论语素组成合成词，词组成短语，词或短语形成句子，都有主谓、动宾、补充、偏正、联合五种基本语法结构关系。

A. 主谓结构

结构内部两个成分之间有陈述和被陈述关系。

例如：鲜花盛开， 身体好， 今天晴天， 门开了， 窗台上放着一盆鲜花

B. 动宾结构

结构内部两个成分之间有支配与被支配关系。

例如：去北京， 是老师， 买一本， 写钢笔， 站着一个人

---

1) 陈阿宝 主编，《现代汉语概论》，北京语言大学出版社， 2005，P6

C. 偏正结构

结构内部两个成分之间有修饰和被修饰的关系。

例如：

ⓐ 高尚的情操，崇高理想，南国风光，春天般的温暖

ⓑ 都去，很好，应该去，认真学习，严格地训练，慢慢地走

ⓐ组是"定语+中心语"（即为"定中关系"），ⓑ组是"状语+中心语"（即"状中关系"）。

D. 补充结构

结构内部两个成分之间有补充与被补充的关系。

例如：打扫干净，好极了，走出来，跑了两趟，好得很，听得清楚

E. 联合结构

结构内部有两个或两个以上的成分，它们之间有并列或选择关系。

例如：语言文学，准确、鲜明、生动，谦虚谨慎，研究决定，少而精

☆除了上述五种句法结构以外，还有同位、连动、兼语、紧缩等结构。

A、同位结构

结构内部两个成分从不同的角度复指同一个人或事物。

例如：英雄城南昌 革命摇篮井冈山 他们俩 你自己 雷锋同志

B、连动结构

主语相同的两个或两个以上的动词性成分连用，它们之间没有主谓、动宾、偏正、补充、联合等关系；中间没有语音停顿，书面上没有逗号隔开，没有关联词语；动词性成分之间有先后、方式、目的等关系。

例如：走过去开门，站着说话，坐在台上看球赛，赖着不走，借书看

C、兼语结构

由一个动宾结构和一个主谓结构套合而成，动宾结构的宾语兼作主谓结构的主语。

例如：领着我们走，请他讲一讲，使他相信，送他出国，叫他来

D、紧缩结构

两个成分之间常有关联词语连接，其间有并列、递进、假设、条件等复句所具有的语义关系。

例如：不是阻碍而是推动，不仅可能而且必要，你不说我也知道，非去不可，走了怎么办，语言越精练越好。

③ 词类和句法成分关系复杂。

汉语里词类与句法成分之间的关系比较复杂，除了副词主要作状语（少数副词可以作补语）外，其他词类都可以充当多种句法成分。

例如：名词主要作主语、宾语和定语，还可以作谓语和状语；

动词主要作谓语，还可以作定语、主语；

例1：五月一日‖劳动节。（名词作谓语）

例2：游泳‖是一项非常有益的体育活动。（名词作主语）

例3：慢跑‖是简单易行的健身运动。（动词作主语）

④ 量词和语气词十分丰富。

> **現代漢語의 특징**
> 語音 방면--음절 사이의 경계가 분명하며, 음악적인 것이 비교적 많으며, 비음악적인 것이 적다. 성조 고저의 변화와 어조의 높낮이가 조화롭고 리드미컬하여, 음악성이 강한 특징을 갖고 있다.
> 語汇 방면-단 음절 형태소가 많으며, 쌍 음절 단어가 우세를 차지한다. 단어의 구성에 있어서는 詞根복합법이 광범히 활용되고 있으며, 同音 형태소가 많다.
> 語法 방면-어법의의를 나타냄에 있어서 크게 형태변화에 의하지 않고, 주로 어순과 허사에 의한다. 단어·구와 문장의 구조 원칙은 기본적으로 일치하며, 품사와 문장 구성 성분의 관계는 비교적 복잡하다. 양사와 어기사가 매우 풍부하다.

五. 汉语的规范化

1. 普通话

1955年10月，现代汉语规范问题学术会议拟订了现代汉民族共同语－－普通话的标准。1956年2年6月，国务院发出了《关于推广普通话的指示》，对会议拟订的标准又作了增补。

2000年10月，根据中国《宪法》制定的《中华人民共和国国家通用语言文字法》，经第九届全国人民代表大会通过，于2001年1月1日起施行。这是我国历史上

第一部关于语言文字的专门法，它首次明确规定了普通话和规范汉字作为国家通用语言文字的法律地位。

2. 汉语拼音方案

1958년 2월 11일, 전국인민대표대회에서는 《漢語拼音方案》 일제히 同意 批准하였다. 이로부터 우리에게는 일련의 공식적인 漢語拼音字母가 있게 되었다.

"國際標準化組織"(ISO)는 "聯合國"(UN)에 버금가는 규모의 국제 조직이다.

聯合國經濟社會 理事會의 地名標準化 會議에서는 1977년 《漢語拼音方案》을 중국한어 지명 音標記의 표준으로 하였다.

1979년 4월, 국제표준화조직은 폴란드의 바르샤바에서 "第 46(文獻工作標準化) 技術委員會(ISO/TC46)會議"를 개최하였다. 이 技術 委員會는 각국羅馬字母 音標記法 標準을 주관한다. 중국의 대표는 처음으로 회의에 참가하여, 《漢語拼音方案》을 漢語의 音을 標記하는 국제표준으로 채용할 것을 提議하였다. 이 提議에는 프랑스·일본 등 나라 대표들의 적극적인 지지가 있었으며, 회의의 동의를 얻어, 國際標準化組織에 "草案"을 제출하기로 결정하였다.

중국의 대표 周有光이 이번 회의에 발언한 《漢語의 羅馬字母 音標記法: 歷史 發展과 漢語拼音方案》은 敎科文組織의 잡지《Unesco Journal of Information Seience, Libarianship and Archiues Administration》(《信息科學、圖書館學和檔案管理》(1979년 제 3기)에 발표되었다.

1981년 "第 46 技術委員會"는 중국 남경에서 회의를 개최하고, "草案"의 맨 마지막의 文本을 審議하여, 國際標準化組織에 보내어 동의를 구한 후, 통신의 방법으로 각 회원국의 서면 투표를 받았으며, 1982년 회원국들의 투표를 통과하였다. 그리하여 《漢語拼音方案》은 羅馬字母 漢語音 표기의 國際標準이 되었으며, 일련번호는 "ISO-7098"이다.

主要方言区示意图

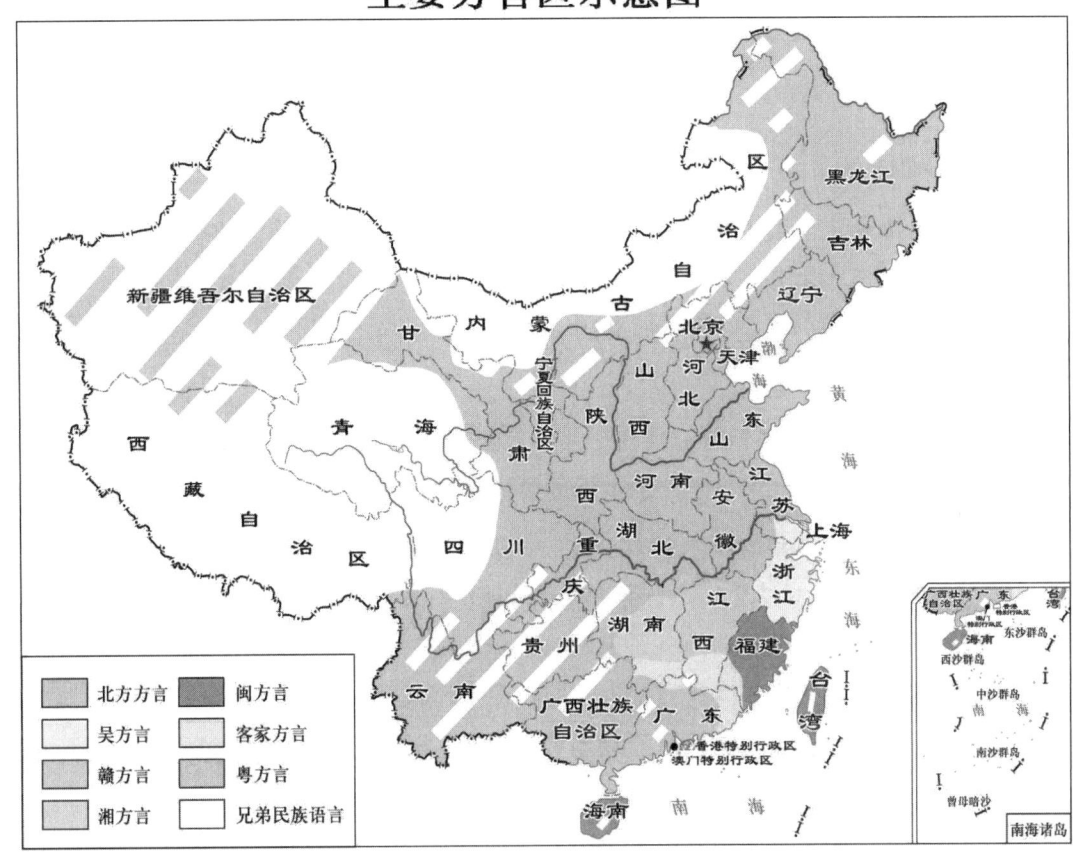

本图摘自黄伯荣、廖序东主编《现代汉语》（增订五版）

第二章 语音

第一节 语音概说

一. 语音的性质

语音：语音是人类说话的声音，是语义的表达形式，是语言的物质外壳。其中，只有有词句意义的声音才是语音。

语音有--物理性质，生理性质，社会性质。

1. 语音的物理属性

音高--是声音的高低，它决定于发音体振动的快慢。

音强--声音的强弱，它与发音体振动幅度的大小有关。--语言中的重音、轻音是由于音强不同所致。

音色--音色又叫"音质"，指的是声音的特色。音色的差别主要决定于物体振动所形成的音波波纹的曲折形式不同。

  第一，发音体不同。

  第二，发音方法不同。（语音中塞音g和擦音h的音色不同是由于前者用爆发方法发音，后者用摩擦方法发音。）

  第三，发音时共鸣器形状不同。

  ※音色的变化在语音中起最主要的作用。在任何语言中，音色无疑都是用来区别意义的最重要的要素。

  ※音高的作用十分重要，声调主要是由音高构成的，声调能区别意义。音强和音长在语调和轻声里也起重要的作用。

2. 社会属性

  每种语言和方言都属于一定的人群，因而语言具有社会性。每种语言和方言都有自己的语音系统，不同音质的两个音在有的语言或方言中被当成两个音，而有的语言或方言则当成一个音，比如英语不区分送气和不送气，汉语区分；有的汉语方言n/l不分，有的f/h不分，有的zh、ch、sh /z、c、s不分。

  人们区分不同的词靠的是音位。音位是一个语音系统中能够区别意义的最小的语音单位，也就是按语音的辨义作用归纳出的音类。不同的语言或方言有不同的音位系统。

二. 语音单位

1. 音素－－辅音、元音

音素是最小的语音单位。它是从音色的角度划分出来的。（根据音色的不同可以分出一个个不同的音素。）

元音特点：
① 不受阻碍
② 声带振动
③ 气流较弱

辅音特点：
① 受阻碍
② 声带不振动
③ 气流较强

辅音和元音

辅音：气流在口腔或咽头受到阻碍的音叫辅音，又叫子音。

元音：气流在口腔或咽头**不受阻碍**，只是**振动声带**发出的音叫元音，又叫母音。元音发音时**声带一定振动**，是乐音。辅音发音时**声带不一定振动**，如果声带振动，发出的辅音叫**浊音**；如果声带不振动，发出的辅音叫**清音**。

2. 音节

音节由音素构成，是人们能够自然感到的语音单位。一个音节可以由一个音素构成，也可以由几个音素构成。音节中一般不能没有元音，只有少数辅音比如鼻音可以自成音节。

3. 声母、韵母、声调

① 声母，位于音节前段，主要由辅音构成。
② 韵母，位于音节的后段，由元音或元音加辅音构成。
③ 声调，指的是依附在声韵结构中具有区别意义作用的音高型式。

4. 音位

（音素：按语音的物理属性和生理属性划分）

一个语言系统中能够区分词义的最小的语音单位，也就是按语音的辨义作用归纳出来的音类，是从语言的社会属性划分出来的语言单位。

辅音音位－－从辅音中归纳出来的

元音音位－－从元音中归纳出来的

声调音位（调位）－－从声调中归纳出来的－－非音质音位，超音段音位。

※音素之间的差异是音质（音色）的差异。

三. 记音符号

三种记音符号对照表

拼音字母	注音符号	国际音标	拼音字母	注音符号	国际音标	拼音字母	注音符号	国际音标
b	ㄅ	[p]	z	ㄗ	[ts]	ia	ㄧㄚ	[iA]
p	ㄆ	[pʰ]	c	ㄘ	[tsʰ]	ie	ㄧㄝ	[iɛ]
m	ㄇ	[m]	s	ㄙ	[s]	iao	ㄧㄠ	[iɑu]
f	ㄈ	[f]	a	ㄚ	[A]	iou	ㄧㄡ	[iou]
v	ㄪ	[v]	o	ㄛ	[o]	ian	ㄧㄢ	[iɛn]
d	ㄉ	[t]	e	ㄜ	[ɤ]	in	ㄧㄣ	[in]
t	ㄊ	[tʰ]	ê	ㄝ	[ɛ]	iang	ㄧㄤ	[iɑŋ]
n	ㄋ	[n]	i	ㄧ	[i]	ing	ㄧㄥ	[iŋ]
l	ㄌ	[l]	-i(前)		[ɿ]	ua	ㄨㄚ	[uA]
g	ㄍ	[k]	-i(后)		[ʅ]	uo	ㄨㄛ	[uo]
k	ㄎ	[kʰ]	u	ㄨ	[u]	uai	ㄨㄞ	[uai]
ng	ㄫ	[ŋ]	ü	ㄩ	[y]	uei	ㄨㄟ	[uei]
h	ㄏ	[x]	er	ㄦ	[ɚ]	uan	ㄨㄢ	[uan]
j	ㄐ	[tɕ]	ai	ㄞ	[ai]	uen	ㄨㄣ	[uən]
q	ㄑ	[tɕʰ]	ei	ㄟ	[ei]	uang	ㄨㄤ	[uɑŋ]
/	ㄬ	[ȵ]	ao	ㄠ	[ɑu]	ueng	ㄨㄥ	[uəŋ]
x	ㄒ	[ɕ]	ou	ㄡ	[ou]	ong	ㄨㄥ	[uŋ]
zh	ㄓ	[tʂ]	an	ㄢ	[an]	üe	ㄩㄝ	[yɛ]
ch	ㄔ	[tʂʰ]	en	ㄣ	[ən]	üan	ㄩㄢ	[yan]
sh	ㄕ	[ʂ]	ang	ㄤ	[ɑŋ]	ün	ㄩㄣ	[yn]
r	ㄖ	[ʐ]	eng	ㄥ	[əŋ]	iong	ㄩㄥ	[yŋ]

汉语拼音和国际音标、注音符号对照表

汉语拼音	国际音标	注音字母	汉语拼音	国际音标	注音字母	汉语拼音	国际音标	注音字母	汉语拼音	国际音标	注音字母
b	p	ㄅ	x	ɕ	ㄒ	ü	y	ㄩ	iang	iaŋ	ㄧㄤ
p	pʰ	ㄆ	zh	tʂ	ㄓ	er	ɚ	ㄦ	ing	iŋ	ㄧㄥ
m	m	ㄇ	ch	tʂʰ	ㄔ	ai	ai	ㄞ	ua	uA	ㄨㄚ
f	f	ㄈ	sh	ʂ	ㄕ	ei	ei	ㄟ	uo	uo	ㄨㄛ
v	v	万	r	ʐ	ㄖ	ao	au	ㄠ	uai	uai	ㄨㄞ
d	t	ㄉ	z	ts	ㄗ	ou	ou	ㄡ	uei	uei	ㄨㄟ
t	tʰ	ㄊ	c	tsʰ	ㄘ	an	an	ㄢ	uan	uan	ㄨㄢ
n	n	ㄋ	s	s	ㄙ	en	en	ㄣ	uen	uən	ㄨㄣ
l	l	ㄌ	a	A	ㄚ	ang	aŋ	ㄤ	uang	uaŋ	ㄨㄤ
g	k	ㄍ	o	o	ㄛ	eng	əŋ	ㄥ	ueng	uəŋ	ㄨㄥ
k	kʰ	ㄎ	e	ɣ	ㄜ	ia	iA	ㄧㄚ	ong	uŋ	ㄨㄥ
(ng)	ŋ	兀	ê	ɛ	ㄝ	ie	iɛ	ㄧㄝ	üe	yɛ	ㄩㄝ
h	x	ㄏ	i	i	ㄧ	iao	iau	ㄧㄠ	üan	yan	ㄩㄢ
j	tɕ	ㄐ	-i(前)	ɿ	帀	iou	iou	ㄧㄡ	ün	yn	ㄩㄣ
q	tɕʰ	ㄑ	-i(后)	ʅ	帀	ian	iɛn	ㄧㄢ	iong	yŋ	ㄩㄥ
/	ȵ	广	u	u	ㄨ	in	in	ㄧㄣ			

汉语拼音和国际音标、注音符号对照表

说　明

　　本表的国际音标大体上接近严式音标，如果用宽式音标，其中的a、ᴀ、ɑ和i与n之间的ɛ都可以标作a。

　　国际音标的送气符号(')容易被忽略，印刷也不方便，可以用 ʰ 或 h 代替，例如p'、t'、k'、ts'、tʂ'、tɕ'可以分别写作pʰ、tʰ、kʰ、tsʰ、tʂʰ、tɕʰ或ph、th、kh、tsh、tʂh、tɕh。"特产"可以分别标作[t'ɤ⁵¹tʂ'an²¹⁴]、[tʰɤ⁵¹tʂʰan²¹⁴]、[thɤ⁵¹tʂhan²¹⁴]。

第二节 辅音与声母

一. 辅音的发音

1. 什么是辅音

　　　气流在口腔受到阻碍，气流克服阻碍而发出的音。

　　　辅音的气流较强，形成阻碍部分的肌肉紧张。

　　　发辅音时声带是否振动

　　　大部分辅音发音时声带不振动--清音。

　　　少数辅音发音时声带振动--浊音。

　　　☆普通话的辅音和声母的差异：

　　--声母都是辅音

　　--辅音不全是声母

发音部位 辅音 发音方法			唇音				舌尖前音		舌尖中音		舌尖后音		舌面前音		舌面后音	
			双唇音		唇齿音											
			上唇	下唇	上齿	下唇	舌尖	齿背	舌尖	上齿龈	舌尖	硬腭前	舌面前	硬腭前	舌面后	软腭
塞音	清音	不送气音	b[p]						d[t]						g[k]	
		送气音	p[pʰ]						t[tʰ]						k[kʰ]	
塞擦音	清音	不送气音					z[ts]				zh[tʂ]		j[tɕ]			
		送气音					c[tsʰ]				ch[tʂʰ]		q[tɕʰ]			
擦音	清音				f[f]		s[s]				sh[ʂ]		x[ɕ]		h[x]	
	浊音										r[ʐ]					
鼻音	浊音		m[m]						n[n]						ng[ŋ]	
边音	浊音								l[l]							

☆**两者分类的出发点、角度不同**

辅音--**音素分析**

声母--**音节组成（传统）**-→一个音节的开头部分的音叫声，用来表示声的字母。

2. 辅音的发音部位

发音时，气流受到阻碍的位置叫做发音部位。按发音部位分，普通话辅音可以分为七类。

① 唇音 (b、p、m)由上唇和下唇阻塞气流而成。

② 唇齿音 (f)由上齿和下唇接近阻碍气流而形成。

③ 舌尖前音 (z、c、s)由舌尖抵住或接近齿背阻碍气流而形成。

④ 舌尖中音 (d、t、n、l)由舌尖抵住上齿龈阻碍气流而形成。

⑤ 舌尖后音双 (zh、ch、sh、r)由舌尖抵住或接近硬腭前部阻碍气流而形成。

⑥ 舌面前音 (j、q、x)由舌面前部抵住或接近硬腭前部阻碍气流而形成，又简称"舌面音"。

⑦ 舌面后音 (g、k、ng、h)由舌面后部抵住或接软腭阻碍气流而形成，又俗称"舌根音"。

3. 辅音的发音方法

辅音的发音方法指的是，发音时喉头、口腔和鼻腔节制气流的方式和状况。

① **看阻碍的方式**

A. 塞音：（爆发音、破裂音）阻碍气流的两个部分完全闭塞，挡住气流，再突然打开。(b、p、d、t、g、k)

B. 擦音：阻碍气流的两个部位十分靠近，形成窄缝，气流摩擦而出。(f、h、x、sh、r、s)

C. 塞擦音：先塞后擦（先完全阻碍，挡住气流，再打开一点形成窄缝放出气流）。(j、q、zh、ch、z、c)

D. 鼻音：发音时阻碍部分完全闭塞，软腭下降，关闭口腔通道，气流通过声门，造成声带振动，气流再从鼻腔流出。(m、n、ng)

E. 边音：发音时，舌尖抵住上齿龈，形成阻碍，舌尖两边松驰下垂，气流振动声带后从舌尖两边流出。(l)

② **看声带是否振动**

发音时声带振动的是带音，又叫浊音。(m、n、ng、l、r)

声带**不振动**的是不带音,又叫**清音**。

③ **看气流的强弱**

塞音、塞擦音有送气和不送气的分别:

送气音:p、t、k、q、ch、c--六个

不送气音:b、d、g、j、zh、z--六个

☆**总结**:

普通话的辅音(22个)

发音方法:塞音、塞擦音、擦音、鼻音、边音。

送气／不送气:(6对)

清／浊:(浊音5个)

发音部位:7种

二. 声母的发音

1. 分辨n和l

汉语l的发音也是一个难点。由于韩语中没有边音,韩国学生学习l〔l〕时,会很自然地用母语中音ㄹ〔l〕的发音特征作为参照。

① **过渡法**

教师帮学生确立一个新的发音参照标准,Lee→li→l

② **顺联法**

也可以用d〔t〕带出l〔l〕,汉语d〔t〕的发音部位和l一样,都是舌尖中,而且韩语里ㄷ〔t〕的发音部位与发音方法和汉语d〔t〕相同。教师可让学生先发d,接着让他们保持成阻的舌位,让气流从舌头两边出来,发汉语的l。注意练习时,让学生舌位前移,提醒学生舌尖不能动。一开始练习时,可以让持阻的时间长一些,使学生体会并掌握汉语l的发音特点。

※n和l都是舌尖抵住上齿龈发音的,它们的不同主要在于有无鼻音,是从鼻腔出气,还是从舌头两边出气。

※舌尖后浊擦音r〔ʐ〕的教学方法

l〔l〕---舌尖中音

r〔ʐ〕---舌尖后音

ㄹ〔l〕---舌尖前闪音

　　汉语zh、ch、sh、r同为舌尖后音，sh、r同为擦音，可以用顺联法由sh到r。让学生把sh〔ṣ'〕发准后保持发音部位不变，拖长音程，使声带颤动，就能发出r〔ʐ〕音了。

☆发音练习

【单音节练习】

日（r）-- 力（l）　　然（r）-- 兰（l）　　肉（r）-- 漏（l）

乳（r）-- 鲁（l）　　润（r）-- 论（l）　　入（r）-- 路（l）

【词语】

利润-- 立论　　天然-- 天蓝　　荣华-- 龙华　　入口-- 路口

出入-- 出路　　容颜-- 龙颜　　热了-- 乐了　　果然-- 果篮

湿润-- 诗论　　弱势-- 落市　　日子-- 栗子　　生日-- 生力

日落-- 利落　　日益-- 利益　　日场-- 立场

【绕口令】

玲珑塔，塔玲珑，玲珑宝塔有两层。

2. 分辨zh、ch、sh 和 z、c、s

① 横向法

　　韩语中只有与汉语舌尖前音z、c、s近似的ㅈ〔ts〕、ㅊ〔ts'〕、ㅅ〔s〕，没有舌尖后音zh、ch、sh。 汉语的z、c、s和zh、ch、sh发音方法完全相同，只是前者的发音部位是舌尖前而后者是舌尖后。所以教师可以先教授韩国学生z、c、s的发音，一般来说，ㅅ〔s〕对韩国学生来说，比较容易，可以按照s→z→c的顺序进行练习。在掌握舌尖前音以后就可以比较容易地导入舌尖后音的教学了。

② 纵向法

即按照s-sh、z-zh、c-ch的顺序学习,在完成舌尖前音的发音后,舌尖停留在上齿背,再慢慢后移至硬腭前部就可以发出舌尖后音了。

③ 演示法

④ 强制法

⑤ 区别法

3. 唇齿音f〔f〕的教学方法

韩语中没有轻唇音f〔f〕,只有重唇音ㅂ〔p〕和ㅍ〔p'〕,所以有些韩国学生在学习声母f〔f〕时,发不出唇齿音。

例如:

风景:fēngjǐng→pēngjǐng　　　　吃饭:chīfàn→chīpàn

方法:fāngfǎ→pāngpǎ

有时韩国学生学了f〔f〕之后,又会与b〔p〕、p〔p'〕相混,

比如:

本子:běnzi→fěnzi　　　　朋友:péngyou→féngyou

要让韩国学生正确发出轻唇音f〔f〕,关键是让学生能够区分发音部位,f〔f〕是唇齿音,而b〔p〕、p〔p'〕是双唇音。

① 教读时,教师可以放慢发音过程,夸张发音动作,增大音量,让学生模仿体会。

② 让学生有意识地用上齿咬住下唇,然后唇齿慢慢摩擦分离,发出f〔f〕音。

有的时候,韩国学生单个朗读时可以区分f、b、p,但一旦放到语流中,他们往往又会"复原",所以教学时不仅要加强单音的练习,还要在词语、句子中练习,让学生产生语感。

【词语】

奔波	表白	标兵	百倍	北部	宝贝		(声母是b)
乒乓	品牌	爬坡	琵琶	偏僻	澎湃	匹配	(声母是p)
芬芳	仿佛	非法	夫妇	房费	反复	丰富	(声母是f)
平凡	病房	分别	发表	佩服	飞跑	部分	(f、b、p交替)

【句子】

教师可以让学生朗读句子,在语流中体会唇齿音的发音语感。

旁边的房间住着一对平凡的夫妇。

【练口令】

也可以利用绕口令来锻炼学生发音部位的灵活性。

粉红墙上画凤凰,凤凰画在粉红墙。

第三节 元音与韵母

一. 元音的发音

1. 单元音的发音

单元音就是发音时口形（包括舌位、唇形、开口度）始终不变的元音。它有三类。

① **舌面元音**：普通话舌面元音有7个（a、o、e、ê、i、u、ü）

元音分类的标准

a、舌位的高低

高元音（i、u、ü）

半高元音（e、o）

半低元音（ê）

低元音（a）

b、舌位的前后

前元音（i、ü）

央元音（e[ə]）

后元音（u、o）

c、嘴唇的圆展

圆唇元音（ü、o）

不圆唇元音（i、a）

② **舌尖元音**

a、-i[ɿ]舌尖前、高、不圆唇元音

b、-i[ʅ]舌尖后、高、不圆唇元音

③ **卷舌元音**

er[ɚ]卷舌、央、中、不圆唇元音，这是用双字母代表一个单纯的因素--《汉语拼音方案》中的 r 用在 er 中不代表音素，它不是韵尾，只是表示卷舌动作的符号，所以 er 虽用两个字母标写，仍是单元音，不要以为 r 是辅音。普通话中只有"二、儿、而、耳、饵、尔、贰"等字是由er这个单元音形成的字音。

2. 复元音的发音

普通话共有ai、ei、ao、ou、ia、ie、ua、uo、üe、iao、iou、uai、uei等13个复元音。

（P11 附录 三种记音符号对照表）

复元音指的是发音时舌位、唇形都有变化的元音。

发音特点：

① 元音之间没有明显的界限，整个过程是从一个元音滑向另一个元音。

② 各元音的发音响度不同。主要元音的发音口腔开口度最大，声音最响亮，持续时间最长，其他元音发音轻短或含混模糊。

复元音分类： 根据发音时最响亮元音的位置

① 前响复元音：响度大的元音在前—ai、ei、ao、ou→共四个

② 后响复元音：响度大的元音在后—ia、ie、ua、uo、üe→共五个

③ 中响复元音：响度大的元音在中间—iao、iou、uai、uei→共四个

二. 韵母的发音

按韵母开头的口形分

开口呼：韵母开头不是 i、u、ü 的韵母属于开口呼。

齐齿呼：韵母开头是 i 的韵母属于齐齿呼。

合口呼：韵母开头是 u 的韵母属于合口呼。

撮口呼：韵母开头是 ü 的韵母属于撮口呼。

根据结构特点

① 单元音韵母（10个）

② 复元音韵母（13个）

③ 带鼻音韵母（16个）

带鼻音韵母是由元音和鼻辅音韵尾构成，又叫鼻音尾韵母。

鼻音韵母的分类：

① 带舌尖鼻音韵母（前鼻音韵尾）

指的是鼻韵母中以－n为韵尾的韵母。普通话中的前鼻音尾韵母有8个：an、ian、uan、üan、en、in、uen、ün。

② 带舌根鼻音韵母（后鼻音韵母）

鼻韵母中以-ng为韵尾的韵母。普通话中的后鼻音尾韵母有8个：ang、iang、uang、eng、ing、ueng、ong、iong。

韵母的结构

韵头：韵腹前面的元音，只有i、u、ü三个高元音可以充当。

韵腹：韵母的主干，十个单元音都可以做韵腹。

韵尾：韵腹后面的音素，复韵母中只限于韵腹后面的i、u（o），在鼻韵母中由鼻辅音n、ng充当。

韵母辨正

※发元音的特点

气流通过声门时，声带振动。

气流在口腔内不受阻碍。

发音响亮，气流较弱。

元音的分类：单元音（10个），复元音（13个）

普通话中单元音韵母共有十个：a、o、e、ê、i、u、ü、-i（前）、-i（后）、er。

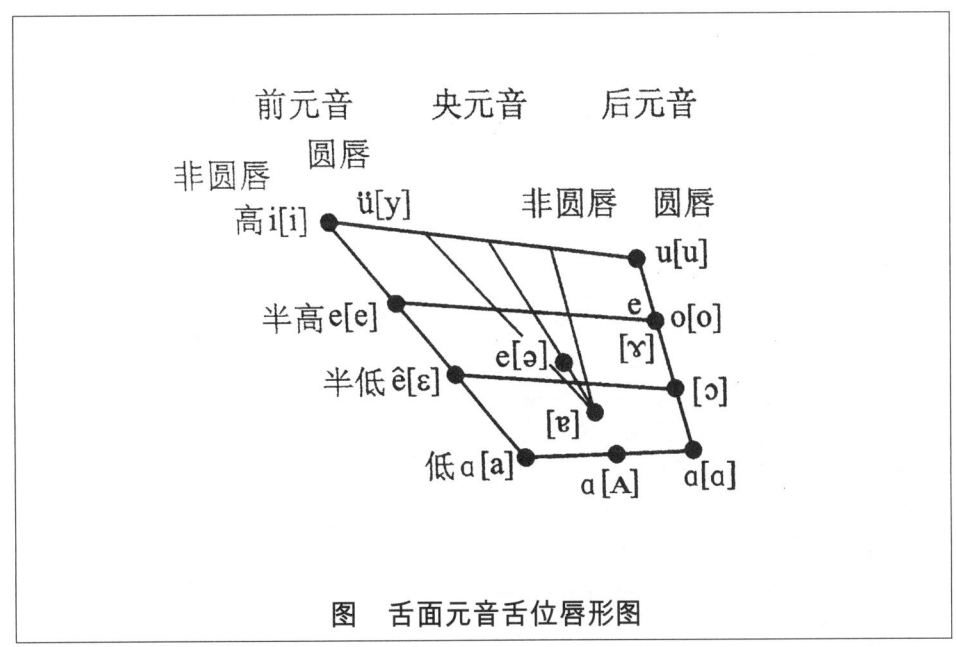

图 舌面元音舌位唇形图

第四节 声调

一. 什么是声调

声调是音节中具有区别意义作用的音高变化。

lizi { 子 / 李子 / 梨子 }   shumu { 树木 / 数目 / 书目 }

二. 调值和调类

1. 调值

① 调值是声调的实际读法，即声调高低升降曲直长短的具体变化形式和幅度。

② 调值决定于音高--相对音高。

③ 一般采用五度标记法来标记调值。

2. 调类

① 调类是声调的种类，也就是把调值相同的字归纳在一起所建立的类。

② 一种语言或方言中有多少种基本调值，就有多少种调类。普通话有四种基本调值，就有四个调类：阴平、阳平、上声、去声。

③ 调型：用线条直观表现出声调高低升降曲直长短的类型，即调型。

④ 调号：把五度标记法的图形简化成一种不标刻度的声调符号即调号。

调类	调值	调型	调号
阴平	55	高平	ˉ
阳平	35	中升	ˊ
上声	214	降升	ˇ
去声	51	全降	ˋ

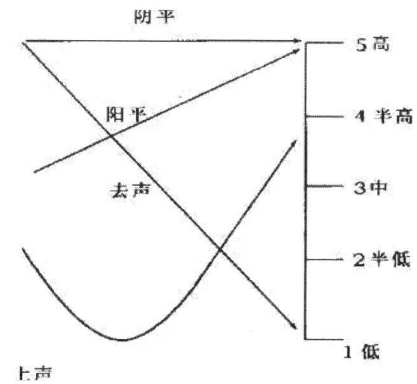

※用线条直观表现了声调高低升降曲直长短的类型，即调型；线条起讫点和转折点的度数用数值表示，即调值；把五度标记法的图形简化成一种不标刻度的声调符号，即调号。

☆理解调值和调类需注意：

第一、调类的归纳是根据汉字单念时的调值，而不是语流中音节发音时的调值。如"一、不"

第二、调类的种数由调值决定，但调类的名称并不由调值决定。现代汉语普通话和各方言调类的名称都是沿用中古汉语调类的名称，因而普通话各地方言的调类名称是统一的，但调值却是五花八门的。

三. 普通话声调的特点

1. 平分阴阳

普通话阴平和阳平是从古汉语的平声按声母的清浊分化而来，清为阴、浊为阳。少数方言平声不分阴阳，只有一个调类，如山西太原话。

2. 上、去不分阴阳

普通话的上声和去声都不分阴阳，但有些方言，如绍兴话上声分阴上、阳上两类。普通话读上声的字，绍兴话有的读阴上55，有的读阳上22调值。

3. 没有入声

普通话没有入声，北方方言除江淮方言以及西北、西南少数地区保存入声外，大部分地区都没有入声，但南方方言都保留有入声。

第五节　音　节

一. 音节的结构

1. 什么是音节？

   音节是听觉上自然感到的最小的语音片断（单位），由音素构成。

2. 音节和汉字的关系

   一般来说，一个汉字的读音就是一个音节，例外是儿化的情况，两个汉字代表一个音节，如：花儿（huār）

结构成分 音位标音 例字及注音	声母	韵母			声调	说明
		韵头 （介音）	韵（韵身）			
			韵腹 （主要元音）	韵尾		
				（元音韵母）	（辅音韵尾）		
知 zhī[tʂʅ⁵⁵]	zh		-i[ʅ]		阴平	少韵头、韵尾
道 dào[tau⁵¹]	d		a	u		去声	少韵头
学 xué[ɕyɛ³⁵]	x	ü	ê			阳平	少韵尾
外 wài[uai⁵¹]		u	a	i		去声	少辅音声母
语 yǔ[y²¹⁴]			ü			上声	少辅音声母、韵头、韵尾
强 qiáng[tɕʰiaŋ³⁵]	q	i	a		ng	阳平	五部俱全

3. 普通话音节结构的特点。

   ① 一个音节最多有四个音素，最少可以是一个音素。

   ② 元音在音节中占优势。音节中最多可出现三个元音，一个音节如果只有一个音素，这个音素除极个别外都是元音。（例外是口语中 m、n、ng 三个鼻辅音，可以独立成为一个音节，表示叹词"呣mu""嗯en"等！）

   ③ 音节可以没有辅音，辅音只在音节的开头或末尾出现，没有两个辅音相连（复辅音）的音节。

   ④ 音节都有声调和韵腹，可以没有辅音声母、韵头和韵尾。

※ 与印欧语系语言相比，现代汉语语音特点。

① 没有复辅音。

② 元音占优势。

③ 音节有声调。

二. 拼音

1. 拼音应注意的几个问题。

    ① 声母要读本音

    ② 读准复韵母和鼻韵母

    ③ 声韵之间不要停顿

2. 拼音方法

    ① **双拼法**

    A. 声韵双拼法

    用声母和韵母两个部分进行拼音（韵母部分都带声调，下同）。

    例如：

    g--uāng→guāng(光)　m--íng→míng(明)

    B. 声介与韵合拼法

    先把声母和韵头拼合，然后跟韵进行拼音。这一方法只适用于有韵头的音节。例如：

    xi--āng→xiāng(香)　　　　hu--ái→huái(怀)

    ② **三拼法**

    用声母、韵头、韵身三部分进行连读。这种方法，只适用于有韵头的音节。

    例如：

    j--i--ā→jiā(加)　　q--i--áng→qiáng(强)

    ③ **整体认读法**

    16个整体认读音节分别是：zhi、chi、shi、ri、zi、ci、si、yi、wu、yu、ye、yue、yuan、yin、yun、ying。发音口型、舌位不好掌握，把这16个音节当做整体来读。

三．音节的拼写规则

《汉语拼音方案》对普通话音节的拼写有如下具体的规定。

1. 隔音字母Y、W的用法

汉语拼音字母y(读ya)和w(读wa)是隔音字母。它只起避免音节界限不明发生混淆的作用。例如把"大衣"拼写成"dai"，就会以为是一个音节的"呆"，i的前头加了y，写成"dayi"，音节界限就分明了。

① 韵母表中 i 行的韵母，在零声母音节中，如果 i 不是韵腹，就把 i 改为 y：

  ia→ya(牙)　　　ie→ye(野)　　　iao→yao(腰)　　　iou→you(优)

  ian→yan(烟)　　iang→yang(央)　　iong→yong(雍)

如果i是韵腹，就在i前面加上y：

  i→yi(衣)　　　　in→yin(因)　　　　ing→ying(英)

② 韵母表中 u 行的韵母，在零声母音节中，如果 u 是韵头，就把 u 改成w：

  ua→wa(蛙)　　　uo→wo(窝)　　　uai→wai(歪)

  uei→wei(威)　　uan→wan(弯)　　uen→wen(温)

  uang→wang(汪)　ueng→weng(翁)

如果u是韵腹，就在u前面加上w：

  u→wu(乌)

③ 韵母表中 ü 行的韵母，在零声母音节中，不论 ü 是韵头还是韵腹，一律要在 ü 前面加y。加y后，ü上两点要省写：

  ü→yu(迂)　　　üe→yue(约)

  üan→yuan(冤)　ün→yun(晕)

要知道y、w不是声母，只是起隔音作用的字母。在小学教学中，为了降低y、w拼写规则教学的难度，有人把y、w当成声母(读i、u)来教，这是变通的教法。

2. 隔音符号"'"的用法

以"a、o、e"开头的零声母音节连结在其他音节后面,为了避免混淆音节界限,用隔音符号"'"隔开。例如:企鹅 qǐ'é 档案dàng'àn

3. 省写

① 韵母iou, uei, uen的省写

《汉语拼音方案》在"韵母表"后面的说明中作了这样的规定:iou, uei, uen前面加辅音声母的时候,写成iu, ui, un。例如:

$$d--i\bar{o}u \to di\bar{u}(丢) \qquad x--i\bar{o}u \to xi\bar{u}(修)$$

$$zh--u\bar{e}i \to zhu\bar{\imath}(追) \qquad g--uèi \to guì(桂)$$

$$c--u\bar{e}n \to c\bar{u}n(村) \qquad t--u\bar{e}n \to t\bar{u}n(吞)$$

② ü上两点的省略

ü跟n、l以外的声母相拼时都省写两点。例如:

$$j--\check{u} \to j\check{u}(举) \qquad x--\grave{u} \to x\grave{u}(序)$$

$$q--\ddot{u}è \to què(却) \qquad j--\ddot{u}é \to jué(决)$$

$$q--\ddot{u}án \to quán(权) \qquad x--\ddot{u}ān \to xuān(宣)$$

$$j--\ddot{u}n \to j\bar{u}n(军) \qquad q--\ddot{u}n \to qún(群)$$

不能省写两点的,只限于韵母 ü 单独出现在声母n、l后面。因为如果省了,这些音节就会发生混淆,例如:

$$nǚ(女)--nǔ(努) \qquad lǘ(驴)--lú(炉)$$
$$lǚ(旅)--lǔ(鲁) \qquad lǜ(律)--lù(路)$$

为什么有的可省写,有的要保留呢?因为声母j、q、x不能跟合口呼韵母相拼,省写了两点也不会误认为是"u"开头的,即合口呼的韵母,音节不致发生混淆。

③ ê上"^"符号的省略

ê前后与i、ü相拼时,省略上面的"^"符号,如ie、üe、ei、uei。因为e不与i、ü相拼,不会发生混淆。只在单用时,写成ê。

4. 标调法

① 调号要标在音节的主要元音（韵腹）上。

② 在省略式韵母（iu、ui）的音节中，调号要标在后面的元音u或i上。

③ 调号如果标在i上时，i上的小点儿省去。

④ 轻声不标调号。

⑤ 音节一律标原调，不标变调。（特殊要求的除外）

5. 大写字母的用法

① 同一个词要连写，词与词一般分写。句子或诗行开头的字母要用大写。

例如：

Tuánjié	fèndòu	jiànshè	zǔguó！
团结	奋斗	建设	祖国！
Cànlàn	yángguāng	pǔzhào	dàdì.
灿烂	阳光	普照	大地。

② 专用名词和专用短语中的每个词开头字母要大写。例如：

Lǐ Bái	Sūn Zhōngshān	Běijīng
李白	孙中山	北京
Rénmín	Rìbào	
人民	日报	

③ 标题中的字母可以全部大写，也可以每个词开头的字母大写；有时为了简明美观，可以省略声调符号。例如：

JIEFANG	SIXANG	JIANSHE	ZHONGHUA
Jiefang	Sixiang	Jianshe	Zhonghua
解放	思想	建设	中华

第六节 音　变

一、变调

什么是变调：有些音节的声调在语流中连着念会起一定的变化，与单念时调值不同，这种声调的变化叫做变调。音节变调多数是受后一音节声调的影响引起的。在普通话中，最常见的主要有以下几种。

1. 上声的变调

    ① 两个上声紧相连

    A. 上声 + 非上声――――上声变读半上，调值由214→21

    上声 + 阴平――――火车　　北京　　普通

    上声 + 阳平――――总结　　语言　　古文

    上声 + 去声――――改造　　朗诵　　企业

    B. 上声 + 上声――――前一上声变阳平，调值由214→35

    　　指导　理解　本领　水果

    　　老板　所以　勇敢　辅导

    C. 上声 + 轻声：变半上21，或变阳平35（规律）

    　　上声 + 轻声――（21）　耳朵　老实　姐姐　姥姥

    　　上声 + 轻声――（35）　捧起　想起　等等　讲讲

    ② 三个上声相连时，看词语内部的语义停顿而定。

    A. 前两个上声音节语义紧凑，语义停顿在第二个音节后→前两个音节都变成35。

    　　双单格：[（上1 + 上2）+ 上3] → (35 + 35) + 上声

    　　　　　展览馆　蒙古马　管理组　洗脸水

    B. 后两个音节语义紧凑，语义停顿在第一个音节后→前两个音节有21+35的变化。

    　　单双格：[上1 +（上2 + 上3）] → 21 + (35 + 上声)

    　　　　　纸老虎　有理想　很勇敢　海产品

C. 如果连着念的上声字不止三个，要根据词语的语法结构和语义紧密度划分出语义停顿来，由此确定出语义段，再根据上述规律进行变调。如："理想／美好"划分两段，念成35+21+35+214。

彼此／友好　　买把／雨伞

种马场／养有／五百匹／好母马

2. "一、不"的变调

① "一、不"单念或用在词句末尾，以及"一"在序数中，声调不变，读原调。

例如：一、二、三　　十一　　第一　　统一　　划一　　唯一　　万一

不　　偏不！

② "一、不"嵌在相同的动词的中间，读轻声。

例如：想一想　　拖一拖　　管一管　　谈一谈

来不来　　肯不肯　　找不找　　开不开

③ "不"在可能补语中读轻声。

例如：

做不好　　来不了

④ 一＋去声："一"变读阳平35调。

例如：

一切　　一定　　一向　　一律　　一半

⑤ 一＋阴、阳、上；"一"变成去声51调。

例如：

一般　　一天；一直　　一行；一起　　一口

⑥ 不＋去声："不"变读阳平35调。

例如：

不要　　不去　　不变　　不看　　不换　　不愿

3. 去声的变调

去声+去声→半去+去声

53 + 51

当两个去声相连，前面的去声音节不读重音的时候，调值没有降到最低，调值变为高降调53，称作"半去"。

  饭店fàndiàn 贵重guìzhòng

  介绍jièshào 密切mìqiè

  戏剧xìjù

4. 形容词重叠的变调

单音形容词重叠，无论是何声调，后一音节读阴平，这时多伴有儿化。

  轻轻 长长 好好 慢慢

"ＡＢＢ"式的形容词，后边的叠音后缀都读成阴平。

  黑漆漆 亮堂堂 明晃晃

这种变调也正在趋于消失。

"ＡＡＢＢ"式重叠后的形容词，第二音节读轻声，后两个音节读阴平。

  认认真真 清清楚楚 高高兴兴 舒舒服服

二. 轻声

1. 什么是轻声？

在连串的语流中，某些音节失去原有的声调，变成又轻又短的调子，就是轻声。轻声主要有音长决定，短而轻是轻声的本质特征，如：

  巴掌 熟悉 麻烦 动静

  老实 喜欢 马虎 伙计

轻声是一种特殊的变调，普通话的四声在一定的条件下都可以失去原来的声调，变为轻声。

轻声调值表

调类	调值	例词
去声+轻声	低调：1度	兔子、坏的
阴平+轻声	半低：2度	鸭子、他的
阳平+轻声	中调：3度	瓶子、红的
上声+轻声	半高：4度	椅子、好的

2. 哪些音节读轻声

① 语气词"啦、吧、吗、呢、哪、呀、啊、嘛、哇"等读轻声。

② 助词"的、地、得、着、了、过"读轻声。

③ 词尾的"子、儿、头"和表示多数的"们"读轻声。

④ 表示方位的词"里、上、下、中、边"等读轻声。

⑤ 表示趋向的动词"去、来、起来、回来、出去、上来、下去、上、下"等读轻声。

⑥ 重叠动词和重叠名词的第二个音节读轻声。

⑦ 单纯词的第二个音节一般读轻声。

⑧ 部分双音节词的第二个音节读轻声。

3. 轻声的作用

① 区别意义

孙子（重）——古代的军事家

孙子（轻）——儿子的儿子

老子（重）——古代的哲学家

老子（轻）——父亲

上头（重）——喝酒过量而头晕

上头（轻）——上面

这种情形有很多：

鸭头——丫·头　　文字——蚊·子

狼头——榔·头　　东西——东·西

虾子——瞎·子　　龙头——笼·头

孢子——包·子　　本事——本·事

② 区别词性

地道（重）——地下通道，名词

地道（轻）——纯正，形容词

买卖（重）——动词

买卖（轻）——名词

这种情形也有很多：

对头——对·头　　利害——厉·害

挠头——挠·头　　报仇——报·酬

③ 区别结构

打死（重）人——"打"与"死人"构成动宾关系

打死（轻）人——"打死"与"人"构成动宾关系

想起来（重）——"想"与"起来"构成状中关系

想起来（轻）——"想"与"起来"构成动补关系

※思考：轻声是一种独立的调类吗：

轻声不能看作是普通话的一个独立的调类。理由是：1．轻声字都有它相应的单字调。2．轻声指的是某些音节在一定场合里失去原调而成的一种既短又轻的调子，如看看、桌子。一旦失去这"一定场合"的语流条件，就不再读轻声，而读它的单字调了。3．实验语音学的结果表明，轻声音节的音高并不固定，往往受前一个音节声调的影响而产生高低不同的变化。大致是阴平字后读半低（2度），阳平字后读中调（3度），上声字后读半高（4度），去声字后读低调（1度）。因此，对于普通话的轻声，只能视之为音变现象而不能把它当成一个独立的调类。

三. 儿化

1. 什么是儿化？

   "儿化"指的是一个音节中，韵母带上卷舌色彩的一种特殊音变现象，这种卷舌化了的韵母就叫做"儿化韵"。

   例：芽－－yár ——→字母 r 不表示音素，只表示卷舌动作。

2. 儿化韵的发音

   ① 音节末尾是 a、o、e、u、ê 的，韵母直接卷舌。

     瓜－→瓜儿 坡－→坡儿

   ② 韵尾是 i、n(in、ün除外)，去掉韵尾后卷舌。

     盖－→盖儿 轮－→轮儿

   ③ 韵母是in、ün的，去掉韵尾后加 [r]

     心－→心儿 裙－→裙儿

   ④ 韵母是 i、ü 的，在原韵母后加上 [ər] 音。

     鸡－→鸡儿 鱼－→鱼儿

   ⑤ 韵母是-i[ɿ]、-i[ʅ]的，韵母直接换作 [ər]。

     丝－→丝儿 事－→事儿

   ⑥ 韵尾是ng 的，去掉韵尾，韵腹鼻化并卷舌。

     匡－→匡儿 登－→登儿

   ⑦ 韵母是ing的，去掉韵尾后加上鼻化的 [ə]。

     忙－→忙儿 铃－→铃儿

儿化音变规律简表

韵母	儿化时的变化规律	举例	国际音标	
			儿化前	儿化时
无韵尾或有u韵尾	只加卷舌动作	小车儿 小鸟儿	tsʰɤ niau	tsʰɤr niaur
有-i、-n韵尾的	卷舌时使韵尾丢失，有的要改变韵腹或增音	一块儿 一点儿 没准儿 背心儿	kʰuai tiɛn tʂuən ɕin	kʰuar tiɛr tʂuər ɕiər
有高元音i、ü韵腹的	加央元音ə	小鸡儿 有趣儿	tɕi tɕʰy	tɕiər tɕʰyər
有舌尖元音[ɿ][ʅ]的	变成央元音ə	瓜子儿 树枝儿	tsɿ tʂʅ	tsər tʂər
有-ng韵尾的	卷舌时使韵尾丢失，元音鼻化，有i韵腹的要加ə	帮忙儿 花瓶儿	maŋ pʰiŋ	mãr pʰiə̃r

3. 儿化的作用

　　① 区别词义。

　　　　头（脑袋）－→头儿（领头的）

　　　　眼（眼睛）－→眼儿（小孔）

　　② 区别词性。

　　　　画（名、动）　　画儿（名）

　　　　尖（形）　　　　尖儿（名）

　　③ 表示亲切、喜爱的感情色彩。

　　　　老头－→老头儿　　嘴唇－→嘴唇儿

　　　　小鸡－→小鸡儿　　小孩－→小孩儿

四．语气词"啊"的音变

语气词"啊"音变规律表

前字末尾音素	加"啊"	读作	写作	举例

i、ü、a、o、e、ê	+a	→ya	呀	鸡呀、鱼呀、他呀、磨呀
u	+a	→wa	哇	苦哇、好哇、加油哇
n	+a	→na	哪	难哪、新哪、弯哪
ng	+a	→nga	啊	唱啊、香啊、小红啊
-i[ʅ], er	+a	→ra[zA]	啊	是啊、店小二啊
-i[ɿ]	+a	→ [ZA]	啊	真丝啊、孩子啊

☆轻声并不是单纯的语音现象，它和语法有密切关系，而且有比较强的规律性。

☆有些词语里的轻声音节并不区别意义，只是语言习惯。

☆习惯轻声词

在口语中，绝大多数复音词按习惯把后一个音节读成轻声，但很难找到规律。例如：

比方	别扭	长处	凑合	答理	大夫	耽搁	队伍	福气
告示	胳膊	含糊	合同	黄瓜	活泼	机灵	见识	讲究
咳嗽	快活	牢靠	力气	麻烦	苗条	明白	脑袋	朋友
欺负	清楚	认识	时候	舒服	头发	心思	学问	钥匙

☆大致说来，这些词大都是口头上应用较久，资格较老的词。新词语、科学术语或文言词语的第二个音节一般就不读轻声。试比较：

衣服——制服

干净——洁净

道理——定理

声音——元音

第七节　朗读和语调

一．朗读

1．深入理解作品思想内容。

2．掌握朗读技巧。

二．语调

$$语调\begin{cases}顿\\重音\\句调\\节奏\end{cases}$$

1．停顿：所谓停顿，就是在朗诵的语流中，声音的中断和间歇。

　　　　我／独在礼堂外徘徊。

$$停顿的类型\begin{cases}生理停顿（气息停顿）\\语法停顿\\逻辑停顿（强调停顿）\end{cases}$$

三种停顿在说话或朗读时是一个有机整体。

生理停顿是最基本的需要，是朗读得以进行的生理保证。

☆**语法停顿**－－显示了语言本身的结构层次和规律，使语义清楚明确。

　　语法停顿是反映一句话里面的语法关系的，在书面语里常用标点符号来标示。

　　在一些较长的句子中，如果中间没有用做停顿的标点，这时就需要根据句子中的语法关系和词语结构来作停顿；如果不清楚这些关系的话，就难免会发生停顿错误、读破句的情况。

☆**强调停顿**－－逻辑停顿传达了作品的观点、态度、思想、感情。

　　这种停顿主要是为了强调某一事物，突出某个语意或某种感情，通常在书面语没有标点的地方作停顿。

　　例如：

① 朋友结婚，人/可以不去，礼/不能不送。

② 这件事/你/不说，我/也不说。

在①句中，通常在"人"、"礼"后作一个强调性停顿，以此来突出"礼"的重要性，表现出一种对应关系；在②句中，先是在"这件事"后作停顿，突出话题，然后分别在"你"、"我"后面作停顿，强调两者的态度。

2. 重音

语句中念得比较重，听起来特别清晰的音叫做重音，或叫做语句重音。

（1）语法重音：按照语法结构的特点而重读的。

谓语中的主要动词常常读重音。

　　春天到了！

表示性状和程度的状语常常读重音。

　　我们要努力学习普通话。

表示状态或程度的补语常常读重音。

　　他的话讲得十分深刻。

表示疑问和指示的代词通常读重音。

　　这样的好事是谁做的？

再如：

① 我想起来了。（我想起床了，不想再睡了。）

② 我想起来了。（我记起某件事来了，刚才忘了。）

③ 他说不好。（他认为不好。）

④ 他说不好。（他不能说得很好。）

①句中的动词是"起来"，"想"是能愿动词；②句中的动词是"想"，"起来"是补语；③句在"不好"上重读，"不好"充当宾语；④句在"说"上重读，"说不好"构成一个动补短语。

（2）逻辑重音

为了突出句中的主要思想或强调句中的特殊感情而重读的，叫逻辑重音。

句子中的某些需要突出或强调的词语常要重读。哪些词语需要突出或强调，则要依据作品或说话人的要求和情感的发展来确定。下面的同一话，由于重音的位置不同，会表现出不同的意思来：

  A. 我知道你会唱歌。（别人不知道你会唱歌。）

  B. 我知道你会唱歌。（你不要瞒着我了。）

  C. 我知道你会唱歌。（别人会不会唱我不知道。）

  D. 我知道你会唱歌。（你怎么说不会呢？）

  E. 我知道你会唱歌。（会不会唱戏我不知道。）

3. 句调

句调是指整句话的音高升降的格式，是语句音高运动的模式。它与声调都是音高变化形成的格式，但声调只指一个音节（字）的音高格式，所以又叫"字调"。句调在句末音节上表现得特别明显，但是它是贯串在整个句子中的，所以它从属于超音段成分，不同于音素、音节等音段成分。超音段成分是依附在音段成分身上的。声调依附在声韵结构上，形成了字音（汉语的音节）；句调依附在短语上，形成了句子。

句调与字调的关系是音阶叠加的"代数和"，而不是调形叠加的"代数和"。它们相互依存，彼此制约。声调受句调的调节，声调调形虽然相对稳定，但其音阶必须随句调升降而上浮或下沉。句调离不开声调，通过声调的浮沉得以实现。两者是全局与局部的关系，是大波浪与小波浪的关系。

① 句调的四种形式

  A. **升调** 调子由平升高，常用来表示反问、疑问、惊异、号召等语气。

    例如：

    ⓐ 难道我是个小孩？（反问）

    ⓑ 王小萌来了吗？（疑问）

    ⓒ 这件事，是他办的？（惊异）

  B. **降调** 调子先平后降，常用来表示陈述、感叹、请求等语气。

    例如：

ⓐ 我们一定要实现四个现代化。(陈述)

ⓑ 天安门多雄伟啊!(感叹)

ⓒ 王老师,您再给我们讲个故事吧。(请求)

C. **平调** 调子始终保持同样的高低,常用来表示严肃、冷淡、叙述等语气。

例如:

ⓐ 烈士们的英名和业绩将永垂不朽!(严肃)

ⓑ 少说闲话,随你处理吧。(冷淡)

ⓒ 大伙儿都说张老头儿是个厚道人。(叙述)

D. **曲调** 调子升高再降,或降低再升,常用来表示含蓄、讽刺、意在言外等语气。

例如:

哎呀呀,你这么大的力气,山都会被你推倒呢。(讽刺)

② 句调对字调的影响

这里,我们还要谈谈句调的高低升降跟声调(字调)的高低升降的关系。句调往往影响字调,使字调的调值改变。这里有种种情况,现在分别说明于下。

A. 句调上升

ⓐ 如果字调也是上升的,就使字调升得更高。如:他姓陈?

ⓑ 如果字调是平的,就使字调后部上升。如:他姓张?

ⓒ 如果字调是降的,就变成降升。如:他姓赵?

B. 句调下降

ⓐ 如果字调是降调,就降得更低。如:他姓魏。

ⓑ 如果字调是平调,就变成平降调。如:他姓张。

ⓒ 如果字调是升调,就变成升降调。如:他姓唐。

上面是就句调升降而说的。同是升调或同是降调的一句话,在悲哀时会比心平气和时低些,在兴奋或发怒时会高(嘹亮)些;在呼喊远方的人或喊口号时声音更高更强,打喳喳(说耳语)时更低而弱。

第八节 语音规范化

语音的规范化,主要是根据语音发展的规律来确立和推广标准音。这里,主要包含了两方面的内容:第一,确立正音标准;第二,推广标准音。

一. 确立正音标准

汉民族共同语以北京语音为标准音,这在1955年就已经明确了。然而在北京语音内部,还存在着一些分歧的现象,这种分歧现象对学习和推广普通话是不利的。

北京语音的内部分歧有两种:第一种是北京口语的土音成分。

例如:

把"不言语"(不说话)读作"bù yuán yi"。

把"蝴蝶"读作"hútiěr"。

把"我们"读作"$m^{214}mə^4$"。

像这一类的土音,显然是不能进入普通话的。

北京话里儿化、轻声现象特别多,把它们都算作普通话成分,要求全国人民学习是有困难的,也是没有必要的。一般说来,能区别词义和词性的那些读音,可承认它们是普通话成分。例如:

信儿(消息),与信(书信)不同。

头儿(为首的),与头(脑袋)不同。

滚儿(名词),与滚(动词)不同。

兄弟(xiōngdi,弟弟)与兄弟(xiōngdì,哥哥和弟弟)不同。

地道(dìdao好,真,形容词)与地道(dìdào地下的通道,名词)不同。

大意(dàyi,形容词),与大意(dàyì,名词)不同。

有些读音虽然没有区别意义的作用,但习惯上必须读轻声、儿化,否则就不像普通话,普通话也应该吸收。

如:

哑巴、玻璃、耳朵、姐姐

小孩儿、冰棍儿、好玩儿

吸收这些儿化及带轻声的词，可使普通话更加丰富多彩。至于不起上述作用的和在习惯上儿化不儿化两可的，就不要吸收了。如北京话的"地点儿、伙伴儿"，普通话就可以念"地点、伙伴"。再如"职业(轻)、措施(轻)"，第三音节就不必念轻声了。

第二种是北京话里的异读词，即习惯上有几种不同读音的词。

例如：

波　　bō　pō　　　　　　　　扔　　rēng　lēng

暂时　zàn　zhàn　zǎn　　　　侵略　qīn　qǐn

上述各字的第一个读音已被确定为规范的读音。

但是，同一个汉字，虽然有不同的读音，却只出现在不同的词里，或者它的不同读音所表示的意义并不相同，这种同字异音是一种正常的现象，必须同上面所说的同词异音加以区别。

例如：

睡觉 jiào　　　觉悟 jué　　　长短 cháng　　　长幼 zhǎng

恶劣 è　　　　厌恶 wù　　　 散布 sàn　　　　松散 sǎn

重要 zhòng　　重复 chóng　　拗口 ào　　　　执拗 niù

异读词中的字，有的是声母、韵母或声调之一可能不同，有的是声、韵、调都不同。

举例如下：

声母不同的，如"酵母"(jiào--xiào)　　　　"赏赐"(cì--sì)

韵母不同的，如"拂晓"(fú--fó)　　　　　"怯懦"(qiè--què)

声调不同的，如"啥"(shá--shà)　　　　　"教室"(shì--shǐ)

　　　　　　"讨伐"(fá--fà)　　　　　　"拙劣"(zhuō--zhuó)

其他情况，如"炊帚"(zhǒu--zhù)　　　　"沸腾"(fèi--fú)

　　　　　　"摄影"(shè--niè)

以上这些异读词，已经确定前一个读音为规范的读音。

北京话里一字多音产生的原因很多。从来源看，主要有以下几个方面：

① **文白异音**

也就是读书音和口语音不同。例如"薄"字，口语音说báo，读书音念bó。

又如：

	剥	削	虐	露	绿
读书音（文）	bō	xuē	nüè	lù	lù
口语音（白）	bāo	xiāo	yào	lòu	lǜ

② **方音影响**

有的方言词的读音为北京音所吸收，而同北京话原有的读音并存，因而造成异读。例如"揩油"(kāyóu)来自吴方言，同普通话的kāiyóu读法并存。

③ **讹读影响**

有些字被人读错了，影响扩大，正误并存，形成异读。例如"商埠"原读bù，但被人讹读为fù。

④ **背离规律**

有些词按语音发展规律应读某音，但又出现了一个不合规律的读法，两音并存。例如"帆"字是古浊声母平声字，按规律应读阳平fán，但又出现阴平的读法fān，造成异读。现在把fān作为"帆"的规范读音了。

新中国成立以来，国家十分重视语音规范化的工作，于1985年公布了《普通话异读审音表》。它的初稿在1957年、1959年发表了正续两编，1962年发表了初稿第三编，1963年将三者汇辑成审音总表初稿，现在普通话异读词的读音、标音都应以1985年公布的审音表为准。

第九节 音位

一、音位简说

(一) 音位及其归纳方法

音位[2]：从社会功能的角度划分出来的语言单位，它是一个语音系统中能够区别意义的最小语音单位。也是按语音的辨义作用归纳出来的音类。

☆有同等使用价值的一组音素，可归为一个音位。

例如：

太靠前啦〔tʰai kʰɑu tɕʰiɛn lʌ〕

△表示韵腹的四个主要元音是四个不同的音素（a、ɑ、ɛ、ʌ），四者互相替换，也不会起到区别意义的作用，所以这四个音素可以归为一个 /a/ 音位。

△大地 〔tʌ ti〕---→中的〔ʌ〕和〔i〕能起区别意义的作用，就要看做不同的音位。

△如果把"胆"（dǎn〔tan²¹⁴〕）念成"坦"（tǎn〔tʰan²¹⁴〕），意思就变了，所以"d"〔t〕和"t"〔tʰ〕在北京话里可以区别意义，应该归纳为 /d/：/t/ 两个音位。

○归纳音位的方法，通常是把一些音放在相同的语音环境中来进行替换比较，看它们是否能够区别意义。

音位 ｛
辅音音位：从辅音中归纳出来的音位。
元音音位：从元音中归纳出来的音位。
声调音位：从声调中归纳出来的音位。

○因为音质音位出现在固定的音段上，所以也称为"音段音位"。

---

[2] 音素——是从音质的角度划分出来的最小的语音单位，没有辨义作用；
音位——是从特定音系中分析出来的最小的语音单位，具有辨义作用。

☆调位

例如：

班〔pan⁵⁵〕、板〔pan²¹⁴〕、办〔pan⁵¹〕---声母、韵母都相同，只是声调不同，于是意义不同了。可见它们的声调在普通话里也有区别意义的作用，所以也可分别归纳为/55/(阴平)、/214/(上声)、/51/(去声)三个调位。

○声调音位（即调位）主要是由音高特征构成的，音高不是音质，所以属于"非音质音位"。因为非音质音位不受音段的局限，所以也称作"超音段音位"。

（二）音位变体

一个音位往往包含一些不同的音，这些音就叫做这个音位的"音位变体"。音位变体是音位的具体表现形式，音位则是从音位变体中概括归纳出来的。音位与音位变体的关系是类别与成员的关系，也可以说是一般和个别的关系。

例如：普通话的/a/可出现在以下不同的字音中：

哀〔ai〕	烟〔iɛn〕	啊〔A〕	熬〔ɑu〕
安〔an〕	冤〔yan〕	压〔iA〕	昂〔ɑŋ〕

"哀、安、冤"中的韵腹由于受了靠前的韵尾的影响，实际读音是前低元音〔a〕；"烟"中的韵腹由于受到韵头和韵尾的双重影响，实际读音舌位不但靠前，而且升高了，是一个前半低元音〔ɛ〕；"啊、压"等没有韵尾，韵腹实际读音舌位居央，是一个央低元音〔A〕；"熬、昂"等的韵腹，由于受靠后的韵尾的影响，它的实际读音是一个后低元音〔ɑ〕。

由于/a/出现的语音环境（条件）不同，受到的影响不同，实际读音也不大相同。但是，这些不同的读音，当地人听起来并没有明显的差异，没有区别意义的作用，所以说它们是/a/的"音位变体"。/a/就是从这些具体的音位变体中概括出来的。标写它的时候，通常从各音位变体中选用典型变体的符号，同时还要找一个常见、好认、便于印刷的符号作代表，加上//表示音位变体。

音位	音位变体	出现条件	举例
/a/	[a]	出现在韵尾[-i]或[-n]之前	[ai][an]
	[A]	出现在无韵尾的音节	[iA][uA]
	[ɑ]	出现在韵尾[-u]或[-ŋ]之前	[ɑu][ɑŋ]
	[ɛ]	出现在韵头[i-]和韵尾[-n]之前	[iɛn]

音位变体可分成"条件变体"和"自由变体"两类。上面介绍的/a/的各种音位变体都有各自出现的条件。这种在一定条件下出现的音位变体就叫做"条件变体"。上面谈到的[a、ɑ、ɛ、A]都是/a/的条件变体。没有环境限制，可以自由替换而不影响意义的音位变体叫"自由变体"。就是说，几种不同的读音如果可以在同一语音环境中彼此自由替换而不改变意思，这几种读音就是同一音位的几个"自由变体"。例如，在北京话里"挖、窝、歪、微、文、翁"开头的音都有两种念法：一种是双唇拢圆，略有摩擦，**念作半元音[w]**；另一种是上齿轻轻地接触下唇，略有摩擦，**念作唇齿半元音[ʋ]**。这两种念法在上述字音中可以互相替换，不改变意思，所以是同一音位的两个自由变体。这两个自由变体又跟[u]构成条件变体，同属元音音位/u/。

(三) 归纳音位的重要标准

语音的辨义功能、互补分布和意感差异（或"土人感"）是归纳音位的重要标准。

如果某种语言的语音差异可以造成意义的不同，这样的语音差异就有音位的对立，构成这种差异的语音特征就叫做"**区别特征**"。前面曾说过的"搭"[tA⁵⁵]和"他"[tʰA⁵⁵]的声母就存在着音位的对立。（可以用"："表示对立的音位，标写为：/t/∶/tʰ/）

[t]和[tʰ]的差异在于前者不送气，后者送气，所以送气与不送气的语音特征就是普通话里的"区别特征"。

关于区别特征，可看下面的"音位区别特征矩阵表"。表中上行从左到右依次列出普通话的发音部位（7个）和发音方法（9个），作为辅音发音的区别特征。表中左边竖行列出22个辅音音位，表中方格里的"＋"号表示该音位有这些特征，空方格表示该音位没有上面这一特征。

音位区别特征矩阵表

区别特征＼音位	双唇	唇齿	舌尖前	舌尖中	舌尖后	舌面前	舌面后	不带音	带音	不送气	送气	闭塞	塞擦	摩擦	鼻音	边音
p	+							+		+		+				
pʰ	+							+			+	+				
m	+								+						+	
f		+						+						+		
t				+				+		+		+				
tʰ				+				+			+	+				
n				+					+						+	
l				+					+							+
k							+	+		+		+				
kʰ							+	+			+	+				
ŋ							+		+						+	
x							+	+						+		
tɕ						+		+		+			+			
tɕʰ						+		+			+		+			
ɕ						+		+						+		
tʂ					+			+		+			+			
tʂʰ					+			+			+		+			
ʂ					+			+						+		
ʐ					+				+						+	
ts			+					+		+			+			
tsʰ			+					+			+		+			
s			+					+						+		

从上表可以看到，p和pʰ，t和tʰ，k和kʰ，tɕ和tɕʰ，tʂ和tʂʰ，ts和tsʰ，每一个都各有四个特征，都不相同，每一对都有三个特征相同，只有一个特征不同，就是靠不送气和送气这一区别特征构成差异的，送气与否是汉语里的重要区别特征（在英语中，送气与否不是区别特征）。上表还没有把四个调位特征写上，即55、35、214、51。拿"板"[pan^{55}]和"办"[pan^{51}]的读音来看，其差异只是在于声调的

高低升降造成声调音位的不同。元音和辅音的音位区别特征都一样。

区别特征的说法是从语音的辨义功能着眼的，所以应该肯定，辨义功能是归纳音位的最重要的标准。

"互补分布"说的是音位变体的分布情况。音位的不同条件变体各有自己的分布条件，决不出现在相同的位置上，因而它们的分布状况是互相补充的，这就叫做**"互补分布"**。前面说过的/a/的音位变体 [a、ε、A、ɑ] 就是处于互补分布中的。

凡是处于互补分布中的语音差异，一般不能造成音位的对立，因而互补分布也是归纳音位的一项重要的语音标准。但是，由于在各种语言里形成互补分布的原因和情况不完全一样，所以有的音虽然处于互补分布中，但是当地人听起来差异过大，这样的音也不宜归纳为同一音位。例如，普通话中的 [m] 只出现在音节的开头，作声母，[ŋ] 只出现在音节的末尾，作韵尾。这两个音是处于互补分布状况的，但它们在北京人的音感中有着明显的差异，所以仍应分别归纳为/m/：/ŋ/两个音位。这就是说，在运用互补分布来归纳音位的时候，还应根据当地人们的音感。音感差异也是归纳音位重要的语音标准。

归纳音位必须在同一语音系统中进行。一种语言（或方言）中有细微差别的辅音、元音是很多的，但是用来书写它的字母却越少越便于使用，用有限的字母（比如二三十个）去代表许多不同的辅音、元音，就要运用音位理论。一般用一个字母表示一个音位。音位理论对于创制或改革拼音文字、拼音方案以及语言的学习和教学都有重要意义。

二、普通话音位

（一）普通话元音音位

发音器官可以发出的元音数目很多，元音音位数目总是有限的。

普通话共有/a/、/o/、/ə/、/e/、/i/、/u/、/y/、/ɿ/、/ʅ/、/ɚ/十个元音音位，这十个元音音位的主要音位变体和出现条件简要地介绍如下：

1. /a/　　　　　主要音位变体有[a]、[A]、[ɑ]、[ε]

音位变体	出现条件	例字
[a]	出现在韵尾[-i]或[-n]之前	[ai] [an]
[A]	出现在无韵尾的音节	[iA] [uA]
[ɑ]	出现在韵尾[-u]或[-ŋ]之前	[ɑu] [ɑŋ]
[ε]	出现在韵头[i-]或韵尾[-n]之间	[iεn]

2. /o/　　　　　主要音位变体有[o]、[o^c3)]。

音位变体	出现条件	例字
[o]	在唇音声母后头	泼[po] 破[pʻo]
[oᶜ]	作复韵母韵腹	说[ʂuoᶜ] 候[xoᶜω]

3. /ə/ 主要音位变体有[ɤ]、[ə]。

音位变体	出现条件	例字
[ɤ]	在单韵母中	哥[kɤ] 特[tʰɤ]
[ə]	在鼻韵母中 作轻音节韵腹	文[ʋən] 横[xəŋ] 的[tə]

4. /e/ 主要音位变体有[e]、[ɛ]。

音位变体	出现条件	例字
[e]	在韵尾[-i]前面	被[pei] 危[uei]
[ɛ]	作韵腹、无韵尾时	欸[ɛ] 街[tɕiɛ] 绝[tɕyɛ]

5. /i/ 主要音位变体有[i]、[I]、[j]。

音位变体	出现条件	例字
[i]	作韵腹	基[tɕi] 今[tɕin]
[I]	作韵尾	开[kʰaI] 黑[xeI]
[j]	作韵头（零声母）	叶[jɛ] 要[jɑω]

6. /u/ 主要音位变体有[u]、[ω]、[w]、[ʋ]。

音位变体	出现条件	例字
[u]	作韵腹	古[ku] 工[kuŋ] 夫[fu] 父[fu]
[ω]	作韵尾	好[xɑω] 后[xoω]
[w] [ʋ]	作韵头（零声母）	完[wan] [ʋan] 为[wei] [ʋei]

7. /y/ 主要音位变体有[y]、[ɥ]。

音位变体	出现条件	例字
[y]	作韵腹	去[tɕʰy] 裙[tɕʰyn]
[ɥ]	作韵头（零声母）	月[ɥɛ] 圆[ɥan]

8. /ɿ/ 主要音位变体只有[ɿ]。

音位变体	出现条件	例字
[ɿ]	在[ts、tsʰ、s]后作韵母	资[tsɿ] 私[sɿ]

9. /ʅ/ 主要音位变体只有[ʅ]。

音位变体	出现条件	例字
[ʅ]	在[tʂ、tʂʰ、ʂ、ʐ]后作韵母	知[tʂʅ] 日[ʐʅ]

10. /ɚ/　　　主要音位变体有[ɚ]、[ɐr]。

音位变体	出现条件	例字
[ɚ]	阳平、上声音节	儿[ɚ³⁵] 尔[ɚ²¹⁴]
[ɐr]	去声音节	二[ɐr⁵¹] 贰[ɐr⁵¹]

（二）普通话辅音音位

普通话共有/p/、/pʰ/、/m/、/f/、/t/、/tʰ/、/n/、/l/、/k/、/kʰ/、/ŋ/、/x/、/tɕ/、/tɕʰ/、/ɕ/、/tʂ/、/tʂʰ/、/ʂ/、/ʐ/、/ts/、/tsʰ/、/s/二十二个辅音音位。下面只把明显的音位变体介绍一下：

1. 不送气清塞音、清塞擦音出现在轻声音节中时，由于读音弱，受前、后元音的影响，有时变成了相应的浊辅音。

例如：

音位	音位变体	例字
/p/	[b]	尾巴 [bA]
/t/	[d]	我的 [də]
/k/	[g]	五个 [gə]
/tʂ/	[dʐ]	看着 [dʐə]
/ts/	[dz]	椅子 [dzə]
/tɕ/	[dʑ]	姐姐 [dʑiɛ]

2. 大多数辅音音位（除[f]等少数辅音外）在同后头的圆唇元音相拼时都双唇拢圆，即产生各种圆唇音的音位变体。例如"都[tu]、努[nu]、苏[su]、取[tɕʻy]"等的辅音发音时双唇都拢圆了。

---

3) [o˚]，˚表示圆唇度略减，它也可以放在音标o的下方。

3. 舌尖中音/t/、/tʰ/、/n/、/l/和齐齿呼韵母拼合时出现带有腭华音色彩的音位变体。例如："低[ti]、你[ni]、李[li]"中的辅音分别变成[tj]、[nj]、[lj]。

4. 舌根音/k/、/kʰ/、/x/同[ei]拼合时，由于受到[ei]韵母中舌位较高的前元音[e]的影响，发音部位前移，例如"给、剋、黑"中的辅音实际音值就是这样。

5. 鼻音/n/除了前面介绍的圆唇音之外，还有两个音位变体，一个是声母[n-]，有鼻音发音的成阻、持阻、除阻三个阶段，持阻、除阻期都发音；一个是韵尾[-n]，持阻期发音，除阻期不发音，有人称它作"惟闭音"。

6. 鼻音/ŋ/有两个音位变体：一个是韵尾[-ŋ]，持阻期发音[4)]，除阻期不发音，是惟闭音，如"当[taŋ]、江[tɕiaŋ]"的韵尾是惟闭音。一个是音节开头的辅音[ŋ-]。有鼻音发音的三个阶段，但只出现在后续语气词"啊"的开头，"啊"[A]同前面有韵尾[-ŋ]的音节连续时因同化作用常增油这种[ŋ-]辅音。如"唱啊"[tʂʰaŋŋA]。

☆汉语中一个音节最多有4个音素。

"啊（a）"一个音素，"音（yin）"两个音素，"为（wei）"三个音素，"表（biao）"四个音素。在汉语中，一个音节都是由声母和韵母两部分构成（没有声母的成为"零声母"），除零声母外，所有声母都是由1个辅音音素构成。韵母可以单韵母，也可以是复韵母或者鼻韵母。单韵母是由1个元音音素构成的，复韵母可由2个元音音素（如ao）或3个元音音素（如iou）构成（最多是3个）；鼻韵母由1个元音音素（如in）或2个元音音素（如ian,最多两个）加一个鼻辅音音素构成。所以，汉语中一个音节最少有1个音素，最多也就是4个音素。

☆汉语拼音方案用u和o两个字母代表韵尾[u]音位，是因为u和n的手写体容易混淆，再者韵尾[u]只表示复元音[au]、[iau]的滑动方向，实际上没滑到[u]。

[oᶜ]"ᶜ"表示圆唇度略减，它也可以放在音标"o"的下方。

☆介音是韵母发音的起点。

---

4) 成阻是辅音发音的过程（一般分为成阻、持阻、除阻三个阶段）中的开始阶搜索段，即发音过程中阻碍作用的形成，发音器官从静止或其他状态转到发一种辅音时所必需的构成阻碍状态的过程。如发b时，软腭上升，双唇紧闭；发d时，软腭上升，舌尖顶住上齿龈。持阻是中间阶段，即发音过程中阻碍作用的持续，发音器官从开始"成阻"到最后"除阻"的中间过程。除阻是最后阶段，即阻碍作用的消除，发音器官从某种阻碍状态转到原来静止或其他状态的过程。如发b时，嘴唇由闭而开；发k时，舌根离开硬腭后部。

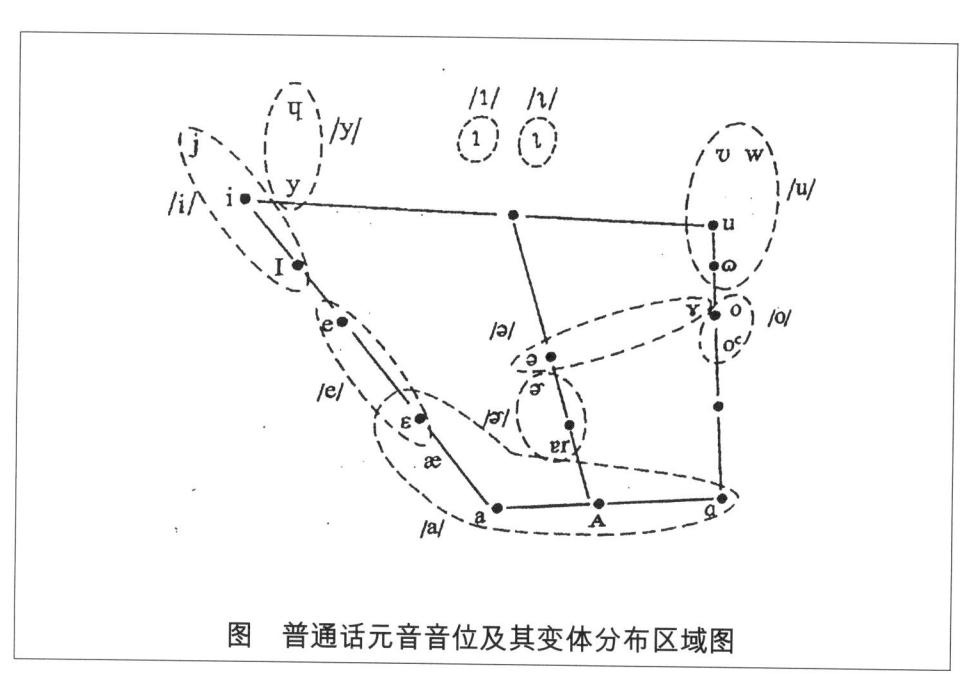

图　普通话元音音位及其变体分布区域图

零声母表

韵类	所带元音	例字	汉语拼音	国际音标
齐齿呼	[j]	衣、牙	yi、ya	[ji、jiA]
合口呼	[w]	乌、蛙	wu、wa	[wu、wA]
撮口呼	[ɥ]	于、约	yu、yue	[ɥy、ɥyɛ]
开口呼	[ɣ、ʔ]	暗、欧	an、ou	[ɣan、ʔou]

普通话声韵配合简表

声母 \ 能否配合 \ 韵母		开口呼	齐齿呼	合口呼	撮口呼
双唇音	b、p、m	+	+	只跟 u 相拼	
唇齿音	f	+		只跟 u 相拼	
舌尖中音	d、t	+	+	+	
	n、l				+
舌面前音	j、q、x		+		+
舌面后音	g、k、h	+		+	
舌尖后音	zh、ch、sh、r	+		+	
舌尖前音	z、c、s	+		+	
零声母	∅	+	+	+	+

注:"＋"表示全部或局部声韵能相拼,空白表示不能相拼。

国际音标辅音表附拼音对照

發音方法			唇音		舌尖音				舌葉音	舌面音			小舌音	後壁音	喉音
		發音部位	雙唇	唇齒	齒間	舌尖前(平舌)	舌尖中	舌尖後(翹舌)		舌面前	舌面中	舌面後(舌根)			
塞	清	不送氣	幫 b p				端 d t	ʈ		ȶ	c	見 g k	q		ʔ
		送氣	滂 p pʼ				透 t tʼ	ʈʼ		ȶʼ	cʼ	溪 k kʼ	qʼ		
	濁	不送氣	b				d	ɖ		ȡ	ɟ	g	ɢ		
		送氣	bʼ				定 dʼ	ɖʼ		澄 ȡʼ	ɟʼ	群 gʼ	ɢʼ		
塞擦	清	不送氣		p f	tθ	精 z ts		zh tʂ	tʃ	照 j tɕ					
		送氣		敷 p fʼ	tθʼ	清 c tsʼ		ch tʂʼ	tʃʼ	穿 q tɕʼ					
	濁	不送氣		b v	dð	dz		dʐ	dʒ	dʑ					
		送氣		b vʼ	dðʼ	從 dzʼ		dʐʼ	dʒʼ	床 dʑʼ					
鼻	濁		明 m m	微 ɱ			泥 n n	ɳ		娘 ȵ	ɲ	疑 ng ŋ	ɴ		
顫	濁						r						ʀ		
閃	濁						ɾ		日 ɻ				ʀ		
邊	濁						來 l l				ʎ	(ɫ)			
邊擦	清						ɬ								
	濁						ɮ								
擦	清		ɸ	非 f f	θ	心 s s		sh ʂ	ʃ	審 x ɕ		曉 h x	χ	ħ	h
	濁		β	奉 v	ð	邪 z		r ʐ	ʒ	禪 ʑ	喻 j	匣 ɣ	ʁ	ʕ	ɦ
半原音	濁		w ɥ	ʋ			ɻ				j(ɥ)	(w)	ʁ		

第三章 文字

第一节 汉字概说

一. 文字的性质

文字是记录语言的书写符号系统，是重要的辅助性交际工具。先有语言，后有文字。文字突破了语言在时间和空间上的限制，扩大了语言的交际功能。

汉字是记录汉语的书写符号系统，是语素文字。

二. 汉字的产生

汉字是记录汉语的书写符号系统，是汉民族在长期的生产时间中创造出来的，是世界上历史最悠久的文字。

三. 汉字的特点

1. 汉字的主要特点是它属于表意体系的文字。

    ① **表音文字**：从记录语音入手，用符号直接表示语音（音素或音节），造出音符，凭音符得义，即间接表示语义，这种用音符直接表示语音的文字叫音符文字。即表音文字。

    ② **表意文字**：从记录语音入手，用符号（字形）直接表示语义，造出义符，以义符带音，即间接表音，这种用义符直接表示语义的文字，叫义符文字，即表意文字。（汉字、埃及古文字）

    ☆ 汉语形声字的形旁是义符，声旁是音符，形声字也是书写语素的义和音，因此有人据此说汉字是意音文字。

    汉语里有400多个音节，却用几万个字表示。可汉字的80%是形声字，其数目超过汉语的音类。

    形声字的声旁表语素之音类，是类音符，要一音一符，才是真音符。

    汉语形声字的声旁本身来自义符，假借义符表音类，又不是专职表某音，有的声旁还可兼职作形旁。

2. 汉字是形体复杂的方块结构。

3. 汉字分化同音词能力强。

4. 汉字有超时空性。

　　汉字同语音无直接的、固定的联系，这点使有一定文化基础的人容易阅读一两千年前写的古书，使广大方言地区的人用书面交际成为可能。

第二节 汉字的形体

朝代	汉字字体
夏 前21世纪~前16世纪	甲骨文
商（殷商）前16世纪~前11世纪	
周 西周 前1046~前771 　　东周 前770~前256 　　　春秋时代 前770~前476 　　　战国时代 前475~前221	金文
秦 公元前 221年~前206年	大篆 小篆 隶书
汉 西汉 前206年~公元23 　　东汉 25~220	汉隶 楷书-草书 行书
三国 魏 220~265 　　　蜀 221~263 　　　吴 222~280 　　　． 　　　． 　　　．	

一. 现行汉字的前身

五种正式字体：甲骨文→金文→篆书→隶书→楷书

辅助字体：草书、行书

甲骨文：指通行于殷商时代刻在龟甲、兽骨上的文字。

　　主要特点：细瘦的线条，拐弯多是方笔，外形参差不齐、大小不一。

金文：通行于西周的青铜器上的文字。

　　主要特点：笔形丰满粗肥，外形比甲骨文方正、匀称。

篆书：大篆——指春秋战国时代秦国的文字，字形比金文整齐，笔画均匀。

　　小篆——指秦始皇统一六国后整理、推行的标准字体，字形更匀称、整齐，笔画圆转、简化，异体字基本废除了。

隶书：有秦隶、汉隶两种。

  秦隶--产生于秦代的隶书，笔画变方折平直，基本摆脱了象形的特点。

  汉隶--在秦隶的基础上演变来的，是汉代通行的字体，字型规整，撇、捺、长横有波磔，很少有篆书的残存痕迹。

草书：

  章草--章草是隶书的草写题，东汉章帝时盛行，虽有连笔，但字字独立。

  今草--产生于东汉末，形体连绵。

  狂草--产生于唐代，变化多端，极难辨认。（艺术）

行书：产生于东汉末，一直运用至今，形体近楷不拘，近草不放，笔画连绵，各字独立，易写好认。

二．现行汉字的形体

1. 楷书和行书

  楷书--是国家通用的标准字体。

  汉字经过整理和简化。

    变化——→繁体简化

      异体字减少

      形体有细微差别的字，保留了其中的一种写法。

2. 印刷体和写体

  印刷体：宋体、仿宋体、楷体、黑体。

  手写体：指用手执笔直接写成的汉字。（软笔字，硬笔字）

第三节 汉字的结构

现行汉字的结构可以从结构单位、书写顺序、造字法三个方面进行研究。

一. 结构单位

现行汉字的结构单位有两级：一是笔画，二是部件。

1. 笔画

① 笔画——是构成汉字的最小单位。笔画的具体形状称笔形。传统的汉字基本笔形有八种，即：、（点）、一（横）、丨（竖）、丿（撇）、乀（捺）、⺄（提）、㇇（折）、亅（钩），又称"永"字八法。

② 1965年，文化部和文改会发布的《印刷通用汉字字形表》和1988年国家语委、新闻出版署发布的《现代汉语通用字表》规定了五种基本笔形，即：一（横）、丨（竖）、丿（撇）、、（点）、㇇（折）（复合笔形），又称"札"字法。折笔形是两种或两种以上单一笔形的连接。

③ 笔画的组合方式：

相离：二、三、川、八、小、儿、心、习

相接：人、入、几、乃、刀、工、上、山

相交：十、七、九、力、丰、井、也、韦

2. 部件（偏旁）

部件—又叫做偏旁或构件，是由笔画组成的具有组配汉字功能的构字单位。

现形汉字的部件类型：

① 成字偏旁和不成字偏旁（按现在能否独立成字划分）

② 单一偏旁和复合偏旁（按能否再切分成小的偏旁划分）

③ 单笔部件和多笔部件（按笔画的多少划分）

④ 一层部件、二层部件、三层部件等（按照部件切分先后层次划分）

根据汉字部件的多少，汉字可分独体字和合体字。

① 左右组合

　　A. 左右结构：明、许

  B. 左中右结构：树、辨

② 上下组合

  A. 上下结构：岩、笔

  B. 上中下结构：器、葬

③ 包围组合：

  A. 两面包围

    ⓐ 上左包围：厅、庆

    ⓑ 上右包围：旬、司

    ⓒ 左下包围：远、赶

  B. 三面包围

    ⓐ 上三包围：问、凰

    ⓑ 下三包围：凶、函

    ⓒ 左三包围：区、医

  C. 四面包围：国、围

④ 框架组合

  A. 一层框架：巫、坐

  B. 二层框架：噩、爽

⑤ 品字组合：晶、森

  ☆部首的含义：是字书中各部的首字，具有字形归类作用。

  思考：偏旁与部首的区别。

  偏旁不等于部首。偏旁是切分汉字而得到的结构单位，部首则是为给汉字分类而专设的部目。部首一般包括两类：一是形旁；二是某些笔画。

  ☆采用部首给汉字归类，始于东汉许慎的《说文解字》。它把9353个汉字归为540部。作部首的汉字部件，大都具有表示意类的作用。

3. 笔顺

笔顺是书写汉字时笔画的先后顺序。独体字和合体字都有书写顺序的问题。

汉字笔顺的基本规则是：

① 先横后竖（十），

② 先撇后捺（人），

③ 从上到下（二、芳），

④ 从左到右（川、汉），

⑤ 从外到内（月、同），

⑥ 从外到内后封口（四、国），

⑦ 先中间后两边（小、水）。

二. 造字法

许慎《说文解字》

象形者，画成其物，随体诘诎。日、月是也。（文字描摹实物的形状）

指事者，视而可识，察而见意。上、下是也。（文字由指示性的符号构成）

会意者，比类合谊，以见指撝。武、信是也。（汇合两个或两个以上的字构成一个新字）

形声者，以事为名，取譬相成。江、河是也。

转注者，建类一首，同意相授。考、老是也。（用字法）

假借者，本无其字，依声托事。令、长是也。

汉字的四种主要造字法

1. 象形

摹拟事物的外部形状的造字方法。象形字是构成汉字的基础。

日　月　刀　入　山　水　木

2. 指事

用象征性符号或在象形字上加提示符号来表示某个字。

"曰"字在口上标出短横代表口中发出的言语声音。

"本"用横表示树木根部；

"朱"用横表示红心树干；

"末"用横表示树梢；

"刃"用点表示刀最锋利（刀刃）所在；

"母"用两个点指示乳房，表成年女性为人母；

"甘"在口内加一点，表示口中含有甘美食物。

3. 会意

用两个以上部件合成一个字，把这些部件的意义合成新字的意义，这种方法叫会意。

象形和指事都是独体字，而会意是合体字。

会意建立在人们的联想和推理的基础上。

同体会意字：

"从"，表示两人前后相随；

"比"，表示两人接近并立；（𠈌 密也。二人爲从，反从爲比。凡比之屬皆从比。夶，古文比。毗至切。）

"林"，表示树木众多；

"磊"，表示石头很多；

类似的还有：北、炎、鑫、淼、众、森等。

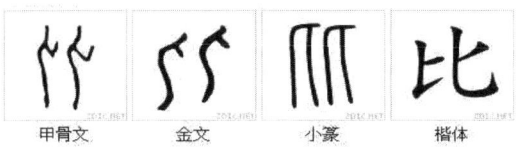

甲骨文　金文　小篆　楷体

4. 形声

由表示字义类属的部件和表示字音的部件组成新字的造字法。

① 形旁和声旁的组合类型

  A. 左形右声：河　堆　挑　洋　晴　矿
  B. 右形左声：切　攻　战　群　剃　期
  C. 上形下声：芳　竿　宇　窍　露　爸
  D. 下形上声：勇　型　袋　姿　架　劈
  E. 外形内声：匣　囤　阁　裹
  F. 内形外声：问　闻　辩　瓣

② 形旁的作用和局限

作用：表示字的意义类属。

  扌　氵　钅　石　讠　犭　山　木　- -→　帮助和区别字的意义。

  例：捞　唠　涝　崂　铹　铹

局限性：

A. 由于社会的发展，客观事务的变化，有些形旁意义不好理解。如"篇、简"为什么从竹，"货、贷"为什么从贝，如果不了解古代曾在竹简上写字，曾用贝壳作货币，就不会懂得这些形旁的作用。

B. 由于字义的演变，假借字的存在，形旁也不好理解。如"颁、颗"为什么从页，"治、渐"为什么从水，如果不知道"颁"本是大头，"颗"本是小头，原义都同"页"的原义（头）有联系；如果不知道"治、渐"原义都是水名，那么，这些字的形旁也不好理解。

C. 由于字形的变化，有的形旁不好辨认了，或位置特殊。例如"辨"从刀辨声，"恭"从心共声，"刀"和"心"都变了形。疆，从土彊声，形旁在左下角。楷书的形旁"月"，有的是月（朗、期），有的是肉（肺、脏），有的是舟（服）。

③ 声旁的作用和局限性

作用：表示读音。

换 唤　焕 涣
　　轮 伦 沦 论　　内 纳 呐 讷
　　旁 滂 膀 磅 榜

局限：由于古今语音的演变等原因，大约有3/4的形声字的声旁同整个字的读音不完全相同。

第四节　汉字的整理和标准化

一．汉字的整理

1. 简化笔画

   1986年，公布并推行《简化字总表》（含2235个简化字）

   简化方法：

   ① 类推简化（偏旁）：简化一个繁体字或繁体字的部件。

   　　　　贝：货　贷　贩　贬

   　　　　金：钱　铜　锡　锌

   ② 同音或异音代替：在意义不混淆的条件下，用形体简单的同音或异音字代替繁体字，即减少了字数，又突出了表音的特点。

   　　　　同音代替：表（錶）、丑（醜）、秋（鞦）、制（製）

   　　　　异音代替：卜bǔ(蔔bo)、柜jǔ(櫃gui)

   　　　　情况特殊：干（幹、乾）、借（藉）

   ③ 草书楷化：

   　　　　書-书、農-农、爲-为、興-兴

   ④ 换用简单的符号：

   　　　　汉（漢）、鸡（雞）、戏（戲）

   ⑤ 保留特征或轮廓：

   　　　　保留特征：声（聲）、飞（飛）、亏（虧）

   　　　　保留轮廓：夺（奪）、齿（齒）

   ⑥ 构成新的形声字或会意字：

   　　　　形声字：响（響）、惊（驚）、窜（竄）

   　　　　会议字：灶（竈）、宝（寶）

2. 精简字数

   最重要的是整理异体字。1955年的《第一批异体字整理表》，废除了1055个异体字。

☆ 异体字的定义

指音义都相同仅形不同的字，可以互称为异体字"吸yān"的yān，至少有三种写法："烟煙菸"。这三个字形互为异体字。

经过整理以后，大家习惯把选用的正字"烟"，称为"选用字"，而把另外两个非选用字"煙菸"称为"异体字"。

二. 汉字的标准化

汉字标准化指对现行汉字进行全面、系统、科学的整理，即做到四定：

定量、定形、定音、定序

1. 定量：规定现代汉语用字的数量。

   1988年《现代汉语通用字表》收字7000个

2. 定形：是规定现代汉字的标准字形。

   公布《印刷通用汉字字形表》、《现代汉语通用字表》，为汉字定形奠定基础。

   科学地整理异体字、异形词，教育部2001年12月发布《第一批异形词整理表》

3. 定音：是指规定现代汉语用字的标准读音。

   1985年国家语委、国家教委、广播电视部发布了《普通话异读词审音表》，对一千多条异读词作了审订和修订，为字音的标准化打下了基础。

   畜：

   chù（名物义） 家~ 牲~ 幼~

   xù（动作义） ~产 ~牧 ~养

4. 定序：是指规定现代汉语用字的排列顺序。

   主要采用义序法、音序法和形序法

   ① **义序法**：按照字义进行分类来排列顺序。如古代《尔雅》（我国最早的一部解释词义的专著）

   ② **音序法**：按照字音排列顺序，《新华字典》《现代汉语词典》

   ③ **形序法**：按照字形排列，现行主要有主要部首法、笔画法、号码法。

第四章 词汇

第一节 词汇和词的结构

一. 词汇

1. 词汇是什么？

　　词汇又称语汇，是语言的建筑材料，是一种语言里所有的（或特定范围的）词和固定短语的总和。一种语言只有一个词汇系统。词汇还可以指某一个人或某一作品所用的词和固定短语的总和，如"老舍的词汇"。词汇反映着语言的发展状况，也标志着人们对客观世界认识的广度和深度。词汇的丰富与否决定了语言的表现力。个人的词汇量则往往取决于他的学识、阅历。词汇量等于信息量。深入生活、关注社会、阅读书籍、利用媒体是扩大词汇量的有效途径。

2. 词汇和词的区别

　　词汇是词的集合体，词汇和词的关系是集体和个体的关系，好比树林和树的关系。

二. 几种词汇单位

　　词汇单位有三级：语素、词、固定短语和略语。

1. 语素

　　语素是语言中最小的音义结合体，是构词的基础。

　　意义分两种：词汇意义——表示事物、现象的意义。

　　　　　　　　语法意义——只表示语法作用的意义。

例：书 { 1、语素 2、语音形式："shū" 3、词汇意义："成本的著作" 4、语法意义：名词 }　　马虎 { 1、语素 2、语音形式：mǎhu 3、词汇意义："不认真" 4、语法意义：形容词 }

$$\begin{cases} 1、语素 \\ 2、语音形式：ma \\ 3、语法意义：表示疑问语气 \\ 4、词汇意义： \end{cases}$$

☆实语素：即有词汇意义，又有语法意义的语素。
　虚语素：只有语法意义，没有词汇意义的语素。

1、语素的分类 $\begin{cases} 单音节语素，如"天、地、河、啥、而、吗" \\ 多音节语素 \begin{cases} 两个音节的，如"踌躇、荒唐、牢骚、参差、尼龙、维纶" \\ 三个或三个以上音节的，如"法西斯、海洛因、迪斯科、巧克力、哈尔滨、乌鲁木齐、奥林匹克" \end{cases} \end{cases}$

☆**如何确定语素？**

确定语素可以采用替代法，用已知语素替代有待确定是否语素的语言单位。须注意的是被替代的语素每个字都必须进行替代，缺一不可。例如"蝴蝶"中"蝴"、"蝶"这两个字都必须进行替代。（"蝴蝶"只是一个语素，"蝶"可叫简称语素，"蝴蝶"是全称语素。）采用替代法还要注意在替代中保持意义的基本一致。

如果每个字都可被别的字替代并且意义基本不变，那么每个字都是一个语素。如果每个字或某个字不能被别的字替代或者替代之后意义有很大的改变，那么整个单位是同一个语素，如"马虎"。（因为"马虎"中的"马"与"虎"同"马鞍"、"老虎"中的"马"与"虎"在意义上毫无关系。实际上"马虎"中的"马"与"虎"都不能为别种已知语素所替代，所以都不是语素，"马虎"只能合起来算是一个语素。）

☆**从构词能力为标准的分类：**

① **成词语素**：能够独立成词的语素叫成词语素。－－能够单独成词。

　　例如：地、跑、行、我、谁、不、又、葡萄、橄榄

② **不成词语素**：不能单独成词的语素叫不成词语素。

　　从语素的位置分：不定位语素（自由语素）－－所组成词的全部或部分基本意义，位置自由。

　　　　　　如：民、语、伟、习、境、奋

词缀 - - 定位语素

如："老""阿"→前缀，

"子""儿""头"→后缀

☆总之，表示词的基本意义的语素叫"词根"，包括不定位不成词语素、成词语素。表示词的附加意义和起语法作用的语素叫"词缀"，包括定位不成词语素。按照词缀在词根前后的不同位置，在词根前的词缀叫"前缀"，如"老、阿"；在词根后的词缀叫"后缀"，如"子、头"。

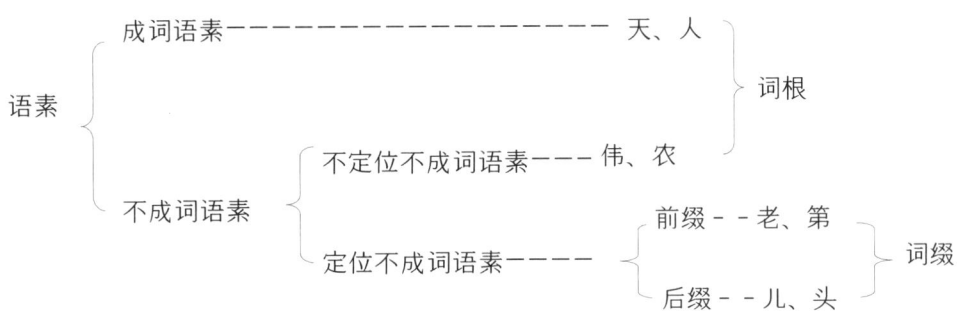

2. 词

☆**词的定义**

句中最小的能够独立运用的语言单位。

提示：在词的定义中，"独立运用"区分了词和语素，"最小的"区分了词和短语。

① 词的语音形式是固定，这不仅指一个词的声韵调是固定不变的。而且也指词的内部结合紧密，不允许有停顿出现。所谓"读破句"，就是破坏了词的结构状况。比如"参加入学考试"应该读成"参加/入学/考试"，不能读成"参/加入/学/考试"。

② 它还表现出一定的语法功能，所谓"独立运用"，并不是仅仅指可以单独回答问题，或者单独成句，而是还指可以跟别的词语自由组合。

③ 它还应该是最小的语言单位，这一方面跟短语区别开来，另一方面又跟语素区别开来。因此，词汇中所有的词原则上都可以从"语音"、"词义"和"功能"这三方面进行分析。

☆词与语素的区分：ⓐ语素的意义不太明确，也不太稳定。

ⓑ语素不能独立运用。

☆独立运用是指：独立成句，独立回答问题，独立作句子成分。

词与语素的区分

语素	词
1. 语言中最小的音义结合的单位。	1. 语言中能独立运用的最小的语言单位。
2. 是构词的单位。 ① 成词语素，即能单独成词，也能同别的语素结合成词。 ② 不成词语素，单独不能成词，要同别的语素组合成词。	2. 是构成短语和句子的单位。 ① 词是比语素高一级的语言单位，是造句单位。 ② 词可以由一个语素构成，也可以由多个语素构成。
3. 只有在同别的语素相结合构成词或自身是成词语素时，语言形式才独立完整。汉语语素绝大部分是单音节的。	3. 有固定的语音形式，在词的末尾可以有语音停顿，词内部语素之间没有停顿。现代汉语的词，双音节占绝大优势。

☆短语和词的区别

自由语素也可以同别的自由语素组成一个词，这时就存在一个跟短语划界的问题。

短语是词和词的语法组合。短语和词易混的原因主要有两点：

① 短语和词的基本结构相同。都有基本的五种结构。

② 自由语素既可以做语素构成词，又可以做词构成短语。

☆区别方法：可以用扩展法或插入法区别词和短语。

词具有结构上的凝固性和意义上的融合性，它是一个整体，不能扩展，即在中间添加成分，词不能再分割成若干能自由运用的有意义的结构实体，短语不然。

ⓐ **从意义来看**，词有一个固定的、不可分割的意义，短语则是由词义相加而成，因此意义是可以分割的。词的意义不是构成成分意义的简单相加，而是由构成成分的意义形成的一个特定的整体意义。例如：如果，黑板

ⓑ **从结构来看**，短语可以用扩展法来检验，某一个语言单位中间不能插入别的成分

的是词，可插入别的成分的是短语。例如：开车，牛羊

☆短语是词和词的组合，它也表示一定的意义，也是造句成分，可以单说或单用，但它不是"最小的"能够独立运用的单位。它是可以分割的，中间往往能插入别的造句成分（即"扩展"），而词是不能分割的，分割之后就不表示原来的意思。这种识别词和短语的方法叫扩展法。不同结构所插的词大体为：联合（和）、偏正（的）、主谓（很）、动宾（了）、动补（得）。

在词的定义中，用"独立运用"来区分语素和词，用"最小的"的来区分词和短语。

☆有时某语言单位本义是短语，引申义则为词。如：我头痛，因为我碰到了一个头痛的问题。如：

	短语	词
东西	表方向。	表人、物。
	如：你这个东西上街买什么东西。	
教学	教学是一个问题的两个方面。	段老师教学不认真。

有一类词，在有限的情况下，语素之间可以插入别的成分，例如："洗澡、帮忙、理发"这类词，我们称之为"离合词"，应该处理为：合的时候是一个词，分的时候是两个词。

☆练习：

补充说明：分辨词和短语的方法是扩展法，又叫插入法。如果一个语言片段插入别的成分使其扩展后，不改变原意，这个语言片段就是短语；如果意义改变了，或者没有意义了，这个语言片段就是词。

词		短语	
原式	扩展式	原式	扩展式
黑板	黑色的板子	黑布	黑色的布

白菜	白色的菜	白马	白色的马
铁路	铁的路	铁门	铁的门
眼热	眼很热	手热	手很热
杀青	杀了青	杀鸡	杀了鸡
说明	说得明	说清	说得清
骨肉	骨和肉	血肉	血和肉

☆结语：

① 能否"独立运用"（单说单用）区分语素和词；

② 是否"最小的"（不能扩展）区分词和短语；

③ 词是造句单位，语素是构词单位；

④ 词由语素构成，记录其书写符号则是字。

词、语素、字的关系图表

性质	举例						
字	谁	喜	欢	巧	克	力	糖	7个字
语素	谁	喜	欢	巧克力			糖	5个语素
词	谁	喜欢		巧克力糖				3个词

3. 固定短语

固定短语是词与词的固定组合。

☆固定短语的特点：

① 结构的定型性

　A. 构成成分次序不能随意颠倒。

　　如：南征北战，　牛头马面

　B. 构成成分不能随意替换。

　　如：半斤八两 ——→半斤五两

C. 不能随意增减成分。

如：弥天大谎 ——→弥天之大谎

② 意义的整体性

A. 具有特殊的引申义和比喻义。

B. 理解真实含义必须了解形成的文献典故和历史事件。

如：鹤立鸡群， 胸有成竹， 怒发冲冠

☆固定短语的主要成员

固定短语可以分为两大类：专名和熟语

◇ 专名是指用复杂短语形式表达的事物名称。

如：国名、地名、书名、机构名、人名。

◇ 熟语主要有成语、惯用语、歇后语、谚语和格言等。

- 成语:一种相沿习用的具有书面语色彩的固定短语。

    如：一清二白，虎假虎威

- 惯用语:一种表达 习惯性比喻含义的具有口语色彩的固定短语。

    如：开倒车， 狐假虎威

- 谚语：流传于民间的一种通俗语句。

    如：瓜菜半年粮， 冬麦盖三层被,来年枕着馒头睡。

- 歇后语：由近似于谜面、谜底的两部分组成的带有隐语性质的固定短语。

    如：八仙过海---各显神通，孔夫子搬家——净是书（输），

    鸡蛋碰石头---不自量力，鸡蛋碰石头----不自量力。

- 格言：出于名人或名文带有哲理性的固定短语。

4. 略语→语言中经过压缩和省略的词语。

① **简称**

短语简缩的方式主要有下列五种。

第一、分段简缩：即把全称分段，每段提取一个成分。

A. abcd→ac时，即前后分为两段，每段提取第一个成分。

土地改革→土改　　地下铁道→地铁　　邮政编码→邮编　　知识青年→知青

劳动模范→劳模　　公共关系→公关　　科学技术→科技　　研究制造→研制

文化教育→文教　　旅行游览→旅游　　北京大学→北大　　交通大学→交大

B. abcd→ad时，即前后两段，去前段第一个成分和后段第二个成分。

空中小姐→空姐　　高等学校→高校　　军人家属→军属　　外交部长→外长

扫除文盲→扫盲　　保证价值→保值　　整顿作风→整风　　动员搬迁→动迁

第二、截段简缩：即截取全称的最有区别性特征的成分。

中国人民解放军→解放军　　　中国南极长城站→长城站

清华大学→清华　　　　　　　复旦大学→复旦

第三、综合简缩：即既采取截段简缩，又采取分段简缩。

中国人民政治协商会议→政治协商会议→政协

联合国安全理事会→安全理事会→安理会

全国人民代表大会→人民代表大会→人代会

第四、省同存异：省略相同的成分，保留不同的成分。

工业农业→工农业　　理科工科→理工科　　青年少年→青少年

病害虫害→病虫害　　中学小学→中小学　　教员职员→教职员

第五、含外来词的名称可只取外来词头一个音节（字）。

哈尔滨市→哈市　　呼伦贝尔盟→呼盟

☆通过简缩短语而形成的简称，有的结构不够凝固，形成词与短语的中间物。但有些简称用多了、用久了，语义、语形都比较固定，就转化成词。比如现在的"工会"已不一定是"工人联合会"或"工人协会"的简称，在"教育工会"、"俄罗斯军人工会"中，"工会"的含义具有凝固性，专指性，都不能看作简称了。

② **数词略语**

对一些习用的联合短语，选择其中各项的共同语素（属性）加上所包含的项数，即构成数词略语。

例：身体好、学习好、工作好 —→ 三好

增产节约、增收节支 —→ 双增双节

开口呼、合口呼、齐齿呼、撮口呼 —→ 四呼

包修、包换、包退 —→ 三包

农业现代化、工业现代化、国防现代化、科学技术现代化 —→ 四个现代化
　　　　　　　　　　　　　　　　　　　　　　　　　　　　　四化

酸、甜、苦、辣、咸 —→ 五味

稻、黍子、高粱、麦、豆 —→ 五谷

③ **字母词**

VCD、CD、CT、SOS、WHO、HSK、WTO、BDP、B超、T恤、AA制。

三．词的结构

构词语素 { 1、词根——指的是意义实在、在合成词内位置不固定的成词语素和不成词语素。

2、词缀——指的是意义不实在、在合成词内位置固定的不成词语素。

单纯词：由一个语素构成的词。

合成词：由两个或两个以上的语素构成的词。

1. 单纯词（单语素词）

单音节的单纯词：天、江

多音节的单纯词：

① **联绵词**：指两个不同的音节连缀成一个语素，表示一个意义的词。（联绵词是从古汉语角度来讲的，是非能产的。）

A. 双声词：指两个音节声母相同的联绵词。例如：

参差　　仿佛　　忐忑　　伶俐　　崎岖

玲珑　　蜘蛛　　枇杷　　吩咐　　尴尬

B. 叠韵词：指两个音节的"韵"相同的联绵词。例如：

彷徨　　薜荔　　窈窕　　烂漫　　从容

逍遥　　蟑螂　　哆嗦　　翩跹　　叮咛

C. 其他：指两个音节声韵都不同的联绵词。例如：

蝴蝶　　芙蓉　　蝙蝠　　鸳鸯　　蛤蚧

② **叠音词**：由两个相同的音素相叠而构成。例如：

猩猩　姥姥　饽饽　潺潺　皑皑　瑟瑟

③ **音译的外来词**：葡萄　咖啡

2. 合成词：

① **复合式**

由两个或两个以上不相同的词根结合在一起构成。从词根和词根之间的关系看，主要有五种类型。

A. 联合型：由两个意义相同、相近、相关或相反的词根并列组合而成，又叫并列式。

ⓐ 途径　体制　价值　关闭　——可以互相说明。

ⓑ 骨肉　尺寸　领袖　眉目　——产生新的意义。

ⓒ 国家　质量　窗户　人物　——只有一个词根的意义在起作用。(偏义词)

B. 偏正型：前一词根修饰、限制后一词根。

ⓐ 人流　气功　冰箱　热心　小心　雪花　——定中关系

ⓑ 密植　游击　腾飞　倾销　筛选　葱绿　——状中关系

C. 中补型：后一词根补充说明前一词根。

  ⓐ 提高 说服 推翻 立正 合成 压缩 ——→动补结构

  ⓑ 车辆 花束 羊群 稿件 船只 马匹 ——→名量结构

D. 动宾型：前一词根表示动作、行为，后一词根表示动作、行为所支配关涉的事物。（支配式）

  司机 管家 司令 站岗 投资 挂钩 有限 达标

E. 主谓型：前一词根表示被陈述的事物，后一词根是陈述前一词根的。又叫陈述式。

  地震 霜降 海啸 气喘 年轻 肉麻 心酸 蚕食

② **重叠式**：由相同的词根语素重叠构成。

 例如：

  姐姐 哥哥 爹爹 仅仅 刚刚

③ **附加式**：由词根和词缀构成。此类词又叫派生词。词缀在词根前的叫前缀，在词根后的叫后缀。

 A. 前加式（前缀+词根）。例如：

  老 — 老虎 老乡   小 — 小王 小李

  第 — 第五 第十   阿 — 阿姨 阿毛

 B. 后加式（词根+后缀）。例如：

  —子 刀子 瓶子 扳子 滚子 胖子 瘦子

  —头 石头 木头 念头 来头 苦头 甜头

  —儿 鸟儿 花儿 盖儿 歌儿 尖儿 亮儿

  —性 硬性 原则性 创造性 弹性

  —者 作者 读者 唯物主义者 科学工作者

  —化 绿化 规范化 现代化 自动化 大众化

  —于 勇于 在于 善于

 C. 此外还有由词根和一个叠音后缀组成的三音节合成词。例如：

  红通通（的）   绿油油（的）   干巴巴（的）

水汪汪（的）　　　汗淋淋（的）　　　血淋淋（的）

　　闹哄哄（的）　　　笑嘻嘻（的）　　　喜洋洋（的）

- 词缀多是由词根因意义虚化而演化来的。
- 词缀"子、儿、头"是名词的标志（带"儿"的词有少数例外，如"火儿、玩儿、颠儿"等是动词），其他一般动词或形容词加上它们便转为名词。"性、者"也都是构成名词的词缀。
- "化"是构成动词的词缀。
- "在于、勇于、敢于"等都是动词，这时"于"也是构成动词的词缀。

单纯词					合成词				
煤	鸟	懂	摁	瓢	明晰	清凉	落笔	送别	塑料
溅	瞟	虹	锡	扛	期求	凄惨	关爱	大凡	欢畅
菠萝	蜻蜓	蚯蚓	葡萄		切忌	木偶	花眼	期刊	毛豆
垃圾	马虎	匍匐	琵琶		华侨	清高	核武器	马蹄表	唐三彩

词的结构类型简表

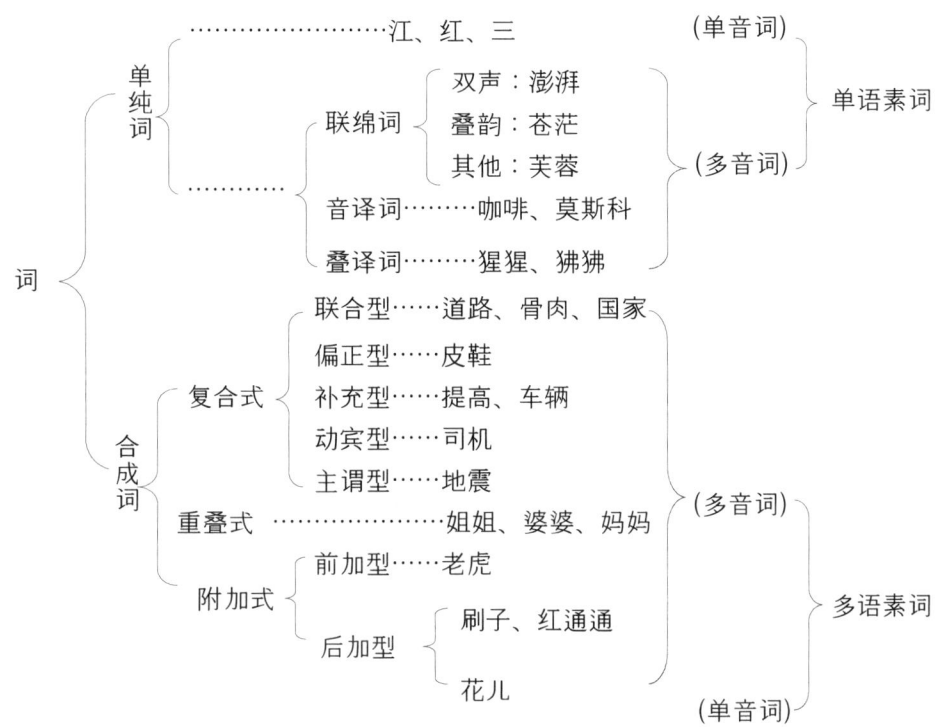

第二节　词义的性质和构成

一. 什么是词义

词义是词的意义,包括词汇意义和语法意义,即词的内容。词的形式是语音。

(☆对事物、现象的客观反映是词的理性意义,附加在它上面的主观态度是词的感情色彩。

☆词义是概念通过某种语言手段而得到的体现,同时带有反映某些伴随观念的补充特点和某种感情色彩与风格特征。

例:"冰"

A. 词义:冻结的水。

B. 伴随观念的补充特点:明亮、光润、纯洁、透明、清雅。

C. 感情色彩:纯洁可爱。

D. 注意:词义包括词汇意义和语法意义,这就是实词而言的,虚词一般没有明确的词汇意义,只有语法意义。

例	国家	对于
词汇意义	阶级统治的工具,是统治阶级对被统治阶级实行专政的暴力组织,主要由军队、警察、法庭、监狱等组成。国家是阶级矛盾不可调和的产物和表现,它随着阶级的产生而产生,也将随着阶级的消灭而自行消亡。	没有明确的词汇意义。
语法意义	常充当主语、宾语或者定语,不能充当谓语、补语和状语,可受数量短语修饰,不能受副词修饰,不能重叠。	表示对待或关涉的对象,用作话题标记。与引介的介词宾语一起可以充当状语、句首修饰语或定语。

二. 词义的性质

1. 词义的概括性

一般的词指的都是整类事物或现象。词义为了准确地反映这个词所表示的对象的范围，概括出对象的共同的、本质的特征。

例：笔→指各种各样的笔。

（概括性也是语言的交际职能所要求的，只有如此，我们才有可能运用有限的词来指代难以数计的事物或现象，表达丰富多彩的思想内容。如果词义不是概括性的，词的数量多于牛毛，这样的语言是无法掌握的，也正因为词义概括了事物的主要特征，人们对词义才有共同的理解。）

2. 词义的模糊性

词义有精确性和模糊性，词义的模糊性指的是词义的界限有不确定性，它来源于词所指的事物边界不清。词的模糊性是客观事物连续性的反映。事物的核心部分一般来说还是比较明确的，但它与邻近事物的差异是逐步缩小的，其间本不存在明确的界限。（例如：时间是一分一秒地过去的，并没有中午与上午的明确界限。在特定的场合中词义的模糊性还可以作为特殊的手段加以运用。古人云"语贵含蓄"，"言有尽而意无穷者，天下之至言也。"其实这"语"和"言"，指的就是模糊词语，否则不可能"意无穷"。）

3. 词义的民族性

同类事物，在不同的语言里用什么词、用几个词来表示可以不同，词义概括的对象范围也可以不同，它体现了词义的民族性。

三. 词义的分类

词汇的意义可分理性义和色彩义。

1. 理性义

词义中同表达概念有关的意义部分叫做**理性义**，或叫**概念义**、**主要意义**。

理性义的作用就在于给词所联系的事物划一个范围。

例如：

花：可供观赏的种子植物的有性繁殖器官，有各种形状和颜色

花茶：用茉莉花等鲜花熏制的绿茶。

复杂：(事物的种类、头绪等)多而杂。

宣布：公开正式告诉(大家)。

阐释：阐述并解释。

词典对词目所作的解释，主要是概念义。

概念义的作用就在于给词所联系的事物划一个范围，凡是该词所指的事物都包括在内，凡不是该词所指的事物都不包括在内。例如"花茶"的概念义就在于说明该词所指的是用香花熏制过的绿茶，因此，红茶以及其他绿茶都不在"花茶"之列。

2. 色彩义

理性义是词义中的主要部分，词还有附属于理性义的色彩义，也可称做附属义。它附着在词的理性义之上表达人或语境所赋予的特定感受。

① **感情色彩**

  A. **褒义词**：有些词表明说话人对有关事物的赞许、褒扬的感情，这就是词义中的褒义色彩，这样的词称作"褒义词"。

   例如：英雄　康复　忠诚　大方　漂亮　壮丽　和气　奉献　拼搏

  B. **贬义词**：这些词表明说话人对有关事物的厌恶、贬斥的感情，这就是词义中的贬义色彩，这样的词叫做"贬义词"。

   例如：丑陋　小人　虚伪　马虎　小气　奉承　懒惰　推诿　霸道　小报告

  C. **中性词**：更多的词既没有褒义色彩，也没有贬义色彩，他们是"中性词"。

   例如：个体　集体　手套　油漆　士兵　山脉　高　低　跑　跳

② **语体色彩**

语体色彩又叫文体色彩，有些词语由于经常用在某种语体中，便带上了该语体所特有的色彩。有的具有书面语色彩，有的具有口语色彩。

例如：

书面语色彩：投入　信念　心态　珍重　坚毅　诚挚　风貌　腾飞　眷恋

口语色彩：明儿　脑袋　身子骨　马驹子　害臊　白搭　巴不得　纳闷儿

③ **形象色彩**

表示具体事物的词，往往给人一种形象感，这种形象感来自对该事物的形象的概括。还有一些词是专门描述形象的，它们的理性意义就是关于形象的描写。具有形象色彩的词不限于"形态"方面，还可包括"动态、颜色、声音"等。

例如：

云海　玉带桥　美人鱼　喇叭花　鹅卵石　蛇山　（以上形态）

垂柳　失足　上钩　牵牛花　攀枝花　碰碰船　钻山豹　（以上动态）

绿洲　碧空　黄莺　白桦　雪豹　彩带　墨菊　（以上颜色）

布谷鸟　知了　恰恰舞　兵乓球　（以上声音）

词的形象色彩往往在文学作品中得到充分的表现。例如：

两个黄鹂鸣翠柳，

一行白鹭上青天。（杜甫，色彩）

第三节 义项和义素

一. 义项

1. 什么是义项

义项，是词的理性意义的分项说明。（词的义项多少，是从该词出现的语境观察出来的。）

一个词可以有几个义项，各个义项只出现在自己的语境中，但每个具体语境只有一个义项适用，别的义项不适用，因此它们存在一种互补关系。

例如："深"

		从上到下距离大。	本义
1	这口井很深。	从上到下距离大。	基本义
2	百草堂的院子很深。	从外到里距离大。	
3	那本书很深。	深奥，不容易懂。	转义
4	这次活动的影响很深。	深刻，深入。	
5	他俩交情很深。	（感情）厚，关系密。	
6	这块布的颜色太深了。	颜色浓。	
7	夜已经很深了。	时间长	

再如："意思"

	词典	
1	思想;心思 例如：年尚少壮，意思不专。	本义
2	意图;用意 例如：文章的中心意思。	基本义

3	略表心意 例如：这点东西送给您，小意思，别客气。	转义
4	某种趋势或迹象 例如：天有点要下雪的意思	
5	情趣；趣味 例如：打乒乓球很有意思	
6	意义；道理 例如：不要误会我的意思。	

例如：

☆小贝想请局长帮忙走个后门，所以去送"红包"。他们之间发生了一段有趣的对话。

局长：你这是什么意思？---意图，用意。

小贝：没什么，就是想意思意思。---表示心意。

局长：那你可就不够意思了。---不够朋友，不够交情。

小贝：小意思，小意思。---礼品所代表的情谊、心意。

局长：呵呵，你这人还真有意思。---情趣、趣味。

小贝：其实我也没别的什么意思。---意图、用意。

局长：那我可就不好意思了。---不客气地收下了。

小贝：不，应该是我不好意思。---难为情。

2. 义项的分类

① **基本义**：一个词具有两个以上的义项，有一个义项的意义是基本的，常用的。

② **转义**：由基本义直接或间接地发展转化来的。（基本义是对转义而言的，并不一定都是词源学上说的词的原始意义。例如："兵"的原始义是"武器"，就现代汉语而言，基本义是"战士"）

词的转义主要是通过**引申**和**比喻**两种方法产生的。

A. 引申义：在基本义基础上，经过推演发展而产生的意义。

　　例如：跑→基本义：两只脚或四条腿迅速前进，

　　　　　　推演：ⓐ为某种事务而奔走，如：跑材料、跑买卖

　　　　　　　　　ⓑ物体离开了应该在的位置，如：跑油、跑电

B. 比喻义：借用一个词的基本义来比喻另一种事物，这时所产生的新的意义是比喻义。

　　例如：

近视 ｛ 灯光太暗，眼睛容易近视。（看近清楚，看远模糊，视力缺陷的一种。）

　　　　他看不见前途，眼光太近视了。（比喻义：眼光短浅。）

> 词的比喻义同修辞上的比喻有区别：修辞上的比喻是临时打比方。词的比喻义已经成为词义中的一部分了。

☆义项分类是有层次的，它们的关系如下：

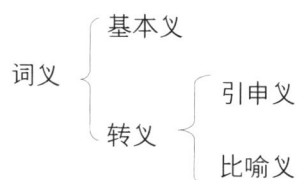

△练习题

请简单地标示出复合趋向补语中"起来"的引申义。

　　V + 起来

　　答：

① 表示由分散到聚合。

　　例如：把大家的意见集中起来。

　　　　　把地上的雪都堆了起来。

② 表示收存、隐藏。

例如：把晾的衣服都收拾起来吧。

　　　快躲起来吧。

③ 由凸起引申为发起。

例如：他使劲儿地把嘴巴鼓了起来。（凸起）

　　　把大家都发动起来。（发起）

④ 表示开始并继续。

例如：大家热烈地讨论了起来。

　　　她吓得叫了起来。

⑤ 表示从某方面进行估计、评价。

例如：这些事说起来容易，做起来难。

　　　看起来，他不会同意了。

3. 单义词和多义词

词根据义项的多少可分为单义词和多义词。

① **单义词**：只有一个义项的词叫单义词。

☆术语一般都是单义词，专有名词以及一部分常见事物的名称也是单义的。

② **多义词**：有两个或两个以上的义项的词叫多义词。

上面提到的"肯定、深、跑、近视、结晶"等也都是多义词。

☆多义词对语境有很强的依赖性，在一定的语境中只能有一个义项适用，如果在同一语境中可以适用两个或更多的义项，这个词就会产生歧义。例如："他的担子不轻"孤立地看，这句话有歧义，不知道指的是他挑的东西不轻，还是他的责任不轻。

4. 同音词

同音词是语音相同而意义之间并无联系的一组词，是多词同音现象。

如："别"有三项意义，即三个不同的"别（bié）"。

别：别离。如："别了，我的母校。"

别：绷住或卡住。如："别上校徽"

别：不要，不用。如："别去了。"

（这种是同字同音词。）

同音词分为两类：同形同音词和异形同音词。（不论何种同音词，都必须声母、韵母、声调完全相同。）

多义词和同形同音词的区别在于意义是否存在联系。

二. 义素

1. 什么是义素

义素是构成词义的最小意义单位，是词义的区别特征。所以又叫词的语义成分或语义特征。（揭示词义时往往把它的属性排列出来，通过类属关系同别的非本类事物相区别，再根据某些特征同本类内部其他事物相区别。）

词	区别特征（区别义素）				共同特征
灌木	+矮小	+丛生	+木本	+植物	木本植物
乔木	-矮小	-丛生	+木本	+植物	

（这些区别特征正是构成这些词义的最小单位，也就是它们的义素。）

灌木——矮小而丛生的木本植物。

乔木——树干高大，主干和分枝有明显区别的木本植物。

（我们把同组中的共同特征叫共同义素，把区别特征叫区别义素。）

2. 义素分析

义素分析大致有如下的一些步骤：

首先，要明确分析的对象

其次，根据所选定的词，进行词义之间的比较，找出其共同特征与区别特征。即找出相应的义素。

第三，义素确定之后，还需要采取种种方法进行表达。一般要对义素进行概括分类，两项对立的义素可归并成一个，用"+"   "-"号进行区分。

3. 义素分析的运用

义素分析法的优势：义素分析可以帮助我们准确地掌握、解释、理解语义。

义素分析可以突出地显示词义之间的异同及联系。

第四节　语义场

一. 语义场

1. 语义场

　　语义场是语义的类聚，即有共同义素又有区别义素的一组词的相关语义聚合为一个语义场。

　　语义场就是通过不同词之间的对比，根据它们词义的共同特点或关系划分出来的类。属于同一语义场的各词义有共同的义素，表明它们同属一个语义场；又有一些不同的义素，表明词义彼此之间的区别。

词	共同义素	区别义素		
	坐具	靠背	扶手	转动
椅子	+	+	±	-
转椅	+	+	+	+
凳子	+	-	-	-

　　共同义素表明各词义之间的联系，区别义素表示各词词义之间的区别。

　　☆处于不同语义场中的词的意义会有所不同，这是受同一语义场中其他词的词义制约的结果。

　　A. 金——木——水——火——土
　　B. 金——银——铜——铁——锡

在A中，"金"指"金属"，包括B中各类；B中的"金"只指黄金。又如：

　　A. 红——黄——蓝——白——黑。
　　B. 红——橙——黄——绿——青——蓝——紫

　　A中的"红"包括B中的"紫"与"红"，A中的"黄"包括B中的"黄"与"橙"，A中的"蓝"可以包括"蓝"与"青"（蓝色加黄色为绿，不属于颜料中的原色）。现代汉语不把"绿"包括在"蓝"中。这样就使"绿"处于一种独特的地位，除了在上述七色的语义场中有一席地位外，一般只与"红"组成一组反义语义场，如成语"红男绿女"、"绿肥红瘦"、"灯红酒绿"。

　　在"教——学"这一语义场中，"学"只指学习；而在"工——农——商——学——兵"这一语义场中，"学"指整个从事教学活动的人，至包括一切文化工作的行业。

由此可见，同一个词在不同的语义场中可以有种种词义上的差异。

2. 语义场的层次

☆语义场的各项，也可以没有共同的上位词。例如：

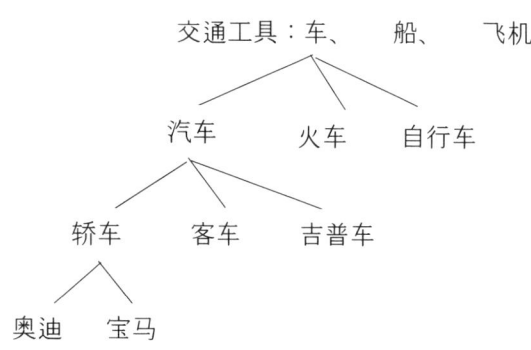

处于上一层的词称为上位词。

处于下一层的词称为下位词。

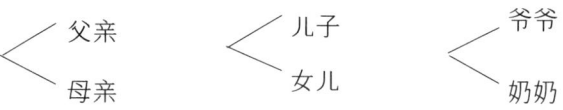

"父母"、"儿女"等只是合称，不是上位词。

有些词可以兼属不同层次的语义场。例如"金"便属于上下两个层次。

3. 语义场分析

语义场由于各成员相互之间的关系不同，可以分出不同的种类。

主要有：

① "类属义场"

家具类场：桌子、椅子、板凳---"桌椅板凳"实际可代表一切家具。

厨具类场：锅、碗、瓢、盆---"锅碗瓢分盆"实际可以代表一切厨具。

颜色类场：红、黄、蓝、白、黑………

文具类场：纸、笔、墨、砚…………

② "顺序义场"

一、二、三、四、五、………

小学--中学--大学

助教--讲师--副教授--教授

学士--硕士--博士

春--夏--秋--冬→ 叫作"循环义场"，有些顺序义场可以周而复始。

③ "关系义场"

关系义场一般由两个成员组成，二者处于某种关系的两端，互相对立、互相依靠。例如"老师--学生"便是因教育关系形成的语义场。"教育"是这个义场的关系义素。

因此，"老师"有"→[教育]"这样的义素，"学生"有"←[教育]"（受教育）这样的义素。

设关系义场的成分为A，B，可以得出如下的推导式：

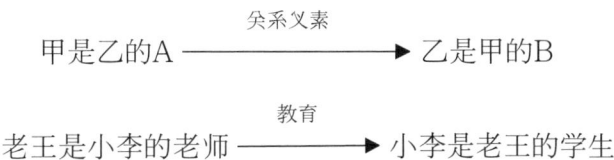

"父母——子女"、"丈夫——妻子"、"哥哥——弟弟(妹妹)""师傅——徒弟"、"叔叔——侄儿(侄女)"、"舅舅——外甥(外甥女)"都形成关系义场。

方位、过程也可以作为关系，组成某些关系义场。如"上——下"、"高——低"、"东——西"，都是由方位关系组成的义场。它们的推导式是：

$$\text{甲在乙的A} \xrightarrow{\text{[方位]}} \text{乙在甲的B}$$

$$\text{台湾在福建的东边} \longrightarrow \text{福建在台湾的西边}$$

行为动作过程也可以看作一种关系，从而形成关系义场。例如"买——卖"、"嫁——娶"、"收——发"、"来——去"、"交——接"、"输——赢"等。在交易过程中，甲为买方则乙为卖方。"小李嫁给小王"等于"小王娶了小李"。如以甲地为基点，有人往乙地走，这是"去"，有人往甲地走，这是"来"。这类关系中的成员，因起讫点不同而有不同。

关系义场的成员只有两项，"你在我的左边"，则"我在你的右边"，这里没有"中间项"作为左、右的标准。不论是"左边"还是"右边"，都不能同"中间"组成上述推导式："我在你的左边"→"你在我的中间"。这是与下面谈到的极性反义义场不同的，但是它们自己也可以形成一定的反义义场。

下面我们将着重谈谈同义义场和反义义场这两种最重要的语义场。

二. 同义义场和同义词

1. 同义义场

同义义场：意义相同或相近的词的相关语义组成的语义场叫作同义义场。

同义词：同一义场中的各个词叫做同义词。（包括等义词和近义词）

包括下列两类情况：

第一类

   青霉素——盘尼西林

   铁路——铁道

第二类

   坚决——坚定5) 人际——人间 信——信件——信函

又如："演讲"和"讲演"、"觉察"和"察觉"、"情感"和"感情"等，这类同义词称为等义词。在词汇里比较少。

☆**判断同义词要注意两个问题：**

  ① 从义项上看，只要有一个重要义项相同的一组词即可称为同义

---

5) "坚决－－坚定"，都有拿定主意、不为外力所动摇的意思，但两者在意义和用法上都有细微差别。"坚决"侧重态度果断，跟"犹豫"相反；"坚定"侧重立场稳定，跟"动摇"相反。因此，"坚决"常用来说明行动、态度；"坚定"常用来说明立场、意志。

词。6)

② 在交际中，有时所指相同并不一定构成同义词。

如："银的和铜的"与"现银"，是临时同指，而且前者是短语。

2. 同义词的差别

同义词：是指意义相同、相近的一组词。意义相近是指意义上大同小异，即义项中的主要义素是共同的，而在一些次要义素上有区别。

例如："愉快－－高兴"

主要义素相同，都是"[＋舒畅]"

次要意义在"[±程度重]"上有区别

☆同义词的差别，表现在许多方面：

① 理性意义方面的差别

A. 意义的轻重

"轻视－－蔑视"（都有"看不起"的意思，但"蔑视"的程度显然比"轻视"重。）

"违背－－违反"　"失望－－绝望"　"请求－－恳求"　"努力－－竭力"
"希望－－盼望、渴望"

B. 范围的大小－－"[±范围大]"

"边疆－－边境"　"局面－－场面"　"战争－－战役"　"性质－－品质"

C. 集体与个体的不同－－"[±集合]"

"信件－－信"（前者指同类事物的集合体，很多的信；后者指具体的、个别的信。）

"树木－－树"　"布匹－－布"　"河流－－河"　"船只－－船"
"人口－－人"

D. 搭配对象不同

例如：

---

6) 如"骄傲"在"引以为荣"这个义项上可以同"自豪"处于同一同义义场；"骄傲"另有"自高自大"义项，则与"自豪"无关，而于"自满"构成同义义场。

	共同特点	搭配对象不同
交换	指双方把自己的东西给对方。	可以和"礼物、意见、资料、产品"等搭配。搭配的对象大都是意义较具体的或所指范围较小的词。
交流		"思想、经验、文化、物资"等搭配。搭配的对象大都是意义较抽象或所指范围较大的词。

又如：

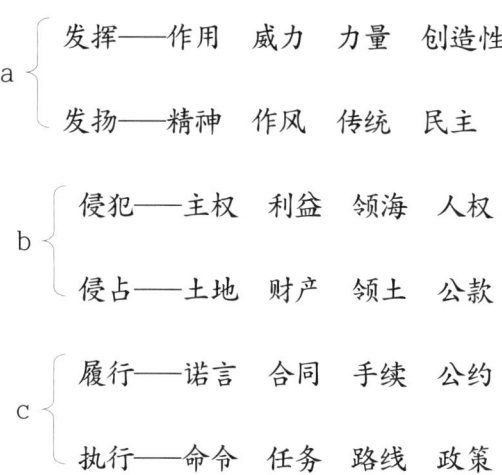

a ｛ 发挥——作用　威力　力量　创造性
　　发扬——精神　作风　传统　民主

b ｛ 侵犯——主权　利益　领海　人权
　　侵占——土地　财产　领土　公款

c ｛ 履行——诺言　合同　手续　公约
　　执行——命令　任务　路线　政策

词义的搭配关系很复杂，应该进行深入细致的观察、比较和分析。

② **色彩方面的差别**

A. 感情色彩不同--[±褒义]

例如"成果——结果——后果"都有"结局"的意思，但三者分别是褒义词、中性词、贬义词。

B. 语体色彩不同--[±书面语]

例如"父亲"和"爸爸"，前者适用于庄重的场合，有书面语色彩；后者适用于一般的场合，有口语色彩。

同义义场中有的词适用于日常的口语，有的词适用于专门行业。例如"脑袋"和"头部"，"胳膊"和"臂"，这两组同义词在下面子中就不宜换用。

那个孩子可真坚强，铁蒺藜刺破了他的脸，疼得他小脑袋汗珠直掉，但是他两只胳膊还是紧紧地抱住那个坏家伙的腿。

句中的"脑袋"不能换成"头部"，"两只胳膊"虽然可以换成"两臂"，但风格就不够协调。而倘若在体育教材里把"头部不动，两臂平伸"写成"脑袋不动，两只胳膊平伸"，也不合适。可见不同的场合要选用语体色彩不同的词。

有些同义词也可能在其他色彩方面显示出差异来。例如"不倒翁——扳不倒儿"、"什么——啥"，有语体色彩的差别，还有地区色彩的区别。

③ 词性方面的差异

一般地说，词性或句法功能不同的一组词，不能形成同义词。但是，当一个词具有几种不同的意义，并且分别属于不同词类（兼类）的时候，则可以在意义相同或相近而词性相近的条件下，分别同词类相同的词形成同义词。

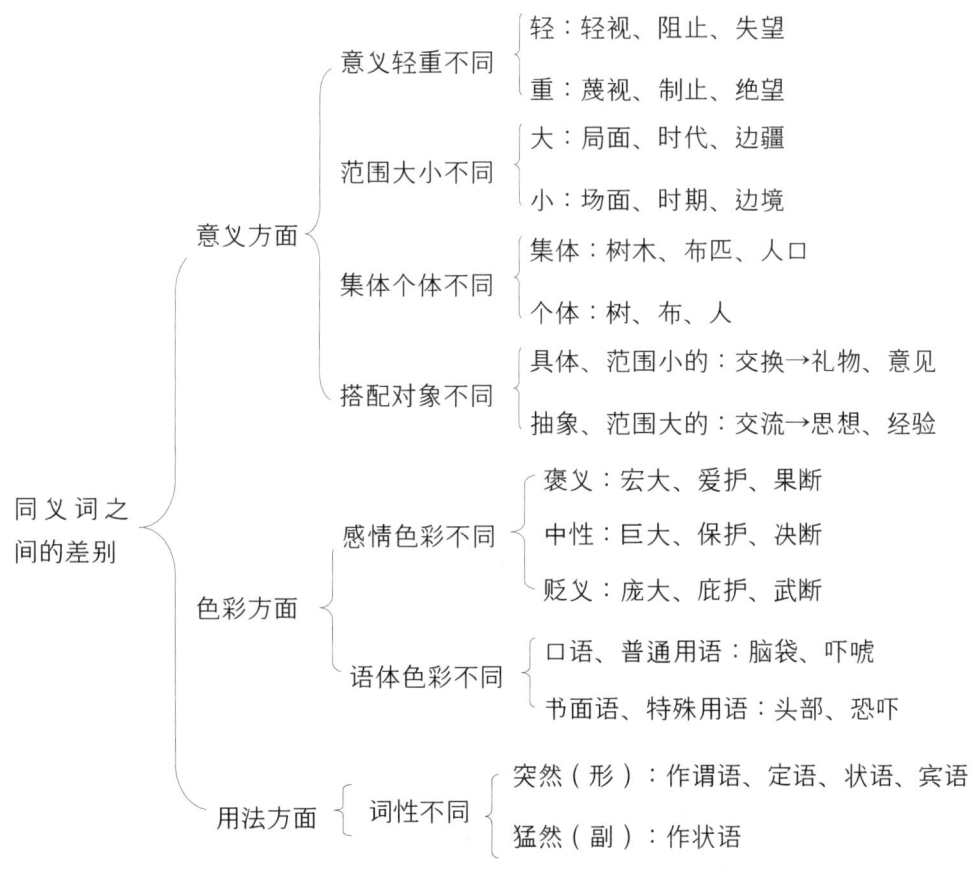

例如"深刻"和"深入"两个词，都有"深"的意思。"深刻"是形容词，有

接触到问题的本质的意思,如"他分析得很深刻";又有内心感受程度很深的意思,如"他给我留下了深刻的印象"。"深入"是动词,有透过外表达到事物内部的意思,如"这个政策已深入人心"。所以它们不是同义词,不能混同使用。但是,"深入"还表示"深刻、透彻"的意思,在作定语的时候,"深入"表示形容词的这一意义和形容词"深刻"就能形成同义词。当然,它们作为一组同义词,在搭配对象上仍有不同。"深入"多与表动作行为的词搭配,如"必须进行深入的讨论","深入地开展调查研究"等。"深刻"则多与表示抽象事物的词搭配,如"深刻的印象"、"深刻的内容"等。

又如"突然"和"猛然",都有动作变化快、出人意料的意思,都可以作状语,如"他突然转过身来"、"他猛然转过身来"。但"突然"还可以作谓语、定语、宾语,如"情况很突然"、"突然事变"、"感到突然","猛然"则只能作状语。因此,一般认为"突然"是形容词,"猛然"是副词。

下面再举几组词性不完全相同的同义词:

一组同义词之间的细微差别是多方面的,有时是错综交织在一起的。例如"危害、伤害、损害",都有"使受损害"的意思,但它们在词义上既有轻重的不同,也有用法的不同,还各有不同的搭配对象。下面的例句恰当地运用了这几个词:

A. 我们要耐心教育孩子,不要伤害他们的自尊心。

B. 损害集体利益的事,是不能干的。

C. 决不容许任何人危害人民的生命财产。

3. 辨析同义词的方法

辨析同义词最重要的方法是从语境中去考察。考察它们可能出现的上下文语境,设想替换的可能性。一般来说,可能替换的总是显示出同义词中相同的部分,不能替换的往往是差异所在。

辨析同义词的步骤:

① 尽可能搜集有代表性的句子，将所有例句的义项进行归类。

② 互相替换

③ 对种种替换情况的分类及概括说明，指出同义词在哪些方面有差别。

4. 同义词的作用

① 可以使语言的表达精确、严密。

那知道从我上身摸到下身，从袄领捏到袜底，除了一只时表和一支自来水笔之外，一个铜板都没有搜出。（方志敏《可爱的中国》）

② 可以使语体风格鲜明。

③ 可以使文句生动活泼，富于变化，避免重复单调。

桂林山水歌（贺敬之）

云中的神啊，雾中的仙，

神姿仙态桂林的山！

情一样深啊，梦一样美，

如情似梦漓江的水！

水几重啊，山几重？

水绕山环桂林城……（环城马路）

（姿，명사，1.용모．모습．생김새．2.자세．자태(姿態)．맵시．

态，명사，1.모양．형태．상태．생김새．2.태도．몸짓．모습．몸가짐．）

④ 可以使语气委婉

⑤ 同义词连用，可以加强语势，使语意完足

练习

| 辨析下列各组同义词 |

敏锐－－敏捷	搭配对象不同	气候－－天气	范围大小不同
摧毁－－摧残	词义轻重不同	优秀－－优异	意义轻重不同
恐吓－－吓唬	语体色彩不同	主人－－主子	感情色彩不同
召集－－召开	搭配对象不同	胡弄－－欺骗	语体色彩不同
厌恶－－厌烦	意义轻重不同	多少－－若干	语体色彩不同
喜爱－－溺爱	感情色彩不同	模样－－相貌	语体色彩不同
局面－－场面	范围大小不同	维持－－保持	搭配对象不同
充足－－充分－－充沛 → 搭配对象不同			
开端－－开始 → 词性7)和句法功能不同			

三. 反义义场和反义词

1. 反义义场

意义相反或相对的两个词的相关语义构成反义义场，这两个词互为反义词。

① 反义词表现出来的意义上的矛盾，往往就是客观事物本身矛盾对立的反映。

例如：前进－－后退、好－－坏、上－－下。

② 但有的反义词所反映的事物本身，孤立地看并不互相矛盾对立，如：红－－白、手－－脚、春－－秋。只是人们在社会交际中常常把它们当作同一范畴中相互矛盾对立的事物看待，久而久之，表示这种事物的词成了习惯上的相对反义词。

③ 构成反义的两个词必须属于同一意义范畴，不同范畴的词不能构成反义。

如：长－－短 → 属 [度量] 范畴

早－－晚－－古－－今 → 属 [时间] 范畴

---

7) 词性指作为划分词类的根据的词的特点。现代汉语的词可以分为两类12种词性。一类是实词：名词、动词、形容词、数词、量词和代词。一类是虚词：副词、介词、连词、助词、拟声词和叹词。

词类是一个语言学术语，是一种语言中的语法分类，是以语法特征（包括句法功能和形态变化）为主要依据、兼顾词汇意义对词进行划分的结果。

从组合和聚合关系来看，一个词类是指：在一个语言中，众多具有相同句法功能、能在同样的组合位置中出现的词，聚合在一起形成的范畴。词类是最普遍的语法的聚合。词类划分具有层次性。如汉语中，词可以分成实词和虚词，实词中又包括体词、谓词等，体词中又可以分出名词和代词等。

　　　　快－－慢　→属［速度］范畴

　＊因此，反义词既是互相对立的，又是互相联系的。

　＊反义词是就词与词的关系说的，不是就词与短语的关系说的。

2. 反义义场的类型

　① **互补反义义场**（A=-B,B=-A;-B=A,-A=B）

　　　处于同一反义义场的两个词，肯定A必否定B，肯定B必否定A；同时，否定A，就必肯定B，否定B，必肯定A。两者中间不容许有非A非B得第三者存在。（一般也称为绝对反义词。）

```
        A           B
   ─────────┼─────────
       -B          -A
```

　例如：

　　　生－－死　有－－无　正确－－错误　真是－－虚假　战争－－和平
　　　出席－－缺席　白天－－黑天

（"生"和"死"是相互排斥的，不是"生"就是"死"，不是"死"就是"生"，排除了"即不是'生'也不是'死'"的中间状态。这种相反是互补性质的。）

　② **极性反义义场**（A=-B，B=-A；但-A≠B，-B≠A）

　　　处于这种语义场的两个词，肯定A，就否定B，肯定B就否定A，但否定A不一定就是肯定B，否定B也不一定就肯定A，因为还有C、D、E等其他意义存在的可能。（也叫相对反义词）

```
                -B
        ───────────────────
    A      C、D、E…     B
   ────┼──────────┼────
                        -A
        ───────────────────
```

　例如：

　　　白－－黑　大－－小　高－－低　粗－－细　冷－－热　快乐－－忧愁

　　　　宽阔--狭窄　　朋友--敌人

"白"和"黑"相反，是"白"就不是"黑"，是"黑"就不是"白"，但是"不白"却不一定是"黑"，"不黑"也不一定就是"白"，可以有中间状态存在，例如"灰"。"大"和"小"之间也可以有"不大不小"的状态存在。反义词处于这一系列的两端，这种语义场是极性对立的反义义场。

☆互补反义词和极性反义词的关系：

　　A. 互补可以当做极性来用

　　例如："男"和"女"，可以说成"不男不女"，"死"和"活"可以说成"不死不活"

　　B. 极性可以当做互补来用

　　例如："不进则退"、"非左即右"

　　"不男不女"其实还是"男的"或者"女的"，只是强调其打扮、举止不合正常的要求。"不死不活"还是"活"的，只是强调处境难以忍受。"不进则退"强调"进"。"非左即右"强调不能坚持正确的立场，正确的立场应该是不左不右。

　　C. 有些词分属两类反义词场。

　　但是"左"和"右"、"东"和"西"等的确有可能分属两类反义义场。前面提到的关系义场中，"左——右"、"东—西"以及"南——北"等，都可以看成没有中间项的互补关系的反义义场，"你在我的左边，我在你的右边"，可以紧密相连，中间不插入任何人或物。但是"左"和"右"又可以有中间项，形成"左——中——右"系列，例如"你在我的左边，他在我的右边"，这时的"我"便在"中"，所以它们又是极性反义义场。

③ **多义词的反义现象**：

　　多义词有几个意义，它的每个意义都可能有反义词，这样就出现了一个词处于几个反义义场中的现象。

　　如"开"是个多义词，它有"开放"、"开启"等几个意义，因此也就有同这几个意义相应的反义词。例如：

又如多义词"好"有"坏、错、糟、烂"等反义词,多义词"新"有"老、旧、陈"等反义词。

④ **临时反义词**

有些词在一定的语言环境里对举时就具有了反义关系,这种以一定上下文为基础,离开上下文反义关系就瓦解的反义词,并不是真正的反义词,可以叫做临时反义词,这是一种修辞现象。

有些词,孤立地看彼此意义没有明显的相反或相对的关系,可是当它们在一定的语言环境里对举时,就具有了反义关系。例如:

A. 我们的痛疮,是它们的宝贝,那么,它们的敌人,当然是我们的朋友了。

(鲁迅《南腔北调集·我们不再受骗了》)

B. 巨星,能给天下光明,它的陨落也给人类带来痛苦。

3. 反义词的不平衡现象

反义词是成对的,但是两个词之间的语义范围,使用频率并不相等,这就形成了反义词的不平衡现象。

有些由形容词构成的反义词,两个词对"~不~"这个格式反应不一样。如"厚——薄",一般提问题说"厚不厚"。例如问冰层,不知厚薄时一般问:"冰层厚不厚?"回答可以是:"厚,有三尺厚。"也可以是:"薄,只有两寸。"只有在设想或担心其薄时,才问"薄不薄"。回答时只能说"薄"或"不薄"。在"有多~?"这样的格式中,一般情况下说"有多厚?"只有在已知为薄时才说:"有多薄?"在"有[数量]~"这样的格式中则只能用"厚"不能用:'薄',如"有三尺厚",不能说"有两寸薄",甚至已知为"薄"时也可以说:"薄,只有两寸厚。"可见"厚"一方面是"薄"的对立面,另一方面又可以代表"薄"。与此类似的还有:

深——浅　　宽——窄　　好——坏　　长——短

远——近　　忙——闲　　美——丑　　重——轻

大—小　　舒服——难受　　团结——分裂

4. 反义词的作用

① 运用反义词，可以揭示事物的矛盾，形成意思的鲜明对照和映衬，从而把事物的特点深刻地表示出来。

A. 满招损，谦受益。
B. 虚心使人进步，骄傲使人落后。

② 多组反义词连用，可以起到加强语气、强调核心意思的作用。

我们大家辛辛苦苦为的是什么？就为一个心愿：要把死的变成活的，把臭的变成香的，把丑的变成美的，把痛苦变成欢乐，把生活变成座大花园。（杨朔《京城漫记》）

③ 反义词可以构成对偶、映衬的句子，使语言更加深刻有力。

万恶皆由"私"字起，千好都从"公"字来。
懒惰的结果是痛苦，勤劳的结果是幸福。

④ 由于反义词具有鲜明的对比作用，人们有时为了使语言新颖而简练，按原有的词临时创造一个反义词。

⑤ 反义词作为语素可以用来构成合成词。

矛盾　迟早　横竖　得失　高低　左右　呼吸　买卖

⑥ 反义词还可以用来构成成语。

破私立公　深入浅出　喜新厌旧　出生入死

⑦ 反义词还可以和同义词析散交叉构成成语。

生死离别　欢天喜地　生死存亡

第五节 词义和语境的关系

一. 语境对解释词义的作用

1. 语境：语境就是语言单位出现的环境。一般分为上下文语境和情景语境（又叫社会现实语境）。

    ☆上下文语境：---狭义语境

    　　上下文语境指与本词语有关系的前后词语，或本句话前后的语句，但是最贴近最重要的上下文却是跟该词语处于同一个句子的其他的词或短语。

    ☆情景语境：---广义语境

    　　指说话时的人物、背景、牵涉的人或物、时间处所、社会环境以及说听双方的辅助性交际手段（包括表情、姿态、手势等非语言因素）。

    ☆"指示法"：任何词都要在语境中出现，有些词甚至可以直接在情景语境中得到解释。

    ☆"因文定义"许多词语所表示的内容无法指示，需要依靠上下文语境来解释。

二. 语境对词义的影响

1. 语境使词义单一化

2. 语境使词义具体化

3. 语境增加临时性意义

4. 语境表现出词义的选择性

    - 能在什么语境中出现或不能在什么语境中出现，表现了词义的选择性。
    - 词出现的语境有宽有窄
    - 词语组合影响词义的选择，组合的词语越多，在它所形成的语境框架中可能出现的词就越少。

例如：
　　△判断下面句子中多义词"松懈"的含义与其它三句不同的一句。（ⓑ）
　　　　ⓐ 自以为对革命有功，摆老资格，大事做不来，小事又不做，工作随便，学习松懈。

ⓑ 它是一种腐蚀剂，使团结涣散，关系松懈，工作消极，意见分歧。
ⓒ 为了搞好总复习，许多同学废寝忘食，毫不松懈。
ⓓ 刚才出力摇船犹如赛龙船似的那股劲儿，现在在每个人的身体里松懈下来了。

> 参考：
> ①不紧张；松弛，不集中。
>   例如：在整个危机期间，她从未松懈过。 学习松懈。
> ②人与人之间关系不密切，动作不协调。
>   例如：它是一种腐蚀剂,使团结涣散,关系松懈,工作消极,意见分歧。——《反对自由主义》

☆词义的演变还在继续着……

词义扩大：

① 江、河，古义分别指 长江黄河 ，现泛指一切河流。

① 菜，古代专指 蔬菜 ，现泛指菜肴。

② 诗，古代专指 《诗经》 ，现泛指一切诗歌。

词义缩小：

① 臭（xiù），古代指 各种味道 ，现专指坏气味。

② 宫，古代指 房屋居室的通称 ，现专指帝王的住所。

③ 子，古义包括 儿子女儿 ，现专指儿子。

④ 让，古代指 谦让 和 责备 ，现只用前一意义。

⑤ 谷，古代是 粮食 的总名，现在北方的谷子专指 粟 ，南方的谷子专指 稻谷 。

词义转移（概念转移）

① 涕，原指 眼泪 ，现指鼻涕。

② 走，原义为 跑 ，现指步行。

③ 去，原义为 离开 和 距离，现指到某地去。

④ "牺牲玉帛，弗敢加也"，原指 祭祀或祭拜用品 ，现指为了正义目的而舍弃自己生命利益。

⑤ "烈士暮年，壮心不已"原指 指有志于建立功业的人 ，现专指为革命献身的人。

词义转移（感情色彩转移）

① 爪牙，原指 武臣或得力助手 ，中性或褒义；现比喻坏人的党羽，贬义。

② "先帝不以臣卑鄙。"原指 出身低微，行为鄙鲁，没有贬义。现指品质恶劣，贬义。

③ "既明且哲，以保其身。"明哲保身，原来赞扬某人 通达事理，洞见时势，善于避威

就安，适应环境，褒义。现批评不坚持原则、只顾保全自己的处世态度，贬义。

第六节 现代汉语词汇的组成

一. 基本词汇和一般词汇

1. 基本词汇

词汇最重要的部分是基本词汇，它和语法一起构成语言的基础。基本词汇是基本词的总和，它包含的词比一般词汇中的词少，却很重要，它使用频率高，生命力强，为全民所共同理解。

例如：

有关自然界事物的：天、地、风、云、水、火、雷、电等；

有关生活与生产资料的：米、灯、菜、布、刀、笔、车、船等；

有关人体各部分的：心、头、手、脚、牙、血、嘴等；

有关亲属关系的：爷爷、奶奶、爸爸、妈妈、哥哥、弟弟等；

有关人或事物的行为、变化的：走、想、写、喜欢、学习、发展等；

有关人或事物的性质、状态的：大、小、好、坏、甜、苦、美丽、快乐等；

有关指称和代替的：我、你、他、这、那、谁、什么、怎样等；

有关数量的：十、百、千、万、斤、两、尺、寸、元、角、分、个等；

有关程度、范围、关联、语气的：就、很、最、都、全、把、和、跟、因为、所以、但、虽、吗、了等。

☆基本词汇有三个特点

① **稳固性**

基本词汇在千百年中为不同的社会服务，并且服务得很好，例如：一、二、三、牛、马、家、门、山、水、上、下、左、右、斗、高、低等等。显然，这些在甲骨文里就有的词今后也还会继续使用下去。基本词汇之所以具有这么强的稳固性，是由于它所标志的事物和概念都是极为稳定的。

- ◆ 说基本词汇有稳固性，并不是说基本词汇是一成不变的，事实上基本词汇也在发展变化。有些古代的单音节基本词发展到现在复音化了，成了多音节合成词，这是汉语词汇的一条内部发展规律

　　　　眉---眉毛、眼眉　　耳---耳朵　　舌---舌头
　　　　头---头发　　　　鼻---鼻子

- 有些单音节的基本词被后起的合成词所代替

　　　　目--眼睛　　颔--下巴　　秫--高粱　　日--太阳

- 还产生了一些新的基本词

　　　　冲击　　腾飞　　打造　　品牌

② **能产性**
　　很多基本词有构词能力，它们是构成新词的基础。
　　如：以"人"为例，可构造出很多词。

　　　　人才　　人称　　人次　　人道　　人犯　　人格　　人工
　　　　爱人　　法人　　匠人　　工人　　大人　　道人　　古人

- 当然，基本词也有构词能力弱或几乎没有什么构词能力的，例如"你、我、谁、姓、没有"，等等。
- 值得注意的是，那些被后起的合成词取代的古代基本词，在现代汉语里依然有很强的构词能力，成为构成新词的词根。例如：

　　　　目--目前、目光、目送、目标、目力、目测
　　　　冠--冠冕、冠状、冠子、日冠、桂冠、王冠
　　　　眉--眉睫、眉目、眉梢、眉心、眉眼、眉头
　　　　发--发蜡、发网、发卡、发胶、发型、发妻

③ **全民常用性**
　　基本词汇的上述两个特点是以全民常用性为前提的。
　　基本词汇流行地域广，使用频率高，为全民族所共同理解。

如：走、长、短、轻、重、上、下、一、二、水、火

说明：稳固性、能产性和全民性这三个特点是就基本词汇的整体来说的，并不是说所有的基本词都具备这三个特点。

不能把它们作为辨识基本词和非基本词的唯一条件。

有的基本词，能产性弱，甚至没有构词能力。

2. 一般词汇

① 一般词汇的含义

基本词汇以外的词汇称为一般词汇。

② 一般词汇的特点

没有基本词汇那样强的稳固性，但有很大的灵活性。

③ 基本词汇与一般词汇的关系：二者是相互依存相互渗透的。

A. 基本词汇是构成新词的基础，不断给语言创造新词，充实扩大一般词汇，使词汇日益丰富。

B. 一般词汇中的词，在语言发展过程中，又能逐渐取得基本词的性质，转为基本词，从而使基本词汇不断扩大。

☆现代汉语一般词汇包含有古语词、方言词、外来词、行业词、隐语等。

二. 古语词、方言词、外来词

1. 古语词：古语词包括一般所说的文言词和历史词。

① 什么是古词语

指源于古代文言著作的词，包括文言词和历史词。

② 文言词

文言词是指所表示的事物和现象还存在于本民族现实生活中，但语言上已经被别的词所代替，一般口语中已不大使用的词。

如：底蕴、磅礴、若干、余、其、之、而、以、与、及、亦、甚、而已等等。

③ 历史词

历史词指表示历史上的事物或现象的古语词，在一般交际中不使用，仅在叙述历史事物或现象时才使用。

如：丞相、太监、驸马、衙门、鼎、俑、尚书、戟、铖、笏、侏儒、弓弩

☆古语词在表达上的作用：

  A. 可使语言简洁匀称。

  B. 可以表达庄重严肃的感情色彩。

  C. 可以表达幽默、讽刺等意义

2. 方言词：方言词是普通话从各方言中吸取来的词。

 ① 方言词的含义

  从广义上讲，方言是民族语言的地域分支，方言词是在某一方言区使用而民族共同语（普通话）不用的词。通常所说的方言词，实际上是方源词，是特指又方言吸收进入普通话的词。

  比如：搞、垮、名堂、把戏、搭档、陌生、别扭、蹩脚、二流子等等。

 ② 吸收方言的意义

  A. 集合各地方言词内行为意义相近而又有细微差别的同义词。

   如：普通话把"睡、眠、困、鼾"集合起来表示有细微差别的意义，"入睡"用"睡"，"失眠"用"眠"，"困倦"用"困"，"鼾声大作"用"鼾"。

  B. 吸收方言词中表示某些特殊意义的词。

   如：搞、垮、坍台、瘪三等词所表示的特殊意义，在普通话里没有相应的词来表示。

  C. 吸收方言中能表现地方性事物特征或富有生动形象表现力的词语。有些方言词是表示方言地区的特有事物的，普通话中本没有相应的词来表示，于是就吸收到普通话中来。

   如：橄榄、椰子、青稞、胡椒。

3. 外来词：外来词也叫借词，指的是从外族语言里借来的词。

  例如："法兰西、巴尔干、镑、加仑、模特儿、摩托、马达、幽默、浪漫、取缔、景气"等等。外来词是不同民族在交往过程中，把对方语言的词吸收到本族语言中来的结果。

  古代汉语中就有一些外来词，现代汉语就更多了。现代汉语吸收外来词一般不是简单地照搬，而是要从语音、语法、语义甚至字形上进行一番改造，使它适应现代汉语结构系统，成为普通话词汇的成员。

  在语音上，要把外来的音节结构改造成汉语音节结构。

例如：
$$\text{coffee(英)}--\text{咖啡（kāfēi）}$$
$$\text{brandy(英)}--\text{白兰地（báilándì）}$$
$$\text{dozen(英)}--\text{打（dá，十二个）}$$

在语法上，外来词进入汉语词汇后，原有的形态标志就一律取消。例如英语的tractor，有单数、复数的变化，汉语"拖拉机"，就不分单数、复数了。

外来词的意义也要受汉语词义的制约，往往要发生变化。如英语的jacket是"短上衣，坎肩儿"之类，汉语吸收进来后成为"夹克"，就只指"长短只到腰部，衣边和袖口束紧的短外衣"，因为汉语词汇中已经有了表达"坎肩"概念的词，这就使外来词的词义发生了变化。

☆根据外来词的吸收方式和构造大致分为以下四类：

① 音译--照着外语词的声音用汉语的同音字对译过来的。

例如：

休克(shock 英)　　扑克(poker 英)
苏打(soda 英)　　逻辑(logic 英)
沙发(safa 英)　　苏维埃(COBET 俄)
模特儿(modele 法)

☆若能音义兼顾，通常能给人们留下很深的印象。

如：

幽默(humor)、可口可乐(cococola)、脱衣乐(toilet)

② 部分音译部分意译的或者音意兼译。

把一个外来词分成两半，一半音译，一半意译。

例如：

romanticism--浪漫主义　　chauvinism--沙文主义
Marxism--马克思主义

③ 音译前后加注汉语语素。

整个词音译之后，外加一个表示义类的汉语语素。例如"卡车"的"卡"是car(英语"货车")的音译，"车"是后加上去的。

如：

卡介苗（"卡介"是法国人Albert Calmelle 和 Camille Guerin 两人名字的缩略语。）
沙皇（"沙"为俄国皇帝 uapb 的音译。）
芭蕾舞（"芭蕾"为法 ballet 的音译。）
香槟酒（"香槟"为法地名 Champagne 的音译。）
桑那浴（"桑拿"为英 sauna 的音译。）
沙丁鱼（"沙丁"是英 sardine 的音译。）
啤酒（"啤"为英 beer 的音译。）

④ 借形－－一种是字母式借形词，又叫字母词。

直接用外文字母（简称）或与汉字组合而成的词，它不是音译而是原形借词，是汉语外来词的新形式。

例如：
  MTV(英music television的缩略。音乐电视。)
  CT(英computerized的缩略。计算机体层成像。)
  CD(英compact disc的缩略。激光唱盘。)
  VS(英Versus的缩略变体。表示比赛双方的对决。)
  WHO(英World Health Organization的缩略。世界卫生组织。)

有的在字母后加上汉语相关语素，例如：
B超(B型超声诊断的简称。)
BP机(英beeper的缩略。无线寻呼机。)
a射线(阿尔法射线。)

有的在音译词前加拉丁字母形状，再加注汉语语素。例如"T恤衫"，"T"是字母形状，"恤"是英Shirt的音译，"衫"是汉语语素。

一种是借用日语中的汉字词，是日本人直接借用汉字创造的，汉语借回来不读日语读音而读汉字音，叫汉字式借形的。如：景气、引渡、取缔、瓦解、茶道、俳句等等。

要注意的是，像"电车、电话、扩音器、收音机、农庄"等一类词。它们是根据外族先有的事物和概念用汉语语素按汉语的构词法构造出来的。它们是意译词，不是严格的外来词。

三. 行业语、隐语

1. 行业语

　　行业语是各种行业应用的专有词语，它们对发展科学文化事业有重要的意义。行业语受社会专业范围的限制，但不受地域的限制行业词语也是丰富普通话词汇的源泉之一。

2. 隐语

　　隐语是个别社会集团或秘密组织中内部人懂得使用的特殊用语。隐语，一般是用赋予现有普通词语以特殊的含义的办法构成的。有的隐语是用字谜办法创造的。隐语有秘密性，如果失去了秘密性，也就变成全民共同语词，不是隐语了。

第七节 熟语

熟语是人们常用的定型化了的固定短语，是一种特殊的词汇单位。由于熟语具有凝固定型的性质，人们常常把它当作一个语言单位来用，因而，熟语也是词汇学研究的对象，属于一般词汇。

熟语包括成语、惯用语和歇后语。

一．成语

成语是一种相沿习用、含义丰富、具有书面语色彩的固定短语。

破釜沉舟	四面楚歌	大刀阔斧
功亏一篑	排山倒海	异曲同工
水落石出	炉火纯青	登峰造极
一衣带水	坐吃山空	利令智昏
狗仗人势	狐假虎威	叠床架屋
画蛇添足	殃及池鱼	孤掌难鸣

1．成语的特征

① 意义整体性

成语在表意上与一般固定短语不同，它的意义往往并非其构成成分意义的简单相加，而是在其构成成分的意义的基础上进一步概括出来的整体意义。例如："狐假虎威"，表面意义是"狐狸假借老虎的威势"，实际含义是"倚仗别人的权势去欺压人"，由此可见，成语的实际含义具有整体性，是隐含于表面意义之后的，而表面意义则只是实际含义借以表现的手段。

② 结构凝固性

成语的结构形式一般是定型的、凝固的。它的构成成分和结构形式都是固定的，不能任意变动词序或抽换、增减其中的成分。

③ 风格典雅性

成语通常来自古代文献或俗语，其语体风格庄重、典雅，与惯用语、歇后语通俗、平易的风格不同。

2. 成语的来源

① 神话寓言

精卫填海（《山海经·北山经》）
天花乱坠（《高僧传》）
愚公移山（《列子·汤问》）
守株待兔（《韩非子·五蠹》）
刻舟求剑（《吕氏春秋·察今》）
火中取栗（法国拉封丹《猴子与猫》）

② 历史故事

望梅止渴（《世说新语·假谲》）
完璧归赵（《史记·廉颇蔺相如列传》）
闻鸡起舞（《晋书·祖逖传》）
四面楚歌（《史记·项羽本纪》）
夜郎自大（《史记·西南夷列传》）

③ 诗文语句

发号施令（《尚书·冏命》）
学而不厌（《论语·述而》）
舍生取义（《孟子·告子上》）
困兽犹斗（《左传·宣公十二年》）
短兵相接（《楚辞·九歌·国殇》）
老骥伏枥（曹操《龟虽寿》）
物换星移（王勃《腾王阁序》）
一视同仁（韩愈《原人》）

④ 口头俗语

"狼心野心、众志成城、千夫所指"等，都来自古代俚语。"一干二净、三长两短、千方百计、指手画脚"等，都来自后世的口语。

☆ 成语作为一种特殊的固定短语，具有稳定性，但也不是一成不变的。

例如：

明目张胆[míng mù zhāng dǎn]

[解释]：明目：睁亮眼睛；张胆：放开胆量。原指有胆识，敢做敢为。

后形容公开放肆地干坏事。
[出自]：《晋书·王敦传》："今日之事，明目张胆，为六军之首，宁忠臣而死，不无赖而生矣。"
[示例]：近日京师奔竞之风，是~，冠冕堂皇[8)]做的。
　　　　清·吴趼人《二十年目睹之怪现状》第三一百三回

明哲保身[míng zhé bǎo shēn]
[解释]：明智的人善于保全自己。现指因怕连累自己而回避原则斗争的处世态度。
[出自]：《诗·大雅·烝民》："既明且哲，以保其身，夙夜匪懈，以事一人。"
[示例]：高节更只能造就一些~的自了汉，甚至于一些虚无主义者。
　　　　朱自清《论气节》

揠苗助长→拔苗助长
每下愈况[měi xià yù kuàng]
[解释]：越向下、越深入推求，就越能了解到真实情况。
[出处]：战国·宋·庄周《庄子·知北游》："夫子之问也，固不及质，正获之问于监市履狶也，每下愈况。[9)]"
[举例造句]：然每下愈况，动以附会为能，转使历史真象，隐而不彰。
　　　　清·吴趼人《<两晋演义>序》

每况愈下[měi kuàng yù xià]
[解释]：越往下越明显。表示情况越来越坏。
[出处]：源出南宋文学家洪迈的《容斋续笔·蓍龟卜筮》。原文是："人人自以为君平，家家自以为季主，每况愈下。"意思是说，人人都自以为是，家家都自以为贵，情况越来越糟糕了。庄子《知北游》中"每下愈况"与此意不同，此意亦非前者之误用，实乃两个词语。

---

8) 冠冕堂皇[guān miǎn táng huáng]：
[解释]：冠冕：古代帝王、官吏的帽子；堂皇：很有气派的样子。形容外表庄严或正大的样子。
[出自]：清·吴趼人《二十年目睹之怪现状》第八十四回："他自己也就把那回身就抱的旖旎风情藏起来，换一幅冠冕堂皇的面目了。"
[示例]：少说些~的话，多做些实实在在的事情。

9) 管理市场的官员从经纪人那里知道，用踩踏猪的办法来判断猪的肥瘦，越是向下踩踏，就越能正确判定。以此比喻越向下、越深入推求，就越能了解到真实情况。

3. 成语构造

成语以"四字格"为基本格式。

极少数非"四字格"的：莫须有、一言以蔽之、迅雷不及掩耳。

☆四字格的成语有下列五种基本结构：

并列结构	光明磊落	古今中外	起承转合
偏正结构	世外桃源	后起之秀	惨淡经营
动宾结构	包罗万象	顾全大局	墨守成规
补充结构	逍遥法外	流芳百世	危在旦夕
主谓结构	毛遂自荐	百花齐放	衣冠楚楚
连谓结构	画蛇添足	解甲归田	见风使舵
兼语结构	调虎离山	引狼入室	请君入瓮
紧缩结构	宁死不屈	稍纵即逝	
重叠结构	三三两两	卿卿我我	

其它：慢条斯理　　乱七八糟

4. 成语的运用

- 成语言简意赅，使用得当，可以使言语简洁，增强语言表达效果。

  例如：

  万象更新：一则指自然界万物生机萌发的气象，一则指人世间除旧布新、一派兴旺的情景。

- 反义成语对比使用，可以形成鲜明的对照，增强表达效果。

  例如：

  "对于他们，第一步需要还不是'锦上添花'，而是'雪中送炭'。"（毛泽东《在延安文艺座谈会上的讲话》）

- 连用同义成语可以增强表义的力度。

  例如：

  "金裤子，真有你的！你不但放长线钓大鱼，而且一箭双雕、一石二鸟，一条线拴俩蚂蚱。"（刘绍棠《黄花闺女池塘》六）---连用了"一箭双雕"和"一石二鸟"两个同义成语，强调了"一举两得"的意思。

☆运用成语，注意以下几点：
第一，弄清成语的实际意义
第二，成语的凝固结构，运用时一般不能随意变换和增减其中的成分
第三，成语有其确定的字形和读音，须分辨清楚，不能写错读错

二．谚语

谚语是群众口语中通俗精练、含义深刻的固定语句。

例如：
人心齐，泰山移。
不怕路难，只怕志短。
众人拾柴火焰高。
脚正不怕鞋歪。
人勤地不懒。
十雾九晴天。10)

谚语所含内容广泛、丰富，反映了大千世界的方方面面，且种类繁多，例如：

- 哲理类：水滴石穿。
  水可行船，水可覆舟。
  好拳不在花样巧。
- 修身类：正人先正己。
  待人要宽，对己要严。
  人要真心，火要空心。（要打别人的心，先掏出自己的心。）
- 讽诫类：不贪财，祸不来。
  酒后无德。
  久赌无胜家。（赌博久了一定败家，常在河边走，哪有不湿鞋。）
  少壮不努力，老大徒伤悲。
- 农业类：夏至不栽，东倒西歪。
  黄土变黑土，打两石(dàn)五。
  好种出好苗，良种产量高。
- 气象类：冬至长，夏至短。

---

10) 是说一种可能性,是说如果晚上或者第二天早上下雾,第二天基本上都是晴天。

乌云遮东，不雨也风。
九月重阳，提火进房。
清明断雪，谷雨断霜。

- 风土类：洛阳牡丹甲天下。
  洞庭天下水，岳阳天下楼。（洞庭湖原来有800里是中国第一淡水湖，岳阳楼是中国4大名楼之一，很出名的旅游景点。）
  南人吃米，北人吃面。
  送行的饺子，迎风的面。（寓意客人一帆风顺、长来长往。）

- 知识类：火大没湿柴。（本来水是克火的，但是二者相比的情况下，就看二者实力的大小了，在目前情况下，火大，而水不过是在湿的柴中，一言以蔽知：如果实力足够，上可九天揽月，下可五洋捉鳖，没什么做不了的！）
  开水不响，响水不开。（关键原因是水中溶解了空气，水加热时气体的溶解度减小，导致溶解的气体放出产生声音；而水烧开前溶解的气体基本放出，从而导致烧开后基本无气体放出。）
  十里认人，百里认衣。（在自己方圆十里内人都可以比较容易认识和互相了解，而距离有百里之遥时（没有更多可靠信息来源）就只能通过不同衣着去抽象认识了。）

谚语总结了人类生活中某方面的经验教训，对提高认识、指导人们的实践有一定的作用，在写作、言谈中准确运用谚语可增强语言的说服力和表现力，提高作品、话语的品位。

三. 惯用语

惯用语是指口语中短小定型的习用的短语，大都是三字的动宾短语，也有其他格式的。

惯用语的格式有：

动宾式：

耍花招	走过场	吊胃口	敲边鼓	放空炮
打棍子	吹牛皮	钻空子	挖墙脚	磨洋工
穿小鞋	开绿灯	扣帽子	拉后腿	炒鱿鱼
挤牙膏

偏正式：

  下马威 马后炮 半瓶醋 铁饭碗 墙头草

  八面光 避风港 闭门羹 传声筒 风凉话

  夹生饭 软骨头

主谓式：

  天晓得 天照应

含义简明、形象生动、通俗有趣，是惯用语的主要特征。

惯用语与成语有一定的相似性，但是，惯用语口语色彩浓，成语书面色彩浓；惯用语含义单纯，成语含义丰富。动宾结构的惯用语，其间可以依据表达的需要插入定语和补语。例如：

  碰钉子――碰了个大钉子   敲边鼓――敲了一阵子边鼓

  抓辫子――抓你的辫子   打交道――打了几次交道

  开倒车――开历史的倒车   扣帽子――扣了个大帽子

有的惯用语既不能改变它的构成成分，也不能加进别的成分，这种惯用语更像一个词。例如"巴不得"、"不管三七二十一"。

四. 歇后语

歇后语是由近似于谜面、谜底的两部分组成的带有隐语性质的口头固定短语。

例如：

  千里送鹅毛 ——————— 礼轻情意重。

  比喻"谜面"   真意所在"谜底"

              两部分之间必有间歇。因间歇之后的谜底部分有时不说出来，让人猜想它的含义，所以叫歇后语。

歇后语常使用比喻和谐音两种修辞手法，据此可将其分为两类：一是喻意，一是谐音。

喻意歇后语，它的前部分是一个比喻，后部分是对前部分的解释。有的解释部分的意义是它的字面上的意义，例如：

大海里捞针—— 无处寻
飞蛾扑火—— 自取灭亡
老牛追兔子—— 有劲使不上

有的解释部分的意义是它的转义，例如：

大路上的电杆 —— 靠边站（失去权力）
木头眼镜 —— 看不透（不能彻底了解）
快刀切豆腐 —— 两面光（两边讨好）
石碑上钉钉子 —— 硬碰硬（以强硬态度对付强硬态度）

谐音歇后语，它的后一部分是借助音同或音近现象表达意思，这是一种"言在此而意在彼"、妙语双关的现象。

例如：
旗杆顶上绑鸡毛 —— 好大的掸（胆）子（"掸"与"胆"同音，下同）
腊月里的萝卜 —— 冻（动）了心
膝盖上钉掌[11] —— 离蹄（题）太远
小葱拌豆腐 —— 一青（清）二白
下雨出太阳 —— 假晴（情）
上鞋不用锥子 —— 针（真）好
孔夫子搬家 —— 尽是书（输）

---
11) 钉(马)掌 (말의 편자를 달다.)

第八节　词汇的发展变化和词汇的规范化

一. 词汇的发展变化

词汇在不断发展变化，主要表现在新词不断的产生，旧词逐渐的消亡，同时，词的语义内容和词的语音形式也不断地发展变化。

1. 新词的产生
   ① 原因

   A. 给新事物、新现象命名。

   电脑　　热水器　　网吧　　世贸

   B. 对已知事物认知的加深。

   质子　　中子　　原子　　基因　　染色体

   C. 由简称凝结、固定成词。

   兵 —— 士兵

   衣服架子 —— 衣架

   D. 新吸收的外来词。

   模特儿（modele 法）

   伊妹儿（E-mail 英）

   ② 特点

   A. 数量多

   B. 双音节占优势：打工族　　标准化　　开放度

   C. 新词大多数是复合式：反思　　影视　　扫黄

   D. 词缀化的词语明显增多：优化　　气功热　　知名度　　亚健康

   E. 简化空前发展：高考　　微机

2. 旧词的逐渐消失和变化

   A. 旧词的消失。例：丫环、牙婆、老鸨、窑子、堡垒户、还乡队……

   B. 旧词的变化。

   ⓐ 词义增加使旧词得以保留：产前、产后……

ⓑ 历史词语复活：小姐、先生、红包、村长、庙会--人才庙会………

3. 词义的演变

　　A. 原因

　　　　ⓐ 社会生活的发展：航行

　　　　ⓑ 人们思想意识的改变：云

　　　　ⓒ 语言内部因素的相互作用：头--头儿

　　B. 词义的演变

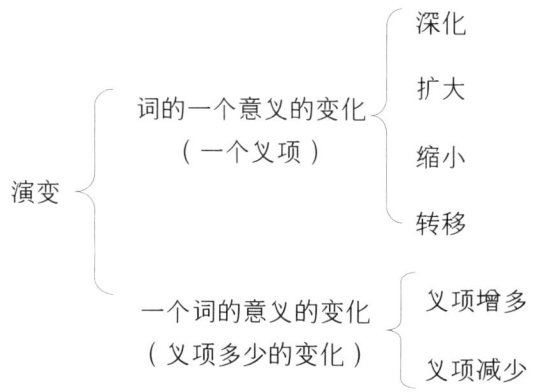

① 词的一个意义的变化

　　A. 词义的深化---词义在指称外延不变的情况下，内涵发生了由简单到丰富，由不正确到正确的变化。

　　　例：云---

　　　《说文》释为"山川之气也"。

　　　《现代汉语词典》释为"由于滴水，冰晶聚集形成的在空气中悬浮的物体。"

　　B. 词义的扩大---词的一个意义发生了指称外延扩大，内涵更加抽象概括的变化。

　　　例：灾---

　　　《说文》释为"天火也"，只指自然发生的火灾。现指"一切灾害"

河---

《说文》释为"水出敦煌塞外昆仑发源注海",是指黄河而言;《诗经》中"关关雎鸠,在河之洲"的"河"就是黄河。

现在则成了"河流的通称。"

C. 词义的缩小---词的一个意义发生指称外延缩小而内涵更加丰富的变化。

例:经理---

原指经营管理。现在多指企业中负责经营管理的人。

臭---

《词源》(1930)释为"气味的总称",现为"难闻的气味"。

事故---

《词源》(1930)释为"事情",包括好事情和坏事情。唐朝白居易《对酒劝令公开春游晏》诗,"自去年来多事故,从今日去少交集。" 后指意外发生的不幸事情(损失或灾祸)。

D. 词义的转移---词的一个意义的指称外延和内涵均发生变化,也就是它所表示的两个新旧不同的概念发生了更替。表示甲类对象的词转用到指称与之有关的乙类对象。

例:兼并---

原指土地侵并,或经济侵占;现指符合法律规定的,把一方资产并为另一方所有的经济行为,不再带有贬义。

事迹---

《词源》(1930)释为"事情经过的痕迹",现在却指称"个人或集体做过的重要的、值得称颂的事情。"

② 一个词的意义变化

A. 义项的增加

例:丑角　chǒu jué

ⓐ 原指戏曲角色中的丑;哑剧和杂技中人们熟悉的喜剧人物,以独特的化妆、服装、滑稽可笑的举动和插科打诨著称。

ⓑ 比喻在某事物中充当可耻角色,经常出丑的人。

半导体　bàn dǎo tǐ

ⓐ 导电性能介于金属导体和绝缘体之间的物质。

ⓑ 可指称"半导体收音机"。

B. 义项的减少

例：

喽罗 lóu luó

《词源》（1979）

ⓐ 机智，伶俐。

喽罗儿读书，何异摧枯朽。－－－卢仝《寄男抱孙诗》

ⓑ 旧称占有固定地盘的强人部众[12]。

如今山上添了一伙强人，扎下一个山寨，聚集着五、七百小喽罗，有百十四好马。－－－《水浒传》

ⓒ 扰乱、喧噪。

《现代汉语词典》－－旧时称强盗的部下，现在多比喻听从他人指挥的人。

倒爷一个眼色，喽罗们就上来了。

※ 让－－"责备"义已消失。

二．词汇的规范化

随着社会的发展，词汇的数量越来越多。为了更好地发挥词汇的交际作用，有必要根据词汇的发展规律，确定明确统一的标准，并根据这一标准做好词汇的规范化工作。

有两方面的工作：一是，维护词语的既有规则； 一是，对普通话从方言词、古语词或其他语言新吸取进来的成分进行规范。

1. 词汇规范应考虑掌握以下三个主要原则

第一是，必要性－－就是说要考虑一个词在普通话词汇中有无存在的必要，在表达上是不是不可少的；

例如：

　　　　个体户　　　未来学　　　审批　　　报考

---

[12] 指部下兵众；部族兵众。《三国志·吴志·吴范传》："备部众离落，死亡且半。"《周书·异域传上·獠》："军吏等曰：'此獠旅拒日久，部众甚疆。讨之者皆四面攻之，以分其势。'"《资治通鉴·梁元帝承圣三年》："上以琳部众强盛，又得众心，故欲远之。"蔡东藩《清史演义》第二回："忽报努尔哈赤兵到，顿觉仓皇失措，勉强招集部众，出城对敌。"

第二是，普遍性－－－即选择人们普遍使用的；

  蹊跷－－－跷蹊   介绍－－－绍介   玉米、苞谷、棒子

第三是，明确性－－－就是选用意义明确的，容易为人们理解和接受的。

  马达－－发动机   盘尼西林－－青霉素

  娇气－－骄气   期中－－期终

2. 规范的内容

第一，方言词的规范

A. 普通话词汇以北方方言词汇作为自己的基础，但即使是代表了北京方言的北京话，其词语也不能全部归入共同语词汇，这是因为北京话也有不少仅仅北京人才懂得的"土语词"。

B. 现代汉语词汇既然是以北方话词汇为基础，那么别的方言进入共同语的词语自然是少数。共同语吸收这少数的词语，是有原则和条件的。

☆运用方言词应注意：

① 可以使用方言中有特殊意义的词。

  方言中一些词语表示的概念，普通话里没有适当的词语来表示，这时，普通话需要借入方言词语以补自己之不足。

   搞 名堂 扯皮 垃圾 尴尬 塌台

② 舍弃基础方言中过于土俗的词。

  东北：非……不解

  陕西、山西：底板、婆姨

  北京：大拇哥 老爷儿 步辇儿

③ 同实异名的词，以基础方言为准。

  <u>玉米</u> 老玉米 包谷 棒子

  <u>馒头</u> 馍   馍馍 蒸馍

  车船 <u>轮船</u>

  火水 火油 洋油 煤油

④ 同名异实的词，以北京话的含义为准。

  爹－－－爷爷

  姑姑－－爸爸

⑤ 各方言中词义范围大小不同的词，应以北方方言习惯用的含义为准。

　　厚--
　　上海-- 书厚了、粥厚了
　　北京-- 粥稠了、粥稀了
　　甜--
　　河南--糖甜、菜淡了、菜甜了
　　肥--
　　广东-- 人、畜

⑥ 为表现特殊题材的地方色彩，可以适当使用方言词。

　　小老子哩，踩得地皮响。

第二，外来词的规范

A. 不要滥用外来词

B. 统一外来词的汉字书写形式
　　啤酒--皮酒

C. 吸收外来词，应尽量采用意译方式。
　　话筒--麦克风

D. 产生等义词，以基础方言为准。
　　汽水--荷兰水
　　冰淇淋--雪糕

第三，古语词的规范

古语词的吸收，是丰富现代汉语词汇的一个重要途径。但是古语词的使用是有限制的，应该吸收那些有表现力或适应特殊场合需要的古语词，而不要滥用古语词。

A. 已被现代汉语取代的古语词，普通话不采用。
　　目　　雉　　社稷　　昧爽
　　会晤　　谒见　　诞辰　　噩耗　　哀悼

B. 生僻费解的古语词不吸收。

C. 杜绝文白夹杂的现象。
　　例：临汾离广州路途迢递，我之孩子尚幼，天气又热，故不能去。

第四，生造词的规范

新词语是适应交际需要、社会需要而产生的，它遵循着语言构词造词的规律和表义明确易懂的原则。如果违背上述原则，只顾个人的意愿，生拼硬凑，胡乱缩略，或破坏已有的形式，这样造出的词语，只能认为是生造词语，要加以规范。

例：*最近姚大爷显得格外频忙。

*他的发言很精绝。

第五章 语法

第一节 语法概说

一. 语法和语法体系

1. 语法是什么

　　语法是语言三要素之一。语音是语言的物质外壳，词汇是语言的建筑材料，语法是语言的组合法则，专指组成词、短语、句子等有意义的语言单位的规则。笼统来说，语法是语言单位的结构规则。

　　例如：

　　建筑材料---不、糖、吃、我---→按照语法规律、语义、语用的要求，组合排列成一定的格式，加上语调，才能传递信息。

①我不糖吃。

②糖不吃我。- - 是"名（代）+ 副 + 动 + 名（代）"的格式，但施动者和受动者的位置，不合语义要求，不合事理，所以不合法。

　　① ②句不能成句，无法传递信息，是因为有些词所居的位置不合**语法规律和语义**要求。

③我不吃糖。

④糖，我不吃。

　　③ ④句的不同：在语言运用时具体**语境**的不同、**话题**不同而造成。

曹雪芹虽然没学过<u>语法</u>，可是他写的书中的句子都合乎<u>语法</u>。
　　　　语法学或语法知识　　　　　　　语法规律

2. 语法研究什么？

语法 { 句法－－研究传统语法的句法及词法。
语义－－研究隐藏在句法结构里的语义成分、语义指向、语义特征等。
语用－－研究说话的语境和句子的语调、语气、口气以及句法结构的变化等。 }

3. 语法体系问题

　　语法系统－→即客观存在的语法事实、语法规律的系统性，就是说，语法是各种规则交织成的整体，是自成系统的。

　　语法学体系－→即语法学说的系统性。它是语法学者根据自己的观点在研究和解释语法事实时所用的分析方法、分类术语等的系统性。一个民族语言的语法系统只有一个，一个民族语言的语法体系可以不止一个。

　　例：

平常我们有时听人说"汉语语法有分歧"，即语法学体系有分歧。{
他的妻子死了父亲。

成分分析法认为："妻子"是主语，"死了"是谓语。

层次分析法认为："他的妻子"是主语，"死了父亲"是谓语。
}

二. 语法的性质

1. 抽象性

　　语法是从众多具体的语法单位里抽象出其中共同的组合方式、类型及如何表达语义的规则。

　　语法指的是抽象出来的公式，舍弃了个别的、具体的内容。一种语言里具体的词多得很，由词组和而成的具体的短语和句子更是难以计数，但是它们内部的组合规则和格式是很有限的。语法学的任务是描写、解释组成词、短语和句子的规则和格式。由此可见，语法具有抽象性、概括性。

2. 稳固性

　　语法的变化比起语音、词汇来要缓慢得多。这是因为它是一个由各种抽象规则交织成的有紧密联系的系统。

　　例如：名词和名词性短语可以直接组合成主语和谓语。

　　　　陈涉者，阳城人也。－－→　陈涉是阳城人。

　　　　可在某些特定条件下，仍保留这种格式：鲁迅，绍兴人。

3. 民族性

　　每一种语言的语法都具有明显的民族性特点。

　　　　动词：最多有五个形式，

　　　　　　如：give, gives, gave, given, giving

　　　be有八个形式：be, am, is, are, was, were, being, been

　　　　名词：最多有四个形式，

　　　　　　如：man, man's, men, men's

　　　　代词：有四个形式，

　　　　　　如：I, me, my, mine

　　　　形容词：有三个形式

　　　　　　如：slow, slower, slowest

① 汉语表示语法意义的手段主要用语序和虚词，不大用形态。

　　　完全没有听懂。－－－没有完全听懂。

　　　我为人人。－－－人人为我。

　　　他对小王很了解。－－－他小王很了解。（×）

　　　孩子脾气。－－－孩子的脾气。

　　　北京饭店。－－－北京的饭店。

　　　美国朋友。－－－美国的朋友。

② 词、短语和句子的结构原则基本一致。

  A. He flies a plane. （他开飞机。）

  B. To fly a plane is easy.（开飞机容易。）

  C. Flying a plane is easy. （开飞机容易。）

③ 词类和句法成分关系复杂。

  在印欧语里词类与句法成分基本上是一对一的对应关系。

④ 量词和语气词十分丰富。

三. 语法单位和句法成分

1. 语法单位

① **语素**：语言中最小的音义结合体。

② **词**：最小的能够独立运用的语言单位，是构成短语和句子的备用单位。

③ **短语**：语义上和语法上都能搭配而没有句调的一组词，是造句的备用单位。

④ **句子**：具有一个句调，能够表达一个相对完整的意思的语言单位。

2. 句法成分：8个－－主语、谓语、动语、宾语、定语、状语、补语、中心语

① 主语－－谓语：

  主语：是被陈述的对象。

  谓语：是陈述主语的，说明主语"做什么、是什么、怎么样"。

  主语和谓语之间是陈述关系。（主谓关系）

② 动语－－宾语：

  动语：表示动作行为，支配、涉及后面的宾语。

  宾语：表示人、物或事情，是动作所支配、所涉及的对象。

  动语和宾语之间是支配或涉及的关系。（动宾关系）

③ 定语－－定语中心语：

  定语：是名词性短语里中心语前面的修饰语。

  定语中心语：定语中心语是定语所修饰的成分。

  定语和定语中心语之间是修饰限制的关系（即定中关系）。

④ 状语——状语中心语：

状语：是谓词（动词、形容词）性短语里中心语前面的修饰语。

状语中心语：状语中心语是状语所修饰的成分。

状语和状语中心语之间也是修饰限制的关系（即状中关系）。

⑤ 补语中心语——补语：

补语：是谓词性短语里中心语后面的补充成分。

补语中心语：补语中心语是补语前面的成分。

补语中心语和补语之间是补充说明的关系（即中补关系）。

句法成分表

前头句法成分	后头句法成分	成对发生的关系	举例
主语	谓语	陈述关系（主谓关系）	他来了
动语	宾语	支配或涉及关系（动宾关系）	做作业
定语（）	中心语	修饰限制关系（定中关系）	（语法）作业
状语 [ ]	中心语	修饰限制关系（状中关系）	[都]做了
中心语	补语 < >	补充说明关系（中补关系）	做<完>了

☆下面通过一个主谓句的框式图解，说明八种一般句法成分之间的关系：

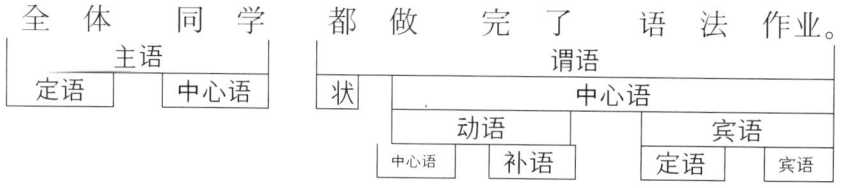

☆用成分符号标明一个例句里句法成分和核心动词的相对位置：

　　　　　主语位置　　状语位置　核心位置　补语位置　　　　宾语位置

　　　　—
　　　　（全体）同学‖　[都]　　做　　＜完＞　了　（语法）作业

☆

　　　　语素→词→短语
　　　　　　　↘↙
　　　　　　句子→语段

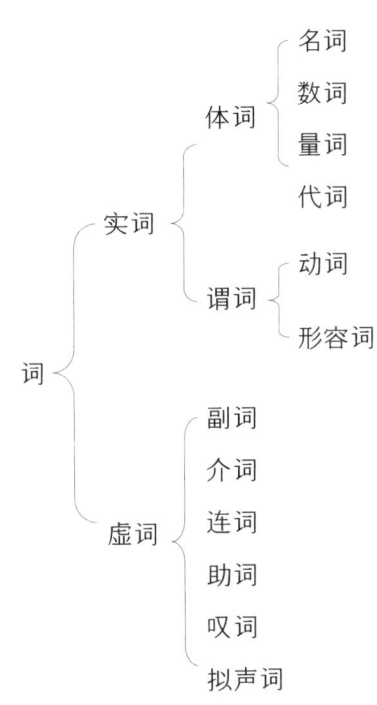

第二节 词类（上）

一. 划分词类的依据

词类是词的语法性质的分类。

划分词类的目的在于说明语句的结构规律和各类词的用法。

☆汉语划分词类，语法功能是主要的，但是功能标准的使用也必须分清主要、次要或经常、非经常。因为汉语的实词如动词、形容词、大都是多功能的，即每类词大都能充当多种句法成分，例如"批判"就是个多功能词，即能作谓语，也能作主语、宾语、定语、状语。只因它作谓语、带宾语的用法是主要的、经常的，其他用法是次要的、有条件的，再加上它能作动词式的重叠（形态）和表示动作意义，才把它认作动词。

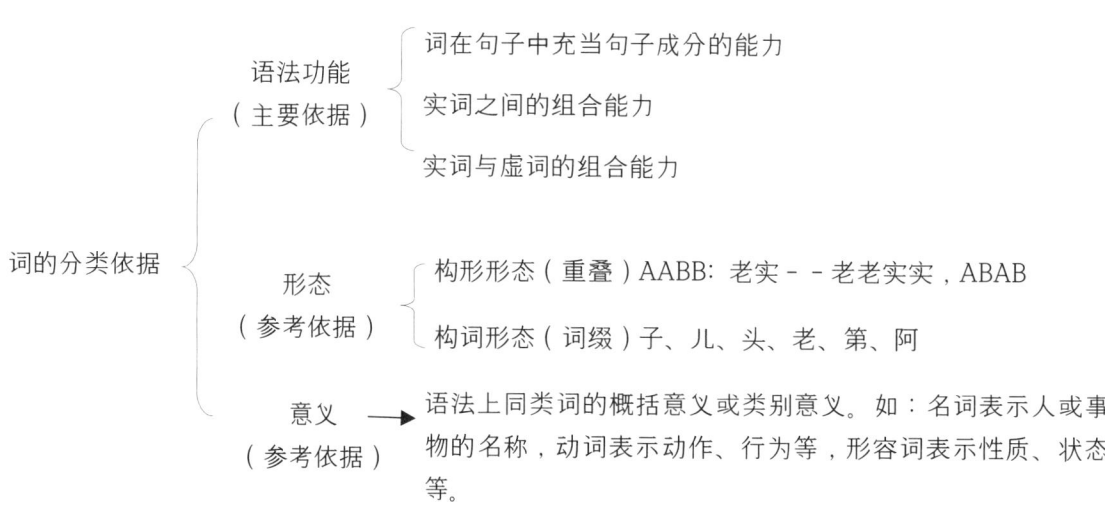

在划分词类的时候，并不把一个词所有的语法功能都拿来作分类的依据，而是找出功能上所具有的一个或几个区别性特点，把具有共同语法功能的一组词归为一类。

例如：根据能否经常作主语、宾语，能否经常作谓语、能否受"不"修饰等特征，将名词与谓词（包括动词和形容词）区别开来。根据能否带宾语，将动词与形容词区分开来，动词经常充当述语带宾语，而形容词则一般不带宾语。

二. 实词和虚词的划分

☆汉语的词首先根据是否能作句子成分,分为实词和虚词两大类。

1. 实词

- ◆ 能够独立充当句子成分,意义比较实在。
- ◆ 实词包括名词、动词、形容词、区别词、数词、量词、副词、代词等八类。

① **体词和谓词**

实词可以根据意义和功能分成体词和谓词两大类。八类实词中,只有副词即不属于体词,也不属于谓词。

A. 体词主要用来指称人或事物,以名词为代表,数词、量词、区别词和代替这几类的代词。

B. 谓词主要用来陈述,主要包括动词、形容词和代替这两类词的代词。

② **体词和谓词在语法功能上的主要区别**

A. 体词主要作主语和宾语;

B. 谓词主要作谓语,谓词前可以加上否定副词"不",体词则不能加。

2. 虚词

① 只表示语法意义,不能单独充当句子成分,不能单独成句。

② 虚词的主要作用是表示语法关系,是帮助实词组成词组和造句的重要手段。

③ 虚词包括介词、连词、助词、语气词等四类。

④ 另外还有两类无法归入实词和虚词的特殊词类:拟声词和叹词。"拟声词和叹词"没有组合功能,只能充当独立成分或者独词句。

三. 实词

1. 名词

① **名词的分类系统**

A. **时间名词**

秋天、傍晚、夜晚、今年、现在、将来、刚才

- ◆ 经常作状语,也作主、宾、定语:

例:他昨天才来。(状)

今年不比往年。（主、宾）

秋天的风不刺骨。（定）

- 要注意时间名词和时间副词的区别，以后谈副词时说。

B. **方位名词**

ⓐ 单纯的、合成的，数量有限。

ⓑ 方位词表方向、位置，少数表时间，如：之前、前后、左右、之内。

ⓒ "上、下"是方位词，也作动词。如：上山、下河、下海。

ⓓ 方位词主要是加在别的词语后面，组成方位短语，表示处所或时间。

例如：教室里、讲台上、上课前、说话前、放学后。

- 有的也可表数量的界限，如"十八岁以上，六十岁以内，二百左右"。

☆**时间名词和方位词：**

ⓐ 时间名词较特殊，除了能作主语、宾语和定语外，还经常作状语，表示事情发生的时间，例如"他昨天来了"。

ⓑ 方位词表示方向、位置。单音节的有"上、下、前、后、左、右、东、西、南、北、里、内、外"等；双音节的有"之前、之后、之上、之下、之左、之右、之内、之外、之东、之中、之间"和"以前、以后、以上、以外、以内、以东"等。

ⓒ 方位词表示空间位置，如"椅子上"、"房间里"。方位短语前头往往加介词，组成介词短语，如"在椅子上"、"从房间里（出来）"。少数方位词，如"前、后、之前、以后、内、之内、以内"可表示时间，如"出发（以）前"、"三天（之）内"、"在出发之前"等。

C. **专有名词**

鲁迅、中国、澳门

D. **普通名词**

朋友、同志、作家

② **少数名词对举时可以重叠。**

山山水水、风风雨雨、上上下下、前前后后、里里外外、左左右右。

- 重叠后表示"连复"和"每处"的意思。但"家家户户"是量词重叠。

③ **"们"的作用：**

A. 加"们"表示群体，不加"们"的代词是单数，不加"们"的名词可以是个体，也可以是群体。例：老师们、朋友们、办公室

B. 动物名词加"们"，拟人用法。

C. 专有名词加"们"，表"之流、之类"，如：李冰们、李刚们

D. "们"有定指的语用作用。

④ **名词的语法特征**

A. 名词都可以充当介词宾语，同介词一起构成介词短语。

B. 名词经常充当主语、宾语、定语。

C. 名词大都可以受量词短语的修饰。

D. 在特定条件下名词可以受副词的修饰。

E. 一般情况下名词不能重叠，但部分名词对举时可以重叠。带有量词性质的名词如"天、年"可以重叠。（亲属称谓以及其他少数词，例如"妈妈"、"哥哥"和"星星"等，这些是构词的语素重叠，不是构形的形态变化。）

2. **动词**

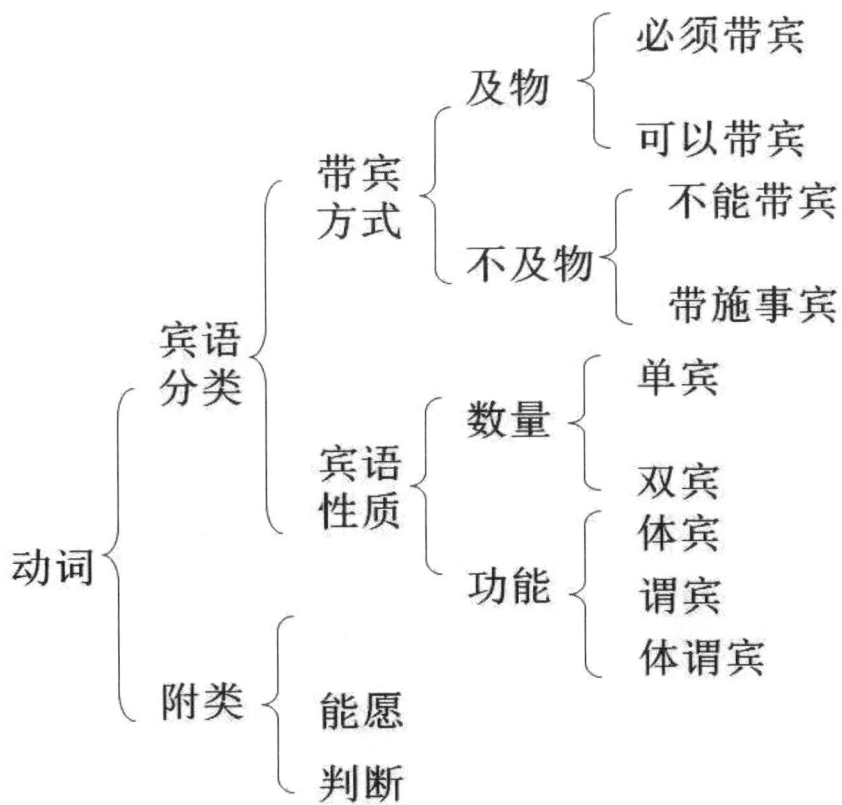

☆及物动词又可分名宾动词、谓宾动词、名谓宾动词等。

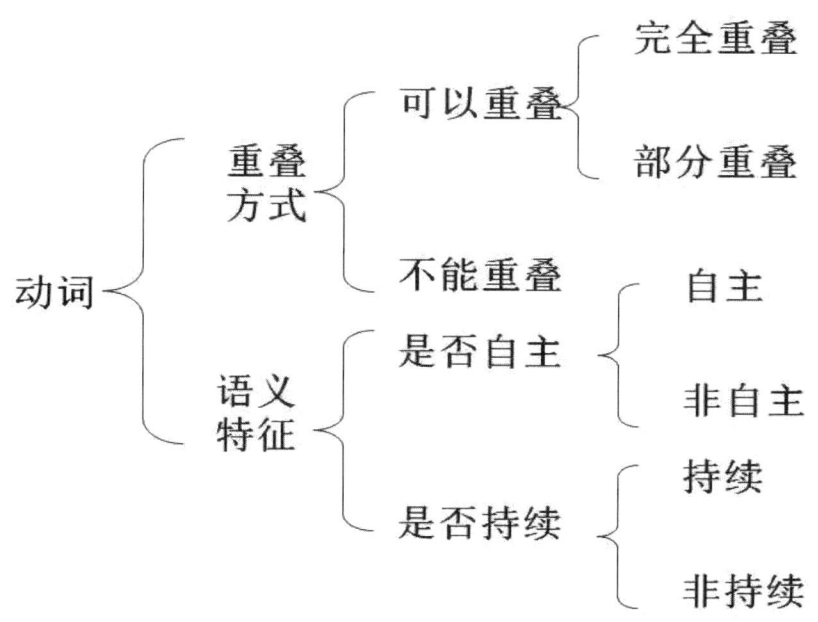

① **动词表示动作、行为、心理活动或存在，变化、消失等，有以下几种。**
  A. 表动作：坐、站、走、跑、打、捶、掐、拧、批评、表扬、宣传、学习。
  B. 表心理活动：想、爱、恨、喜欢、讨厌、羡慕、希望、怕。
  C. 表存现、变化、消亡：在、存在、出现、有、发生、演变、发展、生长、长出、长成、没有、无、死亡、消失。
  D. 表判断：是、不是。
  E. 能愿动词：能、会、可、可以、敢、要、愿意、应该、能够。
  F. 趋向动词：来、去、回、往、上、下、进、出、过、上来、下去。
  G. 形式动词：进行、予以、加以（形式动词）
② **动词的语法特征。**
  A. 动词能作谓语或谓语中心（核心），多数能作动语带宾语。

   例：他来了。我们热爱祖国。

B. 动词能够受副词"不"修饰，只有少数表心理活动的动词和一些能愿动词能够前加程度副词，例如能说：

例：很怕、很喜欢、很羡慕/很愿意、很应该。

C. 动词多数可以后带"着、了、过"等表示动态。

D. 有些动作行为动词可以重叠，表示短促动作的动量小或时量短或尝试、轻松等意义[13]，限于表示可持续的动作动词。

    ⓐ 单音词重叠AA式：说说，玩玩，弄弄

    ⓑ 双音动词重叠ABAB式：打扫打扫，研究研究

    ⓒ 有些动宾式合成词的重叠式是AAB式：散散步，洗洗澡，睡睡觉

    ⓓ 少数单音节动词重叠式不是ABAB，而是AABB：说说笑笑，打打闹闹，吵吵嚷嚷，进进出出

E. 大多数动词可以前加"不，没有"来否定，并且都可以有"V不V"或"V没V"的提问形式。

F. "进行""加以""给以""予以""作"等没有实在语义的动词可以称为形式动词。需要表示具体意义的动词充当宾语，作用是使作宾语的动词由陈述转向指称。例：加以表彰、予以奖励

G. 非心理活动的行为动词不受程度副词修饰，但某些动词性短语却受程度副词修饰。

    例：很顾面子 / 很沉得住气（不很沉得住气）/ 很受人尊敬

        --这类"很"表示程度，可受"不"否定。

    再如：很说了他几句 / 很闹了一场 / 很跑过几趟

        --这类"很"表示多量，不受"不"否定。

③ **三类特殊动词**

◆ **判断动词"是"**——"是"表示判断和肯定。常居谓语中心语的位置，后头不能有补语和助词"了、着、过"，也没有动词重叠式，可以有"V不V"并列提问

---

13) 单音动词重叠式第二音节读轻声。但与"红旗飘飘"的"飘飘"、"蝴蝶飞飞"的"飞飞"形式和语法意义都不同，后者第二音节读原调，不读轻声，意义上表示反复延长，不表示短暂。

式。例如"你是不是中学生。""是"放在主语宾语之间，有多种意义关系。下面谈"是"字句中"是"的用法。

A. 放在主（谓）宾语之间。
    ⓐ 表示事物等于什么或属于什么。
        例：科技是第一生产力，我是陶老师--主宾可互换
            我是老师，你们是学生。老虎是食肉动物。
    ⓑ 表示事物的特征、质料、情况。
        例：她是黄头发（圆脸、双眼皮、高个子）
            这桌子是黄色的（木的、玻璃钢的）
            上学期，我是三好生（这次，你算是倒霉了）
    ⓒ 表示事物的存在。
        例：到处是庄稼，遍地是牛羊
            教学楼东边是一片花圃
            前边是一个池塘

B. 用在动词、形容词前：
    ⓐ 重读时，相当于"的确，确定"，不能省略。
        例：她是很认真。
            今天天气是很好
            他是不在。
    ⓑ 不重读时，可以省略，只表示一般的肯定。
        例：我们是很认真的。

- **能愿动词**--又叫助动词，能用在动词语、形容词语前边表示客观的可能性、必要性和人的主观意愿，有评议作用。

    A. 表可能：能、能够、会、可能、可以、可
    B. 表必要：要、应、应该、应当
    C. 表意愿：肯、敢、要、愿、愿意

☆能愿动词的语法特征：
    A. 它们在句子里常作状语，例如："我们［要］认真对待。"但是与作状语的

副词不同：它有"V不V"式和"不V不"式，例如："他［能不能］来？""他［不会］［不］来。"

B. 它还可以作谓语或谓语中心，如："这样做可以不可以？""完全可以。"这些都与副词不一样。

C. 能愿动词与一般动词也不同，它不能用在名词前面[14]，不能重叠，不能带助词"了、着、过"等，不能带数量补语。

- **趋向动词**－－表示移动的趋向，有单音节的、双音节的。限于下列这些：

	上	下	进	出	回	过	起
来	上来	下来	进来	出来	回来	过来	起来
去	上去	下去	进去	出去	回去	过去	

A. 趋向动词可以单独作谓语或者谓语中心，如"月亮下去了，太阳还没有出来"。

B. 但经常用在别的动词或者形容词后边表示趋向，作趋向补语，如"拿＜出＞一本书"，"拿＜出来＞一本书"，"拿＜出＞一本书＜来＞"。

3. 形容词

　① 形容词表示形状、性质和状态等。

　　A. 表性质：好、坏、伟大、勇敢、优秀、聪明、大方、大、小、高、低、长、短、肥、瘦……

　　B. 表状态：雪白、笔直、墨绿、火热、血红、绿油油、水灵灵、黑不溜秋、灰里叭叽……

　　C. 表不定数量：许多、好些、少量、多少、多、少、些许、一些……

　② 形容词的语法特征

　　A. 形容词常作定语和谓语或谓语中心语，例如"太阳红～红太阳"、"观点模糊～模糊观点"。

　　　ⓐ 多数形容词能够直接修饰名词，少数性质形容词能够直接修饰动词，作状

---

14) "要东西"、"会英语"中的"要"、"会"是一般动词。

语。例如"快走"、"老实说"、"具体问题,具体分析"。

    ⓑ 通常要重叠或者加助词"地",才可以作状语,例如"慢慢说"、"呆呆地望着他"、"高高地翘起来"、"轻松地说笑"、"得意地想着"。

    ⓒ 一部分形容词也能作补语,例如"看清楚"、"走快(了)"

B. 形容词不带宾语。

    ⓐ 但是有些性质形容词兼属动词,作动词时能带宾语。例如"端正态度"(使态度端正),"纯洁队伍"(使队伍纯洁),有致使义,这样用时叫"使动词"。

    ⓑ 还有"花了眼"、"直着身子"、"高过我","直、花、高"等是动词。这种词,前加程度副词时是形容词,不能带宾语;后带宾语时不能前加程度副词。这些词兼属形容词和动词。

C. **性质形容词**大都能受程度副词修饰,例如"很简单"、"太小"。性质形容词的重叠式和状态形容词,或者因为是表情态的,或者因为本身带有某些程度意义,不能再受程度副词修饰。

☆汉性质形容词单独做<u>谓语或补语</u>时,通常暗含对比。一般只能用于对照、比较意味的情况。再没有对照比较意味的句子里只有一个性质形容词作谓语,会使人感觉句子不完整。

    例如:

        这孩子人小志气大。("小"和"大"形成对比)

        外边凉快,咱们去外边吧。("外边凉快"与"里边热"形成对比)

        他说得好,我们还是让他说吧。("他"与"我们"形成对比)

    如果不表示对比,形容词做谓语时通常采用"很+形容词"结构。"很"轻读,不凸显程度深。如果要凸显程度深,可以有意识地重读"很"。

    例如:

        他最近很忙。

        冬天这里很冷。

☆状态形容词用来描写外在样子的，所以呢能用于比较。

例如：

外面风大，我们到屋里吧。　　＊外面风大大的，我们到屋里吧。

他比我站得直。　　＊他比我站得笔直笔直的。

这里没有我家舒服。　　＊这里没有我家舒舒服服的。

D. 有些性质形容词可以重叠，即以形态变化15)表示性状程度的加深或适中，重叠后不能前加副词"很"，因重叠就表示程度加深了。

ⓐ 单音节重叠式是：AA、AA的、AA（儿）

早早、长长的、绿绿的、好好（儿）、慢慢（儿）

ⓑ 双音节重叠式是：AABB、AABB的、AABB（儿）

清清楚楚、高高兴兴（的）、痛痛快快（儿）

ⓒ 双音节还有A里AB式，限于少数有贬义的形容词。

马虎－马里马虎　　小气－小里小气　　古怪－古里古怪　　土气－土里土气

E. 有些单音性质形容词可带上叠音词缀或其他词缀，例如"红彤彤"、"亮亮堂堂"、"黑咕隆咚"、"灰布溜秋"，不能加"很"。

F. 状态形容词如"雪白"、"漆黑"、"血红"，本身已表示特定状态和程度，而且程度较深，不用加"很"或重叠。但它们可以作词的重复，表示强调，属于修辞的反复格，如"漆黑漆黑（的）、雪白雪白（的）"，不算构形重叠。

G. 要注意还有由两个反义或近义的单音形容词重叠联合构成的AABB格式，例如"高高低低"、"大大小小"、"红红绿绿"，这是句法结构中的固定格式16)。

③ **名词、动词17)、形容词的比较**

---

15) 原式与重叠式是一个词的两种形式。有的书把"干净"归为形容词，把"干干净净"划归状态词，等于说重叠是构成新词的手段。实际上重叠后的词是原词的另一种形式，词典是不另立词条的。

16) 部分名词、动词、区别词都有此种格式，如"盆盆罐罐、前前后后、抄抄写写、打打闹闹、来来往往、男男女女"。这种两个反义或近义单音词联合重叠格式（xxyy）都兼有繁多的意思。

17) 동사와 명사를 겸하는 유형

1. 한어의 어떤 동사는 명사를 겸하는데, 이런 경우는 아래의 몇 가지 유형으로 나눌 수 있다.

(1) 어떤 동사가 동작의 원래의 의미를 나타내지 않고, 사물을 지칭할 경우에는 명사를 겸할 수 있다. 아래의 이런 단어들이 명사의의를 나타낼 때에는, 종종 양사, 형용사 등의 정어를 동반할 수 있다.

A 伴，暴动，比喻，编制，变迁，标志，猜想，倡议，称呼，出身，雕刻，花费，绘画，　教导，简动词和形容词的语法特性大同小异，可以合称为谓词18)。谓词和名词的语法特性是对立的。

名词和谓词比较表

主要语法特性和表达作用		名词	动词　形容词 谓词
1	能否经常作主语、宾语	能	不能
2	能否经常作谓语	不能	能
3	能否受"不"修饰	不能	能
4	能否用肯定否定并列式（v不v）提问	不能	绝大多数能
5	能否重叠	不能	部分能
6	概括意义	人或事物	动作、形状
7	表达作用	在于指称	在于陈述

称，命，劝告，现代化，笑话，祝贺，祝愿.
B 爱好，安排，保证，保障，报道，报告，比赛，变化，变动，变革，辩论，表示，表现. 表演，剥削，补贴，补助，裁决，采访，传说，尝试，测试，处罚，处理，创新，刺激
　调查，答复，负担，计划，决心，干扰，感觉，革新，顾虑，工作，幻想，汇报，建议，
....
위의 B조의 단어는 종종"有、作、进行、加以、予以、给予、给以"중 하나 혹은 몇 개의 동사의 빈어가 될 수 있으며, 명사의 직접 수식을 받을 수 있는데, 우리는 그들을 명동사(名动词)라고 칭한다.
(2) 아래의 단어는 동작을 나타낼 수도 있지만, 어떤 때에는 어떤 동작、직무를 담당하는 사람을 나타내는데, 이런 경우에는 명사 이다.
　保管，编辑，裁判，参谋，代办，陪同，统帅，指挥，主编，主演.
(3) 아래의 단어들은 동작을 표시 할 수도 있을 뿐만 아니라, 사물을 지칭 할 수도 있다.
　仇恨，解放，航海，启发，起源，锈，依靠，疑心，怨，针灸，把握，包装，保障，报复，暴动，沉淀，出入，反击，飞跃，计，记忆，讲究，间隔，见识，教养，考古，空想，妄想，指望，阻碍.
　2. 어떤 명사는 동사를 겸할 수도 있다. 예:
　　病，铲，处分，春耕，代表，导演，感冒，感受，关系，规范，害.
18) 谓词还包括代替动词、形容词的代词。谓词在句中提问和答问时常用代词"怎么样"来代替，有陈述性，它与名词性的词相对立，名词在句中提问和答问时用代词"什么"来代替，有指称性。

动词和形容词比较表

	语法特性	动词	形容词
1	能否带宾语	绝大多数能	不能
2	能否受"很"修饰	多数不能	多数能
3	重叠方式和意义	AA式、ABAB式 表示动量少或时量少	AA式、AABB式 表示程度加深或者程度适中
4	概括意义	表示动作、行为、活动	表示性质、状态

☆**动词与形容词的辨析**

① 形容词和动词有许多共同之处。

② 二者都能作谓语或谓语中心。

③ 都能接受"不"、"都"、"也"等副词修饰。

④ 都能进入"×不×"的格式，因此动词和形容词（包括代替它们的代词）合称为"谓词"。

⑤ 但动词和形容词的语法特征又有显著区别。

    A. 句法功能不同。

        动词能带宾语，形容词一般不能带宾语。

        形容词能够直接作定语，动词一般不能。

    B. 动词一般不受程度副词"很"等的修饰，而形容词可以受程度副词修饰。

    C. 重叠方式和表示的意义不同。

        双音节形容词的重叠方式以AABB式为主，少数有ABAB式。重叠后表示程度加深或程度适中。

        双音节动词的重叠方式是ABAB[19]，少数有AABB式。重叠后表示短暂的含

---

19)

단음절동사(单音节动词)	AA	读读	走走
쌍음절동사(双音节动词)	ABAB	练习练习	休息休息
동사 가운데 "了"를 더 한다	A 了 A	听了听	做了做
	AB 了 AB	学习了学习	研究了研究
동사 가운데 "一"를 더 한다	A 一 A	想一想	唱一唱

义。

4. 区别词

① 什么是区别词？20)

区别词表示人和事物的属性或区别性特征，有区分事物的分类作用。

区别词往往是成对或成组的。

例如："男：女，雄：雌，单：双，金：银，西式：中式，阴性：阳性，民用：军用，国有：私有，大型：中型：小型：微型，有期：无期"等。

② 区别词的语法特征

A. 能直接修饰名词和名词短语，作定语；多数能带"的"形成"的"字短语。

例如："西式服装、大型轿车、慢性肺炎、彩色电视"和"大号的、野生的、男的、金的"。

B. 不能单独作主语、谓语、宾语。但是，组成联合短语或成双对比后可以作主语、谓语、宾语。

例如："公私不分"、"他不男不女"、"看见两男两女"、"雌多雄少"、"生男生女都一样"。

C. 还有，组成"的"字短语常作主语、谓语、宾语，例如："小型的我不要，我要中型的。"

D. 不能前加"不"，否定时前加"非"。例如："非正式会谈。"

☆区别词与形容词的区别

① 形容词能充当定语，还可以充当谓语，一部分能作补语和状语，能前加副词"不"和"很"。

② 而区别词则只能充当定语，不能单独充当谓语，不能前加"不"。它缺少谓词的主要功能，不宜归入谓词和形容词21)。

쌍음절 동사는 가운데 "一"를 더하는 방식으로 중첩할 수 없다.
예: *学习一学习, *研究一研究.
동사를 중첩한 후, 단음절 동사의 중첩부분은 경성으로 읽으며; 쌍음절 동사의 두 번째 음절도 경성으로 읽는다.
예: 坐坐   zuòzuo   讲讲,   jiǎngjiang
     讨论讨论, tǎolun tǎolun   安排安排   ānpai ānpai

20) 别的一些书这样解释区别词：又叫非谓形容词，是表示事物的特征和分类，只能修饰名词作定语，不能作谓语的词。

☆**区别词与名词的辨析**

区别词在句中作定语，名词也可作定语，但二者是有区别的。

① 区别词不能作主语和宾语，名词最显著的语法特点是充当主语和宾语。

② 区别词不受数词和量词的修饰，而名词前面可加数词和量词。

5. 数词

数词不同于数目，数词是有限的，封闭的，数目是无限的，开放的。表数目和次序。

☆**现代汉语的数词系统**

数词
- 系数词：一、二……九、零、半、两
- 位数词：十、百、千、万、亿、兆
- 系位数词：廿 niàn、卅 sà
- 数量数词：俩、仨
- 概数词：两、几、多、数、无数、多少、若干、许多

① 数词的意义和种类

A. 基数词

表示数目的多少。可分为系数词（零或0、一至九）和位数词（十、百、千；万、亿、万亿、兆），两种基数可以组成复合数词。汉语计数是十进制，满十进位。基数词如果系数词在位数词前，两者是相乘的关系，六十 $=10\times6$；反之，位数词在系数词前，两者是相加的关系，十六（$=10+6$），六十（$=6\times10$），六百六十六（$=6\times100+6\times10+6$），都是复合数词。

☆基数词可以组成表示倍数、小数、分数、概数的短语。

ⓐ **倍数**

由基数加"倍"组成。例：一倍、两倍、十倍、百倍、千倍。

---

21) 有的书把区别词算作形容词中特殊的小类，叫非谓形容词，那是根据上面第1个语法特征。

有时也用"百分之×百"的格式。

例：百分之二百=二倍；百分之三百=三倍

数目增加可用倍数表示，"增加了三倍"和"增加到三倍"不同。

ⓑ **分数**

用"×成、×折、×分之×"等固定格式表示。

例：七成=百分之七十　十分之七
　　八五折=百分之八十五

数目减少可用分数表示，不用倍数。

ⓒ **概数**，有几种表示法。

"来、多、把、左右、上下"放在数词后或数量短语的后头。

例：二十来岁、五十多人、一百来斤、一千多架飞机、若干条件、斤把肉、人把高、一米六左右、五十上下。

相邻两个基数连用也表示概数。

例：一两个、三四斤、七八条。

ⓓ **小数**，零点五（0.5）、三点一四（3.14）

B. 序数词

序数词，表示次序前后。

一般是在基数前加前缀"第"或"初"组成。

例：第一、第二、第十、初一、初五、初十。

有时也用十天干"甲乙丙丁戊己庚辛壬癸"或十二地支　"子丑寅卯辰巳午

未申酉戌亥"等表示序数。如今年是"壬辰"年，明年就是"癸巳"年。

② 数词的语法特征

A. 数词通常要跟量词组合成数量短语，才做句子成分。

例：一个、三本、五次。

数词一般不直接同名词、动词、形容词组合使用，只在文言格式和成语中，数词才直接修饰名词。

例：一（个）太阳　　一（顿）打
　　一针一线　万水千山　三心二意

序数词在特定情况下也可以直接修饰名词，组成专名，中间不用量词。

例：第二车间、第一志愿、第三世界
　　第二阶段、第四餐厅

B. 数量短语通常用做定语和补语、状语。

例：一丝牵挂、拉我一把、一脚踢回去。

C. 数量增减表示方法

表增加，可用倍数，也可用分数（常为百分数）；表减少，不用倍数。

ⓐ 增加

　a. 净增加，用"增加了、上升了、提高了"
　　　10→50，　增加了4倍（400%）
　　　50→100，增加了1倍（100%）

　b. 相对增加，用"增加到、上升到、提高到"
　　　10→50，　增加到5倍（500%）

　　　　　50→100，增加到2倍（200%）

　　ⓑ 减少

　　　a. 净减少，用"减少了、下降了、降低了"

　　　　　50→10，　减少了4/5（不能说"减少了4倍)

　　　　　300→50，减少了5/6

　　　b. 相对减少，用"减少到、降低到、下降到"

　　　　　50→10，　减少到1/5

　　　　　300→50，减少到1/6

D. "俩"(liǎ)、"仨"(sā)是"两个"、"三个"的合体数量词，意义和功能相当于数量短语，后头不能加量词"个"。只用于口语，例如"俩人"、"哥儿俩"、"咱们俩"、"仨人"，"仨瓜俩枣"（比喻一星半点的小事）。

6. 量词

① 量词表示计算单位。

可分为名量词和动量词两大类。名量词表示人和事物的计算单位，如"一个人"。动量词表示动作次数和发生的时间总量，如"看三次""看三天"。

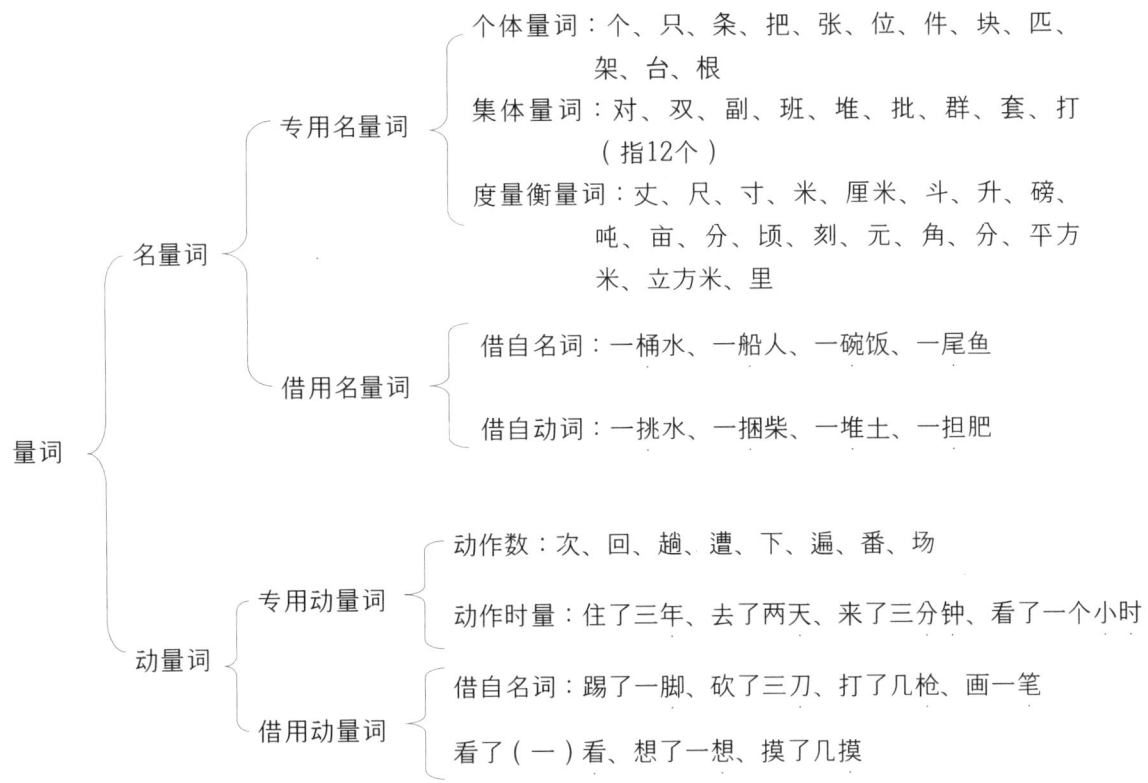

② **量词的语法特征**

A. 量词总是位于数词和名词之间，数词与量词组成数量短语，作定语、状语或补语、宾语等，如"（一个）人、[一把]拉住、看<一次>、看一本"。

B. 单音节量词大都可以重叠，重叠后表示每一、逐一、多，能单独充当定语、状语、主语、谓语，不能作补语、宾语。

ⓐ 量词一般都可以重叠，重叠后，根据它在句中充当的成分而表达不同的意义。

例如：

1) 过春节的时候，家家户户都放鞭炮。
　　　　　　　　　　　（做主语，表"每一"）
2) 这几年粮食年年都是大丰收　（做状语，表"每一"）
3) 天气突变，刮起了阵阵狂风。（做定语，表示"多"）
4) 会场里掌声阵阵。　（做谓语，表示"多"）
5) 红队步步紧逼，绿队毫不示弱。

（做状语，表示 "~接着~地"）

  ⓑ **数量短语重叠**

    a) 表示 "多"，重在描写，主要做定语。

     如：

     1) 一支一支的救援队伍奔向灾区。

     2) 空中闪烁着一团团五彩缤纷的焰火。

    b) 表示 "~接着~地"，主要做状语，描写动作的方式或表示量多。

     如：

     1) 他仔细地一笔一笔地画着。（* 他仔细地一笔地画着。）

     2) 她一遍一遍地嘱咐我，生怕我忘了。

     （* 她一遍地嘱咐我，生怕我忘了。）

☆量词或数量短语一旦重叠，其意义和用法也将改变。重叠后意义上都表示众数或多；用法上，都有描写性，做修饰语时都位于中心语前。

☆需要特别注意：表示一般叙述的动量短语与表示描写的动量重叠短语的结构分布不同：

    动作 + 动量短语   动量重叠短语 + 动作
    听   一遍   一遍遍   听

☆上述重叠格式中的后一个"一"可以省去，成为"一AA"格式，其语法意义和用法不变。例如"一箱一箱---一箱箱"。

☆有时不限于数词"一"，如"三架三架地飞过、两箱两箱地搬"表示方式，作状语。

C. 量词有时单独作句法成分。如"馒头论个，油条论条"。在"我想有个家"、"带份礼物给你"中，是"一个"、"一份"的省略，限于数词"一"。

D. 什么量词能与什么名词组合，在普通话和方言里各有自己的习惯，有的相同，有的不相同。

E. 量词用在指示代词后，构成指量短语，如"这本"、"那件"。数量短语和指量短语统称量词短语。

F. 数词、量词与名词的语法功能比较接近，三者合起来成为与谓词相对的"体词[22]"。（名词语就是体词语，包括数词、量词、代词（代名词）和名词及名词性短语。）

☆时间表示法

① 有些名词可以直接跟数词连用，相当于量词。

如：

年　星期　天　夜　小时　分（钟）　秒

除"星期""小时"前可加量词"个"外，其他一律不能加量词。

如：

* 三个年　* 五个天　* 一个夜　* 十个秒

② 时点表示法

点钟　　点　　　刻　　　分　　秒　　（吃饭）时
早上　　中午　　傍晚　　晚上　　半夜　　凌晨
~号　　星期~　　~月　　（去／今／明）年
（昨／今／明）天　　（上个／这个／下个）星期／月
以前　　以后　　（课）前／后　　（三天等）之前／之后

• 表示动作状态的时点一般放在谓语前。即：

时点　+　谓语

五点／晚上　　学习

• 提问方式：什么时候？／什么时间？／几点？如：

A：现在什么时候了？　　　A：什么时间了？
B：已经半夜了。　　　　　B：下午三点半了。

③ 时段表示法

小时　　钟头　　刻钟　　分钟　　秒钟

---

[22] 体词还包括人称代词。为了通俗易懂有时用"名词性的词语"或"名词语"代替"体词和体词短语"。

数（量）词 + 上午/晚上/夜/天/星期/学期/……

- 表示动作状态的时段一般放在谓语后。即：

    谓语 ＋ 时段
    学习　　半小时/一下午

- **注意**　宾语类型不同，时段所处位置也不同：

    谓语 ＋ 时段 ＋ 事物宾语
    看了　　一晚上　　书

    谓语 ＋ 表人/处所宾语 ＋ 时段
    照顾　　　她　　　　一个多月了
    去　　　　日本　　　三年了

- 提问方式：多长时间？多少时间？　如：

    A：你来这儿多长时候了？　　A：从这儿到火车站需要多少时间？
    B：半年了。　　　　　　　　B：三十分钟。

- **注意**　需要特别注意以下几点：

a) "数词 + 月（月份）" 与 "数量词 + 月" 的区别

　　前者表示某一月份，是时点，如：一月　五月　十月
　　后者表示一段时间，是时段，如：一个月　三个月

b) **"小时" 与 "钟头" 的区别**

　　"小时" 是名词兼量词，所以可以说 "一小时"，也可以说 "一小时"；"钟头" 只是名词，所以只能说 "一个钟头"，不能说 "一钟头"。

c) 表示时间单位时 "半" 的使用

　　一个半小时（时段）（注意："半" 放在数量后、单位名词前）
　　　＊一半小时　　＊一小时半

　　两点半（时点）（注意："半" 放在 "点" 这个单位词后）
　　　＊一半点

d) 表示不长的时间段，可以用 "一会儿"，不用 "一点儿"。

e) "前后" 与 "左右" 在表时点与时段上的区别，见第六课的概数表示法部分。

7. 副词

① 副词的意义和种类

　　副词限制、修饰动词、形容词性词语，表示程度、范围、时间等意义。

　A. 表示程度：很、最、极、挺、太、有点儿、几乎、不大……
　B. 表示范围：都、均、总、只、仅仅、单、净、光、一齐、一律……
　C. 表示时间、频率：已、曾、刚、正、将、就、马上、常、还、再……
　D. 表示处所：四处、随处……
　E. 表示肯定、否定：必、准、不、没有、未必、别、是、是否、不用……
　F. 表示方式、情态：大肆、肆意、特意、忽然、大力、稳步、阔步……
　G. 表示语气：难道、岂、究竟、可、必然、必须、明明、只好……
　H. 表示关联：便、也、又、却、再、就

☆同一小类的副词，语义和用法不一定都相同，有的差别还相当大。举例来说，"都、只"都表示范围，但是"都"表示总括全部，一般是总括它前面的词语，而"只"表示限制，限制它后面的词语的范围。

例如：

　　他们都只吃了一个苹果。－－这一句的"都"所指向的对象是前面"他们"，而"只"所指向的是后面的"一个苹果"。

☆又如"不、没有、别"都表示否定，而语义和用法也不相同。

例如：

　　去不？不去。－－这里的"不"，否定动作或性状的将要发生（未然），表明说话人不愿意或不能去。

☆"没有"否定动作或性状的已经发生（已然）。

例如：

去了没有？没（有）去。－－是对"去了"的否定，表明这种行为没有成为事实。

☆ "别去"的"别"表示禁止或劝阻，表明说话人不希望对方有某种行为。

☆ 就是同一个词形，也可能属不同的小类。一个副词究竟表示什么意思，往往须结合全句语境仔细体会。

例如：

ⓐ 春天很快就到了。－－表示事情短期内即将发生。

ⓑ 他十五岁就去了延安。－－表示事情早已发生。

ⓒ 学了就用。－－表示后一事紧接着前一事发生，相当于"立刻"。

ⓓ 老虎屁股摸不得，我就要摸。－－表示跟前一情况相反的做法，带有一种故意的语气，相当于"偏"。

ⓔ 我就有一个名字。－－表示范围，相当于"只"。

例如：

ⓐ 十点钟才来。　　（时间－嫌迟）

ⓑ 才八点呢。　　　（时间－嫌早）

ⓒ 春天很快就到了　（时间－即将）

ⓓ 他五点钟就起床了（时间－嫌早，强调早）

ⓔ 抢来就吃　　　　（时间－马上）

② 副词的语法特征

　A. 副词都能作状语，几乎都能修饰动词，近半能修饰形容词。

　　ⓐ 个别程度副词"很、极"还可以作补语。"很"作补语，前头一定要加"得"，如"好得很"。"极"作补语，后头要加"了"，如"好极了"。

　　ⓑ 作状语时，单音双音副词可在谓语中心之前主语之后，双音副词里有一些还可以放到主语之前，作状语，修饰主谓短语，例如"他辛亏来了、幸亏他来了"，两者语用场合不同。

ⓒ 值得注意的是，在句子里，有一些副词即可以用来作状语修饰谓词，也可以用来作定语修饰名词性成分。用来修饰名词主语的副词不多，有"就、仅、仅仅、只、光、单、单单、几乎"等，表示限制人或事物的范围。

例如：

a. 只这几家商店开始营业。

b. 今天就你一个淘气。

c. 光书就有十箱。

d. 单单这一点就够了。

ⓓ "才、就、好、仅、大概、已经、不过、将近、恰好"等词可以修饰数量短语，这些带有数量义的可以作多种句法成分。这种副词用来表明说话人对数量的一种看法，这种句子所叙述的事情都是已经成为事实。

例如：

a. 用了恰好500元。

b. 一下子进来了好几个。

c. 将近30户住在山头上。

d. 花了才五天。

e. 工作已经三年了。

f. 还没有搬迁的就十户人家。

ⓔ 单音副词和它所修饰的成分是直接组合的，只有个别的离不开"地"，例如"那汉子猛地伸出胳膊拦住去路"。而有些双音副词后加不加"地"比较自由，例如"飞机由远而近，渐渐（地）飞临头顶。"

B. 副词一般不能单说，只有"不、没有、也许、有点儿、当然、马上、何必、刚好、刚刚、的确"等在省略句中可以单说。

例如：

ⓐ "喝水不？""不。"（省略句）

ⓑ 你也别太为他担心，何必呢！（省略句）

C. 部分副词能兼有关联作用。有单用的，有成对使用的，例如"打得赢就打"、"越说越快"、"又说又笑"。

☆"没有（没）"是副词又是动词。否定人物或事情的存在时是动词，例如"他没（有）书"，这时是谓语中心。否定动作或性状的存在时是副词，例如"他没来""脸没红"，这样用时是状语。

☆**形容词与副词的区别**

A. 白、怪、净、老"等词，修饰名词时是形容词，修饰动词、形容词时是副词。

例如：

形容词	副词
白布（表性质）	白跑一趟（白＝空，表方式）
怪事（表性质）	怪好看的（怪＝很，表程度）
净水（表性质）	身上净是泥（净＝全，表范围）
老人（表性质）	老没见他（老＝一直，表时间）

☆两个"白"是同一个字，但它是两类词，因语义和语法性质都不同，两者意义上已经失去了联系，应该认为是同音词，不是形容词兼副词。"怪、净、老"等也不是兼类。

B. 还要细心分辨作状语的副词和形容词：凡是能作谓语、谓语中心，又能作定语或补语的是形容词，否则是副词。

试看下面的例子：

ⓐ 对别人的意见不能［一概］否定。（副词）

ⓑ 他［突然］来到会场。（形容词）

☆"一概"不可作谓语、定语。"突然"可作定语、补语、谓语，谓语中心，例如"突然事件"、"来得突然"、"这件事很突然"。

☆**时间副词和时间名词的区别**

它们的相似点是都表时间又可作状语,但是副词不能作主语、宾语,而时间名词可以。时间名词能加介词组成介词短语作状语,如"[从今天]起",时间副词不能这样用。

☆**副词一般只作状语,区别词一般只作定语,两类词因只作修饰语(附加成分)的功能,所以可以合称"加词"。**

8. 代词

① **代词的意义和种类**

☆代词能起代替和指示作用。它跟所代替、所指示的语言单位的语法功能大致相当,就是说,所代替的词语能作什么句法成分,代词就作什么成分。如果按句法功能划分,代词可以分为代名词、代谓词、代数词、代副词。

※"名词语"-- 名词性的词语(包含代名词)

代词总表

按功能分三类		按意义分三类				
代替哪些词	相当于哪些词	1. 人称代词		2. 疑问代词	3. 指示代词	
		单数	复数		近指	远指
1.代名词	一般名词	我	我们、咱们	谁 什么 哪	这	那
		你、您	你们			
		他、她、它	他(她它)们			
		自己、自个儿				
		别人、人家				
		大家、大伙、彼此				
	时间名词			多会儿	这会儿	那会儿
	处所名词			哪儿 哪里	这儿 这里	那儿 那里
2.代谓词	动词 形容词			怎样 怎么 怎么样	这样 这么样	那样 那么样
3.代数词				几、多少		
4.代副词	副词			多、多么	这么	那么

(又,"每、各、某、本、另、该、别的、其他、其余"等也都是指示代词。)

9. 拟声词

拟声词：摹拟自然界声音的词。

① 可作状、定、补、谓、谓中、独立语，并能独立成句。但最常见的是作状语。

② 拟声词能描绘声响，使语言具体、形象，给人以如临其境的实感。

③ 拟声词很像形容词，但不能受程度副词和否定副词修饰，这又迥异于形容词。所以拟声词是比较特殊的实词。

例如：

ⓐ 窗外啪地响了一声。

ⓑ 北风呼呼叫，大雪纷纷飘。

ⓒ 河水哗哗地流着。（以上作状语）

ⓓ 冰箱过一会儿嗡一下，这两天嗡得越来越勤了。（作谓语中心语）

ⓔ 街上非常寂静，只有铁铺里发出单调的当当的声音。（作定语）

ⓕ 噗，噗，两口气就吹灭了。（作独立语）

ⓖ 啪嗒！窗外炸雷声里，有人急急地地走进乡政府院子。（独立成句）

ⓗ 他早已回来睡得呼呼的了。（作补语）

☆有人把拟声词划为虚词，但拟声词能作句法成分和独立成句，虚词不能这样用。从前曾把它归入形容词，因跟形容词有相似的功能，但是它不受程度副词修饰，又能作独立语或独立成句，意义上也跟形容词差别大。可见它是比较特殊的一类实词。

10. 叹词

叹词是表示感叹和呼唤、应答的词，例如："唉、啊、哼、哦、哎哟"和"喂、嗯"。

例如：

ⓐ 咦，她怎么不跟我说一声呢！

ⓑ 哎，哎，秀才，你在读外语吗？

ⓒ 哎呀，看老五这韭菜种到家了，不是鲜物是仙物了！

ⓓ 谁知老天不长眼呀，娶了个媳妇，哎呀呀，天底下少见！（以上充当独立成分）

ⓔ （"鸡叫了？"）"嗯。"（叹词句，独立成分）

叹词的写法不十分固定，同一声音，往往可以用不同的汉字表示。写作要尽量采用通行的写法。

"啊"读不同的声调，便是不同的叹词，表示不同的意义。

例如：

ⓐ 啊（ā）！真好哇！（表示赞叹）

ⓑ 啊（á）！这么快呀？（表示惊讶或不知道）

ⓒ 啊（ǎ）！这么回事啊！（表示特别惊讶兼醒悟）

ⓓ 啊（à）！好吧。（表示应诺或知道了）

叹词常用作感叹语（独立成分）如例①②③④；也可单独成句（如例⑤）。从它能作句法成分（独立语）和独立成句看，它同只依附实词表示语法意义的虚词不同，但它一般不与实词发生结构关系。可见它是一种特殊的实词。

叹词摹拟人的感情呼声，拟声词摹拟人与自然的声响，两者有共同的意义和功能，可以合称"声词"。它们的写法和意义都不很固定，是实词里的特类。

11. 离合词

例如：

我要帮忙他。（×）

我要帮助他。／我要帮他。（√）

我要帮她的忙。（√）

△"帮忙"和"帮助"在用法和意义上有什么区别？

"帮忙"是离合词，"帮助"是动词。"帮忙"只用于别人有困难时具体地帮助做事。"帮助"可用于物质上、精神上的援助以及非具体的帮助。

△离合词是由一个动词性成分（或语素）和其所支配的名词性成分（或语素）组成的语言形式。如"散步"、"睡觉"、"游泳"、"起床"、"鼓掌"、"唱歌"、"跳舞"等。

离合词 { 合成的时候是词语， 如：闭幕
　　　　 扩展以后是短语， 如：闭了幕

△从构成合成词的语素来看，离合词分为三类。
① 成词语素 + 成词语素
　　听说 （动语素 + 动语素）
　　帮忙 （动语素 + 形语素）
　　据说 （介语素 + 动语素）

② 成词语素 + 不成词语素
　　卖力 （动语素 + 名语素）
　　小便 （形语素 + 形语素）
　　认错 （动语素 + 形语素）

③ 不成词语素 + 不成词语素
　　鞠躬 （动语素 + 动语素）
　　鼓掌 （动语素 + 名语素）

△用法：
① 离合词后面不能带宾语。如果一个离合词所表示的行为涉及一个对象，往往用"介词+对象+离合词"的形式。
　　例如：ⓐ 毕业 → 从大学毕业　（不说"毕业大学"）
　　　　 ⓑ 道歉 → 给小明道歉　（不说"道歉小明"）
　　　　 ⓒ 鼓掌 → 为他鼓掌　　（不说"鼓掌他"）

ⓓ 吵架 → 和女友吵架　　（不说"吵架女友"）

有些离合词可以把这个离合词所涉及的对象插入离合词中间。
例如：ⓐ 请客 → 请老乡的客　　（不说"请客老乡"）
　　　ⓑ 吃亏 → 吃他的亏　　（不说"吃亏他"）
　　　ⓒ 丢人 → 丢你的人　　（不说"丢人你"）
　　　ⓓ 接班 → 接他的班　　（不说"接班他"）

有些离合词两种形式都可以。
例如：ⓐ 敬酒 → 向老师敬酒，　敬老师的酒
　　　ⓑ 帮忙 → 给我帮忙，　　帮我的忙
　　　ⓒ 生气 → 跟他生气，　　生他的气
　　　ⓓ 报仇 → 给师傅报仇，　报师傅的仇
　　　ⓔ 见面 → 跟好朋友见面，见了好朋友一面

② 离合词与动量成分（如"一次"）组合时，动量成分要插在离合词之间。
例如：ⓐ 结婚 → 结过两次婚　　（不说"结婚过两次"）
　　　ⓑ 出事 → 出过几次事　　（不说"出事过几次"）
　　　ⓒ 吵架 → 吵了几次架　　（不说"吵架过几次"）
　　　ⓓ 洗澡 → 洗过几次澡　　（不说"洗澡过几次"）
　　　ⓔ 发火 → 发过两次火　　（不说"发火过两次"）

③ 离合词与时量成分（如"一个月"）组合时有以下两种用法。
第一种：把时量成分放在离合词之后。
　　　ⓐ 出院 - 出院很久了
　　　ⓑ 毕业 - 毕业一年了
　　　ⓒ 婚 - 离婚三年了

第二中：把时量成分放在离合词中间。

ⓐ 生气 → 生了半天气

ⓑ 说情 → 说了半天情

ⓒ 吹牛 → 吹了好长时间的牛

四、一些离合词动词的重叠形式是AAB式：游游泳、见见面、洗洗澡、跳跳舞等。

第三节 词类（下）

一. 虚词

虚词的特点：

① 依附于实词或语句，表示语法意义（是表示语法意义的主要手段）。

② 不能单独成句，不能单独作句法成分。

③ 不能重叠。

☆虚词的主要作用是连接和附着，被连接和附着的是各类实词和词组。根据实词与虚词之间不同的关系，可以把虚词分为四类：介词、连词、助词、语气词。

1. 介词——依附在实词或短语前面共同构成"介词短语"，主要用于修饰、补充谓词性词语。介词常常充当语义成分（格）的标记，标明跟动作、性状有关的时间、处所、方式、原因、目的、施事、受事、对象等。

介词的分类

类别	例
表示时间、处所、方向	从、自从、自、打、到、往、在、由、向、于、至、趁、当、当着、沿着、顺着
表示依据、方式、方法、工具、比较	按、按照、遵照、依照、根据、据、靠、本着、用、通过、拿、比
表示原因、目的	因、因为、由于、为、为了、为着
表示施事、受事	被、给、让、叫、归、由、把(将)、管
表示关涉对象	对、对于、关于、跟、和、同、给、替、向、除了

☆**介词的语法特点：**

① 介词短语常作状语，少数可以作补语和定语，

例如：

ⓐ [从奥运会开幕式现场]寄出的鸟巢明信片（表处所）

ⓑ [为崛起中国]而努力工作（表目的）

ⓒ [用声情并茂的语言]拨动听众的心弦（表工具方式）

ⓓ [从早上]工作到晚上（表示时间的起点）

ⓔ [在阅览室]看书（表示处所）

ⓕ 黄河发源〈于青海〉（表示处所）

ⓖ （关于嫦娥奔月）的传说（表示有关事务）

② 在动词谓语句里，可用特定的介词标明动词与名词之间或动作与事物之间的种种语义关系或格关系。

例如：

ⓐ 我[按要求][在晚上][用车子][把行李][给他]送〈到车站〉。

　　 表方式　表时间　 表工具　表受事 表对象　　表处所

ⓑ [为了他的问题][按这个方案][在不少地方][向不少人]调查了不少材

　　表目的　　　　表方式　　　　表处所　　　表对象

料。

③ 介词大都是由及物动词虚化而来的。有的完全虚化，如"从、被、对于、关于"等，但不少介词还处于过渡状态。

例如：

他比我干劲大。（介词）　　　他和我比干劲。（动词）
他给我买书。（介词）　　　　他给我一本书。（动词）

这样的词还有"拿、到、跟、由、让、对、向、朝、往、用、靠、通过、在"等。

☆介词与动词的区别---在具体的语境中看

① 是否单独作谓语或谓语中心。

② 是否能加动态助词或者重叠。

2. 连词——起连接作用，连接词、短语、分句和句子等，表示并列、选择、递进、转折、条件、因果等关系。

根据所连对象的不同可以分为三类：

1. 主要连接词、短语	和、跟、同、与、及、或
2. 连接词语或分句	而、而且、并、并且、或者
3. 主要连接复句中的分句	不但、不仅、虽然、但是、然而、如果、与其、因为、所以

☆连词的语法特征

ⓐ 连词具有纯连接性。

ⓑ 连词具有双向性或多向性。

ⓒ 有些起关联作用的副词也可以用来连接分句，但它们既有关联作用，又有修饰作用，因而只能出现在动词、形容词之前，不能出现在主语之前。而连词只表连接，因此既可以出现在主语前，也可以出现在主语后。

例：

他虽然没有听懂，却没有再问。

虽然没有听懂，但他却没有再问。

☆连词与介词的区别---有些词，象"和、跟、同、与"既是介词，又是连词。共同点是它们两边都可以出现名词X和Y，区别点是

① 如果是连词，X和Y可以换位而意义不变；如果是介词，或者不能换位，或者换位后意义改变。

例如：

ⓐ 他的手艺简直和他师傅不相上下。（介词）

ⓑ 爸爸和妈妈买菜去了。（连词）

② 如果是介词，可以在介词之前停顿，并且插入副词状语；如果是连词，由于跟两边的名词结合都很紧密，所以在连词之前不能停顿，也不能插入副词状语。

例如：

ⓐ 他和老李见过几面。--→他曾经和老李见过几面。（介词）

ⓑ 水仙和腊梅都开了。--→水仙和腊梅都开了。（连词）

③ 连词"和"有的可以略去，介词"和"不能略去或改用顿号。

④ 另外，"因为、由于"也兼属连词和介词，且作连词和介词时意义相同。区别在于，作连词用时，连接的是分句；作介词用时连接的是名词性词语。

例如：

ⓐ 因为天下大雨，所以活动取消了。（连词）

因为伊，这豆腐店的买卖非常好。（介词）

ⓑ 由于他身体不太好，老师不让他参加校运会。（连词）

由于健康原因，老师不让他参加校运会。（介词）

3. 助词--作用是附着在实词、短语或句子后面表示结构关系或动态等语法意义。

助词
{
结构助词：的、地、得、之、者

动态助词：着、了、过

尝试助词：看

时间助词：的、来着

约数助词：来、把、多、左右、上下

比况助词：似的、一样、（一）般

其他助词：所、给、连
}

☆助词必须附着在别的词语的后头或前头，凡是后附的（的、着、似的）都读轻声，前附的（所、给、连）不读轻声。

① 结构助词：的、地、得

这三个助词是定、状、补的标志，表示附加成分和中心语之间的结构关系，都念轻声"de"。

A. 的

ⓐ 用于定语和中心语之间，构成体词性偏正关系。中心语一般为名词性词语，也可以是形容词或动词。

如：

崭新的家具、样式的古朴

品质的高尚、春天的到来

ⓑ 附加在名词、动词、形容词、代词及词组后面组成"的"字短语或"的"字结构。

如：

朋友的、我寄的、强壮的、大的、中国制造的、参观的

ⓒ 有的还附着在联合词组之后，表示"等等"、"之类"的意思。

如：

弄点糖儿豆儿的

买些铅笔橡皮什么的

ⓓ 两种特殊用法---前一种"的"主要表身份、职务等，后一种"的"构成伪定语，表相关范围、对象、主体。

a. 今天我的东，我请客。　我的原告，他的被告。
　　他的经理，我当董事长。
b. 别生我的气。　开大家的玩笑。
　　他的篮球打得好。

☆ "者"可以组成"者"字短语，如"获得一等奖者"相当于的字短语"获得一等奖的"，是名词性短语，有书面语色彩，可以和口语色彩的"的"字短语一样分析。

至于"作者、读者"中的"者"，应算名词语素，不是助词。

☆ "之"的用法---常见有三种情形：
a. 双音定语和单音中心语之间（光荣之家、前进之路）；
b. 某些习惯用法（彼此之间、唐宋之际）；
c. 连用几个"的"字时，用"之"分清结构层次，避免重复。

B. 地

用于状语和中心语之间，构成谓词性偏正结构。动词或动词短语、名词或名词短语、形容词或形容词短语，作状语往往要加"地"。

如：

历史地看问题、充满深情地望着、很快地作出决定

C. 得

用于中心语和补语之间，构成补充词组，中心语为动词或形容词性词语。

如：

搬得动、说得大家都笑起来了、冷得发抖

② **动态助词：着、了、过**

也叫"时态助词"，它们的主要作用是附着在动词后面表示动作进行的状态，都念轻声。

A. 着－－表示动作的进行或状态的持续。

如：

外面下着雨、墙上挂着一幅画。

B. 了－－表示动作的完成或实现。

如：

唱了两首歌、买了电脑

C. 过：表示动作已经成为过去或经验。

如：

看过、吃过、来过

③ **尝试助词**

助词"看"念轻声，是尝试态，用在重叠动词或动词短语后面表示尝试。动词常用重叠式或者后面带动量、时量补语。

例如：

试试看、说说看、动动脑筋看、再想想看、叫一声看、先做几天看

④ 时间助词--的、来着

　A. "的"--插在动宾短语中，表示过去发生的事情。

　　例如：

　　　　他十点钟到的北京。

　　　　我昨天进的城。

　B. "来着"--用在句末，一般表示不久前发生过的事情。

　　例如：

　　　　昨天上午你干什么来着？

☆"的"和"来着"都限于表示过去的事，只是"的"偏重于强调动作的时间、处所、方式、施事等。

　　例如：

　　　　a. 我前天进的城。（＝我是前天进的城）

　　　　b. 老王发的言，我没发言。（＝是老王发的言）

　　　　c. 你在哪儿念的中学（＝你是在哪儿念的中学）

　　　　d. 我们按规定作的处理（＝我们是按规定作的处理）

☆而"来着"偏重于肯定动作行为。

　　例如：

　　　　我七点钟吃早饭来着。---只是肯定"吃早饭"这动作。

⑤ 约数助词--把、来、多、左右、上下

　用在数词或量词短语后头表示约数。

　　例如：

十来个人、四十来人、一千多个、二十个左右、五十岁左右

⑥ **比况助词：似的、一样、一般**

附着在名词性、动词性、形容词性词语后面，表示比喻。比况短语经常跟动词"好像"配合使用。

例如：

车过鸭绿江，好像飞一样。

⑦ **其他助词**

A. **所**－－经常附着在及物动词前边，构成"所"字结构，作用相当于一个名词。

例如：

"所见"－－指称看到的人或事。
"所闻"－－指称听到的事情。

☆它也经常跟"为"配合使用，组成"为……所"的格式表被动。

例如：

已为实践所证明。

B. **给**－－紧靠在动词前面，表示被动态，是个口语色彩较浓的助词。

例如：

a. 雨伞被我妹妹给拿走了。
b. 房间都给收拾好了。
c. 房间我都给收拾好了。
d. 我把房间都给收拾好了。

这种"给"即可用于主动句，也可用于被动句，都能够删去而不影响句子的基本意思。

C. **"连"**－－用在名词性、动词性、形容词性词语前面，与"也、都、还"相

呼应，组成"连……也（都）……"格式，表示隐含比喻。

例如：

a. 连三岁的孩子也懂这个道理。

－－暗示道理简单，三岁的孩子都懂，这里隐含一个比较句，即"你怎么就不懂呢"等。

b. 这件事我连想都没有想过。

－－暗示按常理"我"是应该想过的，而竟没有想过，更不要说去做了。

c. 连我你都不认得了？

－－暗示"你"应该认识"我"，而事实是不认得了。

d. 什么翡翠珠宝，人家孩子连一眼也不看。

－－也是说明可能会看，而事实是没看。这种"连"字可以删去而不影响句子的基本意思。用"连"字，其后的名词语可能是施事，也可能是受事。

☆有时候是施事还是受事，得依靠上下文来判断，例如c，如果说成"连我都不认得了"，其中的"我"到底是施事还是受事，就要靠上下文确定。

4. 语气词

语气词的作用在于表示语气。23)主要用在句子的末尾，也可以用在句中主语、状语的后面有停顿的地方，它本身念轻声。

语气词 {
1. 陈述语气：的、了、吧、呢、啊、嘛、呗、罢了、（而已）、也罢、也好、啦、嘞、喽、着呢
2. 疑问语气：吗（么）、呢、吧、啊
3. 祈使语气：吧、了、啊
4. 感叹语气：啊
}

☆**语气词的语法特征**

---

23) 句中表达语气的手段有四种：1.语气词，2.语调，3.副词"难道、多"等，4.句法格式，如∨不∨式，"是……，还是……"等。

a. 附着在全句后面或句中词语的后面有停顿的地方。

b. 语气词常常跟句调一起共同表达语气，有的语气词可以表达多种语气，如"啊"。

☆最基本的六个语气词：的、了、呢、吧、吗、啊。

语气层次表

层次	语气词	语法意义	主要语气类别	例句
第一层	的	表示情况本来如此	陈述语气	我们不会忘记你们的。
第二层	了	表示新情况的出现，起成句煞尾的作用	陈述语气	树叶黄了。
			祈使语气	别说话了。
第三层（离核心远）	呢	指明事实不容置疑、略带夸张或表疑问	陈述语气	我没什么，你才幸苦呢。
			疑问语气	去呢还是不去？
	吧	表示疑信之间，有猜度或商量口气	疑问语气	天晴了吧？
			疑问语气	恐怕小王已经来了吧！
			祈使语气	走吧。
	吗	表示疑问	疑问语气	你去过北京吗？
	啊	使语气舒缓，增加感情色彩	感叹语气	多好哇！真好看哪！
			疑问语气	谁呀！去不去呀？
			祈使语气	来呀。请坐哇！
			陈述语气	他不去呀。我管不了哇。

☆语气词"的"、"了"跟助词"的"、"了"同形，要注意分辨。

☆**语气词"连用"现象**

有层次，有先后次序；

连用时连用，各词分别起作用，而重点在最末者；

连用发生音节合成现象：了哟→喽，了啊→啦；音变现象：啊→呀（ya），哇（wa）

ⓐ **语气词"的"与助词"的"**

结构助词"的"有时也出现在句末，容易与经常出现在句末的语气词"的"混淆。

例如：

a. 那样说是可以的。（语气词）
b. 她是北京的。（结构助词）

☆区分"的"是语气词还是结构助词时，应注意三点。

第一，看去掉后能不能影响句子结构和意义表达。

语气词"的"连同前面的"是"去掉的话，仍然成句，不会影响原句的基本意思。

例如：

那样说是可以的——→那样说可以－－－语气词

☆结构助词"的"是构成"的字短语"与前面的"是"搭配使用，所以不能省略。

例如：

她是北京的——→*她北京。－－－结构助词

第二，看后面是否能够加上适当的名词。

处于句末的结构助词"的"后面可以加上适当的名词。

例如：

她是北京的——→她是北京的居民/学生/干部－－－结构助词

语气词"的"后面不能添加相应名词。

第三，看否定词的位置。

否定副词能加在"是"前面，证明"是"是判断动词，句末的"的"是结构助词。

例如：

她是北京的——→她不是北京的－－－结构助词

☆否定副词只能加在"是"后面，证明"是"是副词，句末的"的"是语气

词。

例如：

那样说是可以的——→那样说是不可以的---语气词

☆有时候孤立的一个句子会有歧义，因此还要根据具体语境和语义表达进行辨别。
例如：

他是要走的。

——→他要走。（"是""的"可省略，原句中"是"重读，句末"的"是语气词）

——→他是要走的人。（"是"轻读，稍停顿，后面可加上名词，句末"的"是结构助词）

ⓐ 语气词"了"和动态助词"了"的区别

a. 他掌握了三门外语了。（语气词）
b. 这本书我读了三天了。（语气词）
c. 自行车他骑走了。（助词兼语气词）
d. 枫树的叶子红了。（助词兼语气词）
e. 秋天的华山太美了。（助词兼语气词）

结论：句中--"了"为动态助词；

句尾--有两种情况：名词性词语后为语气词，如例a, b；谓词性词语后为动态助词兼语气词，即同时兼有两类词的语法作用，如c, d, e。

二. 词类的小结

1. 词类的划分

① 词类是词的语法分类，是词在语法结构中表现出来的类别。

② 汉语词类划分的主要依据是词的语法功能。词的语法功能包括词与词的组合能力、词在句子中充当句子成分的能力。

③ 汉语缺乏形态变化上的普遍性和强制性，只有少数词带有形态标志，汉语中的词作不同成分时，不会发生形态变化。因此根据形态特征只能给汉语中一小部分带

有形态成分的词归类，而无法确定不带形态成分的词的类属。汉语在形态方面表现出的特点只能作为词类划分的参考依据。

④ 词类反映出的意义主要是高度抽象的语法意义，并不是词汇意义。语法意义是一种概括性更强、概括程度更高的意义类型，主要包括词类的类意义、词与词组合产生的关系意义等。例如形态、语序、重叠、虚词等语法形式所表现出的意义都是语法意义。由此可见，语法意义比较复杂，而且存在不同层面上的语法意义，也不宜作为词类划分的主要标准，只能作为词类划分的参考依据。

2. 词的兼类和借用

　　词的兼类：是某个词经常具备两类或几类词的主要语法功能。

兼类词一定要读音相同，词义有联系而失去了联系或意义无关的词不是兼类词。（而同音词意义上没有联系。）

例如：

　　　　打：A. 打门（动）　　　　B. 打今天起（介）（是同形同音词）

　　　　别：A. 把发票别起来（动）　B. 别去（副）

　　　　净：A. 一盆净水（形）　　　B. 地上净是水（副）

　　意义相关而读音不同只是字形相同的词，也不是兼类词：

　　　　凉：A. 水凉了（阳平，形）　B. 凉了一杯水（去声，动）

　　　　膏：A. 春雨如膏（阴平，名）B. 在轴上膏点儿油（去声，动）

☆兼类词：

① 两国人民的关系很密切。（形容词）

② 密切了两国人民的关系。（动词）

③ 这件事很麻烦（形），不想麻烦你了（动），因为怕给你带来许多麻烦（名）。

☆常见的兼类词的情况：

① 兼动、名的：病、锈、建议、决定、领导、工作、代表、指示、通知、总结等；

② 兼名、形的：科学、标准、经济、道德、困难、理想等；

③ 兼形、动的：破、忙、热闹、丰富、明确、端正、明白、努力等；

④ 兼形、副的：共同、自动、定期等；
⑤ 兼形、动、名的：麻烦、方便、便宜等。

☆**借用：甲类词临时借用作乙类词，叫做"借用"。**
① 属于无修辞作用的借用。

　　如：一船人、一车红薯、一盘水　　（名词临时借用来作量词。）

　　　　看一看、笑两笑、摸几摸　　（动词临时借用来作量词。）

② 是有修辞作用的借用。
　　词的活用是一种特殊的用法，是临时用作另一类词。脱离使用时的语境，就失去其临时意义及临时语法功能，不可视为兼类。

　　例如：

　　a. 他们总算夫妻了一场。（句中"夫妻"是由名词活用为动词。）

　　b. 他比雷锋还雷锋。（n→a）

　　c. 今天，我在课堂上古今中外了一通（n→v）

　　d. 张老二很可悲，五十多岁的人，科员了一辈子。（n→v）

　　e. 比阿Q还阿Q。（后面一个"阿Q"，是名词被借用来作形容词）

☆**词类活用属于修辞现象，修辞效果常常表现为诙谐、讽刺。**

第四节 短语

一．短语及其分类

短语是词与词按照一定的语法规则和语义搭配关系组成的没有句调的语言单位，又叫词组。

◎造成人们对词和短语界限认识不清的主要原因

① 汉字在作怪

汉字在记录语言时，不实行词儿连写，一般来说，一个汉字记录的是一个语素。人们往往误认为，一个汉字就是一个词。

② 现代汉语的双音节词几乎都是从古代汉语的单音节词演化来的。

现代汉语中目前仍有50％以上的单音节词，这些单音节词现在还在向双音节词演化。

③ 语言的简化现象。

其中有些已经过人们长期沿用而固定下来，例如"外语"，人们已经把它们看作是词了。

④ 汉语各级语言单位的组合具有一致性。

这种组合关系的一致性给我们学习和运用汉语提供了极为便利的条件，这是汉语的突出优点，但另一方面，却使得我们不易区分相同结构类型的词和短语了。

◎怎样划清词和短语的界限？

第一　从意义上看

a. 词的意义往往不是构成它的几个语素意义的简单相加，而是表达一个整体意义。

例如：①新娘　②马路　③心肠　④心疼

b. 短语的意义则是构成它的几部分意义的一般组合。

例如：①新楼　②土路　③胃肠　④胃疼

第二　从结构上看

a. 词表达的是整体意义，结构上往往结合得十分紧密，不能轻易插入其他成分。

b. 短语一般都可以插入其他成分。（固定短语一般不能。）

第三　从语音上看

a. 词的内部结合紧密，语流中，构成词的语素间一般没有语音停顿。

b. 短语中各词语之间，结合松弛，语流中普遍有明显的语音间隔。

第四　从使用情况看

经常结合到一起应用，并且表达一个确定的意义的，就可以看作是一个词。例如："潮湿"，虽然可以析开来用，但析开来用时总是用其中的一个，"潮"和"湿"很少同时出现，结合在一起使用，中间通常不能插入其他成分，就应当看作是一个词。"羊肉""牛奶""降解""无记名""多年生""基础课""专业课"等都属于这种情况，都应该看作是一个词。

☆值得注意的问题

离合词不能看成是短语。

例如：

敬礼、鞠躬、理发、值班、站岗

◎短语的类型

① 短语可以从多种角度去观察，从而分出各种的类别。最重要的有两种分类：一种是结构类，这是向内看的分类，主要看它的内部结构类型。另一种是功能类，这是向外看的分类，凭它在更大的单位里担任职务的能力及充当句法成分的能力定它的类。

② 短语有两方面的功能：一方面是作句子成分，所有的短语都能充当一个更大的短语里的组成部分；另一方面是成句，大部分短语加上句调能独立成句。

③ 短语的功能类型是由它跟别的词语组合时能充当什么句子成分，相当于哪类词决定的。常作主语、宾语，功能相当于名词的叫作名词性短语；能作谓语，功能相当于谓词的叫作谓词性短语。谓词性短语可细分为动词性短语和形容词性短语。

二. 短语的结构类型

（一）基本短语

1. 联合短语

  A组：文学艺术　　　　今年和明年　　　　汉语、英语或日语
  B组：阅读理解　　　　普及与提高　　　　参观并访问
  C组：美观实用　　　　漂亮而结实　　　　团结、紧张、严肃、活泼

> ① 请思考以上短语是几个部分构成的？
> ② 请再思考各个短语中几个部分之间的意义关系怎么样？
> ③ 还请思考A、B、C三组都是联合短语，各组间有什么区别？

能类型 { A组——名词性短语　　　也可合称为 { A组——名词性联合短语
   B组——动词性短语　　　　　　　　　　B组——动词性联合短语
   C组——形容词性短语　　　　　　　　　C组——形容词性联合短语

☆动词和形容词性短语又可合称为作谓词性短语。
☆用框式图解法分析：

文学艺术	普及与提高	团结、紧张、严肃、活泼
联 + 合	联 + 合	联 + + + 合
名词性联合短语	动词性联合短语	形容词性联合短语

2. 偏正短语

  A组：高等教育　　　　伟大祖国　　　　三年时间
  B组：应该提高　　　　已经完成　　　　辩证地分析
  C组：很好看　　　　　多么壮观　　　　异常震惊

> ① 请思考以上短语都是由几个部分构成的？
> ② 请再思考各个短语中几个部分之间的意义关系怎么样？
> ③ 还请思考A、B、C三组都是偏正短语，各组间有什么区别？

能类型 { A组——名词性短语 也可称为 { 名词性偏正短语
         B组——动词性短语   动词性偏正短语
         C组——形容词性短语   形容词性偏正短语

☆在偏正短语里，被修饰被限制的成分是中心语。
　在名词性偏正短语里，起修饰限制作用的成分叫作定语。
　在谓词性偏正短语里，起修饰作用的成分叫作状语。
☆定语是名词性偏正短语里中心语前面的附加成分。
　状语是谓词（动词、形容词）性偏正短语里中心语前面的附加成分。
☆所以名词性偏证短语又可以叫作"定中短语"；动词、形容词偏正短语又可以叫作"状中短语"。

☆偏正短语的框式。

　　　高等教育　　　辩证地分析　　　异常震惊
　　　（定）中　　　［状］中　　　　［状］中
　　名词性偏正短语　动词性偏正短语　形容词性偏正短语

☆书面语中还有一种特殊的名词性偏正短语，中心语由谓词性词语充当（多数是双音节动词或形容词），修饰语常常是名词性词语。定语和中心语之间一般有结构助词"的"辅助。

　　例如：情况的复杂　　　山村的美丽　　　她内心的悲愤
　　－－－－→应看作是名词性偏正短语。

3. 中补短语

　A组：洗干净　　走出去　　读了五遍　　看不出来
　B组：凉快极了　　　　聪明得惊人　　　　冷得直哆嗦

① 请思考以上短语都是几个部分构成的？
② 再请思考各个短语中两个部分之间的意义关系怎么样？--→中补短语又叫作补充短语。
③ 还请思考中补短语的功能类型，可不可能是名词性的？

能类型 { A组--动词性短语
        B组--形容词性短语

☆中补短语的功能类型只能是动词、形容词（即谓词）性。

☆中补短语里，被补充说明的成分是**中心语**。

☆中补短语里，放在中心语后面，起补充说明作用的成分叫作**补语**。

☆在偏正短语和中补短语里，被修饰限制和被补充的成分叫作**中心语**。

☆用框式图解法分析：

洗干净　　　　读了五遍　　　　看不出来
|中〈补〉|　　|中〈补〉|　　|中〈补〉|
动词性中补短语　动词性中补短语　动词性中补短语

冷得直哆嗦　　　凉快极了
|中〈补〉|　　　|中〈补〉|
形容词性中补短语　形容词性中补短语

4. 动宾短语

热爱祖国　　看电影　　冲出亚马逊　　游览名胜古迹
写了一篇文章

① 请思考，以上短语都是由几个部分构成的？
② 再思考各个短语中两个部分之间的意义关系怎么样？
③ 还请思考述宾短语的功能类型，可不可能是名词性和形容词性的？

☆在动宾短语里,动词是支配、关涉后面宾语的成分。

☆在动宾短语里,宾语是动词支配、关涉的对象,回答动词的"谁"或"什么"这类问题的成分。

☆动宾短语的功能类型只能是动词性的。

☆用框式图解法分析:

| 热爱祖国 | 冲击亚马逊 | 写了一篇文章 |
| 动 宾 | 动 宾 | 动 宾 |

☆"动+名"格式的动宾短语与偏正短语的区别。

区别方法	动宾短语	偏正短语
前后关系	支配关系	修饰限制
中间加"的"	−	+
前加"不"	+	−
前加物量短语	−	+
例子	看电视 买书 信奉真理	指导方针 经营单位 收获季节

5. 主谓短语

  A组:大家研究研究 思想解放 春节过去了

  B组:态度和蔼   学习认真 风景秀丽

  C组:今天春天   今天晴天 他高高的个子

> ① 请思考,以上短语都是由几个部分构成?
> ② 再思考各个短语中两个部分之间的意义关系怎样?
> ③ 还请思考A、B、C三组都是主谓短语,各组间有什么区别?

$$\text{能类型}\begin{cases}\text{A组 -- 动词性短语}\\\text{B组 -- 形容词性短语}\\\text{C组 -- 名词性短语}\end{cases}\quad\text{也可合称之为}\begin{cases}\text{动词性短语}\\\text{形容词性短语}\\\text{名词性短语}\end{cases}$$

☆在主谓短语里，主语是谓语陈述的对象，回答谓语前面的"谁"和"什么"这类问题的成分。谓语是对主语加以陈述的，是说明主语后面的"是什么""作什么""怎么样"这类问题的成分。

☆主谓短语的框式图解分析：

春天来到了	风景秀丽	他高高的个子
主 ‖ 谓	主 ‖ 谓	主 ‖ 谓
动词性主谓短语	形容词性主谓短语	名词性主谓短语

语法关系	短语类型	例子	整体性质	中间常插入的词	能回答什么问题
陈述关系	主谓短语	同学做了	谓词性	副词"不"	主语回答"什么"、"谁"，谓语回答"怎么样"或回答"是什么"
		你好			
		今天国庆	名词性	是	
支配关系	动宾短语	做作业	谓词性	了、着、过	宾语回答"什么"
修饰关系	偏正短语	语法作业	名词性	的	定语回答"什么样的"状语回答"什么样地"
		慢慢做	谓词性	地	
补充关系	中补短语	做完	谓词性	得	补语回答"怎么样"、"多次"
并列、选择、递进等关系	联合短语	他和你	名词性	和、或	
		继承并发展	谓词性	并、并且	

（二）其他短语

1. 连谓短语

A组：上山采药（动·动）　　出去闲逛（动·动）

B组：看了心烦（动·形）　　　听了很高兴（动·形）

C组：怀着一丝希望去找朋友打听消息（动·动·动·动）

☆连谓短语的功能类型只能是动词性的。

连谓短语由多项谓词性词语连用。

谓词性词语之间没有语音停顿。

也没有上述五种基本结构关系。

也不用任何关联词语。

2. 兼语短语

格式：动语+宾语／主语+谓语＝兼语短语

请他进来　　派你去　（动·代·动）

有人不赞成　　称老李为球迷　（动·名·动）

使你快乐　　祝你健康　（动·代·形）

☆连谓短语和兼语短语的区别

① 连谓短语的几个动作都是同一个主语发出的。

② 兼语短语的几个动作不是同一个主语发出的，第二个动作是由前面动宾短语的宾语发出的。

☆连谓短语和联合短语（动词性）的区别

① 动词性联合短语中的几个动词的宾语是同一个。

② 连谓短语中的几个动词的宾语是不同的。

3. 同位短语

格式：项+项＝同位短语（复指关系）

① 名·名

首都北京、船长老张、刘胡兰烈士

② 我们大家　（代·代）　　　我们渔民　（代·名）

你们几位　（代·数量短语）　春秋两季　（名·数量短语）

喇叭湾那里　（名·代）　　　　"美丽"这个词　（形·定中短语）

北京、上海等大城市　（联合短语·定中短语）

摔跤这种运动　（动·定中短语）

☆同位短语和联合短语的区别

① 同位短语的前后项是异名同物，联合短语的前后项是异名异物。

② 同位短语中间不能插入虚词，联合短语可以。

③ 同位短语是名词性的，联合短语有名词性和其他词性的。

☆同形同位短语和偏正短语（定中）的区别

例如：

老师说："学生成绩不好，我们老师也有责任。"

学生说："我们老师待我们可好了！"

① 看两个词是异名同物，还是异名异物。

② 用能否加进"的"来辨别。

4. 方位短语

格式：名词性/动词性词语+方位词

例如：

① 大门外‖蹲着两条狗　（名·方，表处所）

② 鱼‖在水里　（名·方，表处所）

③ 广场内‖不许烧羊肉串　（名·方，表范围）

④ [三天前]他‖来过　（数量短语·方，表时间）

⑤ [喝酒以后]不要开车　（动宾短语·方，表时间）

⑥ 他‖走向那（天亮之前）的旷野　（主谓短语·方，表时间）

☆方位词"上、中、里、下"用来表范围时，常常是说明某一方面或某一界限，这时更是常和介词组成介词短语。

例如："在扩散过程中、在小农经济的眼光里、在政策的保护下"

☆表示处所的方位短语与定中短语的区别，可以用能否插入"的"来鉴定。

例如：

桌子上 （中间不能插入"的"--→方位短语，"上"是方位词）

桌子上面 （中间能插入"的"--→定中短语）

5. 量词短语

格式：数词/指示代词+量词

(1) 数量短语---数词+量词

例如：

（两个）人　　　　　[一拳]打去　　　　　拉〈三次〉

一打是十二个　　　小孩儿三岁　　　　最好的一个

（一堆）柴火

(2) 指量短语--- 指示代词、疑问代词+量词

例如：

这件好　　　[那一次]他没去

哪件好　　　（哪三件）衣服

☆以上五类是实词和实词的组合成的短语。下面是实词与虚词结合成的短语。

6. 介词短语

格式：介词 +词语 = 介词短语

例如：

[用大碗]盛汤 （表示动作所凭借的工具）

[比前几]年好得多 （表示形状的比较）

[为健康]而锻炼 （表示动作的目的）

[被巨浪]撕成碎片 （表示动作的发出者）

[向英雄模范]学习 （表示动作的关涉对象）

[对谈恋爱]不感兴趣 （表示动作有关的事物）

☆ **少数可以作补语。**
例如：
　　　　来〈自遥远的边疆〉（表示动作开始的处所）
　　　　生〈于1936年〉（表示动作的时间）

☆ **有一些还能作定语，这时一定要后加助词"的"。**
例如：
　　　　（关于嫦娥奔月）的神话　（表示有关的事物）
　　　　（对曹操）的评价　（表示动作的对象）
　　　　（朝东）的侧门　（表示方位）

7. 助词短语

$$词短语\begin{cases}"的"字短语\\ 比况短语\\ "所"字短语\end{cases}$$

(1) "的"字短语
　　　卖菜的　　当干部的　　穿红背心的　　蓝的

☆ 由助词"的"附着在实词或短语后面组成，指称人或事物，属于名词性短语，作主语、宾语。
☆ "的"字短语有时后面添加上相应名词就成了偏正短语。
☆ "的"字短语的功能类型只能是名词性的。

(2) 比况短语
　　　（暴风雨般的）掌声　　浇得〈落汤鸡似的〉　　[木头一样]站着

☆ 由比况助词"似的、一样、一般"附在名词等词语后面组成，表示比喻，有时也表示推测。

☆比况短语可以作定语、状语、谓语、补语。

☆比况短语的功能类型属于形容词性的。

(3) "所"字短语

  所想 所需要 所认识

☆由"所"字加在及物动词前面组成，指称动作所支配或关涉的对象。

☆"所"字短语后面加上"的"就成为"的"字短语。

  例：所陈述的 所需要的

☆"所"字短语的功能类型只能是名词性的。

三、短语的功能类

短语的结构类和功能类关系表

结构类型 \ 功能类型	名词性短语	动词性短语	形容词性短语	加词性短语
		谓词性短语		
主谓短语	明天国庆	你看	葡萄很甜	
动宾短语		看书		
偏正短语	狡猾的狐狸 狐狸的狡猾	不看	非常甜	大规模 高质量
中补短语		看完	甜得很	
联合短语	他和她	看不完	又甜又香	
同位短语	他自己			
量词短语	一个			
方位短语	桌子上			
"的"字短语	卖菜的			
连谓短语		走去看看		
兼语短语		请你看		
介词短语				把他

◎复杂短语及其分析方法

△包含不止一个层次关系的短语叫做复杂短语。

① 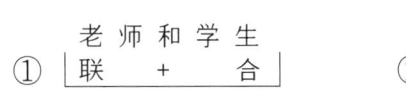   ②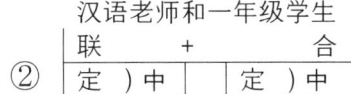

③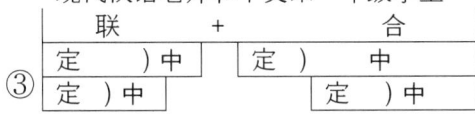

综观短语全局逐层一分为二，分析剩词为止，首层总体类型。

☆复杂短语和简单短语的关系：

　　由上面的分析可以看出，复杂短语是由简单短语分层组合而成的。可见，要分析好复杂短语，首先要能够迅速准确地识别和分析简单短语。

①

分析完了吗？→没有？→还差哪里？

②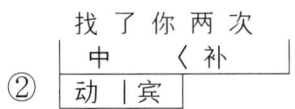

先主谓后中心，状语分完找动宾，
中心明前后看，定状补自出现，
多层定状左流右，一层一个别抢先，
补语跟着谓语走，分到单词才算完。

①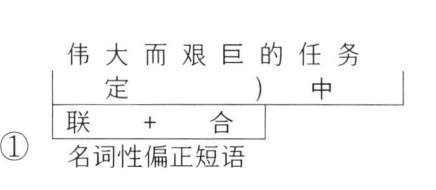
名词性偏正短语

②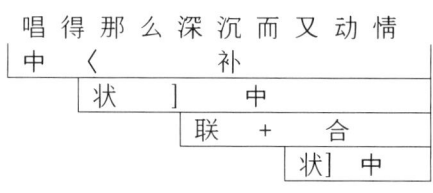
动词性中补短语

③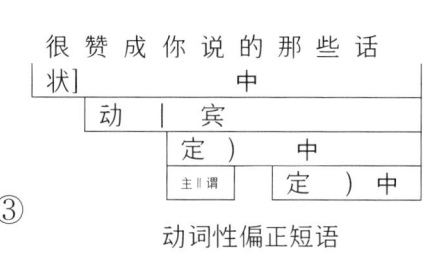
动词性偏正短语

④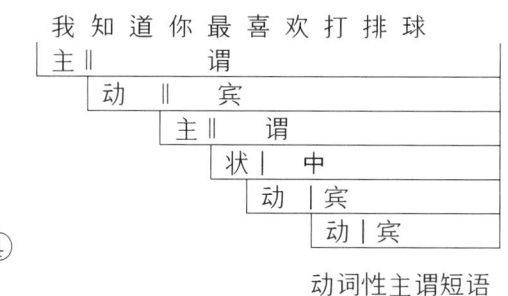
动词性主谓短语

⑤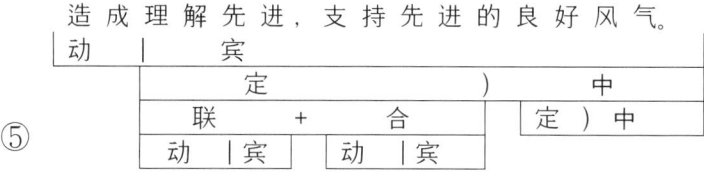

⑥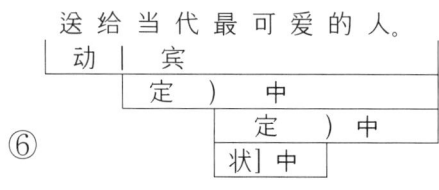

⑦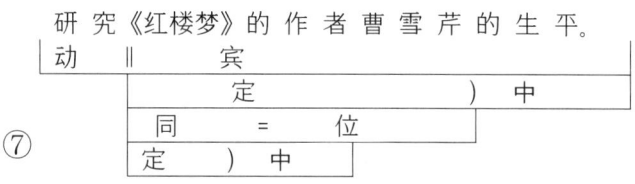

☆ 从小到大的框式图解法

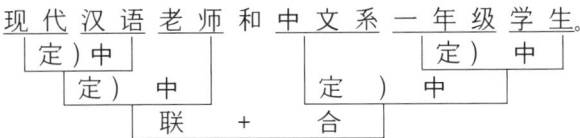

☆从大到小的框式图解法

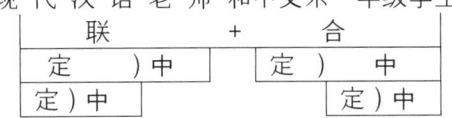

☆短语的分析，应从结构层次和结构关系两方面入手。组成短语的最小单位是词，因此分析短语时一直切分到词，词内部一般不再分析。分析短语，最通行的方法是框式图解法。例如：

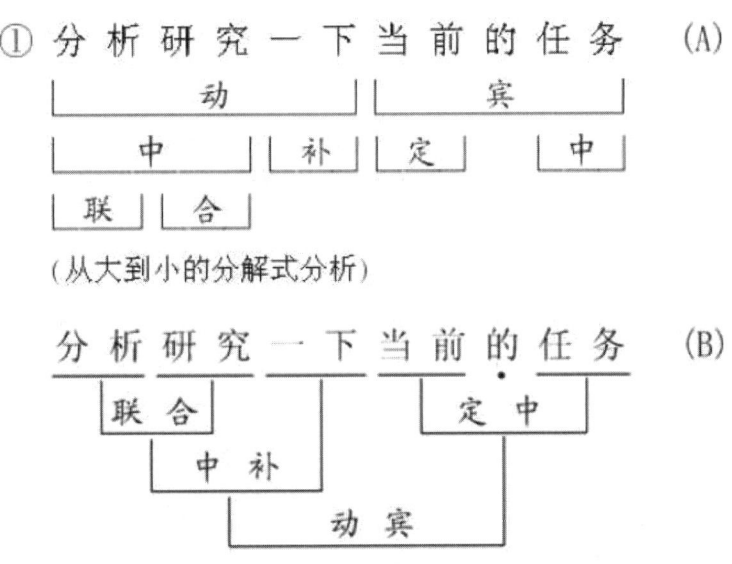

这种分析方法的特点是不断二分，直到切分到词为止。一分为二的两个成分互为直接成分。如上例中，"分析研究一下"和"当前的任务"是直接成分，"分析研究"和"一下"是直接成分,"分析"和"研究"是直接成分,"当前"和"任务"也是直接成分。(严格地说,"当前"和"任务"是"当前的任务"这个短语的两个直接成分。以此类推。)但遇到三项或三项以上的联合短语和连谓短语时,必须多分。例如:

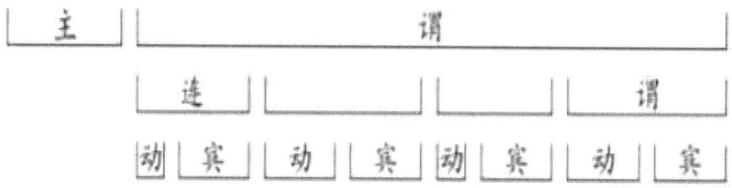

无论是从大到小的分解式分析,还是从小到大的组合式分析,其实质都是一样的。在考试时,经常要求从大到小分析,下面就着重介绍分解式分析。

从大到小的分解式分析,第一层应该贯穿整个短语,前后不能有剩余,如以上①②③例。但如果末尾有语气词,语气词可以不划在内。偏正短语包括定中、状中两种结构关系,遇到偏正关系,既可以直接用"偏正"标注,也可以分别用"定中"、"状中"标注。例如:

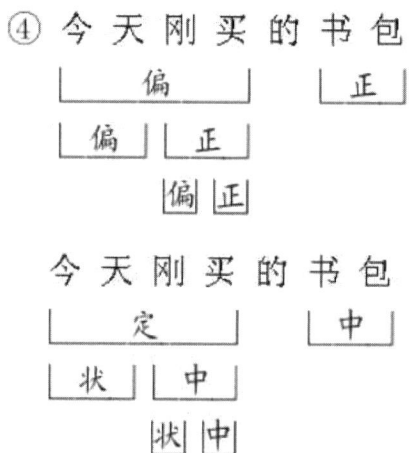

但如果是兼语短语，第一层只划到"兼语"。例如：

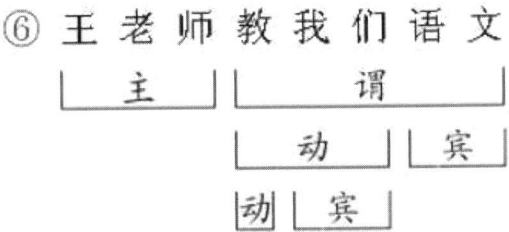

包含"双宾语"的短语，应先切远宾语，再切近宾语。例如：

⑥ 王老师教我们语文
—主—	—————谓—————
—动—	——宾——
动	宾

简单短语由两个词组成，只有一个层次。复杂短语由三个或三个以上的词构成，个别的只有一个层次，如例②，更多的情况是不止一个层次。我们把两个或两个以上层次的短语称为"多层短语"。这里主要讨论多层短语的分析。

多层短语分析应该遵循以下原则：

第一，切分后的直接成分如果包含两个或两个以上词的话，这些词必须能组合（语法规则允许）成结构（成话）。例如"一件新大衣"我们只能切分为"一件／新大衣""新／大衣"，而不能切分为"一件新／大衣""一件／新"。理由很简单，"新"与"大衣"能组合，"新大衣"成话，而"一件"不能与"新"组合，"一件新"不成话。有的结构，如"状·动·宾"结构，就有两种可能的分析：一是"状／动宾" 二是"状动／宾"例如：

从原则上来讲,这两种分析都是可以的。但为了教学的方便,一般是先状后宾,即采取前一种切分方法。还有的"状·动·宾"结构,状语是修饰的整个动宾结构,动词和前面的状语没有直接关系,这种情况就只能切分为"状／动宾"。例如,"很有学问","有"和"学问"能够组合,"很"和"有"不能组合,所以我们只能切分为"很／有学问"。同理,"很看了几本书",只能切分为"很／看了几本书"。

再比如"状·动·补"结构,"马上去一趟",我们可以先切出"状语":"马上／去一趟";也可以切出补语:"马上去／一趟"。但为了教学的方便,教材一般规定先状后补。但有的"状·动·补"结构,只能先补后状,不能先状后补。例如"能吃得很"、"会说得很",只能分析为"状动／补",因为可以说"能吃"(他很能吃)、"会说"(她很会说),但不能说"吃得很"、"说得很"。

第二,不能违背原意。

有些分析,一分为二切分后,尽管两部分都成话,但与整个短语的意思不符,这也是错误的分析。例如"中国革命的经验"这个短语,第一层究竟是切分为"中国／革命的经验"(A),还是"中国革命的／经验"(B)?单纯从结构上来看A种切分的后项"革命的经验"也成结构体,带"的"的偏正短语也可以直接受名词修饰(如"外国进步的团体"),但从意思上来看,整个结构指的是有关中国革命的经验,所以只能按B切分。如果要表示革命经验属于中国,就得说成"中国的革命经验",而不能说成"中国革命的经验"。

第三,注意结构关系。

谁陈述谁、谁修饰谁、谁支配谁、谁补充说明谁等问题，是结构关系问题。判断短语内部的结构关系，"管到哪里？"这四个字很重要。如"美丽的天空中飘着淡淡的白云"，主语"美丽的天空中"是偏正短语（美丽的／天空中），还是方位短语（美丽的天空／中）？那要看"美丽"修饰谁，也就是"美丽""管到哪里"。如果是"美丽"修饰的是"天空"，整个短语就是方位短语；如果"美丽"管到"天空中"，整个短语就是偏正关系。分析结果如下：

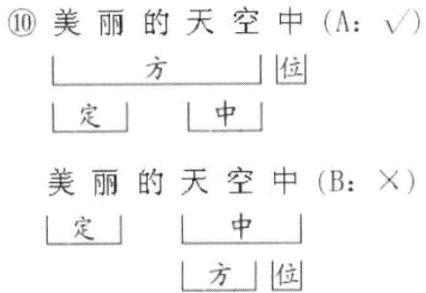

我们认为"美丽"只管到"天空"，因此"美丽的天空中"应是方位短语。A的分析是正确的。

再比如"伟大的共产主义战士雷锋同志"，"伟大"管到哪里？我们认为它只管到"共产主义战士"。因此这个短语应该这样切分：

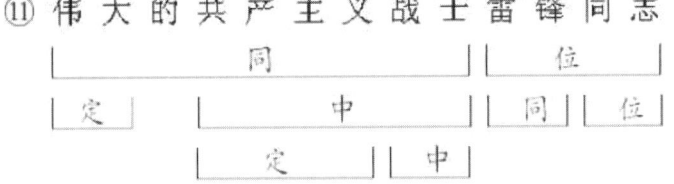

四．多义短语

☆形成多义结构的主要原因：

① 语法结构关系的不同表现为句法成分不同。语言结构有限而意义无穷，用有限的结构表达无穷的意义不能不产生一个语言结构表达多种意义的现象。

② 语义关系不同表现为语义成分或语义角色如施事、受事等的不同。词、句子和短语都有多义现象，短语不像句子那样有语境，因此多义短语比多义句更多。

（一）结构关系不同的多义短语

① A、学习 文件　　动宾短语（相当于"学什么"）
　　　动　宾

　 B、学习 文件　　偏正短语（相当于"什么文件"）
　　　定　中

② A、进口 机电产品　　动宾短语（相当于"进口什么"）
　　　动　　宾
　　　　　　定　中

　 B、进口 机电产品　　偏正短语（相当于"什么机电产品"）
　　　定　　中
　　　　　　定　中

③ A、他和你的同学　　偏正短语
　　　　定　　中　　（相当于"两个人的同学"，指一个人）
　　　联　合

　 B、他和你的同学　　偏正短语
　　　联　　合　　（相当于"你的同学和他"，指两个人）
　　　　　定　中

（二）语义关系不同的多义短语

① A、母亲的回忆　　偏正短语（"母亲"是施事，意指母亲想往事）
　　　定　　中

　 B、母亲的回忆　　偏正短语（"母亲"是受事，意指儿女想母亲）
　　　定　　中

② A、鸡 不吃了　　主谓短语（"鸡"是受事，意指"不吃鸡了"）
　　　主　谓
　　　　状　中

　 B、鸡 不吃了　　主谓短语（"鸡"是施事，意指"鸡不吃东西了"）
　　　主　谓
　　　　状　中

③

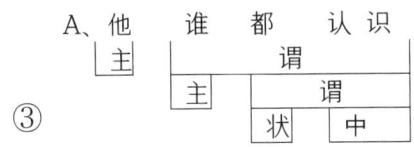

主谓短语（"他"是施事，"谁"是受事，意指他认识的人多）

主谓短语（"他"是受事，"谁"是施事，意指很多人都认识他）

④

A、主谓短语（"张主任"是施事，意指反对他人的人是张主任）

B、主谓短语（"张主任"是受事，意指他人反对的人是张主任）

（三）结构关系和语义关系都不同的多义短语

①

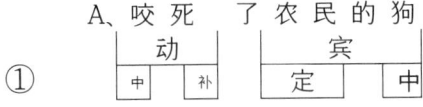

动宾短语（"狗"是受事，意指"农民的狗被咬死了"）

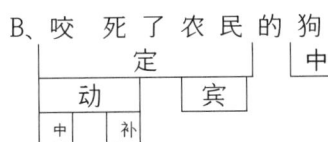

偏正短语（"狗"是施事，"农民"是受事，意指"狗咬死了农民"）

☆还有由四个实词组成的多义短语，表示四种意思

②

偏正短语（"狗"是施事，"孩子"是受事，意指"咬坏了孩子的狗"）

偏正短语（"狗"是施事，"坏孩子"是受事，意指"咬了坏孩子的狗"）

动宾短语（"狗"是受事，"孩子"是领事，省了施事，意指"孩子的狗被咬坏了"）

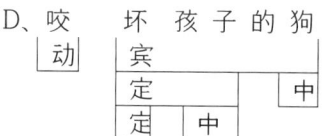

动宾短语（"狗"是受事，"坏孩子"是领事，省了施事，意指"把坏孩子的狗咬了"）

☆消除歧义的办法：（在书面上）

① **适当增加实词。**

例如：

厂长的问题 --→厂长存在的问题。 厂长提出的问题。

② **增加虚词或改变结构。**

例如：

演好戏 --→把戏演好。 演了好戏。

（一般情况下）

① **利用语音消除多义。**（参看第二章，第八节朗读和语调部分）

☆利用轻重音

例如：

我想起来了。

☆利用停顿

例如：

没有穿破的衣服。

我讲不好。

② **利用语境消除多义。**

例如：

鸡不吃了。

a. 鸡不吃了，钻到鸡窝里了。

b. 鸡不吃了，我已经吃饱了。

发现敌人的哨兵。

a. 他就是那位发现敌人的哨兵。

b. 我们在前方发现敌人的哨兵。

③ **改换词语消除多义。**

例如：

三个医学院的学生。

a. 三所医学院的学生。

b. 三位医学院的学生。

一个学生的建议。

a. 一位学生的建议。

b. 一项学生的建议。

④ **改变语序消除多义。**

例如：

安徽和江苏的部分地区遭受了水灾。

－－→江苏的部分地区和安徽遭受了水灾。

三个报社的记者。

－－→报社的三个记者。

这个人谁都不认识。

－－→谁都不认识这个人。

⑤ **适当增加词语消除多义。**

例如：

新职工宿舍。
- a. 新的职工宿舍。
- b. 新职工的宿舍。

学生家长都来了。
- a. 学生和家长都来了。
- b. 学生的家长都来了。

⑥ 改变短语的结构消除多义。

例如：

写好文章。
－－→把文章写好。

咬死猎人的狗。
－－→把猎人咬死的狗。
－－→把猎人的狗咬死。

五．短语分析小结

(一) 短语的层次分析

直接组成成分分析法－－－结构主义语言学

1. 层次分析的步骤

① 切分

切分的原则：

A. 切分出的两个成分必须是一个语法单位。（词、短语、短语的省略形式）

B. 切分出的两个成分必须有语法关系，或者习惯上能组合、搭配。

C. 切分出的两个成分加起来要符合整体的原意。

② 定性

给每次切分出的单位注明结构关系。

③ 切分的步骤

A. 分析动词短语，要认准它的主体词动词，先在动词前找主语、状语，后找动词后找补语、宾语。

B. 分析形容词短语，要认准主体词（形容词），先在主体词前找主语、状语，后找补语。

C. 分析名词短语，也要找准主体词（名词），在主体词前找定语。

①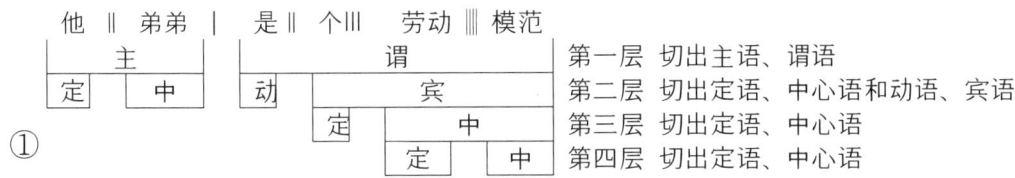

②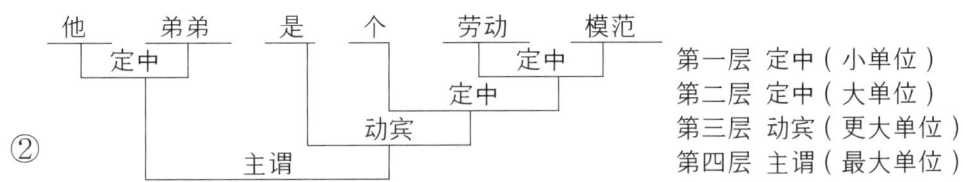

（二）短语和词的区分

短语和词测试表

五中结构方式	中间"测试剂"	词（不能扩展）	短语（可以扩展）
主谓式	不、很	眼红	眼睛红
动宾式	着、了、过	司令、动员	看书
中补式	得、不	证明≠证得明	讲清
偏正式	的、地	白菜≠白的菜	白猫
联合式	和、并、或、而	墨笔	钢笔毛笔

☆要注意，"理发、洗澡"等离合词，合起来算一个词，在扩展之后算两个词（短语），这种词不宜用扩展法。还有"戒什么严"、"朋什么友"、"美什么丽"也不是扩展法，它是在词内插入"什么"用来提问，以表示对该概念的否定或不同意。

第五节 句法成分

一、主语　谓语

☆**主语**是谓语陈述或说明的对象，指出"谁"或"什么"。主语一般用在谓语前面，表示已知的确切的事物。

例如：

那位老师‖不是本地人。

☆**谓语**是对主语的陈述或说明，指出"做什么"、"是什么"或"怎么样"。

例如：

观众们‖为演员们的精湛技艺鼓掌喝彩。
他‖是我们班学习最好的学生。

☆**主语与谓语的关系**

主语与谓语之间是被陈述与陈述的关系。主语是谓语陈述或说明的对象，谓语是对主语的陈述或说明。

在句子中，主语与谓语之间的联系比较松散，主语之后往往可以有停顿，也可以加上相应的语气词。

例如：

白雪皑皑的喜马拉雅山，巍然屹立在西藏南侧。
那时候的学生啊，都喜欢听他的课。

（一）主语的构成材料

$$主语\begin{cases}名词性主语\\谓词性主语\end{cases}$$

1. 名词性主语（体词性主语）

A. 名词作主语

例：

论文‖耗费了他大量的心血。

阳光‖照射在雪白的大地上，反射出刺眼的光芒。

现在‖是北京时间六点整。（时间名词作主语）

当中‖矗立着一尊塑像。（方位名词作主语）

B. 代词作主语

例：

她‖觉得大地的胸怀无比宽阔，能容纳人世间的所有痛苦。

这‖是我们辛辛苦苦几年的劳动成果。

C. 数词作主语

例：

十‖是五的两倍。

初一‖是阳历的三号。

D. 方位短语作主语

例：

院子里‖静悄悄的。

桌子上‖放着冒着热气的茶。

二楼下‖都是地下室了。

E. 定中短语作主语

例：

热闹纷繁的大地‖突然沉寂下来。

那种开紫色小花的草‖花枝叶形都很小。

F. 体词性联合短语作主语

例：

风声和雨声‖逐渐加大，越来越猛烈。

淙淙的流水声和山鸟的鸣叫声‖相映生趣。

G. "的"字短语作主语

例：

看热闹的‖围了一圈。

淡黄色的‖是菊花，白色的‖是水仙花。

H. "所"字短语作主语

例：

所知‖甚少。

所见所闻‖都让他非常兴奋。

I. 同位短语作主语

例：

我们大家‖都非常清楚事态发展的严重性。

鲁迅的小说《狂人日记》‖是中国现代文学史上第一部白话小说。

J. 量词短语作主语

例：

两刀‖也没把这个西瓜切开。

那个星期天‖是她永远都不会忘记的日子。

☆注意：

① 位于句首表示时间和处所的词语，可以作陈述的对象，作主语。

例如：

明天星期一。

院子里静悄悄的。

② 如果动词前还有表示施事、受事的名词语作陈述对象，时间、处所词语就成为状语。

例如：

前天，这里，我没有看见任何人卖东西。
后天，这个学校所有老师都到西山旅游。
树林里，又一只麋鹿被射杀了。

③ 这里的"前面"是处所主语，这句是存现句，是特定的句式，动词已有施事作宾语，再无别的主语，处所成为陈述的对象，可以充当主语。

例如：

前面‖围着一圈人。（方位名词）

④ 非动作动词"是、有"等，前头的时间处所词语是陈述对象，当然可以是主语。

例如：

明天‖是星期一。（名词）

2. 谓词性主语

谓词性主语由谓词性词语充当，包括动词、形容词、谓词性的代词、动词性短语、形容词性短语。这是以动作、性状或事情作陈述的对象。

A. 动词作主语

例如：

竞争‖促使社会向前发展。
整容‖可能会失败。
说‖很容易，做‖很难。
散步‖是非常好的健身活动。

B. 形容词作主语

例如：

　　聪明‖不是天生的。

　　整齐‖比不整齐好。

C. 代谓词作主语

　例如：

　　这样‖行不行。

　　那样‖是不可以的。

D. 谓词性短语作主语

　ⓐ 状中短语：

　　例如：

　　　那样做‖会产生很多问题。

　　　低空飞行‖需要高超的驾驶技术。

　ⓑ 谓词性联合短语

　　例如：

　　　听说读写‖是学好外语的必由之路。（动＋动）

　　　去还是不去‖由你来决定。（动＋短）

　　　公正廉洁‖是公职人员行为的准则。（形＋形）

　ⓒ 述宾短语

　　例如：

　　　修理家用电器‖是他的特长。

　　　去北京‖现在只需要四个多小时的时间。

　ⓓ 主谓短语

　　例如：

　　　你掌握一门外语‖就等于为自己开辟一个新世界。

她带我们去采访‖可能要顺利些。

ⓔ 兼语短语

例如：

让他参加比赛‖最合适。

请他介绍学习经验‖受到同学们的欢迎。

ⓕ 中补短语

例如：

学得认真‖是应该的。

ⓖ 连谓短语

例如：

去北京调查资料‖很有必要。

☆谓词性主语后面的谓语要受到限制，它总是由非动作性谓词（含判断动词、形容词等）充当。

☆（句法－－主语和谓语

　语义－－施事和受事

　语用－－话题和说明）

☆**注意：主语与话题的关系。**

一是主语是句法概念，话题是语用概念。话题与主语相似而并不等同。主要在句中占据的位置不同，话题出现在句首，可以有句中时间、处所状语充当，更多的是由主语充当，这时二者重合。

二是表现在语用方面，话题往往带有强调的口气。

(二) 谓语的构成材料

根据构成谓语的词语的语法性质，可以将谓语分为**谓词性谓语**和**体词性谓语**。

1. 谓词性谓语

谓语通常由谓词性词语充当。充当谓语的谓词性词语主要有：动词、形容词、述宾短语、述补短语、状中短语、谓词性联合短语、兼语短语、连谓短语、主谓短语等等。

① *动词和形容词作谓语*

动词和形容词经常作谓语。

动词和形容词单独作谓语的时候，一般需要在后面加上语气词、动态助词等成分。

例如：

那座年久失修的老房子‖塌了。（动词）

他这篇文章‖发表过。（动词）

路边果园里的苹果‖熟了。（形容词）

天气‖热了。（形容词）

动词和形容词作谓语时常含有对照或比较的意思，一般出现在复句中。

例如：

你‖不懂，我‖懂。（动词）

我‖念，你‖记录。（动词）

样式‖新颖，价格‖适中。（形容词）

北方‖干燥，南方‖湿润。（形容词）

动词和形容词在对话中常常单独作谓语。

例如：

你‖听（瞧/看/说/来/坐）！

——明天谁值班？——我‖值班。

——这儿离北京近还是离上海近？——北京‖近。

动词的重叠形式可以单独作谓语。

例如：

咱俩‖谈谈。

你‖想想（瞧瞧/闻闻/听听/走走）！
会后‖商量商量。

② **谓词性短语作谓语**
谓词性短语在句中经常作谓语。
例如：
  主谓短语
    他‖文笔出众。
    她‖眼睛熬得通红。

  述宾短语
    他‖在图书馆查资料。
    小王‖最近有点想家了。
    他‖是我们的体育委员。

  状中短语
    老张‖明天出发。
    暴烈的雷声‖接二连三地吼叫。

  述补短语
    她‖走在校园的林荫路上。
    眼前‖变得明亮起来。

  连谓短语
    老王‖骑自行车来上班。
    他‖挣扎着下地去劳动。

  兼语短语
    人们‖称他是"活字典"。

上级‖通知各单位去开会。

说明：主谓短语、连谓短语、兼语短语作谓语是汉语的特色，要注意。

2. 体词性谓语

汉语中体词性词语也可以作谓语。可以作谓语的体词性词语主要有：名词、定中短语、体词性联合短语、"的"字短语、量词短语等等。

① 名词单独作谓语

名词单独作谓语的情况比较少见，常用来说明天气、时间、节日、节气、姓名、年龄、籍贯、职称、方位、处所、容貌等意义。

例如：

今天‖星期五。（时间）

五月一日‖劳动节。（节日）

明天‖立夏。（节气）

我，‖李明。（姓名）

老王‖七十。（年龄）

小王‖南方人。（籍贯）

她，‖副教授。（职称）

长安街北侧‖故宫。（处所）

名词性谓语一般可以加上判断动词"是"转化为谓词性谓语，前面常可以加副词修饰，后面还可以加上语气词。

例如：

小王‖是南方人。

今天‖才星期五。

昨天‖都夏天啦。

注意：根据词类功能特点，副词不能直接修饰名词，反过来说，名词不能接受副词的修饰。但是在上边的例子中，出现了副词放在名词前面的现象。类似的句子还有许多。

例如：
  我们就五个人。（可以表示人多，也可以表示人少）
  他们才八个人。（表示人少）

☆这种情况要从"状语"的功能出发来认识。汉语的状语是给"谓语"充当修饰成分的。不管什么词，只要作了谓语，就有"资格"接受"状语"的修饰。因此，当名词作谓语的时候，就可以接受由副词充当的状语了。

② 体词性短语在句中作谓语，也常用来表示主语在时间、数量、容貌、方位、处所等方面的特征。

 定中短语

  屋后‖一堵高墙。
  小李‖大高个子。

 体词性联合短语

  这家公司‖独资企业还是合资企业？
  他‖大眼睛高鼻梁。

 "的"字短语

  小王‖学英语的。
  苹果‖刚摘的。

 量词短语

  一个月‖三十天。
  苹果‖三元，香蕉‖五元。

(三) 主语和谓语的语义类型

主语的语义类型指主语与谓语所表示的动作行为之间的语义关系。

主语与谓语之间的语义关系复杂多样。主语可以是动作行为的施事，也可以是动作行为的受事，有的主语则与动作行为存在施受关系以外的处所、对象等相关关系，可以称之为"与事"关系。因此，从语义类型的角度出发，可以将主语分为：施事主语、受事主语、中性主语。

1. 施事主语

施事主语是谓语所表示的**动作或行为的发出者**，主语与谓语之间是施事与动作行为的关系。语法学中讲的"施事"，既包括动作行为的真正发出者，也包括能发出动作行为的事物。

主语是施事的句子称作施事主语句，也就是主动句。施事主语句是汉语中最常用的句式之一。

例如：

现在的学生‖都经常上网。

观众们‖为她鼓掌喝彩。

他父亲‖正赤着脚蹲在炕上抽旱烟。

听到门外异常的响声，大家‖一起站起来向外张望。

施事主语句中的动词如果是及物动词，一般要求带上宾语，否则在语义上无法自足，不能成句。

例如：

我方辩论队以很大的优势击败了对手。

*我方辩论队以很大的优势击败了。

2. 受事主语

受事主语是谓语所表示的动作或行为的承受者。主语与谓语之间是受事与动作行为的关系。语法学中讲的"受事"是广义上的"受事"，含义也比较宽泛，包括动作的承受者、结果或对象等。

主语是受事的句子称作受事主语句，也就是被动句。**受事主语句中的动词如果是及物动词，动词所支配的宾语一般不再出现**，因为许多"受事主语"都是由"受事宾语"变换来的。宾语变换成"受事主语"后，动词后面就不会出现别的"宾语"了。

例如：

菜‖已经洗好了。

胶卷‖昨天就应该冲洗好了。

问题‖几天内就能彻底解决。

他的膝盖、胳膊肘、下巴‖都摔破了。

有时候为了强调，也可以出现宾语。这种情况通常要求动词能够涉及不同的对象。

例如：

他的膝盖、胳膊肘、下巴‖都摔破了皮。（既可以说"摔破了膝盖"——也可以说"摔破了皮"）

花儿‖浇了很多水。（既可以说"浇花"——也可以说"浇水"）

☆"被"字句都是受事主语句。

3. 中性主语

与谓语所表示的动作或行为没有明显施受关系的主语叫做中性主语。中性主语表示既非施事或也非受事的人或物，或表示领属、时间、处所、工具、对象、结果、原因、数量等意义。

例如：

我们‖跑丢了一只猫。（领属）

明天‖国庆节。（时间）

屋顶上‖飘着一面国旗。（处所）

这只笔‖只能写小楷。（工具）

这些土豆‖用来烧牛肉。（对象）

大楼‖盖好了。（结果）

外伤‖容易感染。（原因）

☆要注意，由"是、有、像"等非动作动词组成的谓语只是用来判断说明主语的情况。

例如：知识就是力量。（解释）

你啊，真有本事。（肯定、具有）

她像一只受惊的小鹿。（比喻）

她的眼光好像一把利剑。（比喻）

二、动语　宾语

（一）动语的构成材料

动语和宾语是共现共存的两个成分，句内有宾语，就必有动语，无宾语就没有动语。动语又叫述语，由动词性词语构成。

例如：

① 山坡上下来两个打柴的。（动词）

② 我们相互交流过学术观点。（动词）

③ 你们要学好用好祖国的语言文字。（联合短语）

④ 他终于露出笑容。（中补短语）

⑤ 她昨天打破了一个茶杯。（中补短语）

☆动语可以由单个动词、形容词充当。可动词、形容词单独作谓语有以下条件：

	动词	形容词
1	用在对话里，例如："你看！"	在对话里，提问句和回答句都可以这样用，例如："哪个地方凉快？"
2	① 用在复句的分句里，特别是在先行句和后续句里，例如："你来，我就走！" ② 用在对比、排比句里，例如："架不住，一个人干，八个人拆。"	用在复句的分句里，主要是对比句或者是先行句、后续句里， 例如： ①"道远，你多走一会儿不就得了！" ②"多穿点衣服再出去，外头冷。"
3	常常要加上一定的语气词或动态助词，例如："春天来了。"	有时在句末要有语气词，例如"我累了。" "天晚了。"

A. 动语可以由单个动词充当。

B. 更常见的是由动词带上补语构成，例如③④⑤，

C. 或带动态助词构成。

D. 动语和动语中心通常是及物动词，

E. 在存现句里也可以是不及物动词，如例①。有时候，有些不及物动词必须带上补语之后共同宾语，因为这里的宾语只跟补语发生某种语义联系，如"他走肿了脚"。

☆形容词不能带宾语，但是兼属动词的词就能带宾语。

例如：

多一个铃铛多一声响。

知识能够满足人的需要和社会的需要。

(二) 宾语的构成材料

1. 宾语也分名词性宾语和谓词性宾语两种。名词性宾语俯拾即是。

例如：

① 这间客厅有二十平方米。（数量短语）

② 海棠已经有红的了，梨还是青的。（"的"字短语）

③ 观察、体验、研究、分析一切人、一切阶级、一切群众、一切生动的生活形式和斗争形式、一切文学与艺术的原有材料。（联合短语）

④ 给你一个惊喜。（双宾语）

2. 谓词性词语充当宾语有一定条件，只能出现在能带谓词性词语的动语后边。

例如：

① 参军就是奉献。（动词）

② 有成就的人理应受到尊重，但是她却受到伤害，这不能不使我感到惊奇。（动、动、形）

③ 教育成功的秘密在于尊重学生。（动宾短语）

④ 这样就能赢得人民的尊敬和群众的支持。（联合短语）

⑤ 谁说女子不如男子？（主谓短语）

⑥ 早上一起床，大家发现风停了，浪也静了。（复句形式24)）

(三) 宾语的语义类型

1. **受事宾语**

表示动作、行为直接支配、涉及的人或事物,包括动作的承受者(如"割麦子"、"打落水狗")、动作的对象(如"告诉大家"、"感谢你")。

2. **施事宾语**

表示动作、行为的发出者、主动者,可以是人或自然界的事物。施事宾语比受事宾语少见,多用于少数特定句型中。

例如:

① 来了一位客人。

② 走漏了消息。

③ 出太阳了。

④ 荷叶上滚着水珠。

⑤ 天上飘着白云。

⑥ 一锅饭吃十个人。

其特点:

① 动词为不及物动词;

② 宾语可以移为主语;

③ 多为存现宾语。

3. **中性宾语**

非施非受宾语。可以借助不同的变换式或介词标记来辨认。(括号里有着重号的字是"测试剂"---加字变换法)

① 结果宾语:盖房子、挖坑(盖成房子)

② 处所宾语:回南方、坐车上(回到……、在……上坐)

③ 时间宾语:熬夜、过中秋节(在……里熬着、在……时过)

④ 工具宾语:编柳条、喝小杯、吃大碗(用……编)

---

24) 复句形式是类似复句而没有完整句调的语言单位。

⑤ 方式宾语：存活期、寄航空（用……的方式存）

⑥ 原因宾语：避雨、缩水（因……而躲避）

⑦ 目的宾语：交涉过财产问题（为……而交涉）

⑧ 类别宾语：他当班长，我是学生（他是班长）

⑨ 存在宾语：那里有鱼（鱼在那里）

⑩ 其他宾语：上年纪、出风头

☆宾语是动词分类的主要依据。

根据带宾语的情况可把）动词 { 及物动词（带受事宾语） / 不及物动词（不能带受事宾语）

及物动词又可按照所带宾语的性质来分 { 名宾动词（只能带名词性宾语） / 谓宾动词（只能带谓词性宾语） / 名谓宾动词（能带名宾又能带谓宾）

三、定语

（一）定语的构成材料和语义类别
☆实词和短语大都可以作定语。

定语	限制性定语	描写性定语
回答问题	哪一种或哪一类的、多少、何时何地	什么样
作用	① 主要是给事物分类，使语言增加准确性、严密性。 ② 一般说来，<u>名词性词语、动词性词语和区别词</u>做定语多是限制性的。 例如：颐和园的湖光山色 　　　冬季的阳光 　　　林子里的光线 　　　教学设备 　　　野生动物 　　　石头房子	① 主要是描绘人或事物的性质、状态，<u>突出其中本来就有的某一特性</u>，使语言增加形象性、生动性。 ② <u>描写性定语多用状态形容词和性质形容词的重叠式、拟声词等充当。</u> ③ 有些描写性定语也有限制作用。 例如： 　　　碧绿的田野 　　　壮丽的故宫 　　　绿油油的庄稼 　　　弯弯曲曲的小河 　　　风平浪静的港湾
其它	在限制性定语里，有一种是表同一性的。所指内容一致。 例如： ①（为谁服务）的问题是一个原则问题。 ② 讲解员解说着（黄土高原变成肥沃良田）的远景。	① 多数描写性定语和所有限制性定语的语义指向是"顺行指向"，<u>即指向后头的中心语</u>； ② 少数描写性定语的语义指向是"逆行指向"，<u>即指向中心语前头的人，而不指向中心语。</u> 例如： a. 他终于熬过了这个苦闷的夜晚。（他←苦闷） b. 他又做了一件蠢事。（他←蠢） c. 他在困难时期只吃了一顿饱饭。（他←饱饭）
注意	☆如果把其间结构助词"的"换成"这个"，整个偏正短语就转化为同位短语。	☆逆行指向的定中短语有少数不能独立表义，如"饱饭"不能单说，只有在特定语境（句子中，有上下文）中位居宾语中心才能成话，换了位置，就不能成话。 ☆<u>出现定语逆行指向的语用原因是为了追求语言经济和特殊表达的需要。</u>

（二）定语和助词"的"

词类	单音节	双音节	音节的协调	其它
形容词	① 通常不加"的"。例如："红花、绿叶、新课本、好主意" ② 如果用"的"，形成平行格式，就有强调描写的作用。例如："好的主意、新的课本"	常常加上"的"字，特别是用描写状态的词，例如："晴朗的天、干净的水、优良的传统、动听的歌声、通红的辣椒、稀薄的空气、粉红的脸"	加或不加，有时也取决于上下文音节的协调与否。有时为了避免"的"用得太多，在不致发生歧义的情况下，"的"可以不用。	
名词	单音节名词作定语必须加"的"例如："人的性格、水的深度、花的香味"	双音节名词作定语而中心语是单音节的，也常常加"的"。例如："黄河的水、野生的花、大海的风"	用不用"的"都可以的话，一般讲究音节的调整，看读起来顺口不顺口，例如："洪湖水、浪打浪""迎面吹过来大海风"	定中短语用作一种名称，可以直接修饰中心语。例如："桦树皮、玻璃器具、语法论著" 不然就必须加"的"。例如："明天的课、师傅的想法"
	☆有时候加不加"的" 影响定语的性质和意思。加"的"表领属关系，不加"的"表性质、属性。 　　　定语表领属　　　　　　　　定语表性质、属性 　（中国）的朋友很多　　　　他有一个（中国）朋友 　她是（英雄）的母亲　　　　她有个（英雄）母亲			
人称代词	① 人称代词作定语表示领属者，一般要加"的"。例如："你的书、我的朋友、他的著作"。 ② 如果用在句子或者一个更大的组合里，有时也可以不用"的"。例如："他把我书包拿走了、我朋友的亲戚"。 ③ 中心语是国家、集团、机关、亲属的名称，有时候也可以不加"的"，例如："我们国家、你们学校、他弟弟"。 ④ 如果亲属称谓是单音词，就不用"的"了，例如："你叔、他爹、我哥"。 ⑤ 人称代词和名词一样，后面紧接着指示代词或表示时间、处所的定语，一般也不用"的"，例如"我这衣服、他上学期的成绩、你在上海的亲属、老张那些年的生活、老师五十年代的论文"。			
动词	① 动词作定语，一般要加"的"，例如："写的字、买的菜、张开的嘴巴、讨论的问题、承受的压力"这些定中短语如果不加"的"，就会被理解为述宾短语。 ② 有些动词可以直接作定语修饰中心语，不用加"的"，例如："烤肉、感谢信、压缩饼干、取暖设备、游泳教练、请假制度、毕业文凭、报名手续"等，组成一种名称。			
短语	一般要加"的"，例如："非常新颖的设计、有抱负的青年、质量好的产品"			

(三) 多层定语

1. 不等于长定语，长定语层次未必多。

☆构成多层定语的条件：

　　　　① 每个定语都可以直接修饰中心语。
　　　　② 各个定语之间没有句法关系。

☆通常多层定语是左边的定语递次修饰它后边的定语和中心语所谓"以左统右"。

　　①（我买）的②（那支）③（红色）的钢笔。

这是个多层定语，定语①②③分别能修饰中心语，而且相互之间有没有任何语法关系。

（我买）的钢笔 ／ （伟大光荣正确）的中国共产党 ／ （我的同学的父亲）的汽车

这三例都不是多层定语，都是单层定语，各定语都为复杂定语，其内部都有语法关系，分别是主谓、联合、偏正等关系。

2. 多层定语的排序

多层定语排列次序有一定的规则，从最外层算起，一般次序如下：

① 表示领属关系的词语（表示"谁的？"）
② 表示时间、处所的词语（表示"什么时候？什么地方？"）
③ 量词短语或指示代词（表示"多少"）
④ 动词性词语和主谓短语（表示"怎样的？"）
⑤ 形容词性词语（表示"什么样的？"）
⑥ 表示质料、属性或范围的名词、动词（表示"什么"）

例如：
① 我们学校80年代两位有三十年教龄的优秀语文教师也当选为代表。
　　（ 1 ）(2)(3)(　 4　)(5)(6)
② 他的　一件　刚买的　新　羊皮　夹克也拿来了。
　　(1)　(3)　(4)　(5)　(6)
　　他的 -- 一件 -- 刚买的 -- 新 --　　　羊皮（夹克）

谁的 -- 多少 -- 怎样的 -- 什么样的-- 什么（东西）

领属 -- 数量 -- 性质 -- 形状-- 质料

☆多层定语的次序总是按逻辑关系来排列，跟核心名词关系越密切的定语就越靠近核心名词。但是有一些词语也有灵活性，最灵活的要算量词短语。

例如：

③ 朋友送的　两个　小　花瓶。
　　（ 4 ）　 (3)　(5)

④ 两个　朋友送的　小　花瓶。
　(3)　　（ 4 ）　(5)

⑤ 朋友送的　很小的　两个　花瓶。
　（ 4 ）　　(5)　　(3)

☆这三个例子的量词短语的位置就不同。注意，使用多层定语要避免歧义。如例④就有歧义，"两个"可以是"朋友"的定语，也可以是"朋友送的小花瓶"的定语，这就要求用移位或更换（量词）的办法来消除歧义。把例④说成例③叫移位法；例④中如果"两个"指朋友，可以换成"两位"，这叫替换法。

四、状语

（一）状语的构成材料、语义类别和位置

	副词充当	如：他已经来了。
	形容词充当	如：我们已经深深爱上了这块土地。
状语	时间名词充当	如：他昨天去过了。
	能愿动词充当	如：我们应该帮助他。
	介词短语充当	如：小王从乡下来了。
	量词短语充当	如：他一次次地示范。

① 可以直接修饰动词作状语的一般名词、动词---限于能用来表示动作方式手

段、状态的词。

例如：电话购票、笑脸迎人、公费出国留学、现金支付、现场直播
摸索前进

② 动词常常组成短语来作状语。

例如：他一动不动地蹲在窗台下边、老木匠不不眨眼地等在车门旁

☆状语的语义类别

1. **限制性状语**：用来表示时间、处所、程度、否定、方式、手段、目的、范围、对象、数量、语气等。
2. **描写性状语**：从性质和状态方面对事物加以或描写或形容，在语法结构上也是修饰谓词性成分，在语义指向上有些是描写动作状态，指向谓词性成分，有些是描写动作者的情态，指向名词性成分，就是说语法结构关系和语义关系不都是一致的。

例如：（状语的语义指向）

① 后指中心语

雨　还 [不断地] 下着。

② 前指主语

他 [老老实实地] 站在那里。

他 把桌子 [认认真真地] 擦了一遍。

那几本书 我们 [都] 买到了。

③ 后指宾语

他 [满满地] 记了 一个笔记本。

④ 前指介词的宾语

他把工具 [整整齐齐地] 放进 工具箱。

⑤ 同时指向主语和宾语

房间里 [乱七八糟地] 堆满了 家具。

☆一些表示时间、处所、范围、情态、条件、关涉对象或者语气的状语有时也可以出现在主语前面，由"关于"组成的介词短语作状语，只能出现在句首。放在主语前的状语叫句首状语，修饰主谓短语或几个分句。

例如：

① [午后]，天闷得很，风小得只勉强能摇动庄稼叶子。（修饰两个分句）

② [在回家的路上]，小伙子的眼睛像七月的枣儿一样红了圈。

③ [任何景物中]，她都能发现美。

④ [关于目前的形势]，我们已经作了详细的分析。

⑤ [按这里的旧俗]，新娘子要由哥哥或弟弟背上车。

⑥ [当然]，房子必须装修。

⑦ [在这三天里]，[按以往习惯]，大哥要去探亲访友。

（二）状语和助词"地"

词类	单音节	双音节／多音节	其它
副词	一般不加	加不加均可， 例如：非常热／非常地热	
形容词	比较少作状语，也大都不能加"地"。 例如：快跑、慢走、大干、苦练	多音节形容词有相当一部分加不加都可以， 例如： 热烈讨论／热烈地讨论， 仔细看了半天／仔细地看了半天， 痛痛快快喝一杯／痛痛快快地喝一杯	① 也有少数不能加， 例如："不努力学习，肯定要落后"里的"肯定"； ② 还有少数必须加， 例如：轻巧地划着小船、亲热地问长问短、惊喜地走了
至于代词、表示时间或处所的名词、能愿动词、方位短语和介词短语作状语，都不加"地"字。那些可加可不加的，加上了，往往有强调意味，是要突出状语。 ① 刚过S门，忽而车把上带着一个人，[慢慢]地倒了。 ② 车夫毫不理会……却放下车子，扶那老女人[慢慢]起来。 ③ 让我们张开双臂，[热烈]地拥抱这个春天吧！			

（三）多层状语

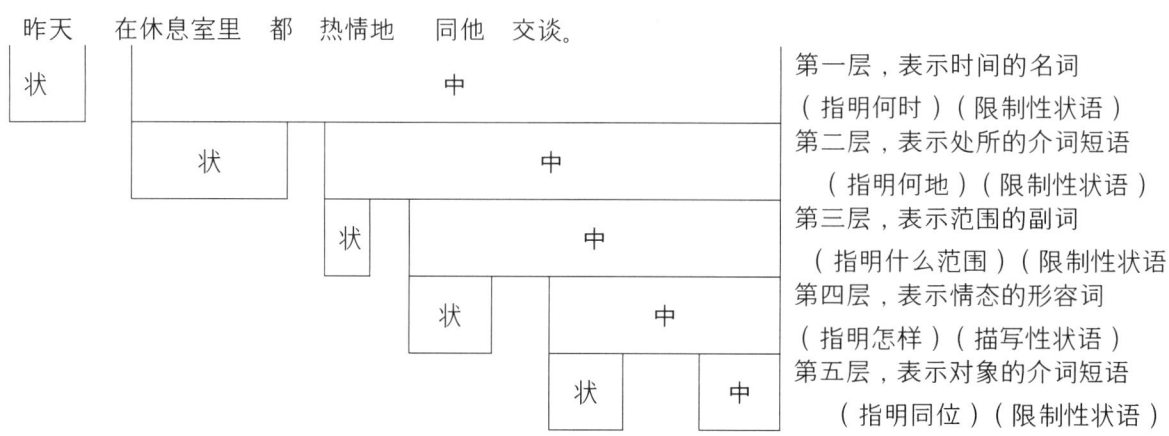

① 多层状语的排列次序不太固定，有时候位置不同，意思就不一样，例如："都不去／不都去"意思不同，"很不好／不很好"也不一样。
② 多层状语的语序问题比较复杂，哪种在前，哪种在后，取决于谓语内部的逻辑关系和表意的需要。
③ 大致的次序是：条件→时间→处所→语气→范围→否定→程度→情态→对象。

☆ 多层状语的排列顺序
① 汉语的句子中如果即有时间状语又有处所状语，那么必然是时间状语在前，处所状语在后；如果是多项时间状语或多项处所状语，则是大的单位在前，小的单位在后。

例如：

我[中午在食堂]吃饭。

我们[周一至周五每天上午8:00]上课。

我们[在人文学院二楼208教室]上课。

② 多项状语中如果有副词性词语、形容词短语和介词短语，其排列顺序是：
　　　　　　　　ⓐ副词／副词短语　　ⓑ形容词短语　　ⓒ介词短语

例如：

第二次行礼时，先生[便]ⓐ[和蔼地]ⓑ[在一旁]ⓒ答礼。（鲁迅《从百草园到三味书屋》）

他[果然]ⓐ[清清爽爽]ⓑ、[一点不差地]ⓑ复述了出来。（李心田《永不忘记》）

③ 如果是多个副词做状语，其顺序是：
  ⓐ 表示**关联和语气**的副词
  ⓑ 表示**时间、频率以及处所**的副词
  ⓒ 表示**范围**的副词
  ⓓ 表示**程度和否定**的副词
  ⓔ 表示**情态方式**的副词

例如：

在斜对面的豆腐店里[确乎]ⓐ[终日]ⓑ坐着一个杨二嫂……（鲁迅《故乡》）

我觉得每一个人都可爱，[又]ⓐ[都]ⓒ[不]ⓓ可爱。（茅盾《子夜》）

就是徐霞客[也]ⓐ[没有]ⓓ[亲眼]ⓔ看见蝴蝶会的盛况。

这件事他[的确]ⓐ[一直]ⓑ[都]ⓒ[没有]ⓓ[亲自]ⓔ过问过。

④ **介词短语连用**，其顺序是：

  A. 按时间顺序。

  例如：

   [从宣判之日]起[在十天内]可以提出上诉。

  B. 按"工具→位置→路线→方向"的顺序。

  例如：

   希望各方面相互显示诚意，[在现有基础上][向前]走。（北京晚报2004年2月28日）

   老余[用电筒][在屋里][上上下下]扫射了一圈，……（彭荆风《驿路梨花》）

   城铁列车[从五道口][沿着轻轨铁道][向西直门]驰去。

C. 按"施事→受事"的顺序。由"被、叫、让"组成的介词短语在前，由"把"组成的介词短语在后。

例如：

这件事[由王处长][把领导的意见]传达给你。
他[被小偷][把手机]偷走了。
他[被警察][把驾驶证]没收了。

D. 由"用、替、给、由"组成的介词短语和由"把"组成的介词短语合用，彼此可以互为前后。但有时顺序还是确定的，不能互换。

例如：

他[用绳子][把行李]捆上了。→他[把行李][用绳子]捆上了。
你[替我][把自行车]推进来。→你[把自行车][替我]推进来。
《冷山》没能让她再度在奥斯卡称后，可是现在妮可还在意这个吗？倒是许多人[替他和她的作品][把奥斯卡]骂得够呛。（北京晚报2004年3月17日）→*……倒是
许多人[把奥斯卡][替她和她的作品]骂得够呛。

五、补语

☆补语的构成材料和意义类别

1. 构成材料

- 谓词性词语充当　如：这个字写错了。
- 数量短语充当　如：他看了几眼。
- 介词短语充当　如：从胜利走向胜利。

2. 语义类别：

补语名称	表意作用	肯定式补语的例子	否定式补语的例子	有无标记"得"
结果补语	表动作结果	吃完	无	无
情态补语	表状态	讲得眉飞色舞	无	都有
趋向补语	表趋向	拿来、拿出、拿出书来	无	无
数量补语	表动作次数 表动作时量	看一次、看他一次、看了一星期	无	无
时地补语（介词短语补语）	表时间 表地点	生于1950年 来在广州	无	无
可能补语 可能结果补语 可能趋向补语	表动作可能性 表能否得到结果 表可能和趋向	吃得（能吃） 吃得完 看得出来	吃不得（不能吃） 吃不完 看不出来	这个"得"不是助词，表可能
程度补语	表程度	好极了 好得很	无	只有"很"必有

(一) 结果补语

1. 结果补语表示动作、变化的结果，由动词、形容词充当。

   动词：打开了 救活了 记住了 打碎了 学会了

   形容词：吃饱了 喝足了 睡好了 玩腻了 听清楚了

2. 对动作及其补语，可以从两个层面上来理解：

   他摔了；他倒了→他摔倒了。

   救他了；他活了→他被救活了。

   他吃了；肚子饱了→他吃饱了。

   衣服洗了；衣服干净了→衣服洗干净了。

3. 结果补语搭配组合上的特点

   ① 充当结果补语的大多是单音节词，尤其是动词，基本是动词，基本上是单音节的。

砍断了/砍裂了　　*砍断裂了

做完了/做成了　　*做完成了

② 结果补语紧跟在谓词性词语（动词/形容词）后，谓词与结果补语之间不能插进别的成分。

照完了相（*照相完了）　　　打通电话了（*打电话通了）

打碎了（*打了碎）　　　　　救活了（*救了活）

③ 在时间上，结果补语通常表示结果的完成、实现、显现，因此补语后可接"了"或"过"，但不能接"着"，句内也不能有"在/正在"等表示进行时态的副词等。

听清楚了　　　治好过

*听清楚了着　　*在听清楚　　　*正在治好

④ 否定形式一般用"没"。在表假设或意愿的情况下，可以用"不"。

他吃饱了。→他没吃饱。　他学会了。→ 他没学会。

*他不吃饱。　　　　　*他不学会。

a. 下午还要走好长时间呢，不吃饱可不行呀。（假设）

b. 今天我非要学会它，不学会我就不走了。（意愿/假设）

⑤ 选择结果补语时，要注意它跟动词在意义上的协调一致。

例如：动词与补语都有"得到""附上"的意义，如：

买/得/拾/捡+着（zháo）　　看/听/得/找+到

合/贴/缝/穿+上

动词与补语都有"离开""分离"的意义，如：

卖/丢/扔/输+掉　　拆/脱/放/丢+下

动词与补语都有"停留""固定"的意义，如：

　　记/停/抓/拉 + 住

动词与补语在意义上通常不可以相对、相反。例如：

　　*得掉　　*合下　　*拆着　　*脱上

4. 有的动词、形容词做补语，比原义要虚，要注意理解其意义。

例如，动词"住"原本是"居住"的意思，"居住"有"停留、不动"的意思，故引申为"停、牢、止"等意思。做补语的"住"往往是这种较为虚的引申义。

例如：

　　站住/停住/打住（停止）　　　记住/抓住（稳、牢）

　　问住了（停顿、静止）　　　　坚持住（稳定在某状态上不变）

再如，形容词"坏"做补语时，可以表示某种实际变坏的情况，但更多的是表示某种深程度的意思，这种时候往往看不到某种坏的具体样子，所以意义比较虚。

例如：

　　把相机用坏了（东西由好变坏、被毁，不能使用，可以看到）

　　他的腿摔坏了（人本受了损伤，不能正常行走，可以看到）

　　累坏了/气坏了/饿坏了/急坏了/忙坏了（多表示不良状况程度变深）

☆ 表示动作行为的结果。

特点：

① （中心语是行为动词，如，挂、写、踢、哭等等；
② 补语同中心语结合很紧，以致助词"了、过"只能附着在补语后，如，哭<肿>了 / 踢<坏>了 / 写<错>过；
③ 绝对不用"得"字；
④ 补语的语义指向可以分别指向中心语、主语、和宾语，例如：

a. 打赢了球。	赢了的是我们，指向主语。	指向施事。
b. 打破了球。	破了的是球，指向宾语。	指向受事。
c. 打完了球。	完了的是"打"这个动作，指向谓语中心。	指向动作。

☆例如：

甲队打胜了乙队。

甲队打败了乙队。

这两句补语意义相反，可是两句的意思相同，关键在于补语语义指向不同。例①"胜"指向主语"甲队"，宾语"乙队"可以省略；例②"败"指向宾语"乙队"，"乙队"不可以省，主语"甲队"也不可省略。

（二）情态补语

情态补语用在动词后，表示对动作和状态的描写、对情况的说明与评价。补语前要用"得"，补语一般由动词、形容词及其短语、小句充当。

① 昨天晚上他睡得很晚。（说明动作）

② 这篇文章写得很好。（评价主语）

③ 我忙得忘了吃饭。（说明、描写主语即动作者）

④ 这个小女孩儿长得真可爱。（描写主语）

⑤ 他把花瓶摔得粉碎。（描写"把"字的宾语）

☆关于形容词做补语

1. 单音节、双音节形容词都可以单独做补语。

玩儿得开心　　收拾得干净
脸上布满了皱纹　　写清楚每一个字

☆形容词单独做有"得"为标志的补语时，常具有暗比意味。

例如：

a. 小李写得清楚。（别人写得不清楚）

　　　　b. 依我看，还是红队踢得好。（别的队不如红队）

☆没有比较意义，只做一般描写性补语时，形容词等前边一般要加程度副词。

　　例如：

　　　　a. 他讲得很明白。

　　　　b. 孩子们穿得很漂亮。

2. 重叠式或有重叠词的形容词做补语时，后面通常要加"的"。

　　例如：

　　　　a. 她把玻璃擦得亮亮的。

　　　　*她把玻璃擦得亮亮。

　　　　b. 他长得傻乎乎的。

　　　　*他长得傻乎乎。

☆**关于构句的几点说明**

1. 补语描写的主语是动作者时，如表达需要，可将主语放到"得"后。

　　例如：

　　　　我忙得忘了吃饭。——忙得我忘了吃饭。

2. 描写"把"字宾语的补语句，补语不用否定形式。

　　例如：

　　　　a. 他把花瓶摔得粉碎。（*他把花瓶摔得没粉碎。）

　　　　b. 我把椅子垫得很高。（*我把我把椅子垫得不高。）

3. 有宾语的句子同时有情态补语时，可以有两种处理方式：

　　a. 重复动作：他说汉语说得很流利。

　　b. 宾语放在动词前：他汉语说得很流利。

4. 有情态补语的句子，全句的重心在补语部分，谓语动词、形容词前一般不再出现描写性状语和程度副词。

例如：

a. *他拼命地跑得很快。

b. *她很难过得流下泪来。

☆情态补语的作用有两种：有的用作描写，用状态形容词或谓词性短语；有的用作评价，只用性质形容词。这两种补语的语义分别表示施事、受事或动作的某种状态。

例如：

① 她洗衣服洗得<满头大汗> （语义指向主语）

② 她洗衣服洗得<遍地是水> （语义指向动词）

③ 她洗衣服洗得<干干净净> （语义指向宾语）

④ 她洗衣服，把衣服洗<破>了（结果补语）

☆补语前有时用"个"、"得个"，用"个"字 中心语后面有可能加上"了"。

例如：

① 雨下了个<不停>

② 打了个<稀巴烂>

③ 打了得个<稀巴烂>

☆用"得"字的补语在一定的语境里可以省去。

例如：

① 你看他的脸上红得< >

② 你看他急得< >

两例补语省略。这种句子表示的是：或者有无需或无法形容的意味，让对话者自己体会。

例如：

① 她笑得<一脸的皱纹>

② 她急得<一身冷汗>

这两例补语是名词性词语。

特点：

① 必须带"得"（有时状态补语前不用"得"，而用"得个"、"了个"、"个"）。这同结果补语区别开来："听<明白>了"--结果补语；"听得<很明白>"--状态补语。

② 补语的语言形式较长。如，闹得<慌>（程度）--闹得<不亦乐乎>（状态）。

③ 中心语可以是行为动词，如，"来"、"去"；也可以是受程度副词"很"等修饰的动词；还可以是形容词。后两类与程度补语相同。

(三) 趋向补语

1. 趋向动词及趋向补语

① 趋向动词是表示动作、状态发展方向的一种动词。分为单纯趋向动词和合成趋向动词两类。前者由一个趋向动语素表示，后者由两个趋向动语素合成表示。

如：

	进	出	上	下	回	过	起	开
来	进来	出来	上来	下来	回来	过来	起来	开来
去	进去	出去	上去	下去	回去	过去		

② 单纯趋向动词表示的基本意义

"来/去"与"进/出/上/下/回/过/起"的不同之处在于：

"来/去"趋向的选择取决于说话人或叙述人立足点的认定，即说话人或叙述人以自己或某人为立足点，趋向立足点方向的为"来"，背离立足点方向的为"去"。

来：（人）← 拿来吧　　　　　去：（人）→ 拿去吧

"进/出/上/下/回/过/起"等不同，它们的趋动方向是由客观实际空间类型确定的。例如，"进/出"取决于客观实际是否有围起来的空间，由外到里为"进"，由里到外为"出"，与说话人或叙述人的主观认定无关。

进：（屋）←　走进屋子　　　　出：（屋）→　走出屋子

上：由低到高。　　　　　　　　下：由高到低。

回：由所在处移到原处。（家）↙回家

过：经过。--→ 从楼前走过　　　穿过：穿过马路。

起：由某点向上。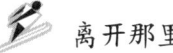 举起

开：离开所在位置。　离开那里

③ 合成趋向动词表示双重方向

双重方向指既有说话人立足点决定的方向，又有实际空间类型决定的方向。

例如：

走上来（由低到高；靠近说话人）

搬进来（由外到里；靠近说话人）

走下楼去（由高到低；离开说话人）

他回学校去了（到原处，即学校；离开说话人）

④ 趋向动词可以直接做谓语。

例如：

ⓐ 我家来了一位客人。

ⓑ 他们都出去了，你也快出去吧。

⑤ 趋向动词更多的是用在动词、形容词后面做趋向补语。

例如：

跑进（教室）　　送回（家）去　　想出（一个好主意）

爬上（山顶）　　背起（唐诗）来　　发展起来

2. 部分趋向动词做补语时的意义及用法

① 来　去

☆通过动作使人或事物向说话人方向移动的，用"来"，离说话人而去的，用"去"。

例如：

ⓐ 我借来一本小说，挺有意思的。（我←小说）

ⓑ 他给朋友寄去一封信。（他→信）

ⓒ 狼向东郭先生扑来。

（叙述人立足于东郭先生的位置←狼）

ⓓ 一群大雁向远方飞去。（叙述人位置→远方）

☆接普通事物宾语，基本结构一般为：**动词+"来/去"+普通事物宾语**

例如：

小狗叼来一块骨头，高兴地叫着。

☆如果接处所宾语，基本结构：**动词+处所宾语+"来/去"**

不能构成：***动词+"来/去"+处所宾语**

例如：

ⓐ *我明天回去日本。

ⓑ *他要把所有的书都运来美国。

ⓒ *他跑去河边，还是找不到张明。

② 上　下

通过动作使人、事物由低位到高用"上"，由高位到低位用"下"。

例如：

ⓐ 房上有积雪，他爬上房顶扫雪。（由房下到房上）

ⓑ 他跳下汽车就跑。（由车上到车下）

☆ "上"的引申义

A. 表示靠近或合拢、关闭。

例如：

ⓐ 我快跑几步追上了他。（靠近）

ⓑ 太累了，闭上眼睛休息一下。（合拢）

ⓒ 时间不早了，关上电视睡吧。（关闭）

B. 使某物附着于、存在于某处或添加进去。

例如：

ⓐ 在领带上别上一个领带夹就好了。（使附着）

ⓑ 我想在这儿摆上一个花瓶。（使存在）

ⓒ 这次活动一定算上我。（添加）

C. 表示达到一定目的（常指不太容易达到的目的）。

例如：

经过几年的努力，我们总算住上了新房。

D. 表示动作已经展现并在继续。

例如：

ⓐ 你们怎么刚写了一会儿作业就玩儿上了？

ⓑ 从去年开始，我就喜欢上了集邮。

☆ "下"的引申义

A. 使固定下来。

例如：

ⓐ 一定要打下牢固的基础。

ⓑ 这件事给我留下了深刻的印象。

B. 使脱离或离开某处。

例如：

他摘下帽子，脱下外衣，走进屋来。

C. 表示容纳一定的数量。

例如：

ⓐ 箱子挺大的，估计这些衣服都能装下。

ⓑ 这个体育场能容下两万人。

③ 上来　　下来

通过动作使人、事物由低位到高位并向说话人靠近，用"上来"；由高位到低位并离开说话人，用"下来"。

例如：

ⓐ 小姑娘大大方方地走上台来。

ⓑ 那个人把他从车上拽了下来。

☆ "上来"的引申义

A. 趋近目标。

多用于"追/赶/跟/凑/迎/递/挤/围"等动词后。

例如：

后边的人逐渐赶了上来。

B. 成功地完成。

多用于 "答/说/唱/写/学" 等动词后。

例如：

这么高的调她也能唱上来，真厉害！

☆ "下来"的引申义

A. 表示使分离。

例如：

ⓐ 把邮票揭下来，保存起来。

ⓑ 他把帽子摘下来，轻轻地拂去上面的尘土。

B. 表示使停留、固定。

例如：

ⓐ 汽车在前面停了下来。

ⓑ 我们就在这儿住下来吧。

C. 完成某动作。

例如：

ⓐ 那么长的诗他都背下来了。

ⓑ 你身体行吗？能顶下来吗？

D. 表示从过去继续到现在或开始出现并继续发展（由动态转为静态）。

例如：

ⓐ 他终于坚持了下来。

ⓑ 她渐渐地安静了下来。

☆ "下来"和"下去"的区别

在表时间的意义上,"下来"表示的是从过去继续到现在,"下去"表示的是从现在继续向将来。

例如:

把优良传统承下来,发展下去。

④ 进　出

通过动作使人、物由有围域的空间处所外到空间处所里为"进";由空间处所里到空间处所外为"出"。

例如:

ⓐ 他怀着激动的心情走进故宫博物院。（外→内）

ⓑ 她从小包里取出一副眼镜戴上。（内→外）

☆ "出" "出来"的引申义

"出"和"出来"的引申义用得较多的主要是从无到有、从隐蔽到显露的意义。

例如:

ⓐ 先订出一个计划,再想办法实施。

ⓑ 她的脸上露出了微笑。

ⓒ 把这间屋子腾出来做客房吧。

ⓓ 一定要把这件事情的真相查出来。

⑤ 回

通过动作使人、事物再到原处（家、住处、单位、原来位置）。

例如:

ⓐ 参观完后,用汽车把他们送回学校。

ⓑ 这些东西用完后,都应该放回原处。

⑥ 过

　A. 表示随着动作通过或经过某处。

　　例如：

　　　　ⓐ 他穿过马路，来到书店门前。（通过）

　　　　ⓑ 美丽的小鸟从她眼前、身边、头上飞过，这儿真是鸟的世界。

　　　　（经过）

　B. 表示由一处到另一处。

　　例如：

　　　　她接过生日礼物，激动得流下了热泪。

　C. 表示改变方向。

　　例如：

　　　　转过身子，让大家看看背面。

　D. 表示超过了合适的点。

　　例如：

　　　　ⓐ 糟了，我们坐过站了。

　　　　ⓑ 使过了劲儿，把盖子给拧坏了。

⑦ "过来"的引申义

"过来"的意义与以上"过"的①②③意义相同，"过来"较多用到下列引申义：

　A. 恢复到或变成正常状态。

　　例如：

　　　　ⓐ 外婆终于醒过来了。

ⓑ 糟了，资金周转不过来了。

B. 顾及到。

例如：

病人太多了，照顾不过来了。

⑧ 起　起来

"起""起来"都可表示动作由低向高移动。

☆ "起"与"上"不同："上"有到达的位置，其后可接处所词，"起"没有。

例如：

ⓐ 他抬起头，向远方看去。

ⓑ 他鼓起嘴巴用力地吹。

抬上车　走上前　骑上马

☆ "起来"的引申义

A. 表示由分散到聚合。

例如：

ⓐ 把大家的意见集中起来。

ⓑ 把地上的雪都堆了起来。

B. 表示收存、隐藏。

例如：

ⓐ 把晾的衣服都收拾起来吧。

ⓑ 快躲起来吧。

C. 由凸起引申为发起。

例如：

ⓐ 他使劲儿地把嘴巴鼓了起来。（凸起）

ⓑ 把大家都发动起来。（发起）

D. 表示开始并继续。

例如：

ⓐ 大家热烈地讨论了起来。

ⓑ 她吓得叫了起来。

E. 表示从某方面进行估计、评价。

例如：

ⓐ 这些事说起来容易，做起来难。

ⓑ 看起来，他不会同意了。

☆ "起"和"起来"的区别

"起来"因为有"来"表示的过程相对长或完整，"起"不突出过程的延展，所以使用上，有宾语或有后续语句时多用"起"，无宾语尤其置于句末时多用"起来"。

例如：

ⓐ 队员们升起队旗，唱起队歌。

ⓑ 师傅端起保温杯，喝了口水，缓缓说道……

ⓒ 队员们把旗子升了起来。

ⓓ 把这两根绳子系起来。

☆ "想起来"和"想出来"的区别

"想起来"表示所想的内容是记忆中已有的，通过想使它凸显。"想出来"表示所想的内容是原来没有的，通过想创造出新的办法、主意等。

例如：

ⓐ 我想起来了，你是小王。

ⓑ 我想出来一个好主意。

⑨ 关于 "（起）来/（下）去"的方向取向

由于"来"是趋近说话人立足点的，容易表达清楚的、显见的意义，因此它的方向取向多与积极的、正向的相联系，尤其与"起"向上的意义相结合更加明显。

"去"是离开说话人立足点的，容易表达模糊的、消隐的意义，因此它的方向取向多于消极的、负向的相联系，尤其与"下"向下的意义相结合更加明显。

例如：

清醒过来/早晨醒来时/想起来/发展起来/走起运来

昏迷过去/睡过去/死去/精神或身体垮下去/消沉下去

胖起来了（对胖是肯定的；希望胖）

这样胖下去可不得了（对胖是否定的）

再瘦下去可不行（对瘦是否定的）

硬下去不会有好结果的（对硬是否定的）

"下去""起来"用于形容词后，都有表示某种状态开始或继续的意义。"起来"多用于积极意义的形容词，"下去"多用于消极意义的形容词。

例如：

| 好起来 | 坏下去 | 亮起来 | 暗下去 |
| 坚强起来 | 软弱下去 | 富裕起来 | 贫困下去 |

3. 趋向补语与宾语的位置

趋向补语与宾语的位置关系比较复杂，主要受制于宾语的意义和结构类型。

① 宾语是表示一般人或事物的名词，位于补语中间或补语之后都可以。

注意：语法上（结构上）都可以，语用上（意义上）是有差别的。

走进一个人　　走来一个人　　走进来一个人　　走进一个人来

拿出一本书　　拿来一本书　　拿出来一本书　　拿出一本书来

② 宾语是表处所的，只能位于空间性趋向动词之后，不能位于"来/去"之后。

即：

动词 + 空间性趋向动词 + 处所宾语（+"来/去"）

＊动词 +"来/去"（或复合趋向动词）+ 处所宾语

走下楼　　　走下楼来　　＊走来楼　　＊走下来楼

放回桌上　　放回桌上去　＊放去桌上　＊放回去桌上

③ 如果是离合动词，宾语位于复合趋向补语中间。

说起话来　　＊说话起来　　回过头来　　＊回过过来

④ 表起始意义的"起来"，都要采用 动词 + "起" + 宾语 + "来" 的形式。

唱起歌来　　　　＊唱起来歌　　＊唱歌起来

讨论起问题来　　＊讨论起来问题　＊讨论问题起来

☆特点：

趋向动词（包括虚化者）作补语；

绝对不带"得"。

（四）数量补语

以数量短语作补语，表示动作的次数（动量）和动作持续的时间（时量、时段）。

如：

看<一次> / 看<一遍> / 看<一眼> / 看上<几眼> / 查阅<一遍> / 走<两趟> / 踢<两场>球 / 炮击<一阵> ；

住<三天> / 走了<两年> / 停<三秒> / 等<一会儿>

1. 动量补语

表示动作行为进行的数量，用动量词语做补语。

例如：

  ⓐ 这部电影我已经看了三遍了。

  ⓑ 我拿不动了，请帮我一下。

  ⓒ 他很不满意地看了我一眼。

☆如果句中需要时态助词"了""过"等，要放在动词后、补语前的位置上。

例如：

  来中国后我去过两次长城。

  ＊来中国后我去两次过长城。 / ＊我去长城过两次。

☆宾语的位置：一般事物名词做宾语通常位于补语后；人称代词做宾语，通常位于补语前；人名、地名做宾语，根据表达需要，可前可后。

即：**谓语动词 + 数量补语 + 宾语_{一般事物}**

例如：

  你帮我站一下队，我马上回来。

  ＊你帮我站队一下，我马上回来。

谓语动词 + 宾语_{人称代词} + 数量补语

例如：

  那个司机骗过我一回了。

  ＊那个司机骗过一回我了。

谓词 + 宾语_{人名/地名} + 数量补语 或 **谓语动词 + 数量补语 + 宾语_{人名/地名}**

例如：

我去医院看过两次小王了。

我去医院看过小王两次了。

☆带动量补语的句子，一般不用否定式；表示辩白时，可在动词前加"没"否定。

例如：

*最近我很忙，没看过他一次。

哪里，我只写了一遍，没写三四遍。

2. 时量补语

时量补语表示动作、状态时间的长短，由表示时段的词语充当。

例如：

ⓐ 我喊了你半天。（持续时间）

ⓑ 他比我早来一个月。（比较相差的时间）

ⓒ 我在北京住了三年了。（动作开始持续到说话时的时间）

ⓓ 他死了十年了。（动作结束后持续到说话时的时间）

☆宾语的位置：一般名词通常位于时量补语后；人称代词或称呼通常位于时量补语前；处所宾语通常位于时量补语前。即：

谓语动词 + 时量补语 + 宾语_{一般事物}

例如：

我们开了一晚上会。

*我们开了会一晚上。

谓语动词 + 宾语_{人称代词} + 时量补语

例如：

老师等了你十多分钟。

*老师等了十多分钟你。

谓语动词 + 宾语_{处所} + 数量补语

例如：

我来中国一年多了。

＊我来一年多中国了。

（五）时地补语（介词短语补语）

介词短语补语位于动词、形容词后面，由"于""自""在""到""向""往""给"等与其宾语组成的介词短语充当，补充说明动作发生的时间、处所、方向、对象、原因、来源或比较对象、数量等。

基本结构：动词/形容词 +介词短语

1. "于""自""在""到"都可介引时间、处所。

例如：

ⓐ 马克思出生于1818年。（时间）

ⓑ 疗养院坐落在半山腰。（处所）

ⓒ 我们都来自五湖四海。（处所）

ⓓ 他经常工作到黎明才睡觉。（持续时间）

"于"还能够介引对象、原因、比较对象等。

例如：

ⓐ 政府部门就应该服务于老百姓。（对象）

ⓑ 听说他最近正忙于购房呢。（原因）

ⓒ 今年的总体情况好于往年。

（比较对象，"于"相当于"比"）

"自"还能够介引来源。

例如：

这段文字摘自鲁迅的散文。（来源）

"于""自"书面语色彩很重，构成的语句具有书面语体风格。

2. "向""往"主要介引方向。

例如：

　　ⓐ 溪水欢快地流向远方。（方向）

　　ⓑ 这趟航班开往加拿大。（目的地方向）

3. "给"主要介引对象。

　　例如：

　　　　把礼物送给她留做纪念。（对象）

介词短语做补语时，语音停顿在介词后。有表示完成意义的"了"时，要把"了"放在介词后，不要放在动词后。

　　例如：

　　　　我把那几本词典放在了你的桌子上。

　　　　*我把那几本词典放了在你的桌子上。

（六）可能补语

可能补语主要表示是否有可能出现动作的结果或状态的改变。

可能补语分三种类型：

1. A式：谓语动词 + "得/不" +结果/趋向补语

这一类型的补语是在结果补语或趋向补语之前加上"得/不"表示可能或不可能。表示否定加"不"。

　　例如：

　　ⓐ 电话打得通吗？（能打通吗）

　　ⓑ 别看东西多，好好摆摆，肯定装得下。（能装下）

　　ⓒ 生词太多了，记不住。（不能都记住）

　　ⓓ 箱子太重了，拿不起来。（不能拿起来）

☆ **可能补语与 "能" 的区别**

① 表示有能力做某事，用"能"；针对已有的客观事实是否能出现具体结果，

用可能补语。

例如：

A. 这篇文章一个小时就能打出来。（一种打字能力）

ⓐ 这篇文章一个小时打得出来吗？

B. ⓑ 打得出来。

针对具体文章长度和"一小时"的时间条件，认定"打出来"这个结果是可能的

C. 饭太多了，实在吃不下去了。（针对已经吃了很多，肚子已经饱了的客观实际）

② 表示情理上"不应该""不准许"意义时，用"不能"，这时不能用表示不可能的补语。

例如：

A. 他们正在开会，你不能进去。

＊他们正在开会，你进不去。

B. 你不能说出这种伤害人的话。

＊你说不出这种伤害人的话。

☆可能补语主要使用否定式，即不可能。肯定式用得很少，主要用于下列情况：

① 回答有可能补语的问话。

例如：

A：你听得见听不见？

B：听得见。

② 动词前有表示肯定或无把握语气的词语等。

例如：

你去商店看看吧，也许还买得到。

③ 婉转地表示否定。

例如：

她的病不是药能治得好的。

☆ 与结果补语相同，可能补语句的谓语动词多用单音节动词。

例如：

回答—答得出 / 答不出　　考试—考得好 / 考不好

△ **注意** 可能补语一般不能用于下列句式中：

① 句中带有描写性状语的句子。

例如：

*他拼命地做得完这项工作。

② "把"字句、"被"字句的谓语动词后，连动句的第一个动词后。

例如：

*吃饭前，我把作业做得完。

*敌人被战士们打得败。

*食堂没开门，我们进不去食堂吃饭。

③ 句子意思不在于表示可能或不可能。

例如：

*他打了几次电话才打得通。（才打通）

④ 动词前有"不能"时。（但是有"不可能"是可以的）

例如：

*她说的话我不能都听得懂。（不可能都听得懂）

☆表示不可能的程度差别时，可在补语中间加上 "太" "大" 类的程度副词。

听不太清楚　　说不太准　　住不太惯

2. B式：**谓语动词 + "得/不 +了 (liao)"**

这种补语表示是否可能实现动作或变化。主要用于口语。

"得了"是肯定式；"不了"是否定式。

例如：

ⓐ 他肚子疼，今天的参观去不了了。

ⓑ 我们一定赢得了他们。

ⓒ 天又晴了，看样子雨又下不了了。

ⓓ 这小河，水深不了，过得去。（表示估计）

用在形容词后表示对性状、程度估计的可能补语，一般用于否定式或具有否定意义的句子。

B式与A式的不同在于：B式没有具体的结果、趋向，只表示该动作能否实现，性状能否改变。

3. C式：**谓语动词 + "得/不得"**

"得"是肯定形式，表示能够、可以；"不得"是否定形式，表示不能够、不可以。

例如：

ⓐ 那个地方太偏僻，去不得。

ⓑ 这个人你可以看不得。

ⓒ 那简直是一颗老虎牙，拔不得。

部分结构形式跟这种补语形式相同的短语，由于动词和补语总在一起用，已经形成一种固定结构，成为一个词了。

　　怪不得　　　　顾不得　　　　恨不得　　　　巴不得
　　值得/值不得　　舍得/舍不得　　记得/记不得

在使用上，用这种可能补语构成的句子主要用于规劝、提醒、警告，所以一般只用否定形式，用来说明不要做某个动作或避免某种现象发生。

☆可能补语句的动词如果涉及人与事物，根据表达，可以有两种处理方式：
① **作为新信息的焦点成分**，基本结构：　动词 +补语 +宾语
　　例如：
　　　　我听得懂他的话。

② **作为话题成分**，基本结构：　名词成分 +动词 +补语
　　例如：
　　　　他的话我听得懂。

但不能构成"动词 +宾语 +补语"的形式。
　　例如：
　　　　*我听他的话得懂。

☆这三种可能补语都可以用肯定、否定相叠的形式表示疑问。
　　……买得起买不起？……来得了来不了？……看得看不得？

☆结果补语、趋向补语和可能补语的区别

	结果补语	⇒	可能结果补语
肯定式	[能]解决<好>	=	解决得<好>
否定式	[不能]解决<好>	=	解决<不好>
	趋向补语	⇒	可能趋向补语
肯定式	[能]拿<出来>	=	拿得<出来>
否定式	[不能]拿<出来>	=	拿<不出来>

☆可能补语与状态补语的区别：

可能补语	肯定式（同形）	写得好	不能扩展	
情态补语		写得好	能扩展	写得很好

可能补语	否定式（不同形）	写不好	不能扩展	
情态补语		写得不好	能扩展	写得很不好

(七) 程度补语

程度补语主要用在形容词、心理动词、感受动词等后边，用来表示某种性状所达到的某种程度。

1. 主要类型

① 用"极""坏""死""透"等做补语，动词和补语之间不用"得"，句末加"了"。

基本结构： 形容词 / 动词 + "极/坏/死/透……" + "了"

例如：

ⓐ 婚礼热闹极了。（*婚礼热闹得极了。/ *婚礼热闹极。）

ⓑ 把他高兴坏了。（*把他高兴得坏了。/ *把他高兴坏。）

ⓒ 这些孩子真是吵死了。

（*真是吵得死了。/ *真是吵死。）

② 用"很""慌""要命""要死""够呛""不得了""不行"等做补语。

基本结构： 形容词／动词＋"得"＋"很/慌/要命/不得了……"

补语前必须加"得"，句末一般不加"了"。

例如：

ⓐ 他最近忙得很，别去打扰他。

＊他最近忙很，别去打扰他。

ⓑ 虽然只是一句话，却把他气得要命。

＊虽然只是一句话，却把他气要命。

ⓒ 这个菜他觉得腻得不得了。

＊这个菜他觉得腻不得了。

③ 用"多""远"等做补语，可用下述两种形式构成。
即：

形容词／动词＋"多/远……"＋"了"

形容词／动词＋"得＋多/远……"

例如：

ⓐ 兄弟俩的性格差远了。（差得远了）

ⓑ 他的汉语比我强多了。（强得多）

表义上，句末的"了"带有夸大程度的语气。
用"远"做补语主要表示相差，所以谓语用"差"。

2. 色彩倾向

表达的情感是积极的还是消极的、是正面的还是负面的、是如意的还是不如意的，涉及到对形容词或心理、感觉动词等的选择。程度补语要跟形容词等在色彩倾

向上保持一致。据此,可以把程度补语分为三种情况:

① 积极和消极、正面和负面、如意和不如意的情感色彩都可以用的,主要副词有"很""多""极""不得了"等。

例如:

ⓐ 这种排场使他感到体面得很。(积极)

ⓑ 这种场面使他感到狼狈得很。(消极)

ⓒ 他的身体比前一阵子好多了。(积极)

ⓓ 他的身体比前一阵子差多了。(消极)

② 倾向于消极、负面、不如意的情感色彩,主要副词有"死""坏""要命"等。

例如:

笨死了　担心死了　累坏了　忙坏了　丑得要命　困得要命

在少数情况下,这些副词也可用于"高兴""舒心""得意"等积极倾向的词语后面。

③ 只用于消极、负面、不如意的方面,主要副词有"透""远""不行""得慌"等。

例如:

坏透了　糟透了　差远了　难受得不行　饿得慌

"不行"有时所接的词看上去是积极的,但表达的不是肯定的态度。

例如:

你看,给她能得不行。(说话人不是肯定、赞赏的态度)

此外,还需注意词语的语体色彩:"要命""要死""得慌""不行""不得了"等都是典型的具有口语色彩的词,要用于口语体;"很""极了"等词语,口语体、书面语体都可以用,所以正式场合用"很""极了"等更加得体。

☆**表示性状的程度。特点：**

① 中心语主要是性质形容词，也可能用某些能前加"很"的动词。
② 程度补语很少，限于用"极、很"和虚义的"透、慌、死、坏、多"等，表示达到极点或很高程度。
③ 本身没有否定形式。"乐不坏" / "气不死"——如果成立，"死"则未虚化，便为结果补语。

☆**补语与宾语的辨认**

① **看标记**：就是看有无助词"得"，有就是补语。可插入助词"得"也是补语。而某些动词含语素"得"，像"获得丰收、取得胜利、觉得好看、心情显得很沉重"，中间的"得"字是构词成分，不是助词。

② **看关系**：可用提问法，看动词后的词语能回答什么。能回答"V什么？"的是宾语，能回答"V得<怎么样>"的是补语。例如："爱干净"和"扫<干净>"

③ **看词性**：宾语可由名词性和谓词性的成分充当，以名词性为主。补语限于由谓词性成分充当。

④ **表时间（时段）的名词性成分：**

例如："我等了你<三个小时>了"	用"把"字提宾法来鉴别，能用"把"字提到动词前的是宾语，否则是补语。
"我浪费了三个小时了"	

☆遇到"看书看了三个小时"，这里有表时间的名词性偏正短语，这就可用变换法，"看书把三个小时看了"不合原意，"三个小时"是补语。（表时量（时段）的名词性成分作补语）

⑤ 动词后面是量词短语的话，如"看了三次"和"看了三本"，有动量词的就是补语，有名量词的是宾语。

☆**补语和宾语的顺序及多层补语**－－－补语和宾语可以在动词后共现，它们排列的顺序有四种：

动+补+宾：这种语序最常见，如：打破沙锅、走出教室

动+宾+补：去昆明两次、回家去、拿支笔来

动+补+宾+补：拿出书来、走进教室去（双层补语）

动+宾+补+宾：给他三次钱（双层宾语）

☆带双层补语的句子比较多，补语可以是：①结果补语，②趋向补语，③数量补语，含动量补语、时量补语。

例如：

结果+动量：叫醒三次、打晕两次、走散半年

趋向+动量：踏上一脚、看上两眼、寄来一年了

趋向+趋向：拿出书来、露出笑容来、跑回老家去

六．中心语

中心语是偏正（定中、状中）短语、中补短语里的中心成分。有的中心语是短语。最后一层中心语即中心词叫"中心"，如主语中心是指主语里的中心词，余可类推。

中心语根据同它配对成分性质的不同可分为：

1. **定语中心语**：与定语配对的中心语，通常由名词性词语充当。

    谓词性词语也可以进入定语中心语的位置。

例如：

① 经济的振兴要靠科学技术。	动词或动词短语进入"定+的+×"这个名词性框架中获得指称性，即名词性，成为借用名词或短语。
② 要始终十分重视智力的开发。	
③ 放纵的结果是孩子的堕落下去。	
④ 两船的人。	临时获得计量功能，成为借用量词。

2. **状语中心语**：与状语配对的中心语，通常由谓词性词语充当。

例如：

[已经]来了、[昨天]他来了、他[的确]经验丰富、他[很]有道理、

他[已经]很疲倦了、[刚]粉刷装修过

但在名词谓语句里，状语中心语可以由名词充当。

例如：

现在已经深秋了、屋子里就我们俩

3. **补语中心语**：与补语配对的中心语，通常由动词或形容词充当；也可以由谓词性短语充当。

例如：

粉刷装修得很好看、自命不凡得厉害、惊慌失措得像个孩子

吊死在一棵树上、他比我有经验得多

七. 独立语

独立语是独立于八种配对成分之外的特殊成分。它身在句内又与句内的其他成分不发生结构关系。是由于语用或表达的需要才出现在句内的，在表意上有其特定的重要作用。

根据其作用大致可分为以下四种：

(一) 插入语：→作用是使句子表意严密化，补足句意，包括说话者对话语的态度，或引起听话者的注意。

1. **表示肯定或强调的口气**---表明说话者那种不容置疑的态度。有时又点名特别值得注意的内容，以加深听话者的印象。通常用"毫无疑问、不可否认、不用说、十分明显、尤其是、主要是、特别是"等。

例如：

① 十分明显，不大大提高中华民族的科学文化水平，实现现代化就是一句空话。

② 毫无疑问，周恩来总理必将作为伟大的无产阶级革命家而载入史册。

2. **表示对情况推测和估计**---口气比较委婉，对所说事情的真实性不作完全的肯

定，留有重新考虑的余地，通常用"看来、看样子、说不定、算起来、我想、充其量、少说一点"等。

例如：

① 我看，这就是人们为什么把雪称为瑞雪的道理吧。

② 其间耳闻目睹的所谓国家大事，算起来也很不少。

3. **表示消息来源**---会使用"听说、据说"一类字眼。

例如：

据说，最美的城市应该在山与湖之间。

4. **引起对方的注意**---有时说话者希望听话一方接受自己的见解，又不愿用一种强调的语气，就会用"请看、你想、你瞧、你说"一类字眼。

例如：

你瞧，西面山沟里那一片柿子树，红得多么好看。

事情明摆着，你看，我们还能不管？

如果是客观叙述这一件事，也会用一定的词语来表示突出某一点。

例如：

虎姑娘一向，他晓得，不这样打扮。

→用插说来突出"一向"和眼前的不同。

5. **表示总括性的意义**---这种词语，有承上启下的作用，能使上下文更好地连接起来。

例如：

总之，提高学生读写能力，是中学语文教学的目的所在。

6. **表示注释、补充、举例**---通常用"也就是、包括、正如"等来表示。

例如：

　　在那段日子，也就是一起在山西时期，我对他多少也关心过。

7. 表示对语意的附带说明---常用"严格地说、一般地说、不瞒你说、说句笑话"

例如：

　　他呀，不客气地说，一辈子都不会有出息。

(二) 称呼语--用来呼唤对方，引起主语。

例如：

　　春天，你在哪里？

　　他们跳了一辈子红绸舞，留下什么啦，老师！

(三) 感叹语

例如：

　　啊呀，老孙，想不到是你来了。

　　啊，多么令人兴奋的欣欣相容的景象啊！

(四) 拟声语

要区分感叹语、拟声语和叹词句、拟声词句的不同，也就是区分独立语和独立句的不同。

例如：

　　① 哈哈，太幼稚了！---"哈哈，"是感叹语，独立语。
　　② 哈哈！太幼稚了！---"哈哈！"是叹词句，独立句。
　　③ 哗哗，流水了！---"哗哗，"是拟声语，独立语。
　　④ 哗哗！流水了！---"哗哗！"是拟声词句，独立句。

☆独立语或独立句，都与前后的句法成分或句子不发生语法关系。因为他们在结构上是独立的,在语义上、语用上与前后语句是有联系的。

第六节　单句

☆句子：

① 句子是由词或短语构成的、**有一定的语调**、能表达一个相对完整意思的**语言的使用单位**。

② 在正常的连续说话中，句与句之间有较大的停顿，书面上用一定的标点(句号、问号或感叹号）表示出来。

③ 句子是语言的基本使用单位。

④ 语调是句子的重要标志。

⑤ 句子可分为单句和复句。

☆单句：单句是由短语或词充当的、有特定的语调、能独立表达一定的意思的语言单位。

☆句型：是句子的结构类，即根据句法成分的配置格局分出来的类。

☆句类：是句子的语气类，即根据全句语气语调分出来的类。

☆句式：一个句子必须按照一定的模式来组织，这个模式称为句式。比如排比句式，命令句式等等。共有：判断句、被动句、宾语前置、成分省略句、否定句中代词宾语前置、疑问句中代词宾语前置、介词宾语提前、定语后置、状语后置、主语后置等。

```
                            ┌─ 名词谓语句（明天国庆节）
                            │
                            │                    ┌─ 把字句（她‖把毛衣打好了。）
                            │                    ├─ 被字句（毛衣‖被虫子咬破了。）
                            │                    ├─ 连谓句（她‖去邮局发信。）
                            ├─ 主谓句 ─ 动词谓语句 ┤ 兼语句（我感谢你告诉我一个好信息。）
                            │                    ├─ 双宾句（我‖送给她红毛衣。）
                            │                    ├─ 存现句（墙上‖挂着毛衣呢。）
句型                         │                    └─ ……
（结构类）                    │
                            └─ 形容词谓语句（这儿真好。）

                            ┌─ 名词性非主谓句（飞机！）
                            ├─ 动词性非主谓句（禁止吸烟。）
             非主谓句 ──────┤ 形容性非主谓句（真冷。）
                            ├─ 感叹句（哎呀！）
                            └─ 拟声词句（哗哗！）


                   ┌─ 陈述句（我们学习现代汉语。）
                   │
                   │         ┌─ 是非问（今天是星期六吗？）
                   │         ├─ 特指问（谁来了？）
句类 ─────────────┤ 疑问句 ┤ 选择问（是朋友，还是亲戚？）
（语气类）         │         └─ 正反问（他是不是你的朋友？）
                   │
                   ├─ 祈使句（咱们快走吧。）
                   └─ 感叹句（这棵树好高哇！）
```

一. 句型

(一) 主谓句

由主语、谓语两个成分构成的单句叫主谓句。从谓语核心看，可以分成：

1. **动词谓语句**

动词性词语充当谓语的句子叫动词谓语句，主要用来叙述人或物的动作行为、发展变化等，因而又叫叙述句。

例如：

① (西斜)的阳光‖照25)着｜(整条)街道。（主＋动＋宾－－－动宾谓语句）

② 长江三峡‖留＜下＞过｜(许多人)的梦。（主＋动＋补＋宾－－－动补宾谓语句）

③ 我们‖[以前]讨论过。（主＋状＋动－－－状动谓语句）（省了宾语）

④ 他‖[只]休息了＜一天＞。（主＋状＋动＋补－－－状动补谓语句）（不及物动词不带宾语）

⑤ 我[最近]去了＜一趟＞北京。（主＋状＋动＋补＋宾－－－状动补宾句）

⑥ 他‖上街：买菜。（主＋动＋宾＋动＋宾－－－连谓句）

⑦ 大家‖选他当代表。（主＋动＋兼语＋动＋宾－－－兼语句）

2. **形容词谓语句**

形容词性词语充当谓语的句子叫形容词谓语句，主要用来描写人或物的形状、性质、特征等，所以又叫描写句。它以形容词为核心，形容词前头有主位、状位，后头有补位，这和不及物动词相同，和及物动词不同的是它没有宾位。

例如：

① (她)的脸红通通的（主＋形－－－单形谓语句）

---

25) 汉字底下的着重号表示核心，谓语中心。

② (她)的脸[刚才][已经][很]红了。（主＋状＋形－－－状形谓语句）

③ (她)的脸红得<像苹果>。（主＋形＋补－－－形补谓语句）

④ 她的脸[刚才]红得<很>。（主＋状＋形＋补－－－状形补谓语句）

3. 名词谓语句---特殊句型

名词性词语充当谓语的句子叫名词谓语句，主要用来判断或说明事物的种类数量、时间性质、特点、用途，等等。

例如：

① 今天‖星期六。（名‖名，表时间）

② 明天‖国庆节。（名‖名，表节日）

③ 昨天‖晴天。（名‖名，表天气）

④ 二妹子‖广东人。（名‖名词短语，表籍贯）

⑤ 潘老太太‖刚好八十八岁。（名‖数量短语，表年龄）（**能前加副词状语**）

⑥ 米饭‖一碗，饮料‖两瓶。（名‖数量短语，表数量）

⑦ 一次‖三分钟。（数量短语‖数量短语，表数量）（**必须前加数量短语**）

⑧ 她‖大眼睛，（红脸蛋）。（代‖定中短语，表容貌）（**必须前加形容词**）

⑨ 山上‖净石头。（方位短语‖副、名，表存在）（**能前加副词状语**）

⑩ 这本书‖新买的。（名词短语‖"的"字短语，表类属）

☆**都有表述性。**

☆**名词性词语一般是不能作谓语的，只有在以下四种条件下才能充当谓语。**

① 只能是肯定句，不能是否定句；

② 只能是短句，不能是长句；
③ 一般只能是口语句式，不能是书面语句式。
④ 限于说明时间、天气、籍贯、年龄、容貌、数量等的口语短句。

(二) 非主谓句

分不出主语和谓语的单句叫非主谓句。它由主谓短语以外的短语或单词加句调形成。

1. 动词性非主谓句

由动词语加语调形成。

例如：

① 集合！
② 上课了。
③ 出太阳了。
④ 禁止吸烟！
⑤ 反对霸权主义！

还有一些兼语句也是非主谓句。

例如：

① 有个小村子叫王家庄。
② 让农业翻两番。

2. 形容词性非主谓句

由形容词或形容词性短语形成。例如："对！"、"好！"、"糟糕！"、"太妙了！"

3. 名词性非主谓句

① 1949年春天。上海外滩。（剧本里说明时间、地点）
② 多么真挚的感情啊！（表示感叹）
③ 好球！（表示喝彩）
④ 蛇！（表示突然的发现）

⑤ 小王！（表示呼唤）

⑥ 夏天了！（怎么还不发芽？）（表示已到了夏天季节。）（"名词+了"这个框架里，能进这个框架的名词必须有顺序义或时间推移义，例如"春、夏、秋、冬"能循环反复就是有顺序义。）

☆这种句子并不是省略了主语成分的省略句，而是不需补出或无法补出其他成分的非主谓句。它不需要特定的语言环境就能表达完整而明确的意思。省略句是在特定语境（含上下文）中可以明确补出省略了的成分的句子。例如：例④，是惊叫，语境是一个人惊慌中说出这个词。如果指着小蛇问小孩："这是什么？"小孩说："蛇"这不是名词性非主谓句，而是"这是蛇"主谓句的省略。

4. 叹词句

由叹词形成，例如："啊！"、"嗯！"、"喂！"

5. 拟声词句

由拟声词形成，例如："轰"、"哗哗"

☆凭句内核心词的词性来给单句或分句分类，可分为动句、形句、名句、叹句、拟声句。动句指动词谓语句和动词性非主谓句，形句指形容词谓语句和形容词性非主谓句，余可类推。

二、几种常用句式

☆**句式**：是指汉语中一些结构上比较特殊或者有特殊标志的句子。

☆**句式在句法、语义、语用上都有一定的特殊性**。如"把"字句和"被"字句，但是由于"把~"和"被~"在句中都作修饰成分处理，所以"把~"和"被~"都不会影响句型的确定，"我把他批评了一顿。"和"他被我批评了一顿。"都属于一个句型。

（一）主谓谓语句

主谓短语充当谓语的句子叫主谓谓语句。

第一：大主语是受事，小主语是施事，全句的语义关系是：

　　　　受事‖施事——动作(小谓语)

例如：

① 这件事‖大家都赞成。（⇔大家‖都赞成这件事。）

② 任何困难‖他都能克服。（⇔他‖任何困难都能克服。）

③ 一口水‖他都不喝。（⇔他‖一口水都不喝。）

④ 这包肉丸子，‖你拿回去喂狗吧。（⇔你拿这包肉丸子回去喂狗吧。）

⑤ 大家的事情‖大家办。（⇔大家‖办大家的事情。）

☆这类句子一般都可以转换成"主-动-宾"格式的动宾谓语句。

例④谓语里连用两个动词，大主语只跟其中一个动词有动作和受事关系。

第二：大主语是施事，小主语是受事，全句的语义关系是：

　　　　施事‖受事-动作（小谓语）

例如：

① 你这人，‖锤把都没摸过。

② 他‖什么书都看过。（往大里夸张）

③ 他‖任何困难都能克服。

④ 他‖一口水都不喝。（往小里夸张）

⑤ 我‖暖水瓶也灌了，（书桌也整理好了。）

☆这种句子的受事有时有周遍性（指所说得没有例外），有时表列举的事物，如例⑤。有周遍性的受事，可能前面有任指性词语，后面有"都"或"也"相呼应，有往大里夸张的意味，如例②③。或者用"一"和"不、没有"相呼应，有往小里夸张的意味，如例④。

☆这些没有宾语的句子也可以把受事的小主语移作宾语，成为"主+动+宾"句式，但会失去夸张的意味，而且要去掉为该句服务的"都、也"等副词，有的连意思也变了，如例②③最明显。

第三：大主语和小主语有广义的领属关系。

例如：

① 他‖一向态度和蔼。（⇔他的态度‖一向和蔼。）

② 她‖眼睛熬得通红。（⇔她的眼睛‖熬得通红。）

③ 他‖工作很好。（⇔他的工作‖很好。）

④ 领导和群众‖心连心。

☆这种句子的小谓语，有一些可以跟大主语和小主语同时发生语义联系，如果不用小主语，句子也能成立，如例①；有一些跟大主语没有直接的语义联系，如果删去小主语，句子就不能成立，如例②③。

第四：谓语里有复指大主语的复指成分。

例如：

① 一个边防军人，‖他时刻准备着为边关奉献一切。

② 这孩子，‖我也疼他。

③ 咱们俩‖谁也别忘了谁。

☆例①的小主语和例②的宾语是大主语的复指成分。例③谓语里的两个"谁"是任指用法，但是它的指代范围受大主语限制住了，只能指其中的任意一个，这可以看成类似复指的成分。

第五：大主语前暗含一个介词"对、对于、关于"等。大主语如果加上介词，就变成句首状语了。

例如：

① 这孩子，‖我真没办法。→ 对这孩子，我真没办法。

② 这个问题‖我们有不同的看法。→ 对于这个问题我们有不同的看法。

③ 天文学，‖我就知道有太阳和月亮。→关于天文学，我就知道有太阳和月亮。

第六：小谓语是名词性的，这多见于口语短句，只有肯定形式，可以随语境而出现省略了的动词。

例如：

① 对虾‖一对多少钱？（一对要多少钱／一对花了多少钱）

② 大家‖一人一包。（一人得一包／一人给一包）

③ 三个人‖一人一件大衣。（一人给一件大衣／一人买一件大衣）

(二)"把"字句

"把"字句是指在谓语中心词前头用介词"把"或"将"组成介词短语作状语的一种主谓句,意义上多数表示对事物加以处置。

例如:

① 我们‖一定要治好海河。(一般主谓句)

⇔我们‖一定要把海河治好。("把"字句)

② 你‖收拾一下房间吧!(一般主谓句)

⇔你‖把房间收拾一下吧!("把"字句)

☆ "把"字句又叫处置式。所谓处置,是指谓语中的动词所表示的动作对"把"字引出的受事施加影响,使它产生某种结果,发生某种变化,或处于某种状态。

☆ 有人认为"把"字句是将谓语动词的宾语提前的一种句式,但是,"把字提宾说"是有问题的。一方面,许多"把字句""把"的宾语是无法移位变换到谓语动词之后的,有的把字句谓语动词本身就带有宾语。

① 我们要把家乡建设成花果山。--我们要建设家乡成花果山。

② 王师傅把炉子生上火。--王师傅生上炉子火。

另一方面,许多主谓宾语结构的句子也不能变换成"把"字句。

③ 他们热爱家乡。--※他们把家乡热爱。

④ 熊猫吃竹子。--※熊猫把竹子吃。

☆ "把"字句的特点:

(1) 动词前后常常有别的成分,动词一般不能单独出现,尤其不能单独出现单音节动词。通常后面有补语、宾语、动态助词,至少也要用动词的重叠式。

例如:

① 把书放<在桌子上>。(有补语)

② 把地种<上>庄稼。(有宾语)

③ 把茶喝了。(动态助词)

④ 把信带着。（动态助词）

⑤ 把情况谈谈。（动词的重叠式）

⑥ 别把脏水[到处]泼。（动词前面有状语）

⑦ 不要把直线延长。（如果动词是动补型双音节词，就可以单独出现）

(2) "把"的宾语一般说在意念上是有定的、已知的人或事物，因此前面常带上"这、那"一类修饰语。

例如：

① 把书拿来。（这书是确定的某一书或某些书。）

② 把那支铅笔带上。

③ 不能把真理看成谬误。（如果用无定的、泛指的词语，常是泛说一般的道理。）

④ 把一天当做两天用。

(3) 谓语动词一般都有处置性，就是动词对受事要有积极影响。（因此，不及物动词、能愿动词、判断动词、趋向动词和"有、没有"等不能用来做谓语动词。

例如：

我把茶杯打碎了。　　×我把茶杯看见了。

(4) "把"字短语和动词之间一般不能加能愿动词、否定词，这些词只能置于"把"字前。

例如：

① 他把青春愿意献给家乡的建设。(×)⇒他愿意把青春献给家乡的建设。

② 我们把困难敢踩在脚下。(×)⇒我们敢把困难踩在脚下。

③ 我把衣服没有弄坏。(×)⇒我没有把衣服弄坏。

④ 为什么把这消息不告诉他。(×)⇒为什么不把这消息告诉他。

☆不过熟语性句子有例外，例如"怎能把人不当人呢"

(5) 有时候，"把"的介引成分跟动词没有多少语义上的联系，而是跟动补短语有联系，整个短语用来说明使介引成分怎么样。

例如：

"把眼睛哭肿了。我的故事把在座的朋友都讲哭了。"

(6) 介词"把"还有"让、使"意义，用它构成的句子句子没有处置义，而有致使义，例如"怎么把罪犯跑了"、"怎么把奶奶病了"，这些句子里"把"字的宾语不是受事，而是施事。这种不属于表处置的"把"字句。

(三)"被"字句

"被"字句是指在核心动词前面，用介词"被（给、叫、让）"引出施事或单用"被"的表示被动的主谓句。它是受事主语句的一种[26]。

例如：

① 树叶被风吹跑了。

② 我被那诚恳的言辞打动了。

③ 衣服给雨浇湿了。

④ 地上的水叫太阳晒干了。

⑤ 一夜之间，许多座百米以上的沙丘让风搬到十公里之外。

⑥ 他的心灵第一次被震撼了，被人的力量震撼了。（"被"字直接附于动词前，这是古汉语用法的延续。）

☆ "被"字句表示受事主语"被处置"，被处置的结果多数带有遭受、不如意的语用色彩，少数是如意的和中性的。

例如：

① 他被批评了。

② 他被表扬了。

③ 他被调走了。（中性，指无所谓如意不如意）

---

[26] "被"字句是被动句的一种，凡是主语是受事的动词句都是被动句，例如："信寄出去了。""任务顺利完成了。"这些都不能加"被"。像"鸡蛋打破了"可以加"被"或"被＋施事"。使用被动句就是因为要以受事为话题，即受事者出现在句首。

☆ "被"字句的特点：

(1) **动词一般是有处置性的，跟"把"字句里的动词差不多。动词后面多有补语或别的成分，如果只用一个双音动词，前面就要有能愿动词、时间词语等状语。**

例如：

① 自行车叫我弟弟骑<走>了。

② 小鸡被黄鼠狼叼<去>了一只。

③ 这句话[可能]被人误解。

(2) 主语所表示的受事必须是有定的。如果没有特定的语境，就不能说"一本书被他撕破了"；如果"一本书"前加上"这、那"成为有定的，就可以说了。

(3) 能愿动词和表否定、时间等的副词只能置于"被"字前。

例如：

① 一切丑恶的现象[应该]被消灭。

② 他[没有]被困难吓倒。

③ 这件事[已经]被人传出去了。

④ 他[大概]让朋友留下吃午饭了。

(4) 表间接受事。

例如：

他家被黄鼠狼叼走了两只小鸡。（丢了鸡也是他家的遭遇）

(四) 连谓句（连动句）

连谓短语充当谓语或独立成句的句子叫连谓句。连谓句里前后谓词语有以下的语义关系。

例如：

① <u>摸着石头过河</u>。（表先后发生的动作）

② 领导表扬先进树榜样。（前后表方式和目的的关系）

③ 他低着头沉思往事。（前一动作表方式）

④ 他俩站着[不]动。（从正反两方面说明一件事）

⑤ 这件事想<起来>心烦。（后一性状表前一动作的结果）（后头可连用一个形容词或形容词短语，因此我们把连动句改叫连谓句。）

⑥ 他看书看<累>了。（前后两件事表因果关系）（重复同一动词，一个带宾语，一个带补语，动作没有先后之分。）

⑦ 小二黑有资格谈恋爱。（前后有条件和行为的关系）

- 连谓句内部的几个谓词不管语义关系如何，排列顺序大都是遵循时间先后，即**先出现的动作在前**。
- 第一个谓词除了用"来、去"和以此组成的此外，往往不用单个动词，一般要带上宾语、补语等成分，后一谓词没有这种限制。
- 这些谓词都可以分别跟同一个主语发生主谓关系，即都是陈述同一主语的。

☆ **连动句中连动项之间的语义关系：**

第一类：连动项V1与V2都由同一主语发出，V1与V2动作在时间、空间或逻辑上是相继发生的，形成一种连贯性，构成一种顺承关系。

例：

①他站起来告辞。

　小鸟被邻居家的孩子捉走放了。

（在这一组句中，V1"站"、"捉"表示一个点的时间或一个单独动作，没有延续下去的态势。若单独与V2组合成"站、告辞"、"捉、放"，在语法上无不妥，但不符合汉语的规范，在其中加上趋向动词，使两个动作连贯，符合时空顺序，这组句中V1与V2之间有顺承关系。）

②借辆车运货。

　买束花送人。

（本组中，N是V2动作使用的工具。就时间顺序而言，若变换V1与V2的位置，会使句意不通，逻辑颠倒。因而V1与V2有顺承关系。）

③张艳到问边洗菜。

我坐在这棵树下等你。

(在这组句子中，N表示处所，V1与V2明显有动作先后的关系，表示顺承关系。)

④穿上大衣出去。

("穿上""出去"两个动作，仅仅表示两个动作连续的出现，是顺承关系。)

⑤我们吃过饭看电视。

(这个句子中的V1加上"了"或"过"，表示语义上V1完成后V2才出现或发生。V1与V2之间有一段或长短的时间间隔，但总体来说，V1与V2在时间上有顺承关系。)

第二类：动作由主语发出，连动项V1表明V2动作实施的前提、方式、状态或可能性，为V2动作的实现提供准备条件，因而构成一种条件关系。

例：

①花两个小时洗衣服。

做好作业才去公园。

(本句中，N是表示时间的。V1表示已消费或即将消耗的时间动作，作为V2动作实现的前提。V1动作实际指向V2，V1与V2之间存在着条件关系。)

②开着窗户睡觉。

(这句中的V1"开着"和V2"睡觉"并没有多大的关系。开着窗表明睡觉时的状况，V1是附加于V2主要动作的条件，V1与V2存在着条件关系。)

③她瞪着眼睛说。

(这句中N是V1动作受动者，N与V1结合表达主语的情感或状态，有条件关系。)

④张三耷着脸回来了。

他们忙着收拾东西。

(在这组句子里，"耷""忙"为形动兼类词加上"着"，表达一种情感或情绪，表明V2动作的附加状态，有条件关系。)

⑤老宋蹲在地上不吭声。

同学们站在操场上不动。

（在这组句中，V2前加上"不"就使V1与"不＋V2"成为互补强调的关系。V1表示V2动作的方式、手段，是有目的和条件关系。）

第三类：连动项V1动作的发出是为了动作V2的实现，即V1的目的在于V2的出现，重心在后半部，构成一种目的关系。

例：

①我们来打牌！

他去抓小偷！

（例句中的V1"来"、"去"，表示主语施事的动作趋向，并无实在意义。而其后的V2"打、抓"才是V1"来、去"动作的终极目标。如"打牌"、"抓小偷"，才是主语动作的实质。可见，这组连动句中的V1与V2之间有目的关系。）

②随代表团出国。

找人来修理机器。

（在这组句中，N参与了动作的发生，而V1"随""找"表示一种状态或方式，表明主语与N都共同处于V2动作中，重心在V2中，V1与V2表示的是一种目的关系。）

③他们怒吼着冲了出去。

孩子们唱着歌去体育场看球赛。

（这里的V1表示动作的进行趋向、方式或说明动作的完成，它是V2动作进行状态的附和。因而V1表明V2动作进行的方式或状态，是条件关系；V2表明V1动作的目的，是目的关系。）

④他却把自己用血汗挣来的钱想着法子捐给国家。

（这句中"想着"的目的在于"捐钱"，这钱一动作是表明后一动作的目的，又有目的关系。）

⑤我们有办法找到这份材料。

（例句中的"办法"是V2动作实现的方式或手段，V2是V1动作发出的目的。）

第四类：连动项V1提出一种可能或情况，紧随而来的V2提出解决方案，V1与V2构成一种假设关系。

例：

　　有话慢慢说。

（例中若在V1前加上"如果"，语义不变，V1与V2间存在着一种假设关系。）

第五类：连动项V1说明了一种原因或情况，V2则根据V1得出一个结论或方案，V1与V2构成一种因果关系。

例：

　　我家电子钟有毛病需要修理。

（句中若在V1与V2前加上"因为～所以"，语义基本没有发生改变。可见，V1与V2存在着一种因果关系。）

※从而，我们可以看出

一、连动项V1与V2在句中不存在联合、偏正、动宾等关系。

二、连动句中的连动项之间，在语义上存在着一定的关系，即有顺承、条件、目的、因果、假设、互补强调等，这些语义关系不是从形式出发的。

三、连动项之间的语义关系并非只能单一运用，它可以单独存在一个句中，也可以多种关系同时存在一个句里，它们彼此并不矛盾。

（五）兼语句

兼语短语处于句子核心位置的句子叫兼语句。根据兼语前一动词的语义，兼语句可分为以下几种：

1. 使令式

前一动词有使令意义，能引起一定的结果，常见的动词有"请、使、叫、让、派、催、逼、求、托、命令、吩咐、动员、促使、发动、组织、鼓励、号召"等。

例如：

① 老师鼓励学生学<好>功课。（老师鼓励学生，学生学好功课。）

② 奥运会上的51枚金牌使中国人找回了自信。

③ 中国的变化令人惊奇。

2. 爱恨式

前一动词常是表示**赞许、责怪或心理活动**的及物动词，它是由兼语后面的动作或性状引起的，**前后谓语有因果关系**。常见的动词有"称赞、表扬、夸、笑、骂、爱、恨、嫌、喜欢、感谢、埋怨"等。

例如：

① 我感谢你告诉我一个好消息。（⇔因为你告诉我一个好消息，所以我感谢你。）

② 他妈妈也骂他是个懒鬼。

3. 选定式

前一动词有"选聘、称、说"等意义，兼语后头的动词有"为、做、当、是"等。

例如：

大家选他当代表。

4. "有"字式

前一动词用"有"、"轮"等表示领有或存在等。

例如：

① 他有个妹妹很能干。

② 村外的黄土路上有人在<走>。

③ 没有人找你呀！（非主谓句）

④ 轮<到>你值班了。（非主谓句）

☆兼语句和连谓句可以先后连用在一句里。

例如：

鲁迅先生派人叫我[明天早晨]打电话托内山先生请医生看病。

还有一种兼语连谓兼用句。

例如：

① 我陪他上街。

② 我扶他下楼。

③ 我带他去电影院。

※兼语后头的动词是"我"和"他"共同的动作，不是"他"（兼语）单方的动作。（连谓句跟同一个主语发生主谓关系）

注意

☆连谓句和兼语句的区别：

① 连谓短语的几个谓语性词语共同陈述同一个主语。

  例如：我上街买菜。

② 兼语短语的几个谓词性词语分别陈述不同的对象，第一个动作是主语发出的，第二个动作是兼语发出的。

例如：我请他来。

☆双兼语句－－前一动词的双宾语兼作后一动词双主语（施事主语和受事主语）。

例如：

① 我送你几块钱用。（"你"和"几块钱"是双宾语兼双主语）

② 我给你牛奶喝。（"你"和"牛奶"是双兼语）

☆兼语句和主谓短语做宾语句子的区别：

例如：

A. 我请他来－－－*我请∨他来－－－*我请[明天]他来（兼语句）

B. 我知道他来－－－我知道∨他来－－－我知道[明天]他来（主谓短语做宾语句）

☆区别：

① 停顿处和加状语处不同。兼语句（A句）在第一个动词后，不能有停顿（∨），不可加状语；主谓短语作宾语的句子（B句）可以。

② 第一个动词性质不同，支配的对象不同。兼语句的动词多有使令意义，支配的是人，不是一件事；主谓短语作宾语的句子的动词是认知、言说类动词，支配的是一件事，不是一个人。

③ 变换式也不同，如B句可变换成"他来，我知道。"兼语句不能说"他来，我请"。

（六）双宾句

有指人和指事物双层宾语的句子叫双宾句。

例如：

我（施事）	给（动作）	他（与事）	苹果（受事）。
	动词"给"是有三个必有成分的三价动词。	离动词近的叫近宾语（与是宾语或间接宾语），一般指人。	离动词远的叫远宾语（受事宾语或直接宾语），一般指物或事。

① 伯父给我两本书。

② 你给了我很多帮助。

③ 我借他十块钱。（"向他借"或"借给他"）

④ 王老师教过我们语文。

⑤ 他告诉我今天停电。

⑥ 他请教老师两个问题。

⑦ 我问他哪个办法好。

⑧ 教育局给我校两个英语老师。

⑨ 大家叫他祥林嫂。

☆ 双宾句有如下特点：

- 动词要有"给出"（如例①②）、"取进"（例③）、"询问"（例⑥⑦）、"称说"（例⑨）等意义。有的动词如"借、分"等既可表"给出"，又可表"取进"（如例③）。

- 近宾语一般指人，回答"∨谁"的问题，靠近动词，**前面无语音间歇**，常由代词、名词充当；远宾语一般指事物，也可指人（例⑨），回答"∨什么"的问题，远离动词，**前面可以有语音间歇或逗号**，一般比较复杂，可以由词、短语、复句形式充当。

- 双宾语句有的可变换为非双宾句同义句，变换之后，宾语离位，句子就都不再是双宾句。表层结构不同了，句法成分不同了，但里层结构、语义成分不变，

例如：

- 例①　伯父给我两本书。⇔伯父[把（那）两本书]给了我。（"两本书"加"那"变成有定事物）（单宾句，下同）
- 例④　王老师教过我们语文。⇔王老师教我们的语文。（加"的"）
- 例⑨　大家叫她祥林嫂。⇔大家把她叫祥林嫂。（把近宾语提前）

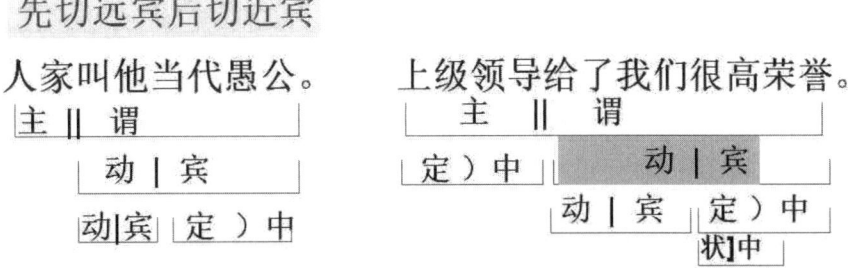

先切远宾后切近宾

（七）存现句

存现句是语义上表示何处存在、出现、消失了何人或何物；结构上一般有三段，即处所段+存现动词+人或物段；语用上用来描写景物或处所的一种特定句式。

① 桌上放着一本书。（存在句）

② 前面来了一群人。（隐现句）

③ 山坡上‖卧着些小村庄。（表存在）

④ 苏州园林里‖都有假山和池沼（表存在）

⑤ 突然梨树丛中‖闪出了一群哈尼小姑娘。（表出现）

⑥ 河上‖架起一座赵州桥。（表出现）

⑦ 放假那天，班里‖走了十几个同学。（表消失）

存现句的特点：

① 主语是表处所的词语；

② 谓语动词是表示存在、出现、消失的动词。表示存在的句子中，动词后边常带"着"，表示出现或消失的句子中，动词后边常带"了"或趋向动词；

③ 宾语表示存在、出现或消失的事物，而且大多是不确定的，宾语里常含有数量定语，有时即使宾语是专用名称，也要带上" 一群""一个"之类的数量定语，宾语往往是施事。

☆ "是"字句

◎ "是"字句---由动词"是"构成的表示判断或肯定的句型。

◎ "是"字句的类型

1. 表示等同的是字句

名1+是+名2，

"是"表示"等于"

① 中华人民共和国的首都是北京。

② 《阿Q正传》的作者是鲁迅。

2. 表示归类的是字句

名1+是+名2

名2是一个类名，名1是类的成员，"是"表示"属于"或"被包含于"

① 小张是渤海大学中文系的学生。

② 他们都是语言学家。

③ 他是卖晚报的。

3. 表示映射的是字句

名1+是+名2

名1和名2分属于两个有对应关系的集合

① 小王是曹操，小李是刘备。

② 3号桌是红烧肉，4号桌是干炸鸡。

③ 老张是一身蓝西装。

4. 表示存在的是字句

名1+是+名2

名1是处所词或方位词语，名2表示存在的人或物

① 山坡上是一片油松。

② 教室里都是三班的学生。

5. 表示暗喻的是字句

"是"作为喻词，表示暗喻，相当于"像"

① 生活是一个大课堂。

② 郭主任是茶壶里煮饺子，肚里有，嘴上倒不出。

6. 表示确认或强调的是字句

这类句子的"是"用在动词、形容词、或谓词性词组的前面，对某种动作、行为或性状起确认或强调作用。

① 他这个人是聪明。

② 他是去看电影了。

③ 我是过一天算一天。

7. 表示转折的是字句

"是"的前后是同一个动词或形容词，"是"表示"尽管、虽然"的意思，起转折的作用。

① 这件衣服好是好，就是贵了点儿。

② 我们去是去，你可不用准备饭。

8. "是"居句首的是字句
① 是王老师教会了我怎样使用计算机。
② 是困难和挫折促使我们这支队伍成熟起来。
③ 是咱们班要跟三班赛球吗？

9. "是……的"句
包括的字短语的判断句，其中的"的"是结构助词；也包括"的"是语气词的非判断句：
① 他是卖菜的。
② 他的经验是相当丰富的。
③ 李先生是昨天动身去上海的。

三. 变式句

共时语法的某一句型总有一定句法成分，各成分的排列都有固定的位置。在交际中出于修辞或语用上的需要，故意减省了句法成分或调换成分的位置，这些变化了的句型叫变式句，变化前的句子叫原句。变式句可分为省略句和倒装句。

(一) 省略句

在一定的语境里，为了语言的经济原则，说话时往往会省去句中某个句法成分，即省去已知信息的成分。如果离开了这样的语境，意思就不清楚，必须添补一定的词语才行，这就是省略。

1. 对话省

① 问：他上哪儿了？
答：V上公园了。（省已知信息"话题"主语）
② 问：谁来了？
答：我V　。（省已知信息"说明"谓语）
③ 问：小刚吃过早饭了吗？
答：V吃过V了。（省已知信息主语宾语）

④ 问：他吃了几个苹果？

答：V吃了三个V。（省已知信息"他"和"苹果"，即主语和宾语中心语）

或答：三个。（连谓语核心都省了，剩宾语里定中短语的定语，省去了定语后头的中心语。）

2. 因上下文而省

有的成分，上文已经有了，或者下文马上就要出现，也往往省去不说。复句里的分句往往会承前或蒙后省去某些成分，后面讲复句时就要讲到。

注意，不要把非主谓句看做省略句，可参看非主谓句。

（二）倒装句

调换原句的成分位置的变式句叫倒装句。 倒装句调换了位置的成分，可以恢复原位而句法成分不变。

1. 主谓倒置

主语后置，这种现象常见于疑问句、祈使句和感叹句。

例如：

① 怎么了，你？

② 出来吧，你们！

这往往是为了强调谓语，或者是说话急促而先把凸显信息焦点说出来，然后追加主语。主语一般读得轻些。

2. 定语、状语后置

定语、状语在中心语前，这是一般的语序。有时也会放到中心语之后。

例如：

③ 我看了本小说，长篇的。

④ 许多外国朋友来到桂林游览，从伦敦，从纽约，从巴黎，从世界各地。

目的：

ⓐ 后置的、状语大都是联合短语。这往往是**为了突出它**。

ⓑ 为了调整语序，**使语句显得简洁**。

ⓒ 有时**要强调状语的中心语**，也会把状语放后，例如口语中的"十二点了，都"、"下班了，已经"。

ⓓ 这些后置成分又叫追补语。

☆倒装句也叫易位句。倒装句与原句成分不变，基本意思不变，只是语用价值不同。

四、句子的变换

(一) 什么是变换

按照一定规则，把一种句式转换为另外一种句式[27]，叫转换。

(二) 变换的规则

① 移位：是移动词语在句子中的位置。

我们消灭了敌人。（主动句）→敌人被我们消灭了。（被动句）

② 添加（插入）：是在句子中增加某些词语。

我们消灭了敌人。（主动句）→敌人被我们消灭了。（被动句）

③ 删除：是删减句子中的某个或某些词语。

敌人被我们消灭了。（被动句）→我们消灭了敌人。（主动句）

④ 复写：是重复句中的某个词或某些词。

我们明天去北京。（一般陈述）

→我们明天去北京，明天。（强调）

⑤ 替换（代替）：是用某个词代替句中的一个词。

我们消灭了敌人。（陈述句）→谁消灭了敌人？（疑问句）

(三) 句类之间的变换

他哪儿也不去。⇔他哪儿也不去吗？⇔他哪儿也不去呢？

(四) 句型之间的变换

乡里的农民卖完了刚采下的鲜果。

① 把字句

---

[27] 一个句子必须按照一定的模式来组织，这个模式称为句式。比如排比句式，命令句式等等。共有：判断句、被动句、宾语前置、成分省略句、否定句中代词宾语前置、疑问句中代词宾语前置、介词宾语提前、定语后置、状语后置、主语后置等。

乡里的农民把刚采下的鲜果卖完了。（移位、添加）

② 被字句

　　　刚采下的鲜果被乡里的农民卖完了。（移位、添加）

③ 主谓谓语句

　　　刚采下的鲜果乡里的农民卖完了。（移位）

④ 名词性非主谓句

　　　卖完了刚采下的鲜果的乡里的农民。（移位、添加）

☆运用语言表达思想要受许多因素的制约，其中最大的制约因素是语境（含上下文）。下面三句话属于不同句式，但意思是基本相同的，是同义句，就是说它们的深层结构或里层语义结构和语义成分是相同的，都是"施事＋动作＋受事"。 共同的语义基础构成三个句法格式的相关性，于是三句话才有变换关系。

A. 感情淹没了他的理智。（带宾动词谓语句）

B. 他的理智被感情淹没了。（"被"字句）

C. 感情把他的理智淹没了。（"把"字句）

① B句与A句不同是因**话题**不同，即上下文要求以"他的理智"为话题，就应该用B句。

② A句和C句，话题相同，但也有区别。A句的焦点（注意力的重点）是"他的理智"；C句的焦点是"淹没了"，即注意对"他的感情"的处置方式及其结果。

③ 虽然三句的语义结构相同，但各句都有自己的**表意特点或差别，这是语言表达要求细致入微造成的。**

☆下面五句词类系列不完全相同，句式不同或同中有异，但它们的**深层结构即语义结构是相同的，都是"施事（石头）＋动作（砸）＋受事（脚）"。** 此外还有"领属（有翼）＋物体（脚）"、"动作（砸）＋结果（伤）"这些附加的语义关系。

A. 有翼被石头把脚砸伤了。（"被、把"共现句）（语用上的话题不同）

B. 有翼的脚被石头砸伤了。（"被"字句）（语用上的话题不同）

C. 有翼被石头砸伤了脚。（"被"字句）（与例A话题相同，焦点不同：例A焦点是"砸伤"了，例C焦点是"脚"。）

D. 石头把有翼的脚砸伤了。（"把"字句）（与众不同，话题是"石头"。）

E. 有翼把脚砸伤了。（不出现"石头"，"把"字句）（隐去了"施事"（石头），等于说"有翼的脚被砸伤了"。

☆这几个句子意思虽然大体相同，但使用了词类系列不同的句式，是为了**适应语境表达细微的意义差别。**

☆鉴别或分化同形结构或歧义结构的例子。

处所词语+动词+着+名词：

A、台上　　座　着　主席团　⇒B、主席团坐在台上。
C、台上　　演　着　京戏　　⇒D、*京戏演在台上。

上面A、C两例是同形结构，属于"处所词语+动词+着+名词"的词类系列，如果对这两个句子进行句法分析，分析结果都相同，但是，通过变换法28)知道A、C两句不是真正的同形结构，用成分分析法和层次分析法作句法分析无法发现A、C是不同的结构。其实A、C只是表层相同，里层并不相同，即动词"坐"和"演"语义特征不同。"坐"（站、蹲等）有"附着"语义特征，可以变换成B句式，A句是个表示存在的静态存在句；C句"演"（唱等）没有"附着"语义特征。C句是个表示活动的动态存在句，不能变换成D句。

五、句类

根据句子语气分出的类叫做句类。包括：

(一) 陈述句：叙述或说明事实，有陈述语调。

(二) 疑问句：表示提问，有疑问语调。根据结构特点和语义情况，又分四类。

(三) 祈使句：要求对方做或不做。分两类：命令禁止；请求劝阻。

(四) 感叹句：带有浓厚感情的句子，表示快乐、惊讶、悲哀、愤怒、厌恶恐惧等感情。

---

28) "变换分析法"只是与"扩展法"、"插入法"、"代替法"等并列的语法研究方法之一。句法分析的局限促进了变换法的运用，变换法可以发现句式是否相同。至于为什么相同或不同，还要依靠语义分析和语用分析来加以解释。

(一) **陈述句**：叙述或说明事实的具有**陈述语调**的句子叫陈述句。

陈述句句末可以带上"的、了、呢、罢了"等**语气词**。陈述句是思维的最一般的表现形式也是运用最广泛的一种句子。陈述句**可用肯定形式也可用否定形式**。

特点：

    ① 有时可带语气词"了、的、呢、罢了、嘛、啊"等。

    ② 常用的标点符号：句末用"句号"。

例如：

    ① 明天要下雨。

    ② 我紧张得心都要蹦出来了。

    ③ 您今天精神挺好的呢。

    ④ 他说了不回家的。

    ⑤ 事情本不是这样嘛。

              ①②③肯定 ④⑤否定

☆ **"的–了"**：

"的"表示本来如此，"了"表示有了变化。

例如：

    ① 这道题我会做的。

    ② 这道题我会做了。

☆ **"呢–罢了"**：

同样表示肯定，但"呢"稍带夸张和强调，而"罢了"却把事情往小里说。

例如：

    ① 这塘里鱼可大呢。

    ② 只不过多花几个钱罢了。

☆ 例如：

    ① 你放心，这件事她会处理好的。（肯定、确定的语气）

② 这里的夏天才热呢。（有点儿夸张的语气）

③ 这件事很重要，千万别忘了告诉她啊！（提醒等语气）

④ 走就走了吧，这种狠心的人不必为他难过。（无可奈何的语气）

⑤ A：你怎么瘦了？

　　B：生活条件不好呗。（显而易见，无须说，又不太满意的语气）

⑥ 这本来就是他的错误嘛。（本来如此，显而易见的语气）

⑦ 他不是不会说，只是不想说罢了。（仅此而已的语气）

以上只是举例部分语气助词所表达的部分语气，不是全部类型。

陈述句还可用双重否定形式来加强肯定语气或表达理应、必需的语气。

① 刘先生德高望重，这里的人没有不敬重他的。（都敬重他）

② 你放心吧，他不会不帮助我的。（一定会帮助我）

③ 都到这时候了，我不能不说了。（应该说 / 必须说）

（二）疑问句：具有疑问语调的句子叫疑问句。其中有疑而问的叫询问句，无疑而问的叫反问句。

① 提问手段有以下几种：疑问语调、疑问词、语气副词、语气词、疑问格式等，**疑问语调不可或缺。**

② 根据结构形式上的特点和语义情况分：是非问、特指问、选择问、正反问。

(1) 有疑而问 —— 一般疑问句

1. 是非问

陈述句加疑问语调或兼用语气词"吗"、"吧"等构成，一般是对整个命题的疑问，回答也是对整个命题的简单的肯定和否定。

例如：

① 你真要带我走？（语调上升）

② 这事你知道吗？（"吗"表疑问语气，只用在是非问句里）

③ 你明天能来吧？（"吧"表半信半疑的语气）

④ 你忘啦？（"啦"="了+啊"）

⑤ 又是蒋玉菡那些人哪？（"哪"="呢+啊"）

回答：用"是、对、嗯"或"不、没有"等作答，或用点头、摇头回答。

2. 特指问

用疑问代词（如"谁、什么、怎样"等）或由它组成的短语（如"为什么、什么事、做什么、怎么做"等）来表明疑问点，说话者希望对方就疑问点作出答复，句子往往用升调。

例如：

① 谁叫他来的？

② 你[怎么]不进去说说呢？（"呢"舒缓语气）

③ 那[为什么]我们住的地方不供应开水？

④ [明天早晨什么时候]出发啊？（"啊"舒缓语气）

⑤ （什么）事这么着急？

⑥ 你还待在这里做什么？

常用语气词"呢、啊"、不能用"吗"。

3. 选择问

用复句的结构提出不止一种看法供对方选择，用"是、还是"连接分句。常用语气词"呢、啊"，不能用"吗"。

例如：

① 是早上锻炼好，还是下午锻炼好？

② 喝水还是喝茶？

③ 明天你去呀我去？

④ 是这个意见好，还是那个意见好？

⑤ 是保持沉默，还是指出缺点？

4. 正反问

由谓语动词的肯定形式和否定形式并列构成。格式有：（1）、V不V（来不来）（2）、V不（来不），省去后一谓语　（3）、附加问，先把一个陈述句说出，再后加"是不是、行不行、好不好"一类问话格式。正反问句常带语气词"呢、啊"等，不能用"吗"。

例如：

① 这个人老实不老实？　格式（1）

② 客人吃不吃晚饭呢？

③ 明天他来不？　格式（2）（是省略式）

④ 你见过长城没有？

⑤ 他当过30年中学教师，是不是？　格式（3）

(2) 无疑而问　— 反问句

反问句形式上有疑问代词和用"？"表疑问语气，但是实际上是无疑而问，无需回答的句子。也就是说，反问句已经表达了说话人一种确定的看法。反问句总是从相反的方面发出疑问，所以反问句的否定形式表达的是肯定的意思，肯定形式表达的是否定的意思。

① 既然不想去，还商量什么？（不用商量）

② 你要回国了，我哪儿能不来看你呢？（我应该来）

③ 他北京来了七八次了，哪儿没去过呀？（哪儿都去过）

•反问句也可以用是非问、特指文、选择问、正反问四种形式发问。

例如：

① 这件事是你经手办的，你会不知道？（一定知道；是非问）

② 谁不关心她了？（任何人都关心；特指问）

③ 这么晚了，他还不来，你说急人不急人？（真急人；选择问）

•反问句还常用副词"难道""岂"等加强反问语气。

例如：

① 你难道能见死不救吗？

② 这样做岂不害了孩子？

• 反问句表达的语气比较强烈，使用时需要注意交际对象和语言环境。

(3) 推测文 —— 测度疑问句

测度疑问句是用推测的语气提出问题。问话人在提出问题时已经根据某些条件、情况作出了自己的初步判断，但是因为不能确定自己的判断是否正确，于是用推测语气来试探发问，以求得到证实。当然，也有推测问是说话人本已知晓，却故意用推测问来表达自己对问题的不确定性，这属于语用策略问题。

推测疑问句主要用"吧"来表示测度语气，有时还用"大概""大约""也许"等副词来加强这种不确定的推测语气。句末用降调。

例如：
① 这里是留学生宿舍吧？
② 你大概记错了吧？
③ 李力今天没来，也许是病了吧？

• **语气助词"吗"与"吧"表疑问的区别**

"吗"是无知而问，即说话人对所问问题不知晓，没有自己的推测。句末是升调。

"吧"是有所知而问，即说话人对所问问题有一定推测，但还不能十分确定。句末是降调。

① 你身体恢复得差不多了吗？ （不知道是不是这样）
你身体恢复得差不多了吧？ （自认为可能是这样）
② 车上没有座位了吗？ （不知道有没有）
车上没有座位了吧？ （自己推测可能没有）

☆疑问句总表

类型	例句	结构	语气词	答语
(1) 是非问	他去北京吗（吧）？	像陈述句	用"吗"，不用"呢"	可以回答"是"或"不|没有"或用点头、摇头答复
(2) 特指问	谁去北京呢？	用疑问代词表示	用"呢"不用"吗"	就疑问代词部分作答
(3) 选择问	他去北京呢，还是去沈阳呢？	用有选择关系的复句表示		选择其中一项作答，或用另外的话作答，如"后天去"
(4) 正反问	他去不去北京呢？	用肯定否定并列的谓语形式的单句表示		选择其中一项作答，或用另外的话作答，如"还没定"

(三) 祈使句及其语气表达

祈使句是要听话人做什么或不做什么的句子。句末多用"！"或"。"表示结句。句中主语大多是第二人称代词，常常省略不说。表示协同动作时，主语有时用"咱们""我们"等。

根据结构特点和语气表达，祈使句可以分为以下两大类：

1. 建议、催促、请求

表示建议、催促、请求时，语气要求委婉、客气，句末常用语气助词"吧""啊"。

① 你跟我们一起去吧。（建议）
② 快走啊！（催促）
③ 你帮帮他吧。（请求）

表示请求时，语气要恭敬、缓和，因此，句首常用"请""麻烦""劳驾"等敬词，谓语部分常用动词重叠式或"动词+一下"的动补式，句末常用语气助词"吧""啊"等。

④ 请你照顾照顾她吧。

＊请您照顾她。（语气比较硬）

⑤ 劳驾，让一下。

有时也可以在句后加上一个疑问形式，增强征求意见、商量的意味，能够更好地表达出对对方的尊敬，是一种更加客气的请求。

⑥ 你顺便帮我发一封信，好吗？

⑦ 我们走走，好吗？

☆语气词"吧"与"啊"的主要区别

用"吧"时，语气比较缓和、委婉、客气，具有一定征求意见、商量的意味；"啊"的语气通常不那么缓和，多用于催促，有时表达不解、不耐烦甚至指责等语气。

① 快吃吧。（只是催促吃）

② 快吃呀！（含有"你怎么不吃呢？"这种不解的意思）

③ 你怎么走得那么慢啊？ 快走啊！（催促，有不耐烦的语气）

☆请求的否定表达主要是劝阻式，句中常用"不要""别""不用""甭"等词语，句末常用"了""啊"等语气助词。

① 不要这么客气呀！

② 下雨呢，别走了，就在这儿住下吧。

☆劝阻与禁止有所不同。

结构不同：劝阻 — "别"+动词（+宾语）+"了"。／！

　　　　　禁止 — "别"+动词（+宾语）！

例如：

　　劝阻：别看了！／别写信了。／别哭了。／别调查了。／别渲染了！

　　禁止：别看！／别听他胡说！／别看电视！／别胡闹！／别找麻烦！

二者在表达的时间上、语气上也有所不同：

• "'别'+动词（+宾语）！"表示动作要发生或已发生，说话人不许动作发生或继续，果断阻止，没有"了"，表示没有缓冲余地，所以语气较强，偏于禁止。

- ""别'+动词（+宾语）+了。/！"表示动作已发生，说话人希望听话人变成"不做"的情况，加"了"后，语气比不加"了"缓和，有较强的规劝意味。

☆关于"啊"的音变现象

语气助词"啊"受前一个音节韵母的影响，常会发生几种音变现象。

前一音节尾音	加"啊"变作	例字	例句
i、ü、a	i/ü/a+a → ya	呀	谁呀？快去呀！他呀！
u	u/ao+a → wa	哇	走哇！好哇！
n	n+a → na	哪	看哪！干哪！
前一个词	加"啊"合成	例字	例句
了	l+a → la	啦	这么高啦（了+啊）！
呢	n+a → na	哪	还早着哪（呢+啊）！

2. 命令、禁止

这类句子一般要求言词简短，语气坚决、直率，因此句末很少用语气词。

① 下来！

② 快吃！ 别说话！

③ 禁止吸烟！

④ 自己做，不许讨论！

表示禁止意义时，句中常用"不许""不准""不得"等词。这些词使禁止语气增强，不再具有征求意见、商量的意味，所以句末通常不能用语气助词"吧"。

* 不准大声喧哗吧！

* 不得随地吐痰吧！

（四）感叹句及其语气表达

感叹句是用来表达夸张、赞扬、感慨、意外、惊讶、愤怒等强烈感情的句子。句末用"！"表示强烈语气。常用的语气助词有：啊、了、啦（"了啊"的合音）、呢。

① 这里的风景多美呀!
② 这二十年来过得可真不容易呀!
③ 坏了!坏了!我怎么把那么重要的事情给忘了。
④ 小心!危险!
⑤ 简直太不讲理了!

注意　句中有副词"太"的,句末配合的语气助词应是"了"或"啦",不是"啊"。

☆句中语气停顿及表停顿的语气助词

有时在句中,说话人常常借助语气助词稍作停顿,来引起听话人的注意,或起到提醒、列举等作用,有时也会通过假设的情况来表达一定的感情色彩。常用的语气助词有:吧、呢、啊、么　等。

A. 吧

ⓐ **表示举例**:通过列举一个实际的例子,来说明一种观点、看法等。

例如:

就拿这个屋子来说吧,条件是不错,就是太小了。

ⓑ **表示假设**:连用正反对举假设句式,表示左右为难的意味。

例如:

你说我没有朋友吧,我还有七八个;你说我有朋友吧,却没有一个知心的。

不吃吧,人家请的我;吃吧,实在不喜欢。

B. 呢

ⓐ **表示想对情况。**

例如:

我要去看电影,小王呢,却偏要去跳舞。
他要啤酒,你呢?　(你要什么?)

ⓑ **提出一种假设的问题。**

例如：

去旅游只是我们自己的想法，要是他们不同意呢，我们怎么办？

ⓒ 指明一种实际的情况或原因。

例如：

她说她不会做，实际上呢，是她根本就不想做。

C. 啊

表停顿的"啊"可写作"呀、啦、啊"。

ⓐ 表示打招呼。

例如：

小李呀，咱们一起去阅览室吧。

ⓑ 表示多项列举。

房间里，电视呀，电话呀，电冰箱呀，各类电器还挺全的。

有时也可以用"啦"。

例如：

玛丽很活泼，唱歌啦，跳舞啦，样样都会。

ⓒ 表示停顿，提醒注意，或说话人利用停顿进行思考。

例如：

这个提议啊，可以考虑。

D. 么

表示停顿，用停顿引起注意。

例如：

今天的活动么，主要有以下几项内容：……

☆ **不影响句型的因素：**

① 语气词的有无，不影响句型。如"你去吗？""你去！""他去。"这三句句类不同，意思不同，但句型相同，都是主谓句、动词谓语句。
② 倒装与否。如"怎么了，你？"与"你怎么了？"同是主谓句。
③ 省略与否。如"他派谁去？"与"派我去。"省略主语的也是主谓句（主谓变式句）。
④ 独立成分的有无。如"看来快下雨了！"与"快下雨了！"都是非主谓句。

☆决定句型的因素是结构，是主干成分：主语或主语中心，谓语或谓语中心，宾语或宾语中心，例如主谓句等。

☆**单句和短语的区别：**
① 句子有特定的语气、句调，可分为陈述句、疑问句等；短语没有特定的语气、句调，因此没有陈述短语、疑问短语等。
② 短语有主语、状语、谓语、补语、定语、宾语等八个配对成分；句子也有八个配对成分，还多出独立语这种语用成分，共九个。
③ 句子有成分的倒装和省略，有倒装句、省略句，短语没有倒装短语、省略短语等。
④ 句子有表述性，短语没有。

☆语法分析
（一）语法分析的三个层面
句法分析：找出句法结构中的句法成分、指明构成成分的词语类别和词、语、句的整体类型或格式等，也就是对语法单位之间的结构关系和语法单位的类型进行的分析。

语义分析：指出句中动词与有关联的名词所指的动作与事物之间的语义关系，即动作与施事、受事、与事、工具、时间、处所等关系以及指出其他词语之间的语义关系，如领属、同位、方式等；此外，还包括语义成分、语义指向、语义特征等的分析。简言之，指语法单位之间的语义关系的分析，实际上是与语法有关的客观事理关系的分析。

语用分析：包括话题和说明、表达重点、语境、省略和倒装、语气和语调（停顿、重音、句调的升降）等的分析，也就是语言符号与它的使用者、使用环境之间的关系的分析。

（二）三个层面的语法分析举例

1. 举几个例子，先作句法分析：

①
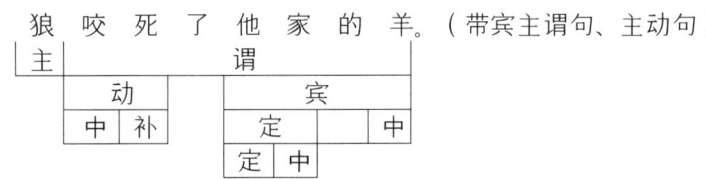

②

③

上面用框式图解表明了这三个句子的句法结构的层次和成分，并注明了三种结构不同的句式。也可进一步分析，指出句中各成分由哪一类词语充当，对句子作变换分析。这些对结构体本身的分析都属于句法分析。

2. 对这三句作语义分析，就必须指出句中"咬"是动作，"狼"是施事，"他家的羊"是受事，"他家"和"羊"有领属关系，这就说明了句中各语义成分和它们之间的主要关系，表明了三个句子的动词与句法成分的语义关系是一致的。它们的语义结构都是"施事+动作+受事"。三句构成一组同义句，它们有变换关系。

句中"死"是动作的结果,"死"的语义指向是宾语"他家的羊"。

句法成分搭配是否妥当,往往依靠语义特征分析来说明。例如"吃饭"(动+宾)可以搭配,"喝饭"(动+宾)不能搭配,因"饭"有[－液体]的语义特征,"喝水"(动+宾)可以搭配,因"水"具有[＋液体]的语义特征。分析句子的语义关系、语义指向、语义特征都属于语义分析。

3.对这三句作语用分析,就必须指出三者各有场合,随着语境的不同而使用不同的"话题"("狼"或"他家的羊"),话题在前,与后面的"说明"共存,这三句的"说明"有三种不同的格式。话题相同的句子也会因表意及其侧重点不同而作不同的说明。例①与例②话题相同,例②用了"把"字句突出处置义,强调了"羊"被处置。例①就没有被处置这个表达的重点。除了作上述语用分析之外,还有对句调、语气、独立成分(呼语、感叹语、评注成分)等和语境的语用分析。三句用的都是陈述语气和句调。句调的升降不同可决定局类的不同。重音决定句子的焦点或意义重点,焦点不同,句意有别。

(三) 句子的语义分析

下面对语义分析再作补充说明。

语义分析可分语义成分、语义特征和语义指向的分析,等等。

1.**语义分析**,指词语组合时双方所发生的意义关系的名称。例如下面一句的动词跟其他词语发生语义关系就有"动作"与"时间"、"处所"、"施事"、"受事"、"与事"、"工具"这些语义成分名称:

昨天　他的弟弟　在校园里　与同学小李　用木棒　把疯狗　打　死了。
(时间) (施事)　　(处所)　　(与事)　　(工具)(受事)(动作)(结果)

此外,这个句子里还有领属关系("他"和"弟弟")、同位关系("同学"和"小李")等。整个句子的语义结构是属于"施事+动作+受事"类型。

2.**语义特征**,指词语在句法结构中互相比较时显出的语义特点。例如"榕树死了"可以说,"木头死了"不能说。为什么?问题不在句法上,两者都是"名+动+了",可以组成合法的主谓结构。问题只能用语义特征或语义要素去回答。"榕树"的语义特征是[＋生物],"木头"的语义特征是[－生物]。又如存现句"床上躺(站、坐)着一个人"可以变换成"一个人躺(站、坐)在床上","台上演（唱）着京戏"不能变换成"京戏演（唱）在台上"。两句的格式（词类系列）都一样。前者可以那样变换，后者不能，为什么？句法上无法解释，只能用动词的语义特征去解释，"躺、站、坐"有［＋附着］这一语义特征。可见语义特征分析有助于说明词语的搭配和同行结构的分化等问题。

3.**语义指向**，指句法结构中甲成分与乙成分有语义联系及语义所指的方向。例如"我和他都只有一个弟弟"，状语"都"与主语"我和他"有意义联系，是前指，状语"只"是指向宾语"一个弟弟"，是后指。又如"两个报社的记者"，定语"两个"的语义指向可以是"报社"（＝两家报社的记者），也可以是"记者"（＝报社的两个记者）。又如（甲）"老王有个明星女儿很骄傲"，是个歧义结构。"骄傲"可以指向"女儿"，也可以指向"老王"，"女儿"和"老王"两者都有［＋成年人］这一语义特征。指向"女儿"时，全句是个兼语句；指向"老王"时，全句是个连谓句。试比较（乙）"老王有个女孩很淘气"，它和例（甲）的词类系列相同，但无歧义，因"淘气"有［＋年幼］这一语义特征，只能指向兼语（女孩）。

下面再举一些例子作一说明：

"反对的是陈校长"有歧义。这个句子如果只进行句法（结构）分析，只能说明它是由主语和谓语构成的主谓句，无法说清为什么有歧义。而用语义成分分析，就能说明陈校长可以是施事（反对别人），也可以是受事（被人反对），这样就解释明白了歧义。又如"春天了"、"夏天了"、"秋天了"、"冬天了"可以说，"桌子了"、"椅子了"、"沙发了"不能说，为什么？用语义特征分析，说明区别在于有无"顺序义"，即"春天、夏天、秋天、冬天"有［＋顺序］的语义特征。"桌子"没有这种语义特征，所以不能进入"名词语＋了"这个框架里，这也是只进行句法结构分析所不能解释的，由此可见语义分析可增强对语法现象的解释力，增强语法研究的实用性。

上面介绍的句法分析、语义分析和语用分析，三者并不是在平行等立德平面上，应属于不同的层面。在语法研究过程中，把三者区分清楚，有助于拓宽语法研究的视野，把三者结合起来，能把语法研究从描写推向解释，使语法分析逐步深化，也就是能把语法研究推向深入、全面。但是把它当做一种完全成熟的理论方法，现在看来还为时尚早，语用分析刚刚起步，各家观点分歧也大，公认的成果还不多。它是一块大有作为的处女地，有特大家努力耕耘。

第七节 现代汉语语法的语义分析

一."语义"的含义

"语义"是指词语进入句子以后,词语与词语之间形成的词汇意义之外的一种关系意义。

这种关系意义是要通过一定的结构形式来表现的,是词语在语句结构中体现出来的意义。这种意义不同于词汇意义,不同于言语意义,也不同于句法意义,但他还是属于语法意义。

例:

"书":"装订成册的著作"。 —(词汇义)

"东边日出西边雨,道是无晴却有晴""晴",表面上指天气,实则指感情。—(言语义)

"买的书"中"买"和"书"有修饰限定和被修饰限定的关系意义。 —(句法义)

"买书"中的"书"和"买的书"中的"书"为"买"的受事。 —(语义义)

二、语义结构与句法结构

在由实词与实词组成的句法结构中,总是同时存在着两种结构关系,这就是句法结构关系和语义结构关系。

在这个句法结构中,实词总是同时扮演着两种角色,即同时充当句法成分和语义成分,这就是结构成分性质的二重性。

昨天	我	在教室里	给校长	写了	一封	信。
状语	主语	状语	状语	谓语	定语	宾语
时间	施事	处所	与事	动作	数量	受事

第一、结构关系和构成成分不同。

① 句法结构的成分为句法成分：主语、谓语、述语、宾语等，成分之间的结构关系是主语-谓语、述语-宾语等。
② 语义结构的成分为语义成分：动作行为、性质状态、施事、受事、工具、处所等，结构关系为动作-受事、施事-动作等。

第二，句法成分之间的句法关系是可变的，而语义成分之间的关系则是相对稳定的。

例：

①小张写好了论文。

(/小张写好了的论文)

②论文小张写好了。

(/写好了论文的小张)

③小张把论文写好了。

第三、句法关系是不能跨越结构层次的，而语义则可以。

在句法结构中，直接成分之间具有句法关系和语义关系，而间接成分之间只有语义关系而没有句法关系。

所谓直接成分，是指句法结构中，直接构成一个更大句法结构的两个成分，所谓间接成分是指不直接构成某个句法结构的两个成分。

比如：

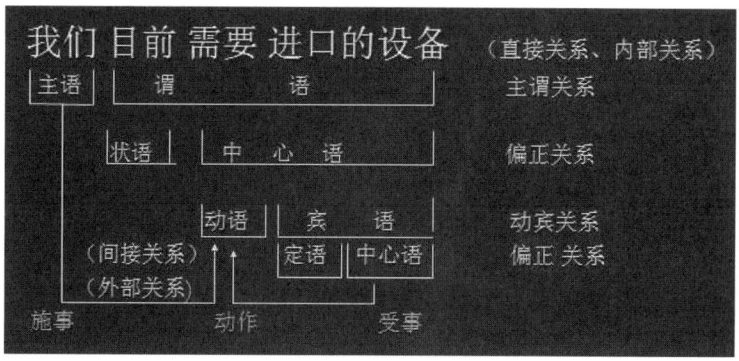

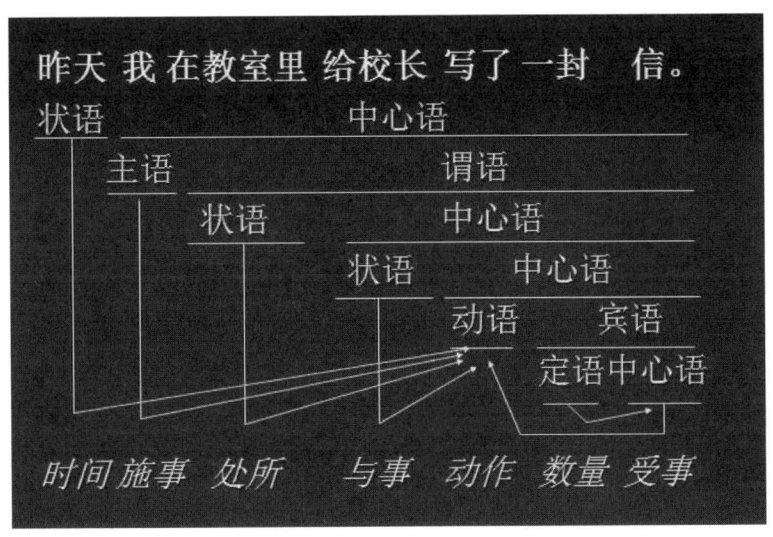

第四，句法结构关系和语义结构关系之间不是一一对应的关系，可分为一对多和多对一两种关系。

一对多	句法关系	语义关系
看医生	述宾	动作行为 + 施事
写文章	述宾	动作行为 + 结果
写毛笔	述宾	动作行为 + 工具
吃米饭	述宾	动作行为 + 受事
吃食堂	述宾	动作行为 + 处所
排电影票	述宾	动作行为 + 目的
打双打	述宾	动作行为 + 方式
起五更	述宾	动作行为 + 时间
喝了啤酒	述宾关系	动作+受事
啤酒喝了	主谓关系	受事+动作
喝的啤酒	定中关系	动作+受事
把啤酒喝了	状中关系	受事+动作
啤酒给喝了	被动式主谓关系	受事+动作

第七节 现代汉语语法的语义分析•0309

☆名词入句充当什么成分，取决于句中的位置，而语义则取决于和动词的关系，与位置无关。

例：

① 我们打败了敌人。

② 敌人 我们打败了。

③ 敌人被我们打败了。

④ 我们把敌人打败了。

☆不能根据句法关系来确定语义关系，也不能根据语义关系来确定句法关系。

三、语义关系

语义是实词进入句子之后词与词之间的关系，是一种事实上或逻辑上的关系。

在实词和实词的语义关系中，动词和名词的语义关系是最重要也是最常见的一种实词之间的语义关系，但语义关系不只限于动词与名词之间的关系，也可以是名词与名词之间或成分与成分之间的关系。

例：

那本书的封面被撕坏了。

"封面"与"撕"有动作--受事关系；

"那本书"和"封面"则有领属关系，即"封面"是属于"那本书"的。

☆动词与名词的语义关系

人们常用"格"名称来表示。"格"指名词跟动词组成语义结构时所担当的语义角色。

例：

施事、受事、与事、工具、处所、时间等。

把名词跟动词之间的语义关系（格关系）研究清楚，有助于说明动核结构的下位区分和句型或句式的更细密的区分，也有助于分析句法结构在实际使用中的变化和复杂化。我们这里不用"格"来称述，只说明其关系。

☆各家经常提到的主要语义关系。

① 施事：句子中动词表示的动作行为的发生者或状态的主体。

② 受事：句子中动词动作行为、运动、变化等的承受者。

③ 与事：动词所表示动作行为的间接对象。表示给予、索取、服务类的动词常带与事。

例：他（施事）给 我（与事）一本书（受事）。

④ 工具：施事实施动作行为所凭借的工具。

例：他用毛笔写字。

⑤ 结果：动作行为所产生的结果，即在动作发生前没有此事物或结局，由于动作行为产生了此结果，是从无到有。

例：小张写了一封信。

⑥ 方位：表示动词动作行为发生、出现的处所、位置等。

例：妈妈在家里给女儿准备嫁妆。

⑦ 时间：表示动词动作行为发生的时间。

例：我们明天电话联系。

⑧ 目的：动作行为所要达到的目的。

例：民工们正在排火车票。

⑨ 方式：动作行为发生的方式。

例：老师口头交待了今天的任务。

⑩ 原因：引起动作行为的原因。

例：她出嫁前还要哭嫁。

⑪ 同事：动作行为所伴随或排除的间接对象。

例：小王跟小李昨天在国际大酒店举行了婚礼。

⑫ 材料：动作行为所凭借的材料。

例：肉末煮稀饭。

⑬ 基准：进行比较、测量所参照的间接对象。

例：他比小邹高许多。

☆常用到的名词与名词之间的语义关系：

领属：句子中有领属关系的主体，即一个事物对象为另一个事物对象所有。

例：

① 我有一本书。
（"书"为"我"所领有）

② 他的新书包被偷了。
（"新书包"为"他"所领有）

③ 一张桌子四条腿。
（"四条腿"为"桌子"所领有）

练习：

① 妈妈洗衣服。（受事）

② 妈妈做衣服。（结果）

③ 妈妈用衣服挡住了光线。（工具）

四、句子的语义框架分析

语义框架分析就是用形式化的表述方式将具体句子中的动词与名词的语义结构关系（格局）表示出来。

如："老师　　批评了　　学生。"
　　　施事--动作--受事

① 妈妈　在商场给女儿　买了　一条花裙子。
　施事　　处所 与事　　动作　　受事

② 老师布置的作业　学生　已经完成了。
　　　受事　　　　施事　　　动作

③ 学生们已经把老师布置的作业完成了。
　　施事　　（把）受事　　　动作

④ 门口的那棵大树　被狂风　　　吹倒了。
　　　受事　　（被）施事　　动作

⑤ 我们　明天　电话　联系。
　施事　时间　工具　动作

⑥ 小王跟小李昨天在国际大酒店举行了婚礼。
　施事　同事　时间　处所　动作　受事

⑦ 小娟用白纸　叠了　一只小船。
　施事　材料　动作　　结果

⑧ 墙上　挂着　一幅画。
　处所　动作　　受事

⑨ 球迷们　　正在排　球票。
　施事　　　动作　　目的

⑩ 《红楼梦》这本书　我　　　看过。
　　　受事　　　　施事　　动作

⑪ 老李　用书面形式　作了　发言。
　施事　　方式　　　动作　受事

⑫ 那本书　被我　　送　　王海了。
　受事　（被）施事　动作　　与事

五、语义指向分析

语义指向指的是句法结构的某一成分在语义上和其他成分（一个或几个）相匹配的可能性。是指词语在句子里在语义平面上支配或说明的方向。

(一) 语义指向与句法结构的不平衡性

语义结构虽然要在句法结构中得到映射，但映射的结果却是语义结构和句法结构之间表现出不平衡性，它们之间有时一致，有时不一致。自然，语义指向和句法结构之间也就存在着不平衡性。所以，语义指向指的是句法结构中的某一成分在语义上和其他成分（一个或几个）相匹配的可能性。

例：

　　　我　吃　饱了。

"饱"不是指向动语"吃",而是指向主语"我";

1. **补语的语义**上可以指向多种句法成分,它可以指向主语、谓语动词、宾语,还可以指向其他成分。

   例:

   ① 我吃饱了。

   ② 老王喝酒喝醉了。

   ③ 他穿好衣服出门去了。

   ④ 这个问题我一定记得牢牢的。

   ⑤ 我们已经打扫干净教室了。

   ⑥ 他摔断了腿。

   ⑦ 她把鞋跟穿掉了。

2. **状语的语义**多数指向谓语动词或形容词,也可以指向主语和宾语。

   例:

   ① 他回来得很迟,于是轻轻地爬上了床。

   ② 女同志之间谈起这一类的事儿来比较随便。

   ③ 他们圆圆地围了一个圈。

   ④ 他酽酽地给我沏了杯茶。

   ⑤ 小孩胆战心惊地走到我面前。

   ⑥ (老栓)笑嘻嘻的听,满座的人,也都恭恭敬敬的听。

   ⑦ 他每月只挣二百来块钱。

3. **定语的语义**一般直接指向它所修饰的成分,也可以指向其它成分。

   例:

   ① 雪白的墙壁上挂着几幅山水画。

   ② 我有一本很厚的词典。

   ③ 昨天晚上,他看了一夜的书。

   ④ 他拔了两块钱的草。

☆语义上的关系虽然要在句法平面上得到映射，但映射的结果却是语义结构和句法结构之间表现出不平衡性，它们之间有时一致，有时不一致。

练习：
① 她非常聪明。
② 我买了许多新书。
③ 她光吃菜，不吃饭。
④ 他吃了饭就工作。

☆既然如此，那么我们在作层次分析时，无须受语义上的约束（不是不顾意义），从语义上来看组合层次。

☆研究语义指向，有助于分析句子中几个语义结构间错综复杂的关系，从而也有利于理解句子的内容，解释语言现象。

(二) 语义指向与歧义

语义指向上的模糊性，也是造成歧义的原因之一。在一个句法结构里，当某一成分可以同时与其他几个成分相匹配时，就产生了语义指向上的模糊现象，因而会造成歧义。

（1）一个句法结构里，某一成分可同时与其他几个成分相匹配时，就产生了语义指向上的模糊现象，造成歧义。

比较：① 他在火车上写字。
② 他在黑板上写字。

（2）有些歧义现象，可以从定语的语义指向上去理解。
① 三位学生家长
② 新老师宿舍
比较：老师新宿舍

（3）补语的语义指向也存在类似的问题。

我吃完饭了。

我吃完饭了。　　　a 我吃了饭了。
　　　　　　　　　b 我吃光饭了。

(三) 语义指向对句法变换的制约

对语义指的研究如果要进行得更深入一些，就必须全面研究不同的语义指向对句法变换的制约。

(1) 语义指向的不同对句法变换有着一定的制约作用。

① 我买了《语义学》。
　　我只买了《语义学》。
② 《语义学》我买了。
　　*《语义学》我只买了。
∴ "只"的语义是后指的。

☆表"总括"的"都"实际上也存在着类似的情况：
③a 这些书我读过。　　　b 我读过这些书。
④a 这些书我都读过。　　*b 我都读过这些书。
⑤a 这些书我们都读过。　　b 我们都读过这些书。

"都"的语义一般是前指的，当"这些书"后移后，"都"前面的成分只有"我"，而"我"又是单数，和表"总括"的"都"在语义上不相匹配，"都"的语义指向其实也是落空的，所以④b不能成立。

(2) 语义指向对"把"字句的制约。

补语语义指向受事时，选用受事作"把"的宾语；指向施事时，则选用施事作"把"字的宾语。

  他把鞋穿破了。   *鞋把他穿破了。
  两顿肉就把他吃腻了。 *他把两顿肉吃腻了。

  他把衣服洗干净了。   这些衣服真把他洗累了。
  请比较：
  衣服被他洗完了。   *衣服被他洗累了。

∵介词"把"还有"让、使"意义，用它构成的句子句子没有处置义，而有致使义，例如"怎么把罪犯跑了"、"怎么把奶奶病了"，这些句子里"把"字的宾语不是受事，而是施事。这种不属于表处置的"把"字句。

(3) 语义指向对句法变换的制约，除了上述几种现象外，还有其他情况。

  ① 他喝醉了酒。   他喝酒喝醉了。
  ② 他吃腻了肉。   他吃肉吃腻了。
  ③ 他踢破了皮球。 * 他踢皮球踢破了。
  ④ 他吃光了。   * 他吃饭吃光了。

∴动词的语义指向在宾语，补语的语义指向也在宾语的话，不能用"动+宾+动+补"的形式。"他踢破了皮球"动词"踢"的语义指向即在宾语"皮球"也在补语"破"，所以不能"动+宾+动+补"的形式。

第八节 检查、修改语病的方法和原则

问题讨论

☆下列各句有语病吗？为什么？

① 听了他的报告，给我很大的启发和教育。

　　成分多余

　　改正："他的报告，给我很大的启发和教育。"

② 昨天是转会截止日期的最后一天，中国足协又接到25名球员递交的转会申请。

　　成分多余

　　改正："昨天是转会的最后一天，中国足协又接到25名球员递交的转会申请。"

③ 服务的多样化、美食的多元化使大批消费者如鲫群至。

　　同义词误用（贬义词误用为褒义词）

　　改正：将"如鲫群至"改为"慕名而来"。

④ 他叙述了一个未成年的工人的女儿误入歧途的故事。

　　语序不当

　　改正："他叙述了一个工人的未成年的女儿误入歧途的故事。"

⑤ 这次大家一合计，干脆让曾写过《红高粱模特队》《柳暗花明》的何占魁为俩人量身定做一个小品本子，上虎年春节晚会。

　　数量词误用

　　改正：将"俩人"改为"两人"。

⑥ 在狗不理吃包子，那一道道蕴含深渊历史陈迹的包子依序而上，闻香识古，宛如重见历史的变迁，尽展中华文化无限风情。

　　名词误用为形容词。

　　改正：将"深渊"改为"深厚"。

注意

> 法 ┬ 词法：实词（名、动、形、区别、数、量、副、代、叹、拟声）
>   │   虚词（介、连、助、语气）
>   └ 句法：单句、复句、各种句式

> 病句：不合规范的句子。
> 规范：一是要符合语法的组合规则；
>   二是要符合语义的搭配要求；
>   三是要符合语用的表达习惯。

一．常见的句法失误

（一）搭配不当

1. 主语和谓语搭配不当

① 由于不理解词义的配合或粗心大意而造成主语和谓语在意义上搭配不当。

例如：

* a．三年当中，这个县的粮食总产量，以平均每年递增百分之二十的速度，大踏步地向前发展。

答：例a是主语中心和谓语中心不能搭配。"总产量"不能说"发展"，可以说"提高"，因为"发展"是指事物由小到大的变化，而总产量的递增不能说由小到大，只能说由少变多，因此这种数量比原来多的变化，应该说"提高"，应当把"大踏步地向前发展"改为"大幅度地提高"。

* b．我市各单位首批赴北京参观的代表均由先进生产者组成。

答：例b主谓搭配不当。动词"组成"的语义特征是[＋集体]，可与代表团、代表队这种群体名词搭配，原句可改为"我市各单位首批赴北京参观的代表均是先进生产者"。

② "是"字句中的主语和宾语之间意义上搭配不当。

例如：

* 报晓的公鸡是集合的信号。

答：主语中心"公鸡"和谓语中的宾语中心"信号"意义上搭配不当。"公鸡"是"信号"怎么能说得过去呢？它们根本不是同一事物或同类事物。主语改为"公鸡报晓"才能够说是"集合的信号"。

③ 有些用动词作宾语中心的句子，宾语中心和主语在意义上搭配不拢或表达不清，也容易造成主谓搭配不当。

例如：

＊一些长期有争议的问题，有了不同程度的进展。

答："有争议的问题有了进展"，文意不明确，是增多了或减少了，还是得到解决了？如果把第二个"有"改为"得到"，把"进展"改为"解决"，文意就明确了。

2. 动语和宾语搭配不当

例如：

＊①他主动为这个系工程力学专业的两届船舶结构力学学习班挑起了薄壳力学、船舶结构力学等三门课的主讲任务。

答：动语"挑起了"和宾语中心"任务"不能搭配。因为与"挑起了"搭配的是"担子"、"水桶"、"土筐"一类的名，"任务"是"指定担任的工作"，只能"承担"或"完成"。要么说成"挑起了主讲……的担子"，要么改为"承担了……的主讲任务"。

＊②小米含蛋白质、铁及维生素B1、B2丰富。

答："含"要求名词性宾语，可"蛋白质、铁及维生素B1、B2丰富"是个谓词性短语。"含"后边可改为："蛋白质、铁及维生素B1、B2"。

＊③参加修建红星渠的劳动大军，响应上级的号召，又快又好地进行施工任务，争取提前完成这项工程。

答："进行"是形式动词，要求谓词性宾语，而"施工任务"是名词性宾语。应删掉"任务"。

＊④我们主张由浅入深、循序渐进的方法。

答："主张"是谓宾动词[29]，只能带谓词性宾语，不能带名词性宾语，应该把宾语改成"采取由浅入深、循序渐进的方法"。

---

29) 是不及物动词。

3. 定语、状语、补语与中心语搭配不当

例如：

＊①中学时代打下的坚实的基础知识，为他进一步自学创造了条件。

答：主语中心同定语搭配不当。"中学时代打下的"是"基础"，不是"基础知识"。如果要保留"知识"，就把"打下"改为"掌握"、"学到"之类的动词，同时把"坚实"改为"丰富"。如果保留"打下"就得把"知识"去掉，让"基础"和"打下"相互搭配。

＊②我们要注意团结跟自己合不来、看不惯的同志。

答：状语"跟自己"同中心语"合不来"能搭配，同"看不惯"不能搭配，犯了施受颠倒的错误，应改为"……注意团结跟自己合不来的、自己看不惯的同志。"

＊③老师问清了原因，沉思了少许，慢慢地踱到我身旁。

答：补语"少许"表示数量少，同中心语"沉思"不能搭配，因为"沉思"有时间长短问题，可改为"沉思了片刻"。

4. 联合短语中的一部分与配对成分搭配不当

充当各种成分的联合短语中有一部分词语能与配对成分搭配，另一部分不能搭配，遇到联合短语，要逐项检查，看能否与配对成分搭配。

例如：

＊①摇滚乐那强烈快速的节奏和迷离闪烁的灯光效果，让人看得眼花缭乱。

答：作主语中心语的联合短语里前一项"节奏"与谓语里的"让人看得眼花缭乱"不能搭配，因为"节奏"是看不到的，也谈不上眼花缭乱，可以改为"让人感到心烦意乱"。

＊②晚会上演出了音乐、舞蹈、曲艺、体操、武术等文艺节目。

答：宾语是个同位短语，但同位短语前的前部分体操、武术并不是文艺节目。该法有三：一是去掉"文艺"，二是将"文艺"改为"文体"，三是在"文艺"后加上"体育"。

（二）残缺和多余

1. 成分残缺

(1) **主语残缺**　由于滥用介词和"介词……方位词"格式造成主语残缺。

例如：

＊①由于游泳技术的提高，为广泛深入地开展群众性游泳活动提供了条件。

＊②在建设事业迅猛发展的新形势下，对建筑材料工业提出了更高的要求。

答：这几个句子，实际上并非真正缺少主语，而是误将主语放在介词短语之中了。只要把例①的"由于"、例②的"在"和"下"去掉，两句就都有主语了。

－－也有暗中更换主语，造成主语残缺的。

＊③（许多厂长关怀我们，不让我们干重活。）我们再三恳求，终于答应了，并且发给我们工作服，多么高兴啊！

答：第一分句主语是"我们"，第二、三分句主语是许厂长"他"，最后一分句主语又是"我们"。短短四个分句，两次更换主语，造成主语残缺。"终于"之前应加主语"他"，"多么"之前加"我们"。

(2) **谓语残缺**　一句话说了主语，还没有说完谓语，却又另外起了个头，因此造成谓语中有残缺。

例如：

＊①南堡人民经过一个冬天的苦战，一道4米高、20米宽、700米长的拦河大坝，巍然屹立在天目溪边。

答：这个句子的结构是：主语₁+状语，主语₂+谓语₂，可见前一分句没有出现被状语修饰的中心语，即谓语中心残缺。可把"经过"提到句首，用"经过南堡人民一个冬天的苦战"作状语，让"一道……大坝"作句子的主语。

＊②一天，炮一连炊事员朱柯忠在去炮兵阵地的路上，突然有一个打扮成采猪草模样的人迎面向他走来。

答：例②的错误性质同①，应该在"突然"之后，补上一个动词"发现"或"看见"作谓语中心。

也有由于缺少谓语中心造成谓语残缺的。

例如：

*③这些杂交高粱产量高，而且比外国进口的杂交高粱更高的抵抗病虫害的能力，因此，受到了当地农民的欢迎，推广面积越来越大。

答：第二分句缺少谓语动词，应该在"更高的"前面加上"具有"。

*④伟大思想家鲁迅在《祝福》中的祥林嫂是受封建礼教迫害的千百万妇女中的一个。

答：主语里的定语应是个主谓短语，可是这个主谓短语缺少谓语中心，应在介词短语"在《祝福》中"之后添上"塑造"二字。

(3) 宾语残缺

例如：

*①从中西医结合到完成新医学的过程，必须是中医、西医、中西医结合三种力量同时发展，不断使中西医结合向深度、广度发展。

答："是"的宾语缺少中心语"过程"。这是因为"中医、西医……向深度、广度发展"太长而给挤丢了，应在句末加"的过程"。

*②冶金部第一冶金地质勘探公司518队地质师李作君，帮助太行山老区人民找矿和开采小矿点，为太行老区人民走上富裕之路作出贡献，被冶金部授予双文明建设先进个人。

答：把"双文明建设先进个人授予地质师李作君"是荒谬的，现实生活中不可能把单位或个人拿来授予的，这是缺少"的称号"造成的，"称号"是宾语中心。

(4) 定语、状语、补语残缺不全

例如：

*①当前和今后一个相当时间内，每年进入劳动年龄的人口数很大，安排城镇青壮年劳动力就业是一项相当繁重的任务。

答："相当时间"一般是指某一个时间，并不表示某一段时间。用"相当"做定语是不完整的，必须加一个"长"，使"相当长（的）"做定语。

*②这个带形的草原，是基密尔大岭山洪冲成的一条不十分规则的河流，叫基密尔河……年深日久，冲积成厚厚的土层……淤成了一片大大小小的

沼泽地，遍生着芦苇、乌拉草。

答："是"的前面，缺少必不可少的"本来"或者"原来"之类的状语。否则，"草原"怎么"是……河流"呢？

*③2月18日，最后一批滞留巴拿马的古巴难民被遣返美军在古巴的关塔那摩基地。

答："巴拿马"是处所名词，它不受动词"滞留"的支配，只能以介词短语作补语的形式表示处所，所以缺少一个"于"字，应该加上。"美军在古巴的关塔那摩基地"也是一个表示处所的名词性偏正短语，它也不受动词"遣返"的支配，它也只能以介词短语作补语的形式表示处所，所以必须在"遣返"后加上一个缺少的介词"到"。

2. 成分多余

(1) 主语有多余成分

例如：

*①马金龙的成长和发展，使他认识到平凡人也可做出不平凡的事情。

答：主语中心"成长和发展"意义相近，用前头一个就行了。

*②郜明辉同学在党的培养下，他成了即爱学习，又爱劳动的好学生。

答：主语"郜明辉同学"与"他"重复，应去掉"他"。

(2) 谓语有多余成分
有些句子已有一个动词或动词性词语作谓语，又加进一个动词或动词性词语作谓语。

例如：

*①读完这篇文章，读者就会被主题所感染，使读者感到余味无穷，不忍释手。

答："使读者感到余味无穷，不忍释手"是个承前省略主语的兼语短语作谓语，如果把主语补出，则是"读者使读者感到余味无穷，不忍释手"，显然"使读者"是谓语的多余成分，应删。

*②习惯势力使他对罢黜百家感到习以为常。

答：谓语里的"感到"是多余成分。

(3) 宾语有多余成分　动词后本来有合适的宾语，可是还硬要加进不合适的词语，造成宾语有多余的成分。

例如：

＊①蒲松龄的《聊斋志异》，借神话抒"孤愤"，刺贪虐扬善美，行世200多年，各种版本难以数计，至今仍有广大读者群。

答：宾语"广大读者群"的"群"多余，即说"广大读者"，为什么还说"群"呢？"群"应删。

＊②全国人民决心以实际行动热烈庆祝中华人民共和国成立五十周年国庆节的到来。

答：宾语中心"的到来"多余，因为"庆祝……国庆节"意思已经完整，加上"的到来"反而同谓语中心搭配不拢。

(4) 定语多余

例如：

＊①领导干部的楷模孔繁森真正具备了一个共产主义战士的优秀共产党员的品质。

答："共产党员"同"共产主义战士"意思重复，可删一个。

＊②我国有百分之六十左右的青年认为"诚实守信"、"助人为乐"是优秀的传统美德，是做人的基本准则。

答："优秀"与"美德"意思重复，应当删去"优秀"。

☆需要注意的是，定语的中心语有时也是多余的。

例如：

＊③翻开科学史的记录可以看到，从天体运动规律的总结中得出了万有引力定律。

答："科学史的记录"就是"科学史"，"的记录"应删。

(5) 状语多余

例如：

*①目前财政困难，有些问题短期内不可能很快解决。

答："短期内不可能解决"和"不可能很快解决"意思一样，因此"短期内"和"很快"用在一起共同修饰"解决"，造成了重复，应删去其中的一个。

*②我们要取缔非法贩卖黄色淫秽读物的摊点。

答：状语"非法"多余，因为没有合法贩卖黄色淫秽物的摊点。

(6) 补语多余。

例如：

*从此，原来这个平静的家庭里，就不时发生出使人不安的怪事来。

答："发生"就是出现，补语"出"、"来"多余。

(三) 语序不当

1. 定语、中心语错位——是指定语、中心语的位置颠倒了。

例如：

*①由于纺织工人努力提高产品质量，我国棉布的出口深受各国顾客的欢迎。

答："(棉布)的出口"应改为"(出口)的棉布"，因为深受欢迎的是"棉布"。

*②巴金的晚年，仍然文思敏捷，精力充沛，写了许多优秀作品。

答："晚年的巴金，仍然文思敏捷"定中语序不当。也可以删"的"，把"晚年"移到"写了"前面，作时间状语。

2. 定语、状语错位——是指定语错放在状语位置上，或状语错放在定语位置上。

例如：

*①夜深人静，想起今天一连串发生的事情，我怎么也睡不着。

答："一连串"应移到"事情"之前作它的定语，因为"一连串"才是指"事情"的一个接一个。

*②飞快的１８次特快列车向北京奔驰。

答："飞快的"应移到"向北京"之前，改成"飞快地"，作状语。

3. **状语、补语错位**－－是指状语错放在补语位置上，或补语错放在状语位置上。

例如：

*李汉阳活龙活现讲岳飞。

答："活龙活现"是指讲的结果生动、形象，像亲眼见到一样，不是讲的性状，应把它从状语位置移到补语位置，即"李汉阳讲岳飞讲得活龙活现"。

4. **状语、中心语错位**－－是指状语、中心语的位置颠倒了。

例如：

*十年浩劫给予一些青年带来的创伤，是难以一时弥合的。

答："难以"是谓宾动词，要求谓词性词语30)作它的宾语，如"难以形容"、"难以置信"，动宾之间是不插入状语的，如不说"难以一时置信"而说"一时难以置信"。本句"难以一时弥合"就犯了状语位置上的错误。前面分句的动词"给予"应改为介词"给"，或只删去"带来"。

5. **句中状语错位**－－是指句中状语错放在句首状语位置了。

例如：

*历任美国总统下台后都要造一个纪念图书馆。罗斯福是第一个为自己设立图书馆的总统。1940年，在纽约的海德公园他自己筹款建图书馆。

答：最后一句处所状语"在纽约的海德公园"是"建图书馆"的地点，现在错放在句首，成了"筹款"的地点，说罗斯福只在海德公园筹款就违背事实了，应改为"他自己筹款在纽约的海德公园建图书馆"。第一分句主语"历任美国总统"后面，加个逗号比较好。

6. **多层定语语序错位**

例如：

*校长、副校长和其他学校领导出席了这届迎新会。

---

30) 谓宾动词指的是只能带谓词性词语做宾语的动词。如："打算、估计、认为、以为、主张、省得、值得、觉得；加以、给以、进行、予以、致以、进行；开始、停止、禁止、失悔、意味着……"打算去旅游/估计出了问题/认为很好/主张去北京/省得空跑/值得重视/觉得累/加以批评/给以奖励/进行帮助/予以鼓励/致以崇高的敬礼/开始执行/停止比赛/禁止吸烟/失悔不该来/意味着上了一个新台阶

这些词语后面的宾语,只能是谓词性词语,不能是名词性词语。

答:"其他学校领导"可理解为"(其他)(学校)领导"(指本校的其他领导),也可理解为"(其他学校)的领导",有歧义。应改为"本校其他领导"或"学校其他领导",才能消除歧义。

*年轻美丽的美国海军陆战队上尉鲍勃的妻子莎莉,依依不舍地送走了自己的丈夫去前线。

答:"年轻美丽的"到底指向谁?从句中位置看,有歧义。实际上应该是"妻子莎莉"而不是"鲍勃"。"妻子莎莉"有两个定语,"年轻美丽"表性状,"美国……鲍勃"表领属。按多层定语排列的顺序应是领属性定语在前,性状定语在后,所以全句应改为"美国……鲍勃的年轻美丽的妻子莎莉……"。

7. 多层状语语序不当

例如:

*为了争取高速度,我们必须狠抓科学技术的现代化,把国民经济用先进的科学技术搞上去。

答:"搞上去"前面有两个状语,按多层状语的排列顺序,表对象的状语"把国民经济"应放在表工具、方式的状语"用先进的科学技术"后面。

(四)句式杂糅

1. 两种说法混杂

说话、写作时拿不定主意,即想用这种说法,又想用那种说法,结果把两种格式糅到一起,形成两句混杂。

例如:

*①以农业为基础这个思想,经过社会主义建设的多年实践,无可争辩地证实了这个思想的正确。

答:把两种不同句式混在一起了,是因主语犹疑不定。改法有两种:一是改成"以农业为基础这个思想,经过社会主义建设的多年实践,充分证明是正确的"。这时主语"以农业为基础这个思想",意念上是"证明"的受事。二是以"社会主义建设实践"为主语,改成"社会主义建设的多年实践,无可争辩地证明了以农业为基础这个思想的正确。"

*②住了几天,三连的同志们发觉,这个村为什么北山上采石叮叮当当,田地里生产却冷冷清清?

答:动词"发觉"后面的宾语应当用陈述语气,却用了个疑问语气。这是把两种语气的句子混杂在一起了。应把"为什么"删去,或者移到后头另成一个问句。或者不用"发觉",把它改为"感到很奇怪",再把逗号改为冒号,下面的词语不动。

*③高速磁悬浮列车运行时,与轨道完全不接触。它没有轮子和转动机构,列车的悬浮、导向、驱动和制动**都靠的是利用电磁力来实现的**。

答:是两种说法混杂。要么说"都靠的是电磁力",要么说"是利用电磁力来实现的"。

2. 前后牵连

把前一句的后半句用作后一句的开头,硬把前后两句连成一句,就会造成前后牵连。

例如:

*①当上级宣布我们摄制组成立并交给我们任务的时候,我们大家有**即光荣又愉快的感觉**是颇难形容的。

答:"即光荣又愉快的感觉"是前一分句"有"的宾语,又是后一分句的主语,牵连在一起,形成语病。修改时可以在"感觉"后加一个逗号,再加上"这种感觉"四个字。

*②我们听到**一个中学生奋不顾身同罪犯搏斗的英勇事迹对我们教育很大**。

答:把"我们听到一个中学生……的英勇事迹"跟"一个中学生……的英勇事迹对我们教育很大"这两个分句纠缠在一起。全句可改为"我们听到一个中学生奋不顾身同罪犯搏斗的英勇事迹,受到很大教育"。或者在"对我们教育很大"前面加"这件事",并在"这"字前面加个逗号。

二. 检查语病的方法

(一) 朗读法

--朗读法是清晰响亮地把语句念出来的方法。这种方法是在视觉语感的基础上突出听觉语感,是让两种语感双管齐下,更易判断出顺口不顺口、顺耳不顺耳的地方,找出语病的所在。

例如:

*他妹妹有二个孩子,一个男孩当教师,一个女孩当护士。

这个句子读到"二个"时，就觉得别扭，毛病正在这里，因错用了"二"字。要改为"两"才顺口。因违反了一条语法规律：个体量词前面用"两"不用"二"，如"两条、两张、两把、两块"等。只有"位"是例外，"两位、二位"都合法。

(二) 简缩法

--简缩法是先检查句子的"主干"，后检查句子"枝叶"的方法。"主干"指的是句子的主语中心、谓语中心，有时还有宾语中心。"枝叶"指的是附加成分。在查主干、拔枝叶时，为了符合原意，有时要保留必要的枝叶（如否定词等）。检查时拔开枝叶，先看主干是否有毛病，这样，可使句子结构简单，有没有毛病也容易发现。

例如：

*①四个现代化的伟大目标将由你们来完成。

答：拔开枝叶之后，剩下主干，就容易看出主语中心"目标"和谓语中心"完成"搭配不当。因为"目标"是实现不实现的问题，"任务"才是完成不完成的问题。所以把"目标"改为"任务"或把"完成"改为"实现"。

*②《杂文报》文风严肃，形式多样，的确起到了激浊扬清、贬恶扬善的效果。

答：最后一个分句的主干是"《杂文报》……起到了效果"。可见谓语中动语和宾语中心搭配不当。"起到"应改为"产生"，或将"效果"去掉，改为"作用"。

☆如果句子的主干没有毛病，则检查枝叶和主干的关系，看附加成分与中心语是否搭配，有无多余和残缺等。

例如：

*③由于坚持植树造林，这一带基本上根除了风沙灾害。

答：状语"基本上"同中心语"根除"搭配不当。"基本上"是大体上，不是全部；"根除"是彻底铲除。"大体上铲除"怎么算根除呢？可把"根除"改为"消除"，或者只把"基本上"删去。

*④供应清宫饮水的运水车，经常往返玉泉山运水。

答:"往返"有在起点和终点间来回的意思。"往返于玉泉山"却是单向的,怎么会把水运到清宫呢? 所以中心语和补语搭配不当,可以改为"……经常到玉泉山运水",或者删"运水",加"与清宫之间"。

☆如果句子的主干、附加成分与中心语都无毛病,那么就要检查附加成分,即枝叶本身有无毛病了。

例如:

*⑤为了推广利用菜籽饼或棉籽饼喂猪,加速发展养猪事业,这个县举办了三期饲养员技术培训班。

答:句首状语是个介宾短语,但宾语里的动语"推广"是个名宾动词,要求带名词性宾语,却带了谓词性宾语,所以应改为"推广利用菜籽饼或棉籽饼喂猪的经验"。

*⑥这次到会的代表提交了各种中医、藏医学术论文91篇。

答:句子的主干"代表提交论文"没有问题,但检查枝叶却发现"学术论文"前的两个定语语序倒置了,"各种"不应当放在"中医、藏医"的前面。事实上中医、藏医各有一种,谈不上"各种"。

☆如果句子有联合成分,就要逐项检查联合项能否搭配。

例如:

*⑦通过太空通讯卫星的直播线路,人们可以看到北京奥运会上精彩纷呈的体育比赛和观众的热烈喝彩声。

答:"看到"后面的宾语是一个联合短语,其中的"观众的热烈喝彩声"和谓语中心"看到"不能搭配,可改为"……看到北京奥运会上精彩纷呈的体育比赛和听到观众的热烈和彩声。"

(三) 类比法

类比法是造一些与原句结构类似、词语性质相同的句子同原句比较,以判断原句是否正确的方法。

例如:

*①作家们把自己对城市的感受没有倾吐出来。

这个句子是否正确?我们可按照原句的格式仿造几个意义不同的句子,在一起比较。如果仿造的句子都能成立，原句就是正确的，否则就是错误的。

下面三局是仿造句：
  *②她把自己对他的感情没有说出来。
  *③他把自己对小李的印象没有谈出来。
  *④他把自己对张勇的要求没有提出来。

根据我们的预感，知道仿造的三句是不能成立的，正确的说法是：
  ①她没有把自己对他的感情说出来。
  ②他没有把自己对小李的印象谈出来。
  ③他没有把自己对张勇的要求提出来。
  ④作家们没有把自己对城市的感受倾吐出来。

再如：
  *①工作越忙也要注意休息

这句话通不通，也可用根原句同结构的格式来类比。

  *②生意越火也要注意讲信用。
  *③天气越冷也要注意锻炼。

后两句显然不能说，可见原句是有问题。正确的说法是：

  ①工作越忙越要注意休息。
  ②生意越活越要注意讲信用。
  ③天气越冷越要注意锻炼。

原句是把"越……越……"（工作越忙越注意休息）和"再……也……"（工作再忙也要注意休息）两种格式杂糅在一起，造成语病的。把"越"改为"再"也通。

三．修改语病的原则

（一）分析和修改相结合

正确的分析是保证修改正确的前提。分析和修改是同步进行的，不能分开。所谓正确分析就是利用语法知识，分析语病、修改语病。

例如：

＊省委、省政府认真总结了造成这种落后状态的经验教训，明确树立起依靠科学技术，加快解决这一突出矛盾。

答：该例是"宾语中心残缺"，应该在"依靠科学技术"后面加上"的思想"。实际上也是动宾搭配不当。语法知识告诉我们，动语"树立"是名宾动词，只能带名词性宾语，不能带谓词性宾语，应把宾语改成"依靠科学技术的意思"。

（二）修改要符合原意

要符合原意就要做到原句有的意思不要删，原句没有的意思也不要添。

例如：

＊①2008年5月是一个多么令人难忘的日子啊！

②2008年5月12日是一个多么令人难忘的日子啊！

③2008年5月是一个多么令人难忘的岁月啊！

答：例①是一个病句，因为"5月是日子"搭配不当，如果改成②，句子虽然没有毛病了，却增加了原句没有的意思。例③改得恰当，符合原意。

（三）修改要保持原句的结构

汉语的语法结构是形式和意义的结合体，结构变化了，意义也会变化；意义变化了，就不符合原意了。

例如：

＊①焦思成被送手术室，躺在高高的乳白色的铁架手术床上。

②焦思成进了手术室，躺在高高的乳白色的铁架手术床上。

③焦思成被送进了手术室，躺在高高的乳白色的铁架手术床上。

答：例①是病句，如果改成②句，虽然通顺了，但由于改成了主动句，结构发生了变化，意义发生了变化，正确的改发应该是③句。因为"手术室"是个处所宾语，动词"送"要有趋向动词作补语才能搭配。

（四）修改不要顾此失彼，出现新问题

有些句子毛病复杂，内部有些牵连，改动一处却又影响到另一处，照顾不周，容易顾此失彼，出现新问题。

例如：

原句：我们应该苦学习，否则不学习，就很难把自己培养成建设祖国的有用人才。

改句：*①我们应该刻苦学习，不学习，就很难把自己培养成建设祖国的有用人才。

*②我们应该刻苦学习，如果不学习，自己就很难成为有用的建设祖国的人才。

③我们应该刻苦学习，否则就很难把自己培养成为有用的建设祖国的人才。

答：原句的毛病出在"否则不学习"上，有两个错误：一是"否则"已包含有"假如不……"的意思，后面再加"不学习"，语意重复；二是"不学习"和"应该刻苦学习"不能构成直接的反义关系，前面讲"应该刻苦学习"，后面只能用"不刻苦学习"而不是"不学习"。

改句①虽然改掉了"否则"解决了语意重复问题，但并未改偷换概念问题，顾此失彼。改句②该改没改，不该改的改了，"有用的"移到"建设祖国"的前面不对。改句③考虑比较周全，即没有语意重复，又没有偷换概念问题。

（五）小改比大改好

修改病句尽量少增少减，能调动语序不改一字的就调动语序。

例如：

原句：*脊椎动物包涵鱼类、两栖类（例如青蛙）、爬行类（例如四脚蛇）、鸟类和哺乳类。

改句：①脊椎动物有鱼类、两栖类（例如青蛙）、爬行类（例如四脚蛇）、鸟类和哺乳类。

②脊椎动物包含鱼类、两栖类（例如青蛙）、爬行类（例如四脚蛇）、鸟类和哺乳类。

③脊椎动物包括鱼类、两栖类（例如青蛙）、爬行类（例如四脚蛇）、鸟类和哺乳类。

答：原句"包涵"用得不对，是"包含"之误。改句①②③都可以，改句③改得更切合原意。

第九节　复句

一. 概说

（一）复句的特点：

1. 复句是由两个或两个以上意义上相关、结构上互不作句法成分的分句加上贯通全句的句调构成的。

例如：

北京‖是｜中国的政治中心，[又]是｜中国的文化中心。

☆从复句的主语看，各分句的主语可以相同，也可以不同；可以省略，也可以不省略。

例如：

① 面对未来，我们豪情满怀。（蒙后省）

（两个分句主语相同，前一分句主语蒙后一分句主语"我们"省略了。）

② 他是我的一个本家，应该叫他五叔。（承前省）

（第二分句主语承第一分句定语"我"省略；这是分句主语不同，而不是承前主语省略的例子。）

2、一个复句只有一个句调，书面上用句号、问号或感叹号表示；分句之间一般都有**停顿**，书面上一般用逗号、分号或冒号来表示。

例如：

① 这是一个不幸的人：二老双亡，无亲无故，孑然一身。

② 你什么情况也不了解，就准备到电视台去赚钱？

3、复句之间经常使用**关联词语**连接分句，关联词语是复句重要的语法标志，是表达分句之间结构关系和语义关系的重要语法手段。

例如：

历史不是简单的重复，而是在更高阶段上的发展。

(二) 复句与单句的区别

单句由一个词或一个短语构成,而复句由两个或两个分句构成。

区别	复句	单句
从结构上	复句的分句之间在结构上互不包含,互相不作句子成分。 例如: ① 他们爱祖国,爱人民,爱正义,爱和平。 ② 小王‖已经同意了,小张‖呢?	构成单句的直接成分之间在结构上互相包含,存在着主谓、偏正、动宾、中补、联合等结构关系。 例如: ① 我们商量一下,‖好不好? ② 历史‖证明,人民的力量是不可战胜的。
	需要注意的是,主谓短语充当分句时,与另一个句的关系是**平等**的,这与主谓短语作句子中的一个成分是不同的。 白云朵朵,阳光灿烂。-----→ 分句间是并列关系。 <u>农民在农闲时节进城打工</u>,‖已经不是什么稀罕事儿了。 我‖这才明白,田里的活儿都是那小姑娘干的。	
从关联词语上:是否使用关联词语	关联词语是表达分句之间结构关系和语义关系的重要语法手段,大多数复句在分句之间使用关联词语。但是有关联词语的句子不一定都是复句,关联词语也可以出现在单句中。有少量表示条件、假设关系的关联词语"无论……都"、"只有……才"、"除非……才"、"就是……也"、"哪怕……也"等,既可以用在复句的不同分句里,也可以用在单句的句法成分之间。不能只看句中有复句惯用的关联词语就认为是复句。 例如: ① 无论(什么)人,‖都不能不承认这个道理。("无论"表示状语所说无例外。) ② 只有(热爱工作)的人,‖才能热爱生活。("只有"表示主语是必备的条件。) ③ 无论[在什么条件下],‖他都能完成任务。 **把关联词语去掉就可清楚看出前后是互作句法成分,没有分句与分句之间的关系。**	

从语音停顿来区别：标点符号不同	标点符号的使用是区别**并列复句**与**联合短语**，**承接复句**与**连谓短语**的重要标志。单句和复句结尾都使用句号、问号或感叹号等成句标点，但单句句中一般不用标点符号，复句各分句之间要使用逗号或分号。 例如： ① 她‖<u>又会唱歌</u><u>又会跳舞</u>。（联合短语作谓语的动词谓语句） ② 她又会唱歌，又会跳舞。（后一分句省略主语的并列复句） ③ 指导员‖<u>走过去</u>|<u>把伤员抱了起来</u>|<u>放到担架上</u>。（连谓短语充当谓语的单句。） ④ 指导员走过去，把伤员抱了起来放到担架上。（后一分句省略主语的承接复句。） 一般来说，联合短语和连谓短语用逗号隔开，句子就由单句变为复句。 注意：有些单句中，主语、介词短语、方位短语比较长，后面需要停顿；或者带长宾语的动词后面有时也有停顿。 例如： ① 白雪皑皑的喜马拉雅山，‖巍然屹立在西藏南侧。 ② [按照市场行情]，公司‖及时对商品价格进行了调整。 ③ 我心里明白，<u>这一切都是他给我造成的</u>。

（三）复句中的关联词语

关联词语是起关联作用的连词、副词以及一些短语。

1、关联词语的作用

关联词语是复句重要的语法标志，是表达分句之间结构关系和语义关系的重要语法手段。

有些复句必须使用关联词语，否则就无法理解。

例如：

  如果不是他在这里，事情也许还不至于这么复杂。

  这些人面临的不是死亡，而是新生和不朽。

2、关联词语的种类

①连词：连词连接分句，表示分句之间的结构关系和语义联系，本身没有修饰，限制或补充的作用，不作句子成分。

| 因为 | 所以 | 虽然 | 但是 | 不但 | 而且 | 然后 |
| 于是 | 只要 | 既然 | 如果 | | | |

例如：

  ⓐ 因为谁也不愿意失败，所以必须自强不息，努力奋斗。

  ⓑ 这些人虽然嘴里说不害怕，但是心里却感到十分恐惧。

  ⓒ 他不但聪明，而且学习非常用功。

②关联副词

关联副词既起关联作用，又能在句子中充当句子成分。

| 也、才、再、便、就、又、都、还、却、既、越 |

例如：

  ⓐ 村里的老乡不管对她有什么看法，都因这一点而喜欢她。

  ⓑ 他们一般初中毕业就休学了，不在家干农活就到外地打工。

③起关联作用的固定短语

| 反之、如果说、若不是、不但不、就是说、还不如、为的是、之所以、正由于、正是因为、总而言之、一方面……另一方面 |

例如：

  ⓐ 如果说天赋是重要的因素，努力奋斗就是决定的因素。

  ⓑ 早知道他这么拖拖拉拉地没有个头绪，还不如当初让你去。

  ⓒ 这些人一方面大唱高调，另一方面却大捞外快。

  ⓓ 正是因为他坚持不懈地努力拼搏，才赢得了最后胜利的机会。

④非疑问用法的疑问代词

  如："谁"、"哪里"等

例如：

  ⓐ 谁愿意去，谁就去。

ⓑ 哪里有危险，哪里就有解放军战士的影子。

⑤助词"的话"

"的话"是个表示假设语气的助词，常与"如果、假如、要是"等关联词语表示分句之间具有假设和结果的关系。

例如：
ⓐ 要是昨天动身的话，今天就该到了。
ⓑ 假如我是你的话，我不会这么爽快答应的。
ⓒ 人手不够的话，让我去好了。

二、复句的意义类型

根据分句间的意义关系划分，复句可以分为**联合复句**、**偏正复句**两大类。

（一）联合复句

联合复句中各分句间的语法关系是平等的，没有主次之分，处于同一层次。

按分句间的逻辑语义关系，可分为：

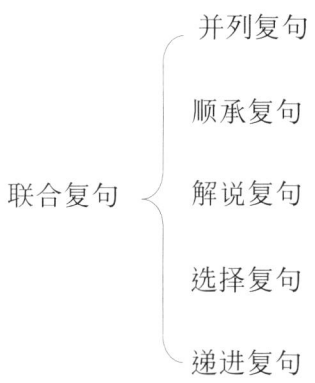

1、并列复句

前后分句分别叙述或描写有关联的几件事情或同一事物的几个方面。分句间或者是**平列关系**，或者是**对举关系**。

常用的关联词语有：

平列	合用	既A，又(也)B　　又(也)A，又(也)B　　有时A，有时B 一方面A，(另、又)一方面B　　一边A，一边B 一会儿A，一会儿B
	单用	也　又　同时　同样　另外
对举	合用	不是A，而是B　　并非A，而是B　　是A，不是B
	单用	而　　而是

平列关系：就是分句间表示的几件事情或几个方面并存。平列关系的关联词语有前后分句成对使用(合用)的，也有只在后一分句单独使用(单用)的。

例如：

① 他一边收拾行李，一边认真思考刚才谈的问题。

② 绿既是美的标志，又是科学、富足的标志。

③ 国家推广普通话，推行规范汉字。

对举关系：又称对待关系、就是前后分句的意义相反相对，表示两种情况或两件事情对比对立，也就是用肯定和否定两个方面对照来说明情况或表达所要肯定的意思。关联词语可以成对使用，也可以只在后一分句单用。

例如：

① 人的明智并非同经验成正比，而是同经验的吸收力成正比。

② 我不是要人装傻，而是要人保留一份纯真。

并列关系常用意合法。

例如：

感情的短处在于会使人迷失方向，科学的长处在于它是不动感情的。

简单的并列复句里的分句之间的停顿一般用逗号，只有多重的并列复句里分句间采用分号。

例如:

前年的今日,我避在客栈里,他们却是走向刑场了;去年的今日,我在炮声中逃在英租界,他们则早已埋在不知哪里的地下了;今年的今日,我才坐在旧寓里,人们都睡着了,连我的女人和孩子。

2、顺承复句

前后分句按时间、空间或逻辑事理上的顺序说出连续的动作或相关的情况,分句之间有**先后相承的关系**。顺承复句又称**连贯复句、承接复句**。常用的关联词语有:

合用	首先(起先、先)A,然后(后来、随后、再、又)B 刚A,就B　　一A,就B
单用	便　就　又　再　于是　然后　后来　接着　跟着　继而　终于

例如:

① 她先开了柜子上的锁,拿出了衣服,又开了首饰匣子上的锁,取出了项链戴好。

② 世界上有思想的人应先想到事情的结局,随后着手去做。

③ 她进入这个世界,便奉献给这个世界以真诚。

顺承关系常用意合法。

例如:

④ 愿为事业献青春,献了青春献终身,献了终身儿孙。

⑤ 金山取了笔记本,走了。(如果分句之间的停顿取消了,书面上没有逗号,就变成了单句中的连谓句;反之,有少数单句中的连谓句,几个连续动作中间架上停顿,书面上增加逗号,就会变成顺承复句。)

有的属于顶真修辞格的句子,可以看作顺承复句。

例如:

⑥ 反正说的都离不开修沟,修沟反正是好事,好事就得拍巴掌,拍巴掌反正不会有错儿。

顺承关系分句的次序是**按逻辑顺序相继而下**，作鱼贯式排列，一般不能变换次序。这跟并列关系不同，**并列关系的分句是雁行式排列**，往往可以变换次序。

3、解说复句

分句间有解释和总分两种关系。解释关系的后头分句对前头分句进行解释；一般不用关联词语，也有少数在后一分句单用"即、就是说"等关联词语的。

例如：

① 我们的祖先在历史的黎明时便幻想出一个神话式人物，叫大禹。

② 说假话的人会得到这样的下场，即他说的真话也没人相信。

总分关系有先总说、后分述的。

例如：

③ 调查有两种方法：一种是走马观花，一种是下马关花。（总分关系的复句里总与分之间常用冒号。）

④ 乐观主义者和悲观主义者的区别非常可笑，前者看到的是面包圈，后者看到的是那个窟窿。

有先分述、后总说的。

例如：

⑤ 对自己，"学而不厌"，对人家，"诲人不倦"，我们应取这种态度。

还有先总说、再分述、最后总说的。

例如：

⑥ 这样看来，有两种不完全的知识，一种是现成书本上的知识，一种是偏于感性和局部的知识，这二者都有片面性。

4、选择复句

分句间有选择关系，有的分别说出两种或几种可能的情况，让人从中选择，这叫未定选择，这类选择复句又分**数者选一**(又称任选)和**二者选一**(又称限选)两类；

有的说出选定其中一种，舍弃另一种，这叫**已定选择**，又称决选，这类选择复句又分先舍后取、先取后舍两类。常用的关联词语有：

未定选择	数者选一	合用	或者(或、或是)A，或者(或、或是)B　　是A，还是B
		单用	或者　　或是　　或　　还是
	二者选一	合用	不是A，就是B　　要么A，要么B　　要不A，要不B
已定选择	先舍后取	合用	与其A，不如B(无宁、宁肯、还不如、倒不如)B
		单用	还不如　　倒不如
	先取后舍	合用	宁可(宁、宁肯、宁愿)A，也不(决不、不)B

(1) 未定选择

在未定选择中，数者选一表示或此或彼的意思，即任选关系，说话人态度灵活。

例如：

① 或者你去上海，或者你去南京，或者你哪里都不去。

② 在晴朗的月夜里，海横在天边就像一根发亮的白带，或者像一片发亮的浅色云彩。

不管是合用还是单用，"或者、或是、或"都表示陈述式选择，"是……还是"、"还是"表示疑问式选择。

例如：

③ 他是忘了，还是故意不来？

在未定选择中，二者选一表示非此即彼，即限选关系。分句在意义上互相排斥，二者必居其一，语气肯定，关联词语必须成对使用。

例如：

④ 不是鱼死，就是网破。

⑤ 要么被困难吓倒，要么把困难克服。

△有时，或此或彼类关联词语在一定的语境中也可以表示"非此即彼，二者必居

其一"。但又不同于明确的"非此即彼"类,语气要舒缓得多。

对比	是妥协退让,还是团结斗争。
	不是妥协退让,就是团结斗争。
	或者把老虎打死,或者被老虎吃掉。
	不是把老虎打死,就是被老虎吃掉。

(2) 已定选择

先舍后取的已定选择可以成对使用关联词语, 也可以只在后一分句单用关联词语。

例如:

① 哎呀,你这样做太慢了,还不如他那样做来得快。31)

先取后舍要成对使用关联词语。

例如:

② 我宁可自己多做些,决不愿意把工作推给别人。

③ 我们宁要少而精,也不要多而杂。

具有取舍意义的复句表示在两种情况中衡量得失,选择其中较好,舍弃其中较差的。**先舍后取的句子,语气比较委婉;先取后舍的句子,语气比较坚定,是一种强调的说法。**

5. 递进复句

① 分句之间的顺序固定,不能随意变动。
② 递进复句分为**一般递进关系和衬托递进关系**两类。
③ 递进关系必须使用关联词语。

常用的有:

---

31) 句中的感叹语是独立语,不算一个分句。例①只有两个分句。

一般递进	合用	不但(不仅、不只、不光、非但)A,而且(还、也、又、更)B
		不但A,反而B
	单用	而且　并且　况且　甚至　以致　更　还　甚至于
衬托递进	合用	尚且A,何况(更不用说、还)B
		别说(慢说、不要说)A,连(就是)B也(都)
	单用	尚且　　何况　　　反而

例如：

① 观众席里坐满了人，**并且**连靠墙的两边通道上都站满了人。

② 他们都有充足的信心金榜题名，**而且**幻想着将来有一番大作为。

△**递进复句与并列复句**

主要看所用的关联词语。有些递进复句通过改变或删除关联词语就可以转换为并列复句。

例如：

○哥白尼的地动学说**不但**带来了天文学上的革命，　**而且**开辟了各门学科向前迈进的新时代。

○哥白尼的地动学说带来了天文学上的革命，又开辟了各门学科向前迈进的新时代。（※原句强调后一分句的意思也就消失了。）

◇**一般递进关系的例子如:**

① 我们不仅要学习他的学术著作，更要学习崇尚科学、严谨治学、淡薄名利、甘于奉献的崇高品格。

② 这次展出的年画，数量多，而且题材新颖、形式风格多样。

③ 他认识我，甚至连我的小名都知道。

•**正面递进**

以上的**一般递进复句**，两个分句都表示肯定，层层推进。合用关联词语，递进的意思比单用关联词语的强些。用"不但A，而且B，甚至C"关联，可以多层递进。

例如：

④ 参加培训班的学员，不仅有本校的学生，而且有外校的学生，甚至不少社会青年也来报名参加。

• **反面递进**

还有一种比较特殊的一般递进，前一分句表示否定，后一分句表示肯定，从反面把意思推进一层。

例如：

⑤ 你这样说不但不能解决问题，反而会影响团结。

◇ **衬托递进**

衬托递进复句，前面分句是后面分句的衬托，后面分句的意思推进一层。这是一种强调的说法。 关联词语可以合用，也可以只用承上关联词语，或只用启下关联词语。

例如：

⑥ 见面尚且怕，更不必说向他提意见了。

⑦ 老年人热情都那么高，何况我们青年人呢？

⑧ 城里尚且买不到，乡下她哪里能得到手呢？

衬托递进复句也可能多层递进，常用关联词语"尚且A，何况B，更何况C"关联。

例如：

⑨ 现在年近40的教授尚且考博士，何况他刚刚过了30岁，更何况他仅仅是个副教授。

（二）偏正复句

① 正句与偏句之间的关系是不平等的，有主有次，有正有偏。

② 正句承担了复句的**基本意思，是基本的、是主要的**；偏句修饰或限制主句，是**辅助的、次要的**。

③ 偏正复句可分条件、假设、因果、目的、转折五小类。

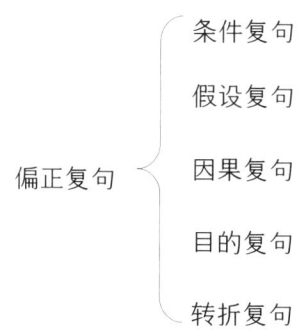

1、条件复句

例如：只要你同意，咱们就一起去。

条件关系分**有条件**和**无条件**两类，有条件又分**充足条件**和**必要条件**两类。

常用的关联词语有：

有条件	充足条件	合用	只要(只需、一旦)A,就(都、便、总)B
		单用	便　就
	必要条件	合用	只有(唯有、除非)A,才(否则、不)B
		单用	才　要不然
无条件		合用	无论(不论、不管、任、任凭)A,都(总、总是、也、还)B

（1）有条件的条件句

A、充足条件句

偏句是正句的**充足条件**，正句表示这种充足条件所产生的结果，但不排除其他条件。语气和缓。

有A，就有B，无A，未必无B。

例如：

① 只要你说得对，我们就照你的办。

② 一旦掌握了要领，就很容易深入下去了。

③ 平凡的工作只要和远大的理想结合起来，便会产生极大的乐趣。

B、必要条件句

偏句是正句成立的必要条件，缺少了这个条件，正句提出的结果就无法实现。语气坚定。

例如：

④ 只有春天到了，才能见到这种鲜花。

⑤ 除非是到了春天，你才能看到这遍山的杜鹃花。

⑥ 除非各方都有合作的愿望，否则不能达成协议。

⑦ 能看懂印度文学原著，才谈得上对中印文学作真正的比较研究。

必要条件经常是唯一条件，如例④，但有时不是唯一条件。

例如：

⑧ 向还没有开辟的领域进军，才能创造出新天地。

"只有……才"和"除非……否则"所表达的意思有差别。"只有……才"从正面强调必要条件，"除非……否则"从突出结果方面来强调必要条件。"否则"的意思是"要是没有前面分句所说的条件，那么就……" 如例⑥等于"除非各方都有合作的愿望，要是各方没有合作的愿望，那么就不能达成协议"。

（2）无条件的条件句

偏句排除一切条件，正句表示无论在什么情况下都会产生同样的结果。不以偏句的条件变化为依据。

例如：

① 不论处在什么厄运中，都不要失去理想！

② 无论什么时候找到他，他总是很真诚、很热心地对待我们。

③ 不管穷人富人，男儿女娃，在读书问题上都是平等的。

注意：**单句**有时也表无条件的条件。

例如：

国无论大小，都各有长处和短处。

无论哪一国，都有长处和短处。

2、假设复句

偏句提出假设，正句表示假设实现后所产生的结果。假设关系分**一致关系和相背关系**两类。常用的关联词语有：

一致	合用	如果(假如、假使、假若、假设、倘若、若是、若、要是、万一)A，就(那么、那、便、则)B
	单用	那　那么　就　便　则　的话
相背（让步）	合用	即使(就是、就算、纵使、纵然、哪怕)A,也(还)B　　再A,也B
	单用	也　还

（1）一致假设复句

分句所表示的**假设与结果是一致的**，如果假设成立，结果就成立。

例如：

① 如果不互相尊重，爱也难以持久。

② 要是你不去，那么谁去？

③ 假如你认为有必要的话，我就设法去办。

④ 你临时有事的话，可以打个电话来。

"的话"是表假设的助词,用在表假设的分句后。

"如果说……那么"是一种新兴的用法,前一分句所表示的是已然的事实,但故意当作"假设"提出来,以便利用这种句式所表示的充足条件关系来强调后一分句的肯定。

例如:

⑤ 如果说,南郭先生的装腔作势,只是骗了一个齐宣王,那么,在革命队伍里装腔作势,那就是骗党,骗群众。

一致假设也可以用意合法。(一致假设有时不用关联词语)

例如:

⑥ 你考上了大学,你妈的病一定好。

⑦ 不把这件事情忘掉,你永远走不出感情的误区。

☆ 一致假设复句与条件复句的区别:

① 如果你说得对,我们就改正。

② 只要你说得对,我们就改正。

相同点: 偏句都表示未实现的情况,表示充足条件,有了这个条件,就会有这个结果,所以可以互换。

不同点: 不同在于侧重点不同,例①侧重于假设;例②侧重于条件。

(2)让步假设复句

前一分句先提出一种假设的事实,并且退一步承认这种假设的真实性,后一分句转而述说相反或相对意思。

例如:

① 即使没人提醒,你也应该时时严格要求自己。

② 纵然有天大的困难,也吓不倒我们。

☆一致假设与让步假设的区别

一致假设中条件假设和结果总是一致的；而让步假设则不强调一致；一致假设的偏句重在假设，而让步假设中偏句被一种事实陈述，假设的意味较轻。

例如：

一致假设：

如果你不说要去，那么我也不会这么积极去。

如果你一家一家地看下去，你便很快会发现你是进了一个迷宫。

让步假设：

纵然尽最大的努力，也无从传达出这些诗中的音乐美。

即使你们都不去了，我也要去。

☆让步假设复句与转折复句的区别

例如：

即使天气冷，河水也不结冰。（让步）

虽然天气冷，河水也不结冰。（转折）

让步复句转折复句都含有转折的意味，但是转折复句中偏句陈述的是已然的真实的事实，而让步复句中偏句陈述的是假设的事实。

3、因果复句

偏句说出原因或理由，正句表示结果。因果关系分说明因果关系和推论因果关系两类。常用的关联词语有：

说明	合用	因为(因、由于)A,所以(才、就、便、故、于是、因此、因而、以致)B 之所以A,是因为(是由于、就在于)B
	单用	因为 由于 是因为 是由于 所以 因此 因而 以致 致使 从容 以至(于)
推论	合用	既然A,那么(就、又、便、则、可见)B

单用	既然　　既　　就　　可见

(1) 说明因果关系

说明因果关系关联词语可以合用，也可以在后一分句或前一分句单用。**合用关联词语表达比较郑重、严密，书面语中用得较多。**

单用表"因"关联词语，侧重原因表达，单用表"果"关联词语，侧重结果表达；口语中常使用。

例如：

① 因为马克思有广博的知识做基础，所以他能够建筑起他的学术的高塔。

② 由于他是中文系毕业，所以同我这个爬格子的人有许多共同的语言。

③ 19世纪中叶，由于物理学发展了，人们开始用光谱分析、光度测量和照相术等方法研究天体。

☆ "因为"和"由于"略有不同。

"因为"常和"所以"合用，"由于"常单用，也可以和"因此、因而"合用。

为了强调原因，可以在"因为"等前面加上"正、就、正是、就是"等词语。

例如：

④ 正因为他喜欢你，才有这样的行动。

☆ "因此、因而"单用在后面分句，作用相当于"因为……所以"，但这两个关联词仍有区别。"因此"联系的分句含有"因为这样，所以……"的意思，"因而"联系的分句所叙述的事实有连续关系。

例如：

⑤ 知识的海洋是无穷无尽的，因此，学习是无止境的。

⑥ 今天进城要办的事情很多，因而一清早他就出门去了。

☆ "以致、致使"多用于后果不好的情况或说话人所不希望的结果；"以至(于)"引出的结果一般不侧重于好或坏。

例如：

⑦ 他优柔寡断，以致坐失良机。

⑧ 河里结了冰，致使轮船不能开航。

⑨ 形势变化很快，以至使很多人感到惊讶。

（2）推论因果关系

推论因果关系关联词语可以合用，也可以单用。偏句提出理由或根据，正句是从理由或根据推出的结论。

例如：

⑩ 我们既然拿来了，就不带回去了。

⑪ 基本公式都弄错了，可见没有认真学。

⑫ 既然我把那么深厚的感情灌注在我的歌里，她怎么会听不见呢？

（例⑫的正句用反问的形式，有加强肯定语气的作用。）

☆ 推论因果可以<u>由因推果</u>，也可以<u>由果推因</u>。

例如：

⑬ 既然产品又好又实用，就一定畅销。

⑭ 既然畅销，产品就一定又好又实用。

☆ "既然"和"所以"合用，这是较新又较普遍的用法。

例如：

⑮ 既然他抱定了成见，所以大家跟他讲的他都听不进去。

☆因果复句普通偏句在前，==有时偏句在后==，这是为了突出正句，偏句有补充说明的作用。

例如：

⑯ 不要揭露别人的隐私，因为在你侮辱他人时，你的信誉也将受到损害。

4、目的复句

偏句表示行为，正句表示行为的目的。关联词语都单用。目的关系可分为==求得什么==和==求免什么==两类。常用的关联词语有：

求得 (得到)	单用	以　　一便　　以求　　用以　　借以　　好　　好让　　为的是
求免 (避免)	单用	以免　　免得　　省得　　以防

(1) 求得类

用求得类关联词语，**表示希望达到什么目的。**

例如：

① 迅速推进，以便早日打败敌人。

② 你把意见整理一下，明天好交大会讨论。

③ 我们把政策交给群众，为的是更好地取得群众的帮助和监督。

(2) 求免类

用求免类关联词语，**表示要避免某种不希望的情况发生。**

例如：

④ 迅速推进，以免被敌人打败。

⑤ 我把发动机重新检查了一遍，以防中途发生故障。

⑥ 麻烦你把这本书捎给他，省得我再跑一趟。

※这类句子后一分句的主语往往承前省略。"以免"用于书面语,"省得"用于口语。

☆如果分句间**在语意上表示的目的关系很明确**,也可以不用关联词语。

例如:

⑦ 小王学习特别勤备,想毕业后报考研究生。

☆实际上**求得句**和**求免句**是互通的。"以便"之类词语后面如果是否定意思的,只要把否定意思改为肯定意思,"以便"等便可以改为"以免"类词语,求得句就变成了求免句。

例如:

⑧ 她总是认真学习,以便保留模范的称号。

→ 她总是认真学习,以免丢失学习模范的称号。

如果把"以免"改成"以便避免",求免句就变成了求得句。

例如:

⑨ 迅速推进,以免被敌人打败。

→ 迅速推进,以便避免被敌人打败。

5、转折复句

前后分句的意思相反或相对,即后面分句不是顺着前面分句的意思说下去,而是突然转成同前面分句意思相反或相对的说法,后面分句是说话人所要表达的正意。根据前后分句意思相反、相对程度的强弱,转折关系分 重转、轻转、弱转 三类。

常用的关联词语有:

重转	合用	虽然(虽是、虽说、虽则、虽、尽管、固然)A,但是(可是、然而、但、却、还、也、而)B
轻转	单用	虽然　但是　但　然而　可是　可　却
弱转	单用	只是　不过　倒

重转关系分句间的意思是先让步后转折，相反意味很重，又叫让步转折句。**关联词语要合用。**

例如：

① 虽然权势是一头固执的熊，可是金子可以拉着他的鼻子走。

② 虽然二诸葛说是千合适万合适，小二黑却不认账。

"尽管"比"虽然"语气重。例①的"虽然"如换成"尽管"，语气便重多了。

再如：

③ 很多人尽管讲起来一样头头是道，打起仗来却有胜负之分。

轻转关系的转折意味比重转轻，单用启下或承上关联词语。

例如：

④ 虽然有八辆大卡车，我看今天下午拉不完。

⑤ 麻雀虽小，五脏俱全。

⑥ 她曾经是个柔弱的女孩子，可是岁月的风刀使她变得坚强起来。

弱转关系分句间意义上的相对往往不那么明显，转折语气较弱，只用承上关联词语。

例如：

⑦ 事情到了后头，他倒不干了。

⑧ 兄弟并没有什么过人之处，不过为人率直罢了。

⑨ 他是应该来的，只是没有时间。

转折复句一般偏句在前，有时也可以偏句在后，这是要突出正句，偏句便有补充说明的作用。

例如：

⑩ 今晚却很好，虽然月光也还是淡淡的。

并列、递进、条件、假设、因果等关系的复句有时在后一分句加"但（却）"就带有转折复句的性质，形成**混合关系复句**。

例如：

① 他既想到基层去工作，但又怕有些关系不好处理。（并列转折混合复句）

② 这位厂长一方面在岗位上作出了贡献，但另一方面也存在不少缺点。

（同上）

③ 那人不但不闹，却反而给对方办了不少好事。（递进转折混合复句）

④ 无论你怎样审问，他却总是不开口。（条件转折混合复句）

⑤ 如果说职称还可以以后补上的话，那么人品却遗臭万年了。

（假设转折混合复句）

⑥ 即使腰缠万贯，他却还很节俭。（假设转折混合复句）

⑦ 既然天很热，那么为什么却要穿棉衣呢？（因果转折混合复句）

三、多重复句和紧缩句

（一）多重复句

根据结构层次多少划分，复句可以分为一重复句和多重复句。只有一个层次的叫一重复句，前面举过很多例子，大都是**一重复句**；有不止一个结构层次的叫**多重复**

句32)。其中又分二重复句、三重复句等。

例如：

① ㊀成功的基础是奋斗，‖㊁奋斗的收获是成功，｜㊂所以，天下唯有不知艰难而奋斗的人，才能走上成功的高峰。

例①包含三个分句，有两个层次，是多重复句。分句㊀和㊁合成一个分句组，表示原因，分句㊂表示结果，用"所以"关联，其间是因果关系，这是第一个层次，用"｜"表示。分句㊀和㊁是并列关系，用意合法，这是第二个层次，用"‖"表示。上面是原句句内加竖线标记法，即㊀‖㊁｜㊂。下面用框式图解法表示：

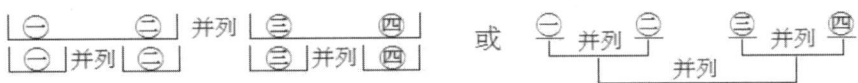

左图是从大到小，层层切分；右图是从小到大，多层组合。

多重复句不同层次上分句之间的关系往往是不同的，也可以是相同的。

例如：

② ㊀山峦清朗，‖㊁湖水名净，｜㊂日里披着阳光，‖㊃夜里罩着星辰。

这个复句的分句之间都是并列关系，但有两个结构层次，叫二重复句。上面的例①有两个层次，又有因果、并列两种关系，也是二重复句。五重以上的复句很小使用，下面举三重、四重复句的例子。

---

32) 不要以为分句多就是多重复句。前面讲复句的意义类型时，顺承复句、例⑥有4个分句，选择复句 例如：①他不是在车间，就是在仓库，要不就在料场。②人们要么尊他为孙老，要么唤他老孙，要么就叫他孙会计。 有三个分句，他们都是一重复句。

③ ㊀北京是美丽的，我知道，│㊁因为我不但是北京人，‖㊂而且到过欧美，‖㊃看见过许多西方的名城。

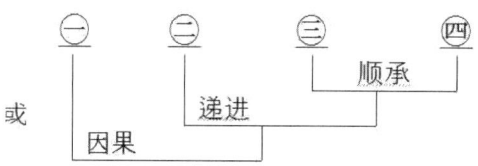

④ ㊀不管是什么人，‖㊁不管地位多高，‖㊂官有多大，│㊃如果高高在上，‖㊄对群众的呼声充耳不闻，‖㊅把自己的意志和权威看得高于一切，‖㊆甚至称王称霸，‖㊇骑在人民头上拉屎拉尿，‖㊈那是不行的。

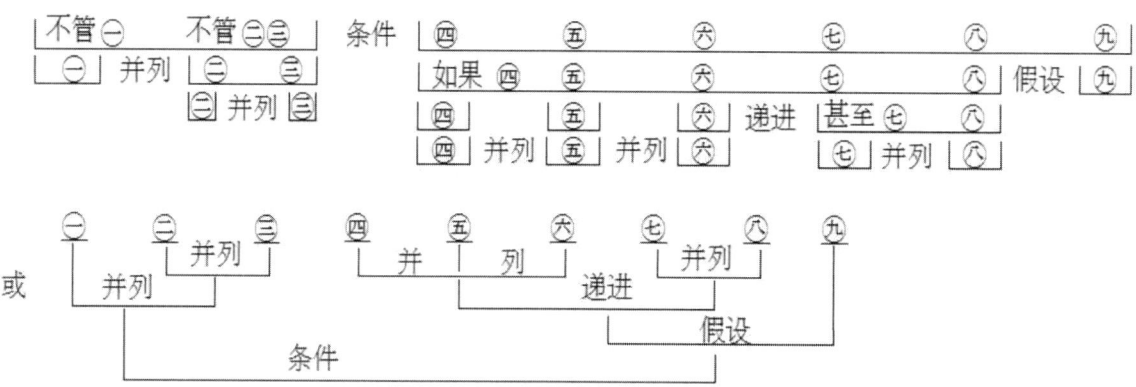

下面总结分析多重复句的步骤：

① 总观全句，确定分句界限和数目，在每个分句开头表明数码。
② 运用层次分析，尽量一分为二，可用竖线标记法，先用单竖线把第一层次的分句隔开，根据关联词语，判定分句间的关系，并在单竖线上方写明前后分句间的关系，然后用双竖线把第二层次的分句隔开，并且写明关系。逐层分析到都是单个分句为止。

为了看清层次关系，可以化繁为简，看准分句中的主干成分，根据关联词语把长分句简化为"因为这么样，所以那么样"、"不但这么样，而且那么样"、"如果怎么样，就会怎么样"，等等。注意，如果有几个关联词语，就要注意每个关联词语管几个分句。

再举例分析如下：

⑤ ㊀我赞美白杨树，｜㊁就因为它不但象征了北方的农民，‖㊂尤其象征了今天我们民族解放斗争中所不可缺少的质朴，坚强，以及力求上进的精神。
                 因果   递进

总观全句，确定全句由三个分句组成，用数码㊀㊁㊂标在每个分句开头；找出关联词语，"因为"表因果，其中"因为"管两个分句，属于第一层；"不但"、"尤其"表递进，是配套的关联词语，属于第二个层次的；凭关联词语知道全句表示原因和结果，分句㊀表示结果，分句㊁和㊂表示原因，在㊀与㊁㊂之间切开，画一单竖线表示第一层次，并在上方写"因果"，表明关系；然后把表"因"的分句组再一分为二，在其间画双竖线表示第二层次，根据关联词语在双竖线的上方写"递进"，表示第二层的关系。

用图表示如下：

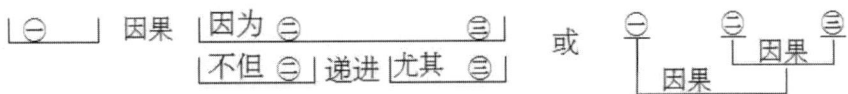

(二) 紧缩句

紧缩句由复句紧缩而成。紧，是紧凑，指语气上紧，隔开分句的语音停顿没有了；缩，是缩减，指结构上有些词语被压缩掉了。**它是分句间没有语音停顿的特殊复句，又叫"紧缩复句"。**

有些简短的一重复句可以压缩成简缩句。

例如：

① 只要天一亮，就出去锻炼。(一重复句)

⇒② 天一亮就出去锻炼。(紧缩句)

紧缩句与单句中的连谓句相像，但不相同，主要区别在于结构上有无关联词语和意义上有无复句所具有的假设、条件等关系。

例如：

③ 他一坐下来就看书。(紧缩句——有关联词"一……就")

④ 他坐下来看书。(连谓句——无关连词语，有顺承关系)

紧缩句精炼明快，常在口语中运用。紧缩句可以成对使用或单用一个关联词语表示分句间的关系，也可以没有关联词语。关联词语大都是起关联作用的副词。

列表于下：

	举例	关系	关联词语
成对的关联词语	不问不开口	假设	不……不
	非去不可	条件	非……不
	不看也会	假设	不……也
	再说也没有用	假设	再……也
	一学就会	顺承或条件	一……就
单个关联词语	做了一个再做一个	顺承	再
	无私才能无畏	条件	才
	在哪儿你都要好好工作	条件	都
	说了又说	并列	又
	想笑又不敢笑	转折	
	说了又怎么样	假设	
	看看就长见识	条件	就
	你请我就来	假设或条件	
	有手你就要工作	条件或因果	
	想想也有几分高兴	顺承	也
	不睡觉也要做完作业	假设	
	想起他也会感动	假设或条件	
	条件不好也干出了成绩	转折	
	他因为下雨不能来	因果	因为
没有关联词语	人勤地不懒	假设	
	争气不争财	转折	
	面善心不善	转折	
	雨过天晴	顺承	

紧缩句一般只表示一重复句的关系，但也有表示多重复句的关系的，如"地肥水美五谷香"，又如"你爱信不信"（你爱信，你就信；你不爱信，你就不信）。"你爱V不V"这类紧缩形式往往带有随对方的便、与己无关的意思，有时带有不满情绪。

同一般复句一样，紧缩句的主语可以相同（例如③），也可以不同（如例②）；可以承前省（如例③）或蒙后省（有手你就要工作）；可以全省（不看也会）或全不省（人勤地不懒)。

紧缩句可以独立成句,如例③,也可充当复句的一个分句。

例如:

⑤ ㊀虽然我一见便知道是闰土,㊁但又不是我记忆上的闰土了。

☆四、复句运用中常见的错误

(一) 分句间缺乏密切联系

*① 中国人民是勤劳的,中国人民决心发展同世界各国人民之间的友谊。

(两个分句间意义互不相干,"勤劳"和发展"友谊"是没有关系的。)

*② 月亮的光辉穿过云雾,广场像用银子铺成的。

(两个分句意义缺乏联系,穿过云雾的光辉怎么会有那么强烈的亮度把广场照得像用银子铺成的呢?中间缺乏过渡,应该为"月亮穿过云雾,把透明的光辉洒在广场上,广场像用银子铺成的。")

*③ 月亮像银纱似地罩着校园,夜风微微吹来,树枝摇曳着,伴着月光,发出沙沙的响声。

(第三分句"树枝摇曳着"与第五分句"发出沙沙的响声"联系紧缩,第四分句"伴着月光"与它们既缺乏联系,又缺乏照应,应删。)

*④ 大家如果不认真学好语文,就不会有较高的思想水平。

(该例分句间意义不合逻辑推理不正确,假设和结果二者不相应,"认真学习语文"和"有较高的思想水平"没有必然的逻辑关系。如果把后一分句改为"就不会有较高的写作能力",与前一分句就有联系了。)

(二) 分句间次序混乱

分句间的意义关系,主要是通过语序来体现的。语序错了,分句间的关系就表达不清,以致影响句子的合理性。

例如:

*① 我们应当贯彻党的教育方针,深刻理解党的教育方针。

(并列关系,但两个分句的次序应当颠倒一下。从逻辑上说,应该"理解"在前,"贯彻"在后,因为只有"理解"了，才能"贯彻"。）

*② 近两年来，他的科研成果的水平又有新的提高，其中有两项不但达到了国际先进水平，而且也填补了国内这方面的空白。

（后边两个分句之间的递进关系弄颠倒了，应该把次序调整一下，使意思由轻而重，构成递进关系，即改为"不但填补了国内这方面的空白，而且达到了国际先进水平。"）

（三）分句间层次不清

层次不清虽然和分句间的次序排列不当有关，但主要是思路不清，考虑不周造成的。

例如：

*① 课程内容设置偏重商业动画，轻视艺术动画，商业动画比例很大，艺术动画比例很小。

（一、三分句因果关系显著。二、四分句因果关系显著，它们应放在同一个层次上，不应当放在上下位不同的层次上。应调整为"课程内容设置偏重商业动画，它的比例很大；轻视艺术动画，它的比例很小"。）

*② 我虽然下决心要好好学习，可成绩老是上不去，老师也经常个别辅导。

（一分句和三分句显然是先组成一个层次，再跟第二分句组合。应改为"我虽然下决心要好好学习，老师也经常个别辅导，可成绩老是上不去。"）

（四）关联词语的错误

关联词语是复句中分句关系的语法标志。一个复句，用不用关联词语，是单用还是成对地配合着用，用在什么位置上，都有一定的规则。下面谈几种运用关联词语方面常见的错误。

1、关联词语搭配不当

成对合用的关联词语，不能随意析换，否则就会使关联词语搭配不当，影响意思的准确表达。

例如：

*① 因为作者没有很好地掌握主题，单凭主观想象，加入了许多不必要的情节和人物，反而大大地削弱了作品的思想性和艺术性。

("因为"表示原因,"反而"表示递进,两者不能搭配。原句是因果关系的复句,应把"反而"改成"所以"。)

*② 几天来,云南艺术家们在北京参观、访问、演出,无论走到哪里,哪里就响起热烈的掌声,这体现了中朝两国人民和军队的深厚的战斗友谊。

("无论"后面常用"也、都、总、还"来呼应,而不能同"就"搭配;可删去"无论",改为顺承关系。)

2、缺少必要的关联词语

根据表达的内容本来应该用关联词语的,可是没有用,或者该成对使用的,却只用了一个,这就叫缺少必要的关联词语。由于缺少了必要的关联词语,分句之间的关系就不清楚,意思也不明确。

例如:

*③ 如果能掌握各种类型的调查报告的特点,有助于在调查研究过程中抓住中心、突出重点。

(假设复句,缺少与"如果"相呼应的关联词语,应在"有助于"前加上"将"。)

*④ 新加坡的竹节虫,不仅体色几乎和竹子一样,体形在安静时完全像一根树枝。

(递进关系的复句,后一分句缺少同"不仅"相照应的关联词语"而且",因而表达得不明确,应补上。)

3、错用关联词语

错用关联词语,是指根据句子的意思,本来该关联词语甲,却用了关联词语乙,造成了关联词语与所要表达的意思不一致。

例如:

*⑤ 尽管你的帮助多么微薄,但在他的心上,却像千斤重的砝码。

("尽管"用乱了。"尽管"与"虽然"相当,表示转折关系,它后边跟的词语不能有选择性,和它相应的是指示代词"那么、这么"等。据此,这句话有两种改法:一是把"多么"改为"这么";二是把"尽管"改为"不管",删去"但","却"改为"都"。)

*⑥ 不管那里自然条件极端恶劣,垦荒队员还是在那里开垦出万亩良田。

（"不管"用乱了。"不管"与"无论"相同，表示条件关系，它后边跟的词语往往有选择性，或是列举可供选择的几项，或是包含有疑问代词"谁、怎样"等。据此，可以把"不管"改为"尽管"，或把"极端"改为"怎样"。）

4、滥用关联词语

不必用而用，就是滥用。滥用关联词语，会使句子显得啰唆生硬，甚至不能准确表达语意。

例如：

*⑦ 他性格孤僻，不爱说话，所以学习上死记硬背，成绩不好。

（分句之间没有因果关系，在第三分句前用上"所以"就变成了因果复句，这是不确切的，应该去掉"所以"。）

5、关联词语位置不对

关联词语在复句中有个位置问题。前后分句的主语相同，前一分句的关联词语在主语后；前后分句主语不同，前一分句的关联词语一般在主语前。至于后一分句，不论分句的主语是否相同，一般关联词语都在主语前，关联词语是副词则在主语后。下面例句的关联词语位置摆得不对：

*⑧ 有些炎症，西药中药都能治。不但中药能与一般抗菌素媲美，而且副作用小，成本也较低。

（"不但"应在本句主语"中药"后。）

*⑨ 农民一方面向化肥厂提出合理的要求和建议，另一方面化肥厂积极改进技术，提高质量，保证化肥的供应。

（"一方面"应放在主语"农民"前。）

第六章 修辞

第一节 修辞概说

一、什么是修辞

"修辞"一词有三个含义

① **指运用语言的方法、技巧和规律；**

② 人们对语言运用的方法、技巧的调整和把握，即**修辞活动**。根据特定的语境和表达需要，选用恰当的表达方式；力求使话语更加准确、鲜明、生动，以收到最好的表达效果。

③ **指以加强表达效果的方法，规律为研究对象的修辞学或修辞著作。**

例如：

> 有一次，朝廷决定考试天下的画家。诏命一下去，各地的画家都纷纷来到京城。到了考试那天，主考官出了一个命题："踏花归去马蹄香[33]"，让画家按这句的内容体现出来。

☆表达同一个意思可以有多种不同的表达方式。

---

[33] (只有一位画家独具匠心，他不是单纯着眼于诗句中的个别词，而是在全面体会诗句含义的基础上着重表现诗句末尾的"香"字。他的画面是：在一个夏天的落日近黄昏的时刻，一个游玩了一天的官人骑着马回归乡里，马儿疾驰，马蹄高举，几只蝴蝶追逐着马蹄蹁跹飞舞。

因为只有这一幅画真正表现了"踏花归去马蹄香"的含义。在这句诗题里，"踏花"、"归去"、"马蹄"都是比较具体的事物，容易体现出来；而"香"字则是一个抽象的事物，用鼻子闻得到可用眼睛却看不见，而绘画是用眼睛看的，所以难于表现。没有选中的那些幅画，恰恰都没有体现出这个"香"字来；而被选中的这一幅，蝴蝶追逐马蹄，使人立即联想到马蹄踏花泛起一股香味而引来蝴蝶将其误作花，如此画境自然成功得获得第一名。)

都说王小明漂亮，她比王晓明还漂亮。（衬托）

　　她可是百里挑一的大美人。（夸张）

　　她就是咱村的"七仙女"。（借代）

　　看见她一眼，这辈子就算没白活。（夸张）

　　她很漂亮（美／俊／好看／靓／喜欢人／稀罕人）

　　一提起她来，十里八村没有她来，十里八村没有一个不说她漂亮的。（使用双重否定，加强肯定）

　　她长得鼻子是鼻子，眼是眼的，越端详越好看。（使用熟语描写）

　　她长得好像仙女一样。（明喻）

☆下面几例都是夸张，但是夸张的程度不同，表达的效果也不同。

　　她长得五官都错了位。（夸张）

　　看她一眼三天不想吃饭。（夸张）

　　她要是去当稻草人，准把所有的乌鸦都吓跑了。她不但能吓得乌鸦不敢偷庄稼，还能吓得乌鸦把偷走的玉米送回来。（夸张）

☆要取得最佳的表达效果，就要结合语体、具体的语境、人物角色等选择恰当的语言材料和表达手段。

二、修辞和语境

（一）语境的构成————语境可以分为两类：

(1) **上下文语境**，即词语句子的前言后语。

(2) **社会语境（情景语境）**，即语言运用的背景因素，小的如言语交际的对象、目的、时间、地点等，大的如时代、地域、民族文化、风俗习惯等。

（语言环境包括多方面的因素，其中有说话的时间、说话的地点、说话的话题、说话的目的，以及说话人、听话人的年龄、性别、职业、性格、修养、处境、心情、社会地位、文化程度，及至文化背景，说话人和听话人的关系，等等。）

(二) 修辞同语境的关系

(1) 语境是人们进行修辞活动的依据。运用语言形式的恰当与否，能否取得最佳的表达效果，取决于语境。同一种修辞手段，在甲语境中可能收到良好的效果，在乙语境中则未必。词语本身无所谓高下优劣。

(2) 语境往往会赋予词语种种语境意义，从而使语义表达丰富多彩，富于变化。有些词语，静止地看，似乎没什么特别之处，可一旦到了语境中获得了语境意义，便一下子变得鲜活异常、光彩照人，给人以丰富的联想。

（语言环境是选择表达手段的依据。语言环境是理解话语的根据）。

三、修辞同语音、词汇、语法的关系

1、修辞同语音的关系

修辞把语音的双声叠韵、叠音、轻声、重音、儿化、字调、平仄等作为语言手段加以调动，使之在特定题旨情境中以声传情，以音达意，收到较好的修辞效果。

不少修辞方式是利用语音条件体现修辞效果的，如双关、对偶、拈连、歇后、摹声、同字、谐音、讳饰34)、借代、飞白35)等。

---

34) 说话时遇到有犯忌的事物，不直说这种事物，而用别的话来回避掩盖或装饰美化，这种手法叫做讳饰，又叫避讳。
例如：①凤姐儿低了半日头，说道："这个就没有法儿了。你也该将一应的后事给他料理料理；冲一冲也好。"

尤氏道："我也暗暗地叫人预备了。就是〈那件东西〉，不得好木头，且慢慢地办着罢。"（曹雪芹《红楼梦》） -----"那件东西"是指"棺材"

②"他，他在哪？"石牯结结巴巴地问。"在后头房里嘛。怎么，你们以为他〈去了货〉呀！"小老头笑着说："他是有名的'打不死'呀！天没亮他就闯进店来了；当然罗，一身都挂得稀烂……"（叶蔚林《在没有航标的河流上》） ------"去了货"是指"死去了"

35) 飞白就是故意用白字，是明知其错而有意仿效的一种修辞方式。

2、修辞同词汇的关系

修辞从筛选、锤炼的角度,就声音、形体、意义、色彩、用法方面对词语加以选用,使语言材料成为提高表达效果的重要语言手段。

3、修辞同语法的关系

语言的表达更多的是靠句子传达修辞感受的。一般说,修辞要在合乎语法的基础上进行,但有时也可突破语法规则。修辞往往是从同义手段选择的角度研究句子和句群的表达效果的。

语音		词汇		语法	
(语言的物质外壳)		(语言的建筑材料)		(语言的结构规律)	
双声	叠韵	同义	反义	长句	短句
押韵	平仄	多义	同音	整句	散句
谐音	叠音	仿造	创新	主动句	被动句
轻声	儿化	配合	照应	肯定句	否定句
重音	轻音	活用	巧用	倒装句	顺装句
字调	句调	……		完全句	省略句
停顿	延长			口语句	书面语句
音节	节奏			单句	复句
				复句	句群

|
修辞

☆**汉语修辞研究的历史**

先秦以降,陆续出现了许多关于修辞学的专门著论;

例如:

  魏代曹丕的《典论·论文》

  西晋陆机的《文赋》

  梁代钟嵘的《诗品》

南朝齐梁刘勰的《文心雕龙》曾对诗文的修辞规律进行了系统的探讨。

南宋陈骙的《文则》对比喻、引用、仿拟、析字、重叠、节缩、省略、层递、错综、倒装等各种辞格，都分别作了分析。

唐代刘知己《史通》中的某些章节

元代王构的《修辞鉴衡》

明代李腾芳的《文学法三十五则》

清代章学诚的《文史通义》

四、修辞与语用学

- 语形学（即句法学）：研究符号与符号之间的关系。
- 语义学：研究符号与现实之间的关系。
- 语用学：研究符号与使用者之间的关系。

研究	语用学	修辞学
	研究，已经形成了语用原则（如合作原则和礼貌原则）、言语行为理论、信息结构等方面的理论，	研究，词语的锤炼、句式的选择和修辞格的运用。
	从交际的角度研究遵守遵循哪些大的原则方可以使语言的使用达到更好的效果。	多从语言表达的角度出发，讨论采取哪些具体的手段方可以使语言更加完美、更加有说服力等等，它研究的是具体的手段。
目的	注重解释性，目的在于分析语言运用的原则，建立意义解释理论，寻找语言运用的规律。	注重规范性、变异性和实用性，注重研究修辞手段与技巧。
方法	注重理论解释和推理分析。	注重运用归纳的方法，如修辞格的确立、语言变异的表现方式等。
内容	以言语行为、会话结构、预设、含义、指示语、信息结构等为具	以词语、句子、词格的交际特色、语体风格等为具体的研究内容。

	体研究内容。	
要求	重在研究研究话语交际的"编码－输出－传递－接收－解码"全过程。	是语用学里面的一个分支学科。

第二节 词语的锤炼

一、意义的锤炼

根据表达的目的、对象、内容等选择恰当的词语，力求准确鲜明、精当妥帖。

词语意义的锤炼要注意以下几点：

（一）提高观察、认识事物的能力

以健康的思想感情为立脚点和出发点，从更高的视角把握处理事物间的关系，对客观事物进行细致深刻的观察，然后去选择恰到好处的、特别具有表现力的词语，这就是练词的首要之点。

例如：

鲁迅在《孔乙己》中对主人公买酒付钱时的情景作了这样的描写：

他不回答，对柜里说："温两碗酒，要一碟茴香豆。"便排出九文大钱。

句中的"排"字，用得精彩。透过"排"这一动作，可以使我们联想起一些具体情景：一是九文大钱来之不易；二是大钱少；三是用那斯文郑重的付钱方法暗示出孔乙己的拘谨迂腐，但又那么善良、朴实。本来付铜钱是可以用"交出"、"付出"这类词语的，但只有这个"排"字，才能写出孔乙己个性化的动作和精神。

在同一篇作品里，还有下面的话：

他从破衣带里摸出四文大钱，放在我手里，见他满手是泥，原来他便用这手走来的。

一个"摸"字，表明孔乙己历经岁月沧桑，这时候已经临近生活的末路，深刻地显示了他生活的变化。"摸出四文大钱"，贴切深刻地写出孔乙己的穷困和他买酒时的窘态。如果衣袋中钱多，一抓一把，何必下手去摸？即使钱少，倘若孔乙己的手很灵便，一掏就出，也就不必手插衣袋中来回摸了。可见孔乙己此时已身废心残,极度拮据。这个"摸"字恰如其分地揭示了人物的情态,深刻地预示了孔乙己悲惨的结局。

这番词语锤炼的功夫说明了鲁迅对孔乙己这类没落知识分子的观察细致,了解深刻。只有掌握了人物的外部特征和内心世界,才能给以如此有力的表达。

(二)要力求准确、妥帖

准确、妥帖是选用词语的基本原则,也是用词的第一要求。它不仅要求用词能毫不含糊地反映客观事物,妥帖地表达思想感情,而且还要求所用词语能切合内容、语境的需要。用词准确妥帖,就会产生一种质朴的美感和力量。

例如:

原句:这座铜钟就在柏树底下,矗立在地上,有两人高。伸拳一敲,嗡嗡的响,伸直臂膀一撞,纹丝儿不动。

改句:这座铜钟就在柏树底下,戳在地上,有两人高。伸拳一敲,嗡嗡的响,伸开臂膀一撞,纹丝儿不动。(梁斌《红旗谱》)

"矗立",意指高高直立,如"高楼矗立"。说仅两人高的钟矗立,有失准确。改用"戳",即确切妥帖,又浅显明快。用"伸直臂膀"撞钟,有悖一般动作习惯,改"伸直"为"伸开",才能恰切地描写撞钟的动作,改笔之处体现了选词的精确,显示了作者锤炼词语的功力。

(三)要力求配合得当,前后呼应,整体和谐

词语的合理配合可以显示具体词义的确定性,而词语的巧妙配合更可以收到词义明确以外的效果:或增添新意,或附加色彩,或一语双关,或弦外有音,或陡增文采。

例如:

他们又故意的高声嚷道,"你一定又偷了人家的东西了!"孔乙己睁大眼睛说,"你怎么这样凭空污人清白……""什么清白?我前天亲眼见你偷了何家的书,吊着打。"孔乙己便涨红了脸,额上的青筋条条绽出,争辩道,"窃书不能算偷……窃书!……读书人的事,能算偷么?"……

听人家背地里谈论,孔乙己原来也读过书,但终于没有进学,又不会营生,于是愈过愈穷,弄到将要讨饭了。幸而写得一笔好字,便替人家钞钞书,换一碗饭

吃。可惜他又有一样坏脾气，便是好喝懒做。做不到几天，便连人和书籍纸张笔砚，一齐失踪。如是几次，叫他钞书的人也没有了。孔乙己没有法，便免不了偶然做些偷窃的事。（鲁迅《孔乙己》）

例中的"偷"（口语词）、"窃"（文言词）、"偷窃"（书面语词）是一组语体色彩不同的同义词。小店里人们用"偷"取笑孔乙己，孔乙己则用"窃"辩解遮掩，故意做字面文章，似乎"窃"与"偷"不同。选用"窃"字，一方面是为了描绘孔乙己不得已而辩解的窘态；另一方面也同他开口闭口"之乎者也"的性格特征相吻合，有力地表现出这个没落的封建知识分子的迂腐和可悲。文章下一段特意把"偷"和"窃"连缀起来用，即符合故事叙述人店小二略识文墨的身份，也对孔乙己的辩解起了点破的作用。联系两段上下文看，三个同义词除用得各是期所不可更易外，又在紧密的配合、照应里给揭示人物性格特征和展现作品的寓意方面增添了深厚的内容。

（四）要力求色彩鲜明
词语的色彩是否分明直接关系用词是否确切、表达是否鲜明有力。

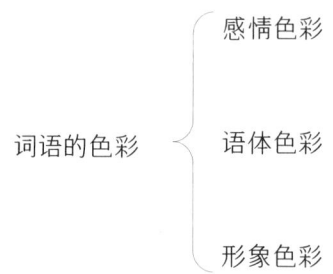

1. 词语的感情色彩要鲜明
词语的感情色彩是指词语反映客观事物时，表现出来的不同态度与感情。不同的感情色彩或通过词义的褒贬体现出来，或借助词语的配合体现出来，或靠语境、修辞手法体现出来。

（1）有的词语本身带有鲜明的感情色彩。

例如：

  文痞 电霸 花架子 泼冷水 文山会海 说三道四

文豪　　　火爆　　　挑大梁　　　半边天　　　出类拔萃　锋发韵流

（2）有些褒义词或贬义词在具体语境中，可以变褒为贬或化贬为褒，改变感情色彩。例如"学究"一词，在现代汉语里是贬义词，但在其他词语的配合下也可以变贬为褒。试比较以下三例：

① 也有时我们夫妇联成一帮，说女儿是学究，是笨蛋，是傻瓜。
（杨绛《我们仨》）
② 散文写得太迂、太学究，看着就累。（《拒读十种散文》）
③ 中国要作家，要"文豪"，但也要真正的学究。
（鲁迅《准风月谈·我们怎样教育儿童的？》）

例①的"学究"是贬义色彩。例②的"学究"与"太迂"并用，更加明示其贬义色彩。例③的"学习"借"真正"的修饰，再加上同"作家"、"文豪"配合，色彩转贬为褒。这里的"学究"的含义已是有科学严谨的治学态度的学者了。

(3) 有些词选用它们的引申义或比喻义可以使感情色彩更加鲜明。
例如：
有许多东西，只要我们对它陷入盲目性，就可能成为我们的包袱，成为我们的负担。（毛泽东《学习与时局》）

就"包袱"的本义说属中性词，这里选用了它的比喻义，也就使其贬义色彩鲜明起来。

2. 词语的语体色彩要鲜明

- 语体分为口语和书面语两类及若干小类。
- 有些词语通用于各种语体，这些词语不具语体色彩。有些词语常用于某一语体或专用于某一语体，这样的词语则具有相应的语体色彩。
- 一般来说，具有语体色彩的词语同某一语体有着稳定的适应性而排斥其他语体。

- 因此，我们运用这些词语就要充分考虑词语的语体色彩与语体的配合，以取得和谐一致的效果。

  例如：

  作古（文言）　　老了（口语）　　牺牲（褒义）　　毙命（贬义）

  遇难（庄重、严肃）　　仙逝（具有宗教色彩）

  再如，文艺语体中的戏剧语言，作者不仅要根据生活构思情节，而且也要在生活中提炼对白。这种对白必须是"话到人到"，必须简洁明快、通俗易懂，有鲜明的生活气息与时代色彩。作家曹禺剧本中的人物对白很注重大众化、口语化。这从他对人物对白用词的修改中可以看出，例如：

  原句

  鲁贵　你看你，告诉你真话，叫你聪明点，你反而生气了。唉，你呀！

  （《雷雨》1939年版第57页）

  改句

  鲁贵　你看你，告诉你真话，叫你聪明点，你倒生气了。唉，你呀！

  （《曹禺选集》1961年版第16页）

  将书面语"反而"改成口语词"倒"，不仅对白通俗、浅显、顺畅了，也更符合说话人的身份、教养和经历。

3. 词语的形象色彩要鲜明

作诗行文有时讲求着色，即为了修辞的需要着意突出颜色效应。颜色可以给人最直接的刺激、最敏感的美，也就容易产生最富有感情的暗示、最有光彩的想象、最强烈深沉的情调。文字的着色像颜料的色彩一样，会给人以丰富的联想和感受。例如"李白桃红[36]杨柳绿，豆青麦碧菜花黄。""白酒红人面，黄金黑人心[37]"这

---

36) 桃花红，李花白。指春天美好宜人的景色。
37) 人喝了白酒脸会变红，黄金财物会使世道人心变黑，良心变坏。

两例可谓五彩缤纷，十足显示了色彩词的魅力。

> 一夜山雨，把小小的彝家村寨洗得清爽爽的。山，一片绿；芭蕉林，一片绿——就连那林荫里的一座座新瓦屋，也都映得绿茵茵的。
>
> 太阳出山了。小溪边的那座竹楼，窗子打开了。绿茵茵的窗口，闪出一点红，火苗似的。噢，是个小女孩，红领巾在晨风里微微地飘。

这里，作者用绿色的景和红色的物交相辉映，构成了一幅清新优美的图画，把读者引入了诗一般的境界中。

二、声音的锤炼

语言表达应当声情并茂，这里的"声"就是词语语音锤炼的内容。词语声音配合得好，念起来顺口，听起来悦耳，印象深刻，还能给人以美感。汉语的声音特点主要表现在以下几个方面。

1、注意音节的整齐匀称

一句话的音节整齐匀称就可以形成节奏，节奏是汉语语音美的一个重要内容。汉语里同一个词常常会有单音节、双音节甚至三音节的形式。

例如：

学-学习　　　建-建造　　　卖-售-出售-销售
完-完结-结束-完毕　　　了如-像-宛如-好象-好似-仿佛
湿-湿润-潮湿-湿淋淋-湿漉漉……

在言语交际中，单从意义上看，似乎用哪个都可以，但是从音节配合形成的节奏上看，就有选择调配的必要。一般的情况是单音节配单音节、双音节配双音节，当然，也可以三个音节配三个音节或者四个音节配四个音节。**总之，只要注意音节数能前后整齐匀称，就可以形成节奏。**比方"路"是单音节的，与它搭配的动词最好也是单音节的，如："修路、筑路"等，前面有了"修路"，后面最好是"建桥"，而不用"建设桥"、或"建桥梁"或"建设桥梁"。

汉语里不但诗歌讲究节奏，而且散文、口头表达也同样是讲究节奏的。成功的作品都遵守着节奏规律，忽视了节奏的作品，就不是美的作品。

下面是著名作家叶圣陶先生修改文章在音节搭配上的例子。

① 送你到幼稚园去，……消磨那闲岁月吧。（悠闲的岁月）
　　　　　　　　　　　　　——《熊夫人幼稚园》

这句单音词"闲"改成了双音词"悠闲"，并且在其中加了助词"的"。节奏显得舒缓了。

② 那车夫摊开手心接受钱，…（接钱）
　　　　　　　　　　　　　——《在民间》

这句则把双音词"接受"改为单音词"接"。因为"钱"是单音节。改了以后，语言的节奏变得和谐自然一些。

③ 那笑声普遍而骤止，仿佛初秋的晴天突然洒一阵从云中吹来的细雨。（骤然止住）　　　　——《小铜匠》

这句的"骤"和"止"都分别是单音节的文言词，把它们都改成双音节后，音节显得舒缓，便于朗读，同时词义也明确，更容易听懂。

④ 他在那里默叹，面貌就沉郁起来。（默默叹气）
　　　　　　　　　　　　　——《两样》

这一句中的"默"和"叹"也都分别是单音节的文言词，同样把它们都改成双音节后，音节显得舒缓，便于朗读，词义明确，也容易听懂。

⑤ 我们与他们差不多站在两个国度里，中间阻隔着一座高且厚的墙。（又高又厚）　　　　　　——《小铜匠》

这句将一般三字结构改成反复的四字并列形式，加强了节奏的鲜明、语音的响度。

⑥ 两人手接触着手，眼端详着眼，她就有了全世界了。
（手触着手，眼看着眼）　　　　　　　　－－《被忘却的》

这一句是为了协调音节把原来用的双音词改成了单音词。因为"手"和"眼"都是单音节词，而"接触"和"端详"都是双音节词。改成单音节词不仅音节协调，同时也显得简洁。

2、注意声调的平仄相间

所谓声调的"平仄"，平，指古四声中的平声。仄，指古四声中的上、去、入三声。仄就是声调倾斜，不平的意思，与"平"相对。

汉语平声高昂平直，仄声婉转低沉，平仄交错搭配，可以使声音形成抑扬顿挫的变化美。我国南北朝以后，古人做诗填词就很讲究平仄，**不仅要求一句内平仄相间，而且要求上下句平仄相对。**以此，创造出了诗词格律。

如：
　　　　王之焕《登鹳雀楼》　（丨：仄。－：平）
白日依山尽，　　　丨丨－－丨，
黄河入海流。　　　－－丨丨－。
欲穷千里目，　　　－－－丨丨，
更上一层楼。　　　丨丨丨－－。

①中国有句古话："瓜熟蒂落"，"水到渠成"。
②鬼眨眼的天空越加非常之蓝，不安了，仿佛想离去人间，避开枣树。
③这个厂生产的金葵向日、孔雀开屏、红霞万朵、草木争荣、繁花似锦等花色的花布，富有民族特点，很受欢迎。

一般来说，说话作文虽不像做诗填词那样要求工整的平仄，但是适当地注意声调上的高低、缓急、轻重和长短的变化，做到有扬有抑，有顿有挫，以此来增强语言的感染力，是很有必要的。

老舍先生在《对话浅论》中说：即使是散文，平仄的排列也该讲究。说"张三、李四"好听，说"张三、王七"就不好听。原因在于后者四字都是平声。

3、力求韵脚和谐

"韵脚"指一句诗文末尾字音的韵母。所谓"韵脚和谐"就是指一首诗歌或一段文章中句子末尾字音的韵母相同相近。也叫"押韵"。

例如：

> 嘴上没毛，办事不牢。38)
> 不比不知道，一比吓一跳。39)（谚语）

> 一从心里起，二从鼻孔来，
> 绣花姑娘停针坐，读书哥哥笔头呆。（谜语。谜底：喷嚏）

> 年龄是个宝，文凭少不了，
> 德才做参考，后台最重要。（时下民谣）

押韵是诗歌音乐美的基本条件。它主要产生一种回环的音乐美。韵脚承上连下，像一根红线，把分散的诗句、跳跃的内容、奔腾的感情串联起来，形成一个和谐的整体，以此来加强结构和形象的完整性，达到传递感情、打动人心的目的。押韵的句子和谐悦耳，琅琅上口。易懂、易记、易唱、动听。所以不仅诗歌，而且谚语、谜语以及针砭时弊的社会流行语甚至一些抒情散文也都讲究押韵。

4、注意运用双声叠韵与叠音的词语

要做到语言表达的声情并茂，还要注意运用一些双声、叠韵和叠音词。双声、叠韵、叠音这几种词语在语音上有着重要修辞价值。

---

38) 指年轻人办事不老练与牢靠。
出处：清·李宝嘉《官场现形记》第15回："俗语说道，'嘴上无毛，办事不牢'，像你诸位一定是靠得住，不会冤枉人的了？"
39) 没有比不知道别人的能力。一比他的能力超乎自己的预料。

1) 双声词：指的是声母相同的词语。

例如：

(联绵双声词)

参差　　仿佛　　忐忑　　伶俐　　崎岖
玲珑　　琵琶　　尴尬　　丁冬

(非联绵双声词)

大地　　美满　　虚心　　拘谨　　漆器
取巧　　将军　　夫妇　　导弹

2) 叠韵词：指的是韵母相同的词语。

例如：

(联绵叠韵词)

逍遥　　苍茫　　彷徨　　霹雳　　烂漫
哆嗦　　翩跹　　叮咛　　咔嚓

(非联绵叠韵词)

辛勤　　沙发　　事实　　松动　　推委
艳羡　　照抄　　珍闻　　娇小

3) 叠音词：两个音节的**声韵调基本相同、只是轻重有区别**的词语。

例如：

(联绵叠音词)

潺潺　　皑皑　　茫茫　　悄悄　　区区
蒙蒙　　赫赫　　涓涓　　呵呵

(非联绵叠音词)

翩翩　　渐渐　　刚刚　　徐徐　　整整
闪闪　　哥哥　　叔叔　　姑姑

① 杜甫《独步寻花》
黄四娘家花满蹊，千朵万朵压枝低。
留连戏蝶时时舞，自在娇莺恰恰啼。

② 这歌声，越过巍巍山岳，渡过滔滔黄河，跨过莽莽原野，飞过重重海洋，传遍天涯海角，回荡天空，响透云霄。

③李清照《声声慢》

寻寻觅觅；冷冷清清凄凄惨惨戚戚。乍暖还寒时候，最难将息。三杯两盏淡酒，怎敌他晓来风急。雁过也，正伤心，却是旧时相识。满地黄花堆积。憔悴损，如今有谁堪摘？守着窗儿独自，怎生得黑！梧桐更兼细雨，到黄昏点点滴滴。这次第，怎一个愁字了得！

以上两例的双声叠韵及叠音词语的运用，既增强了语言的音乐美，又渲染了气氛、突出了思想内容，历来被赞誉为成功运用双声叠韵叠音词语的典范。

第三节 句式的选择

句式的选择，在较多的情况下就是同义句式的选择。一般说来，同义句式掌握得越多，炼句的余地就越大。善于选择调整句式，可以有效地添加文采，增强语言的表现力，收到理想的修辞效果。

沈括《梦溪笔谈》40)

(1) 马逸，有黄犬遇蹄而毙。（穆修）

(2) 有犬死奔马之下。（张景）

(3) 适有奔马践死一犬。（沈括）

(4) 有犬卧通衢，逸马蹄而死之。（欧阳修同事）

(5) 逸马杀犬于道（欧阳修）

(6) 有奔马毙犬于道（《唐宋八家丛话》）

（这里，有的是单句，有的是复句；有的以施事"马"作为主语，有的以受事"犬"作为主语。究竟哪个好呢？恐怕不能抽象地谈，应该说各有所长，各有特点。如果要求简要，单句为好；如果要求细致，复句为好。如果强调活动的主体、动作的施加者，应以"马"为主语；如果突出后果的遭受者，应以"犬"为主语。这些，在一篇具体的文章里面，就要考虑上下文，语境，甚至题旨，视情况而定。句式选择的重要性，以上的例子也许会给我们一些启发。）

∴

① 句式的选择主要表现为同义句式的选择。

② "同义句式"，是指表示相同或者相近的意义而在风格色彩、修辞功能、表达效果等方面存在细微差别的一些句式。

③ 句式的选择和使用，修辞学上称为炼句。

---

40)北宋沈括在《梦溪笔谈》中记载有这样一个故事：有名叫穆修、张景的人，一天两个人一起上朝，忽然看见一匹马奔过来，把一只黄狗给踩死了，两个人就把这件事记下来，比谁的好。穆修写的是例（1）的句子，张景写的是例（2）的句子，沈括自己也写了一个，是例（3）的句子。

《唐宋八家丛话》中也记载了一个类似的事：一天欧阳修和同事出游，看见一匹奔马在路上踩死了一只狗。欧阳修说："请你把这件事记记看"。同事于是写下了例（4）的句子。欧阳修看了说："如果让你写历史，一万卷也写不完。"同事说："您看该怎么写呢？"欧阳修写的是例（5）的句子。《唐宋八家丛话》叙述这事时，当然也写了一个句子，就是例（6）。这样，同样一件事，就有六个不同的表达句式。

要掌握恰当选择句式的本领，除了需要掌握语法部分讲到的各类句子的结构特点及不同类型句子的变换方法外，还需要理解不同句子的修辞功能及使用场合，去具体操作它的表意作用，掌握句式变换的方法，以便有根据地对作出恰当的选择。

句式选择的依据
第一，根据表达的目的和表达的内容。
第二，根据不同语境，特别是上下文的需要。
第三，根据句式的修辞功能。

汉语的句子有多种类型。这里主要是从修辞角度谈同义句式选择并比较它们的表达效果。

一、长句和短句

（一）长句、短句定义

◇ 长句是指词语多、结构复杂、形体较长的句子。
◇ 短句是指词语少、结构简单、形体较短的句子。

例如：

① 鲁迅是在文化战线上，代表全民族的大多数，向着敌人冲锋陷阵的最正确、最勇敢、最坚决、最忠实、最热忱的空前的民族英雄。
② 不管是吉是凶，逃！

（二）长句化短句

① 第一步先说句子基本结构的意思，然后再说修饰语的意思。修改时，为使语意连贯，允许增加或减省某些词语，当然，不能影响原意。

例如：

*希腊通行与中国不同的由牡牛、山羊、狮子、驴、蟹、蛇、犬、鼠、鳄、红

鹤、猿、鹰等动物组成的12生肖。

改为：

希腊也通行12生肖，但与中国的不同。他们的生肖是：牡牛、山羊、狮子、驴、蟹、蛇、犬、鼠、鳄、红鹤、猿、鹰。

（此例语法上没有毛病，但是过长，改短一点为好。譬如说，可以先介绍希腊也通行生肖，给读者一个粗略了解，然后指出它和中国的不同，最后再一一叙述12生肖的具体组成。这样一改，犹如原来要一口吃下的东西，变成一点一点地吃，人们就不会感到吞咽的困难。）

② 有的长句子修饰语的意思必须先让读者知道，否则难以阅读下文，那就将这个意思先说。

例如：

*早在三十年代，这位老太太就以烧得一手让人垂涎的红焖肉而闻名于他丈夫任教的山东齐鲁大学医学院教授圈内。几十年来，老人每晚必吃一小碗炖得烂烂的、连皮带膘的红焖肉，这说明年老人不一定不能食用高脂肪食品。

（因第一句过长。化短时，可以先交代有关背景，然后再说主要的意思。）

改为：

早在三十年代，这位老太太的丈夫在山东齐鲁大学医学院任教时，在教授圈内，她就以烧得一手让人垂涎的红焖肉而闻名。几十年来，老人……

二、整句和散句

（一）、整句和散句定义

◇ 整句是指由长度和结构相近的若干句子组成的言语单位。

◇ 散句是指由长短不齐、结构相异的若干句子组成的言语单位。

1、整句

例如：

走生路，生而出新；走险路，险而出奇；走难路，难而不俗。

（徐刚《黄山拾美》）

我们分担寒潮、风雷、霹雳；我们共享雾霭、流岚、虹霓。

（舒婷《致橡树》）

整句是就语言的物质材料所进行的一种整齐化的艺术性组合。常见的整句有：

① 对偶

- 对偶是指形式上对称均衡、意义上相互关联的两个句子（或词组）。
- 严格的对偶上下两句要具备以下条件：

  意义相关，结构相同，字数相等，词类相当，词意对称，没有重字，平仄协调等。

对偶从意义上看，可以分为三种：

a. 正对：上下两句意义相近，互为补充。

例如：

墙上芦苇，头重脚轻根底浅；
山间竹笋，嘴尖皮厚腹中空。

（毛泽东《改造我们的学习》）

b. 反对：上下两句意义相反，互相映衬。

例如：

横眉冷对千夫指，俯首甘为孺子牛。

（鲁迅《自嘲》）

c. 串对：上下两句意义紧密相接，前后连贯，又叫"流水对"。

例如：

野火烧不尽，春风吹又生。

（白居易《赋得古原草送别》）

对偶在文章题目、新闻标题以及其他应用性文字中用得很多。

例如：

ⓐ. 群山绕城终年翠，两江合抱水悠悠。——梧州市风光记趣（《人民日报》）

ⓑ. 一江鲤鱼跃，两岸枇杷香。——游新安江（《人民日报》）

ⓒ. 江城不待春风来，千松万柳霜花开。——吉林市雾淞冰雪节令中外游人开颜（《光明日报》）

ⓓ. 百万名牧民放下羊鞭，三十万企业遍布草原。——内蒙古乡镇企业已成"半壁河山"（《人民日报;海外版》）

ⓔ. 浓缩五十年沧桑巨变，再谱新世纪壮丽诗篇，首都展出共和国。《光辉的历程》（《中国青年报》）

ⓕ. 老订户一往情深，新读者相见恨晚。（《中国电视报》）

（以上这些艺术化了的语句，大大提高了对读者的吸引力。）

例如：以下对偶句有缺点。

ⓐ. *由于林彪、"四人帮"造成的十年浩劫，我们可爱的祖国被弄得疮痍满目，遍地鳞伤。（报）

ⓑ. *（承德）瑞雪招来八方客　　（广州）鲜花烂漫迎新春。（报）

（例ⓐ"疮痍满目，遍体鳞伤"，相关的词语"疮痍－－鳞伤"、"满目－－遍体"没有放在对应的位置上，宜改为"满目疮痍"，"遍体鳞伤"。例ⓑ两个句子孤立看都可以，但构成对偶，在句子的结构类型，句中的词语顿歇等方面均不协调。可改成："白雪皑皑招来八方客　　鲜花烂漫喜迎又一春。"）

② 排比：

排比是对偶的扩大和发展。具体说来，排比和对偶有以下两点不同：

- 对偶只限于两项，排比则多于两项；
- 排比比对偶宽，所排列各项，字数有时不完全一致，重字也常见。

排比的修辞作用和对偶一样，主要在于句子比较整齐，节奏比较和谐。平时人们说话、写文章排比比对偶少，因为要做到几个语言段落都一致不太容易，但是仍然可以见到。

例如：

ⓐ. "白描"却并没有秘诀。如果要说有，也不过是和障眼法反一调：有真意，去粉饰，少做作，勿卖弄而已。（鲁迅《作文秘诀》）

ⓑ. 国家的统一，人民的团结，经济的发展，社会的进步，越来越要求语言、文字的规范化、标准化。（钟怀《开放、搞活和语言障碍》）

（例ⓐ"有真意，去粉饰，少做作，勿卖弄"为排比，连同语气词"而已"共同构成一个分句。例ⓑ"国家的统一，人民的团结，经济的发展，社会的进步"为排比，一起充当句子的主语。）

新闻标题和一些应用性文字中，排比较多。
例如：

ⓒ. 全国土壤肥料工作会议提出 改良土壤 合理施肥 建设良田
（《人民日报》）

ⓓ. 增长知识 提高觉悟 陶冶情操 树立新风 全总号召全国职工开展读书活动（《工人日报》）

ⓔ. 探油找气 寻金觅银 查水测地 我国地质科技获突破性进展
（《人民日报》）

ⓕ. 预告一周节目 报道影视信息 反映群众意见 普及电视知识
（《中国电视报》）

（例ⓒ中的"改良土壤 合理施肥 建设良田"，例ⓓ中的"增长知识 提高觉悟 陶冶情操 树立新风"，例ⓔ中的"探油找气 寻金觅银 查水测地"，例ⓕ中的"预告一周节目 报道影视信息 反应群众意见 普及电视知识"均为排比。）

③叠韵

叠韵是一些基本结构相同，并有意识地叠用某个或某些词语的句子、词组。叠用的几项字数不要求一致。和对偶、排比相比，它整齐的程度最低，但运用的范围最广，可以用于叙事、说理、抒情，值得好好研究。叠用的修辞作用主要有：

A．整齐简洁

它可以使一些本来散落的句子或语言片断整齐化，同时还可免去一些接连性词语，行文省俭。

例如：

  ⓐ. 严重的经济建设任务摆在我们面前。我们熟习的东西有些快要闲起来了，我们不熟习的东西正在强迫我们去做。这就是困难。……我们必须克服困难，我们必须学会自己不懂的东西。我们必须向一切内行的人们（不管什么人）学经济工作。（毛泽东《论人民民主专政》）

  ⓑ. 生在有阶级的社会而要做超阶级的作家，生在战斗的时代而要离开战斗而独立，生在现在而要做给将来的作品，这样的人，实在是一个心造的幻影，在现实世界上是没有的。（鲁迅《论第三种人》）

（例ⓐ有三个句子（包括分句）用了"我们必须"。"必须"后面的宾语基本结构均为述宾，但又互不相同，而且音节数目也不一样，可是一经纳入"我们必须"的格式，就变散为整，得到了美化。这三点意思如果用散句表述，少不了要用"首先"、"其次"、"还有"等一类词语，多么枯燥无味。例ⓑ三处叠用"生在……而要……"具有同样效果。）

B．集中突出
可以使阐述的道理更透彻，表现的感情更浓烈。

例如：

  ⓐ. 一个人的能力有大小，但只要有这点精神，就是一个高尚的人，一个纯粹的人，一个有道德的人，一个脱离了低级趣味的人，一个有益于人民的人。（毛泽东《纪念白求恩》）

  ⓑ. 这是革命的春天，这是人民的春天，这是科学的春天！让我们张开双臂，热烈地拥抱这个春天吧！（郭沫若《科学的春天》）

（例ⓐ由于叠用"一个……人"，使白求恩国际主义精神、共产主义精神的阐述，十分鲜明突出。例ⓑ由于叠用"这是……春天"，使对"春天"到来的感情抒发饱满酣畅。）

C．醒目清晰
由于叠用了某个或某些词语，犹如有了标志，语言的层次结构关系就非常显豁。

例如：

实践已经充分证明，只有社会主义才能救中国，只有社会主义才能发展中国。实践也充分证明，建设有中国特色社会主义，是实现中国经济繁荣和社会全面进步的康庄大道。（江泽民《在庆祝中华人民共和国五十周年大会上的讲话》）

（例中有两处叠用了"实践……充分证明"，表明这是大层次上的并列关系。在第一个"实践……充分证明"中，又有两处叠用了"只有……才能"，表明这是下一个小层次上的并列关系，一目了然。）

2、散句

散句是结构不同，字数长短不一的句子。

例如：

不过，瞿塘峡中，激流澎湃，涛如雷鸣，江面形成无数漩涡，船从漩涡中冲过，只听得一片哗啦啦的水声。过了八公里的瞿塘峡，乌沉沉的云雾，突然隐去。峡顶上一道蓝天，浮着几小片金色浮云，一注阳光像闪电样落在左边峭壁上。（刘白羽《长江三日》）

一般情况下，要把整句和散句结合起来使用，这叫做正散兼行。

例如：

南西门外不远是草桥，那里的人从明朝以来就靠种花为业。春天出迎春、碧桃；夏天卖芭兰、晚香玉；秋天菊花品种齐全；冬天的腊梅、水仙誉满京华。

三、主动句和被动句

（一）定义

句中主语表示动作或行为的**施事**，这种句子叫**主动句**。

句中主语表示动作或行为的**受事**，这种句子叫**被动句**。

[辨析]

被动句和"被"字句

被动句：主语表示动作或行为受事的句子称为被动句。

"被"字句：主语是受事，而用"被"引进施事，或把"被"直接附着在动词前以表示被动关系的句子，叫做"被"字句。

(二) 作用

如果说话人要突出**主动者**，可以用**主动句式**；

如果要突出**被动者**，则用**被动句式**。

☆**恰当选用被动句的表达效果：**

第一，使被动者得以突出和强调。

例如：

难翻的老山界被我们这样笨重的队伍战胜了。

第二，使叙述的角度一致，语义连贯，语气流畅。

例如：

我吃过饭后，又被那汉子绑起来，但没有吊上。

第三，可以隐去无从说、不必说或不愿说的施事。

例如：

ⓐ. 那瀑布从上面冲下，仿佛已被扯成大大小小的几绺；不复是一幅整齐 而平滑的布。

ⓑ. 她慢慢理好了柔长的头发，被抬走了。时间不长，她又被抬回来。

ⓒ. 她被遗弃了。

☆**被动句还可表示一定感情色彩**

ⓐ. 可惜正月过去，闰土须回家去，我急得大哭。他也躲在厨房里，哭着不肯出门，但终于被他父亲带走了。

ⓑ. 林红被敌人杀害了。

ⓒ. 这里的鱼被他惊跑了，钓不起来了。

这种色彩要在不情愿、不幸、不满意的情况下才有，否则没有这样的色彩，如："他被大家评为省劳模，怎能不高兴！"（可见，现代汉语中多数"被"字句**有不如意、不愉快的感情色彩**；但，中性的或表示如意的、愉快的"被"字句在现代汉语中也是存在的。）

四、肯定句和否定句

（一）肯定句和否定句

肯定句和否定句是兼顾形式和意义两个方面来确定的，不能仅凭形式来断定，也不能仅凭意义来断定。

例如：

ⓐ. 白杨树是不平凡的树。
ⓑ. 白杨树不是平凡的树。
ⓒ. 我知道他是个外国人。
ⓓ. 我不是不知道他是个外国人。

☆**肯定句和否定句是不能仅从有无否定词来区分的。**
☆**肯定句和否定句语义的轻重强弱有差别。**

例如：

不过，你真是个古怪的老头儿，在斑白的头发底下还保持着一个二十岁小伙子般强烈的感情，这样的人是不会幸福的。（黄秋耘《丁香花下》）

不过，你真是个古怪的老头儿，在斑白的头发底下还保持着一个二十岁小伙子般强烈的感情，这样的人是会很痛苦的。

（二）单重否定与双重否定

☆**单重否定句如果与肯定句并用，形成鲜明的对比，所表达的意思会更加明确，语气更强烈。**

例如：

  他们不是喝血者，不是寄生虫，不是强盗，也不是懦夫；他们是真正的人，大写的人。（秦牧《花蜜和蜂刺》）

☆**双重否定表示肯定的意思，比肯定句表达的语气更强烈。**

例如：

  男子倘要这么突然的飞黄腾达，单靠原来的男性是不行的，他至少非变狗不可。（鲁迅《关于妇女解放》）

（三）双重否定与肯定句

① 双重否定属于否定句中的一种。

② 双重否定句所表达的肯定语气的程度超过一般肯定句。

例如：

  "这是任何人都承认的真理。"（一般肯定句）

  "这是任何人都不能不承认的真理。"（双重否定句）

  "这是任何人都无法否认的真理。"（双重否定句）

  "这是任何人都不能否认的真理。"（双重否定句）

再如：

  这一派的议论，表面上和前一派不同，但其实质和前一派同站在一个观点上，依然是拥护特权阶级利益的地主理论。这种理论，阻碍农民运动的兴起，其结果破坏了革命，我们不能不坚决地反对。

  （毛泽东《湖南农民运动考察报告》）

  到拉萨的游人，没有不去八廓街的。来拉萨的信徒，也没有不去八廓街的。（陈华《拉萨的街市》）

☆**双重否定的语气究竟是加重，还是减轻，要看上下文。一般来说，显得婉转。可是正因为婉转，也就显得更有力量。**

五、设问句和反问句

设问句、反问句同一般的疑问句不同。一般疑问句是有疑而问，要求对方或有关方面回答解疑；设问句和反问句表面上看也是提问，其实说话人心中并没有疑问，不要求回答。运用这种句式只是为了取得某种修辞效果。所以人们说这种句式是**无疑而问，明知故问**。

（一）设问句

先提出问题，接着再把答案说出来，这种自问自答的句子叫设问句。它可以引起读者的注意、思考。

文章全篇的开头，或者某一个段落的开头，常常运用设问句。

例如：

① 在农村工作过的同志，大都参加过各种各样的现场会。你参加过"结婚现场会"吗？大概没有，我参加过。（马烽《结婚现场会》）

这是全文的开头，第二句为设问句。它有**引出下文，吸引读者注意**的作用，行文活泼，亲切自然，像是和读者聊天。

设问句用于全篇或段落的中间，有承上启下的过渡作用，一方面结束上文，一方面把问题的论述、说明推进一步。

例如：

② 我国的建筑，从古代的宫殿到近代的一般住房，绝大部分是对称的，左边怎么样，右边也怎么样。苏州园林可绝不讲究对称，好像故意避免似的。东边有了一个亭子或者一道回廊，西边决不会来一个同样的亭子或者一道同样的回廊。这是为什么？我想，用图画不比方，对称的建筑是图案画，不是美术画，而园林是美术画，美术画要求自然之趣，是不讲究对称的。

（这一段文字共讲了两层意思，第一层是：苏州园林和我国绝大部分建筑不同，不讲究对称。第二层是：苏州园林类似美术画，要求自然之趣。作家在第一层意思之后用了一个设问句："这是为什么？"由此转入第二层，过度自然，同时能吸引读者阅读下文，寻求解答。）

全篇或者是一个段落的结尾，也有用设问句的，**让读者自己去思索，使思想情感进一步深化。**

例如：

> ③ 灵堂里还有一个特制的大骨灰盒，由一大三小四只骨灰盒组成，这真是一组特殊的图案，它出自一位父亲的手，它象征着人间失去了一位母亲和她的三个孩子。我无法想像，孩子们的父亲在亲手制作这只骨灰盒时，会是怎样的心情。孩子们都依偎在母亲的身边去了，独独扔下了孤寂的他；究竟是死去的人更不幸，还是活着的人更不幸呢？
>
> （钱钢《唐山大地震》）

这是一个比较特殊的设问句。表面看来，有问无答，而且提出了两种供选择的情况，似乎不是设问句，而是选择问句，其实上文就是答案：死去的人是不幸的；而活着的人还在承受着失去亲人的痛苦，从这个意义上说是更不幸的。这个意思直说就平淡了，作者故意问而不答，让读者思考，感情显得格外深沉。

（二）反问句

反问句又叫反诘句，它是用问句的形式表达确定的意思。**反问句和设问句都不是有疑而问，这一点相同；但又有所不同：设问句主要引起读者的注意思考，反问句则表示强烈的语气和感情色彩；设问句是自问自答，答案在问句之外，反问句则不用回答，答案已包含在问句之中；设问句句末一般用问号，反问句可以用问号，也可以用叹号。** 下面看一些例子：

① 虽然天山这时并不是春天，但是有哪一个春天的花园能比得过这时繁花无边的天山呢？（碧野《天山景物记》）
② 我觉得他讲的是最浅显，最实际的道理。在来西岭以前，我还没有考虑过这些问题。诚然买卖婚姻是可恶，但主要责任在农民身上吗？不从根本上解决农村问题，不想方设法使广大农民富裕起来，光靠宣传婚姻法能解决多少问题呢？（马烽《结婚现场会》）

例①第二句比用陈述句"没有哪一个春天的花园能比得过这时繁花无边的天山"更为有力。例②有两处用了反问句。一处意思是说买卖婚姻主要责任不在农民身上。另一处意思是说只有从根本上解决农村问题,只有想方设法使农民富裕起来,才能使婚姻法得以贯彻实行。这些用反问句,感情更强烈。

反问句和否定句结合使用,类似双重否定句,表示肯定的意思,感情色彩、语气往往更强。

例如:

① 历史上没有一个反人民的势力不被人民毁灭的!希特勒,墨索里尼,不都在人民之前倒下去了吗?(闻一多《最后一次演讲》)

② 时候既然是深冬,渐近故乡时,天气又阴晦了,冷风吹进船舱中,呜呜的响,从篷隙向外一望,苍黄的天底下,远远横着几个萧索的荒村,没有一些活气。我的心禁不住悲凉起来了。阿!这不是我二十年来时时记得的故乡?(鲁迅《故乡》)

例①共两句。第一句先摆出结论,第二句用反问句和否定句结合的形式提出例证,具有无可辩驳的力量,中国的"反人民的势力",也一定要"倒下去"。例②末句用反问句和否定句结合的形式更有表现力。"二十年来时时记得"的美好故乡,如今竟是这般衰败景象,几乎难以辨认,却又不容否认,表现了复杂的情感。

【补充】句式的选择 练习题及应掌握的要点

1、根据语言环境和表达的需要，填入括号里最恰当的一句是：（ ）

> 又一阵风。风过去了，街上的幌子，小摊，行人，（ ），全不见了，只剩下柳枝随着风狂舞。

  A、风仿佛把他们都卷走了　　　B、风仿佛都卷走了他们

  C、仿佛都被风卷走了　　　　　D、风仿佛都卷走了

（分析：这是一道选择题，是结合语境选择句式。括号前面的"幌子，小摊，行人"是要选择内容的主语，根据句子前后主语的一致性应该选"C"。）

2、与前面句子最连贯的一项是：（ ）

> 第一次真好，第一次的感觉真妙。细细想，在你的生命中，有多少"第一次"值得你留恋回味？

  A、有多少"第一次"把不可磨灭的印象给你留下啊！

  B、有多少"第一次"给你留下不可磨灭的印象？

  C、有无数个"第一次"把不可磨灭的印象给你留下啊。

  D、难道没有无数个"第一次"给你留下不可磨灭的印象吗？

（分析：选项的意思差不多，但句式不同。原句的前一个句子的句式是反问，那么选项也用同样的句式，根据前后句式的一致性，故选择"B"。）

3、填入横线上，衔接恰当的一句是：（ ）

> 在服装厂里，男女工人使用同样的机器，缝制同样的衣服，付出同样的劳动，可一天劳动结束的时候，_____。

  A、女工从老板那儿领到100元，男工是150元。

  B、老板发给女工的工资是100元，男工是150元。

  C、老板发给男工的工资是150元，女工是100元。

D、男工从老板那儿领到150元，而女工只领到100元。

（分析：由于语句的主语是"男女工人"（根据**主语一致**的原则，可排除B、C），为使语序保持一致，应先讲"男工"，后讲"女工"，故选择D。）

4、填入横线上，与上下文衔接合适的一句是：（　）

生产衬衫的关键工序是上领子和袖子。二厂和三厂这两家衬衫厂各有所长：_____

A、二厂上领子的技术比三厂强，三厂上袖子的技术比二厂强。
B、三厂上袖子的技术比二厂好，二厂上领子的技术比三厂好。
C、三厂上领子的技术没有二厂好，上袖子的技术比二厂好。
D、二厂上领子的技术比三厂强，上袖子的技术没有比三厂强。

（分析：语句要表达的意思是二厂、三厂的"长"，根据保持语意的一致性该从A、B选项中选择，兼顾"语序一致"的原则，只能选择A。）

5、填入横线上，与上下文衔接合适的一句是：（　）

这是一个秋季薄阴的天气。_____；岩面与草丛都从润湿中透出几分油油的绿意。

A、厚厚的云在我们顶上罩着　　B、厚厚的云在我们顶上浮着
C、薄薄的云在我们顶上流着　　D、薄薄的云在我们顶上压着

（分析：语句中"薄阴"、"润湿"、"油油的绿意"创设了一种优美的意境，而"厚厚的云""罩"或"压"均与此意境不合，根据**语境的一致性**故选C。）

☆要点（锦囊妙计）

所谓句式，顾名思义就是句子的形式，是针对句子的整体格局而言的。汉语的句式有多种分类方法，可以出现多种类型。

变换句式是指上述各对句式间的互变。选择句式是指依照一定的根据选择能收到较好表达效果的句式。变换和选择的句式是否恰当，一是看**内容表述是否准确**，二是看语气是否恰当，三是看**与上下文是否协调一致**。选用和变换句式主要考查学生根据不同的语境和要求，通过句式的选用和变换，从而能更灵活、生动、有力地表达自己的思想感情和观点，达到最佳的表达效果。

(一) 变换句式的基本要求：

（1）变换句式一般是在同义句式中进行的，不管题目本身是否作出要求，变换后的句子一定都要**保留原意**。为此，在具体操作中，与句式变换无关的文字可原封不动，必要时个别文字可以变动，如增、删、换、调等，但变动不要太多。

（2）每一种句式都有相对的同义句式，如长句与短句对应、主动句与被动句对应；整句与散句对应、常式句与变式句对应、口语句与书面语句对应等。**要按照相应的关系去变换句式**，避免张冠李戴。

（3）在一定的语言环境下，讲求句子的选择是为了收到理想的表达效果，属于修辞的范畴。一般地说，修辞活动必须在合乎语法和逻辑的前提下进行，因此，在变换句式的同时，要注意语言的通顺生动合理，防止顾此失彼。

(二) 变换和选用的原则：
① 不改变原意；
② 不能增删改变内容；
③ 可增删个别词语；
④ 注意层次及逻辑关系；
⑤ 尽量避免重复，可用指代词简化。

(三) 句式变换的方法：

1、主动句与被动句的选用和变换

主动句：
美国军用侦察机在我国南海上空**把**由王伟驾驶的我国一架军用飞机撞毁。

被动句：
由王伟驾驶的我国一架军用飞机在我国南海上空**被**美国军用侦察机撞毁。

[简析] 选用**主动句强调了主语施事者，从而揭露了非法肇事的对象**；选用**被动句强调了这次事件中我方无辜，罪在美国。**

变换方法：变"把"字句为"被"字句。

2、肯定句与否定句的选用和变换

肯定句：我们要加强素质教育。

否定句：我们不加强素质教育不行。

[简析] 用肯定句，语调一般；选用否定句，以双重否定表示肯定，增强了语气。

变换方法：在适当位置增加否定词。

3、短句与长句的选用和变换

短句：

① （我们毫不动摇地）₁（发展我国社会主义经济建设）₄。

② 我们要（坚持自力更生为主，争取外援为辅）₂（的方针。）₅

③ 我们要（学习要引进外国的先进技术）₃。

长句：

（我们要毫不动摇地）₁（坚持自力更生为主、争取外援为辅、）₂（学习引进外国的先进技术）₃（发展我国社会主义经济建设）₄（的方针。）₅

[简析] 三个独立短句，句意清楚，容易把握；选用一个长句，则表意周密，但读起来比较费劲。

变换方法：以短句中的某一句(如例句中的②句)为主干，把其他短句变成修饰成分(作定语)。

4、陈述句与反问句的选用和变换

陈述句：你一定会想到白杨树的质朴、严肃、坚强不屈，至少也象征了北方的农民。

反问句：难道你就不会想到白杨树的质朴、严肃、坚强不屈，至少也象征了北方的农民？

[简析] 选用陈述句，表意平和，不带感情色彩；选用反问句，则肯定有力，表达了比较强烈的感情。

变换方法：变一般肯定为双重否定(否定词+问句)

5、常式句与变式句的选用和变换

常式句：你今天的演说棒极了。

变式句：棒极了，你今天的演说！

[简析] 选用常式句，陈述客观；选用变式句，主谓倒装，强调了演说的效果。

变换方法：改变语序(如主谓等)。

6、散句与整句的选用和变换

散句：度过了讨饭的童年生活和在财东马房里睡过觉的少年时代，青年时候又在深山远林里打过短工，他简直不知道世界上什么叫困难。

整句：他童年时候讨过饭，少年时候在财东马房里睡过觉，青年时候又在深山远林里打过短工，他简直不知道世界上什么叫困难。

[简析] 比较画线处语句，前一句为散句形式，自由活泼，富有变化；后一句为整句形式，结构整齐，音节和谐，能渲染气氛，加强语势。

变换方法：按照其中一句的结构仿写，即可化散为整。

第四节　辞格（一）

☆辞格及其特征

辞格是指在使用语言过程中逐步固定下来的，在一定语境中能够产生积极表达效果的语言运用形式。

特点：

① 从形式上看，辞格是语言运用的形式，它具有某种模式性。

比喻的格式：AB相似，以B喻A，　　**借代的格式**：AB相关，以B代A

顶真的格式：A-B，B-C，C-D，　　**回环的格式**：A-B，B-A

② 从使用上看，辞格对语境的依赖性很大，脱离了特定的语境就没有辞格。单独一个"梦"不能成为辞格，但以"绿色"为语境，组成"绿色的梦"就成为移就[41]辞格。

③ 从效果上看，辞格对语言的运用具有优化性，它可以增强语言的表现力，使之在准确顺畅的基础上生动感人。

④ 从范畴上看，辞格是使用语言过程中所产生的一种修辞现象，而不是其他现象。

一、比喻

比喻就是打比方，是用本质不同又有相似点的事物描绘事物或说明道理的辞格，也叫"譬喻"。

比喻一般包括三个部分：本体、喻体、喻词

例如：

我们的祖国（本体）　像（喻词）　花园（喻体）。

---

[41] 所谓"移就"，就是有意识的把描写甲事物的词语移用来描写乙事物。一般可分为移人于物、移物于人、移物于物三类。

☆构成比喻必须符合下列两个条件。

例如：

小王像他哥哥。
这件衣服跟那件一样。 } 都不是比喻。

① 本体和喻体是本质不同的两类事物，同类事物一般不能规程比喻。
② 本体和喻体之间必须有相似点，即喻体必须在某一点上与本体相似，才能用来说明描绘本体。

如"我们的祖国象花园"祖国和花园的相似点是美丽。相似点是比喻的灵魂。

☆比喻的作用：

一是使深奥的道理浅显化，帮人加深体味；

二是使抽象的事物具体化，叫人便于接受；

三是使概括的东西形象化，给人鲜明印象。

（一）比喻的基本类型

1. 明喻

本体+喻词+喻体

> 像、如、似、仿佛、犹如、有如、一般、好比、宛如等。有时后面还用"一样，一般，似的等词语呼应。

例如：

① 高松年的脸像虾蟹在热水里浸了一浸。

钱钟书《围城》

② 刘玉翠回到村里，就好比是住进了监牢里。

康濯《春种秋实》

③ 转眼光景,整个海洋上卷起千万堆雪浪,简直就像那刚刚裂桃的大片棉花田，白花花的，一望无际。　　　杨朔《雪浪花》

④ 出洋好比出痘子，出痧子，非出不可。　　　钱钟书《围城》

⑤ 黄维苦心经营的一次大反击，像只氢气球一样破灭了。

谢雪畴《老虎团的结局》

2. 暗喻（隐喻）

本体+喻词+喻体

> 是、变成、成为、等于、成了、变为、当作

暗喻从表面上看来是判断，叙述或说明，暗中包含着比喻关系。

例如：

① 作为精神食粮，散文是谷类，作为战斗武器，散文是步枪，我们生活里常用散文。在文艺园地里，散文也应当是万紫千红中繁茂的花枝。

吴伯箫《多写的散文》

② 大王庄这个阵地成为一颗锐利的钉子，牢牢地钉进了黄维团的脑门心。

谢雪畴《"老虎团"的结局》

3. 借喻

借喻的本体不出现，也不用喻词，而是把喻体直接用在本体应该出现的位置。

例如：

① 夕阳映照下的西湖湖面上撒满了碎银，波光粼粼，熠熠生辉。

② 这个鬼地方，一阴天，我心里就堵上个大疙瘩。

上述三种比喻各有特点，下面列表加以比较：

类型	形式 成分	本体（甲）	喻词	喻体（乙）
明喻	甲像乙	出现	像、好像、似、好比、犹如、有如、如、仿佛、像…一样（一般、似的）	出现
暗喻	甲是乙	出现	是、变为、变成、成为、等于	出现
借喻	乙代甲	不出现	无	出现

（二）比喻的灵活用法

1. 没有喻词的比喻（引喻）

采用结构平行的句式，把喻体和本体排列起来，由喻体引出本体，引喻只出现**本体和喻体，而没有喻词**。

例如：

① 各方的溪涧汇成了河流，各地劳动人民的创造汇成了灿烂的文明。

② 射箭要看靶子，弹琴要看听众，写文章要做演说倒可以不看读者不看听众。　　毛泽东《反对党八股》

③ 在朝鲜的每一天，我都被一些事情感动着。我的思想感情的潮水，在放纵奔流着。　　魏巍《谁是最可爱的人》

④ 有时简直形成歌的河流，歌的海洋。　　吴伯箫《歌声》

2. 程度不等的比喻（强喻）

用比较的方式进行比喻，**本体喻体不但相似而且进小比较，以突出事物的特征**。

例如：

① 清凉的水沁入肺腑，这是比甘露还要甜，比美酒还要香的天山雪水。
　　袁鹰《戈壁水长流》

② 我们四川人还有用牛粪作燃料的，至于那些又臭又长的文章，恐怕连牛粪也不如。　　　　　　　郭沫若《关于文风问题，新观察记者问》

3. 否定方式的比喻（反喻）

用否定句式构成的比喻。

例如：

① 打江山不是容易的，并不是别人做好一碗红烧肉放在桌上，等待你坐下去狼吞虎咽。　　　　　　　姚雪垠《李自成》

② 秋并不是名花，也并不是美酒，那一种半开半醉的状态，在领略秋的过程中，是不合适的。　　　　　　　郁达夫《故都的秋》

☆**比喻的其他类型**

△**倒喻：本体和喻体倒过来的比喻**

例如：

① 上海人叫小瘪三的那种角色，也很像我们的党八股，干瘪得很，样子十分难看。　　　　　　　毛泽东《反对党八股》

② 灿烂的阳光下盛开的白花就是您的笑容，巨大的气锤起落的铿锵是您的声音；解放军前进的队列就是您的步伐，葱郁耸立的名山就是您的身影。　　　　　　　白桦《周总理您在亿万人民心中永生》

△**博喻：几个喻体从不同角度反复描绘说明同一个本体。博喻可以用来强调特征，增强气势。**

例如：

① 一株巨大的白丁香把花开在了屋檐的灰色的瓦瓴上。如雪，如玉，如飞溅的浪花。　　　　　　　王蒙《春之声》

② 砰的一声，郎平的一记重扣，激起了全场经久不息的欢呼声和鼓掌声，像海涛击岸，像山洪爆发，像飞瀑倾泻。

　　　　　　　鲁光《中国姑娘》

△**互喻：先用喻体比喻本体，再用本体比喻喻体，这样前后两个比喻形式叫做互喻。**

例如：
> 远远的街灯亮了，
> 好象是闪着无数的明星
> 天上的明星显现了
> 好象是点着无数的街灯　　　郭沫若《天上的街市》

> 早晨的花云潭是粉色的，云溪中流下来的云像花一般艳丽，花泉里淌出来的花像云一般轻盈，它们汇在一切，像万花筒一般奇幻，最能沟起人心中的遐想了……　　　王小鹰《金泉女与小溪妹》

△曲喻：由喻体的某一方面，转移，联想到另一方面去，通过这种转移。联想使喻体和本体产生比喻关系。

例如：
① 除了向日葵以外，天下怕没有像陆伯麟那样亲日的人或东西。
　　　钱钟书《人·兽·鬼》
② "你呀，真是记吃不记打，又买这'砖头'回来干什么？"柳茵一见《辞海》，火就沾了油，蹭蹭地窜得老高。　　　肖复兴《书市风波》

☆**比喻的修辞作用**
㈠．说明事理；
㈡．描述事物；
㈢．刻画人物。

（三）运用比喻要注意的问题
① 喻体必须是常见的、易懂的。
② 比喻要贴切。
③ 要注意思想感情。
④ 要注意区分比喻和非比喻，譬如比喻和比较形式上相同，而实质上是不同的。

二、比拟

根据想象把物当作人写或把人当作物写，或把甲物当作乙物来写，这种辞格叫比拟。

（一）比拟的基本类型

1. 拟人

把物当作人来写，赋予"物"以人的言行或思想感情。

例如：

① 波浪一边唱歌，一边冲向高空，去迎接那雷声。

高尔基《海燕》

② 远远地还听见敌人飞机的叹息，大概是在叹息自己的命运：为什么不到抗日的战线上去显显身手呢？　　陆定一《老山界》

③ 矮小而年高的垂柳，用苍绿的叶子扶摸着快熟的庄稼；密厚的芦苇，细心地护卫着脚下偷偷开放的野花。

郭小川《团泊洼的秋天》

④ 这里叫教条主义休息，有些同志却叫他起床。

毛泽东《反对党八股》

2. 拟物

把"人"当作"物"来写，也就使人具有物的情态或动作，或把甲物当作乙物写。

例如：

① 他们看见不远的地方，那宽厚肥大的荷叶下面，有一个人的脸，下半截身子长在水里。　　　　　　　　　　孙犁《荷花淀》

② 小D和妹妹常常没有晚饭吃，将门锁了，把自己焊在礁石上，听潮起潮落，看日沉日升。　　　　　　　　　舒婷《梦入何乡》

③ 罗马经历过战争，流血，唯物主义者——战士布鲁诺的思想在自由的人民当中翱翔。　　　　　　　　　　郑文光《火刑》

④ 他拉过一条板凳，在她身边坐下，两个人都没有说话，有滋有味地咀嚼着一秒一秒来的时间，而这时间也就一秒一秒地流去。

张贤亮《河的孙子》

（二）运用比拟要注意的问题

① 运用比拟必须是自己真实情感的流露，而感情又必须符合所描写的环境、气氛。
② 用来比拟的人和物在性格、形态、动作等方面应该有相似或相近之点，才能把物写得像真正的人一般，或把人写得像真正的物一样。

△比喻和比拟的区别

a. 比喻重点在"喻"，即以乙事物"喻"甲事物，甲乙两事物一主一从；
b. 比拟的重点在"拟"，即将甲事物"当做"乙事物来写，甲乙两事物彼此交融，浑然一体。

三、借代

不直说某人或某事物的名称，借同密切相关的名称去代替，这种辞格叫借代，也叫"换名"。

（一）借代的基本类型

1. 特征、标志代本体

用借体（人或物）的特征、标志去代替本体事物的名称。

例如：

① 郭全海把玉石眼追了回来，人马都气喘呼呼了。（"玉石眼"代马）
周立波《分马》

② "义哥是一手好拳棒，这两下子，一定够他受用了。"壁角的驼背忽然高兴起来。（驼背代人） 鲁迅《药》

③ 先生，给现钱，袁世凯，不行吗？（袁世凯代银元）
叶圣陶《多收了三五斗》

2. 专名代泛称

用典型性的人或事物的专名代替本体事物的名称。

例如：

① 中国人民中间，实在有成千上万的"诸葛亮"。（诸葛亮代有聪明才智的人）　　　　　　　　　　　　　　　毛泽东《组织起来》

② 你们杀死一个李公朴，会有千百万个李公朴站起来！（李公朴代主张民主正义的人士）　　　　　　　　　闻一多《最后一次讲演》

③ 在向科学现代化进军中，我们多么需要奔腾驰骋的"千里马"，多么需要无产阶级的"伯乐"啊！（"伯乐"代不拘一格选拔人才、知人善任的领导者的）

3. 具体代抽象

具体代抽象 用客观存在的具体事物代抽象概括的事物。

例如：

① 正像延安人们跟我说的"你该记得从前那烂袄袄，皮裤裤的年月吧。！"（烂袄袄，皮裤裤代艰苦生活）　　　　　　刘白羽《红玛瑙》

② 鲁迅的骨头是最硬的，他没有丝毫的奴颜和媚骨，这是殖民地半殖民地人民最可宝贵的性格。（骨头代意志、品质）　　毛泽东《新民主主义论》

4. 部分代整体

用事物的某个部分代替事物全体。

例如：

① 中国同志必须将朝鲜的事物看作自己的事情一样，教育指挥员战斗员爱护朝鲜的一山一水一草一木，不拿朝鲜人民的一针一线，如同我们在国内的看法和做法一样，这就是胜利的政治基础。（一山一水一草一木代朝鲜国土资源）　毛泽东《中国人民志愿军要爱护朝鲜的一山一水一草一木》

② 二孔明也叫二诸葛，原来叫刘修德，当年做过生意，抬脚动手都要论一论阴阳八卦，看一看黄道和道。（抬脚动手代做事）　　赵树理《小二黑结婚》

5. 结果代原因

用事物产生的结果代替事物本身。

例如：

① 警备队，警察，差役，一概敛迹，不敢下乡敲诈……他们看见农民的梭镖就发抖。（发抖是害怕的结果） 毛泽东《湖南农民运动考察报告》

② 有的人是嘴巴和手脚相脱离，说的一套，做的又是一套；……这些人在伟大领袖毛主席和敬爱的周总理的遗体面前应该脸红。（脸红代原因"惭愧"） 罗瑞卿《党的三大作风楷模--回忆周总理》

6. 作者代作品

例如：

李坚弹萧邦，弹李斯特，弹莫扎特，也弹中国乐曲，他的琴声使热爱音乐的欧洲听众如痴如醉…… 赵丽宏：《团圆奏鸣曲》

7. 牌号代本体

例如：

① 洗了家伙，到自己屋中坐下，一气不出吸了多少根"黄狮子"。（黄狮子代香烟） 老舍《骆驼祥子》

② 回头你和老太爷同坐一八八九号，让四妹和我同车，竹斋带阿萱。（一八八九号代汽车） 茅盾《子夜》

8. 材料、工具带本体

例如：

① 我把这心思去跟一位擅长丹青的同时商量，求她画。（丹青代水墨画） 杨朔《茶花赋》

② 自从给枪炮打破了大门之后，又碰了一串钉子，到现在，成了什么都是"送去主义"了。（枪炮代帝国主义） 鲁迅《拿来主义》

（二）运用借代要注意的问题

1. 借体与本体的关系密切，在上下文里，作者应有所交代，使读者看到借体时，能明白本体是什么。
2. 无论运用哪一种借代，其借体一定要能代表本体，其作用才明显突出，如用"帆"代"船"等。
3. 借体在语境中带有褒贬色彩。如用"诸葛亮"、"伯乐"等作借体，常常指代正面人物，带有歌颂、赞扬、钦佩、喜爱的感情色彩，是褒义的；而以"光头"、"一撮毛"等作借体往往指代反面人物，带有讽刺、谴责、蔑视、厌恶等感情色彩，是贬义的。

△**借代和借喻的区别**

① **作用不同**：借喻是喻中有代，借代是代而不喻；
② **客观基础不同**：借喻侧重"相似性"，借代侧重"相关性"；
③ **转化方式不同**：借喻往往可以改为明喻或暗喻，借代则不能。

四、拈连

利用上下文的联系，把用于甲事物的词语巧妙地用于乙事物，这种辞格叫拈连，又叫"顺拈"。

（一）拈连的基本类型

1、全式拈连

甲乙两事物都出现，拈连词语不可少。它象锁链一样，使前后拈连在一起。

例如：

① 清晨，枯草上凝着霜花，一位老大娘肩着竹耙，从古道上走来了。她**搂起**茅草，**搂起**豆茬，**搂起**少吃缺穿的日子。

王兆军《沙净天》

② 当年毛委员和朱军长带领队伍下山去挑粮，不就是用这样的扁担吗？他们肩上**挑的**，难道仅仅是粮食？不，他们**挑的**是中国无产阶级革命。

袁鹰《井冈翠竹》

③ 哼！你别看我耳朵**聋**——可我的心并不"**聋**"啊！

郭澄清《大刀记》

△根据表达需要，有时把甲乙两事物颠倒次序，即乙事物在前，甲事物在后。
例如：

④ 大红花我心里早戴上喽，评功的时候我就说过：年轻人戴上青枝绿叶大红花分外地好看……（《不是蝉》）

2、略式拈连

甲事物省略，或甲事物中的拈连词语省略，乙事物必须出现，借助上下文，省略的内容还是清楚的。

例如：

① 我只是伫立凝望，觉得这一条紫藤萝瀑布不只在我眼前，也在我心上流过。（省掉了甲事物中的拈连词"流过"）

宗璞《紫藤萝瀑布》

② 冬--冬--冬冬冬。声音单调吗？一点也不觉得。因为每一声冬冬都敲出对旧事物的诅咒，敲出对新生的人民共和国美好的祝愿。（省略了甲事物"敲出冬冬声。"） 萧乾《鼓声》

③ 薛倩住乡下，薛莹住城里，姐弟你来我往，这条元宝船维系着，船尾一把橹，橹片浸没在水里，摇过了数十年茫芒生活。

姜滇《水巷》

（二）运用拈连要注意的问题

① 拈连要贴切自然。不能单纯注意字面上的联系，主要应从内容方面考虑，才能"拈"得自然，"连"得贴切。

例如：

夜里天冷北风急，班长下岗月儿西；
手拿针线灯下坐，为我熬夜缝军衣；
线儿缝在军衣上，情意缝在我心里。

（把缝军衣的"缝"巧妙地拈连于下句，变异运用，组成"情意缝在我心里"，深刻表现了战士们互相帮助的革命情谊。）

② 拈连要注意甲乙两事物在语义上必须有内在联系。甲事物是乙事物的根据或条件，乙事物只有联系甲事物才能得到确切深刻的理解。

例如：

你默默地吐着丝，吐着温暖，吐着爱。在用生命丝织出的丝绸上，人们认识了你的价值。（马继红《蚕》）

（"吐丝"的"吐"字拈用下来，和"温暖"、"爱"临时组成动宾关系，揭示了蚕吐丝对人类的贡献。）

五、夸张

故意言过其实，对客观的人、事物作扩大或缩小或超前的描述，这种辞格叫夸张。

运用夸张的目的在于：

① **深刻地表现出作者对事物的鲜明的感情态度，从而引起读者的强烈共鸣。** 高尔基曾说，艺术的目的在于夸大好的东西，使它显得更好；夸大有害于人类的东西，使人望而生厌。

② **通过对事物的形象渲染，可以引起人们丰富的想象，有利于突出事物的本质和特征。**

（一）夸张的基本类型（扩大、缩小、超前）

1、扩大夸张

故意把一般事物往大（多、快、高、长、强……）处说。

例如：

① 泰山小啊天山低，

顶天立地的向秀丽！（贺敬之《向秀丽》）

（描写向秀丽高大形象的。她的形象"顶天立地"，高大无比。）

② 隔壁千家醉，

开坛十里香。

（是一副酒家对联。上联的"隔壁"能使"千家"的人醉倒，极言酒味浓重；下联的"开坛"能使"十里"的人闻到香气，极言酒气香醇。）

2、缩小夸张

故意把一般事物往小（少、慢、矮、弱……）处说。

例如：

① 红军不怕远征难，

万水千山只等闲。

五岭逶迤腾细浪，

乌蒙磅礴走泥丸。（毛泽东《七律·长征》）

（把五岭山脉看做"细浪"，把乌蒙山脉视为"泥丸"，极言其小以显红军形象的高大。）

② 可是当兵一当三四年，打仗总打了百十回吧，身上一根汗毛也没碰断（刘白羽《无敌三勇士》）

（"一根汗毛也没碰断"，是极力强调身经百战而没受一点损伤，可谓无敌勇士。）

3、超前夸张

在两件事之中，故意把后出现的事说成是先出现的，或是同时出现的。

例如：

① 农民们都说：看见这样鲜绿的苗，就嗅出白面包的香味儿来了。

（"看见这样鲜绿的苗"，就嗅出"香味"，这是故意把后出现的事说成先出的事。）

② 阿Q在这刹那，便知道大约要打了，赶紧抽紧筋骨，耸了肩膀等候着，果然，拍的一声，似乎确凿打在自己头上了。（鲁迅《阿Q正传》）

（"拍的一声"跟"打在自己的头上"本来是同时出现的，这里是先闻其声，对描写阿Q的紧张心情显得更加逼真。）

☆**夸张按形式可以分为直接夸张和间接夸张。**

4、直接夸张：不借助其他修辞格直接进行的夸张。

例如：

① 谢惠敏的两撇眉毛险些飞出脑门，她瞪圆了双眼望着张老师。（刘心武《班主任》）

② 同车的人告诉她："黑龙江人常说，这里的土插根筷子都会发芽。"（丁玲《杜晚香》）

5、间接夸张：通过其他修辞格进行夸张。

例如：

① 侍者上了鸡，碟子里一块象礼拜堂定风针上铁公鸡施舍下来的肉，鲍小姐用刀割不动。（钱钟书《围城》）

（通过比喻进行的夸张，描写鸡肉的硬。）

② 小飞蛾抬头看看他的脸，看见她的眼睛要吃人，吓得她马上没有答上话来，张木匠的锯梁子早就打在她的腿上了。（赵树理《登记》）

（运用比拟来夸张，用"他的眼睛要吃人"来形容张木匠目光的凶恶。）

（二）运用夸张要注意的问题

① 运用夸张要以客观实际为基础，否则不能给人以真实感。鲁迅先生说："漫画虽然有夸张，却还是要诚实。'燕山雪花大如席'，是夸张，但燕山究竟有雪花，就含着一点诚实在里面，使我们立刻知道燕山究竟有雪花，就含着一点诚实在里面，使我们立刻知道燕山原来这么冷，如果说'广州雪花大如席'，那可就变成了笑话了。"

② 运用夸张要明确、显豁，不能又像夸张，又像真实。说"祖国大地换新颜，一天等于二十年"，这是明显的夸张；但如果说"劳动三十天，胜过六十天"，这就很难说是夸张还是事实了。

③ 夸张的表现往往借助于比喻、比拟等辞格，运用时要注意表意上的一致性，防止互相抵触。

例如：

举着红灯的游行队伍河一样流到街上。

天空的月亮失去了光辉，星星也都躲藏。（何其芳《我们最伟大的节日》）

诗中的"游行队伍河一样流到街上",即是比喻又是夸张,融合得非常自然。"星星也都躲藏",通过比拟描绘和渲染了人民群众欢乐的情绪和气氛。

第五节 辞格(二)

一、双关

利用语音或语义条件,有意使语句同时关顾表面和内里两种意思,言在此而意在彼,这种辞格叫双关。

(一)双关的基本类型

双关(按构成条件){谐音双关 / 语义双关}

1、谐音双关

利用音同或音近的条件使词语或句子语义双关。

谐音双关的关键是利用词语的同音现象。

例如:

① 她陶不见桃结果,

　她李不见李花开,

　她罗不见锣敲响,

　三个蠢材哪里来?(《刘三姐》)

(刘三姐就"陶、李、罗"三姓与"桃、李、锣"三物同音相谐巧妙地就姓联物,指物借意,鲜明地表现了刘三姐聪明机智、善于对歌的才能。)

② 洋贵妃醉酒(《工人日报》摄影标题)

("洋贵妃"是指美国夏威夷大学演出团用英语表演京剧《杨贵妃醉酒》,"洋"与"杨"谐音双关。)

③ 不写情词不写诗,/一方素帕寄心知,/心知接了颠倒看,/横也丝来竖

也丝。/这般心事有谁知？（冯梦龙《山歌》）

（这里"横也丝来竖也丝"的两个"丝"字，谐音双关"思"。就第二句的一方素帕而言，是"丝"，就末句的"心事"而言，是思念的"思"。）

☆有些歇后语就是借同音或近音双关手法构成的。

例如：

　　山顶滚石头————石打石（实打实）。
　　拉着胡子上船————牵须过渡（谦虚过度）。
　　癞蛤蟆跳井————扑通（不懂）。
　　猪八戒的脊梁————悟（无）能之背（辈）。

2、语义双关

利用词语或句子的多义性在特定语境中构成语义双关。比起谐音双关来，语义双关更为常用。

例如：

① 新事业从头做起，
　　旧现象一手推平。

（是新中国成立后，有家理发店写的春联。"从头做起"和"一手推平"，语义双关。讲的是理发，实际是寄托着人民群众除旧布新的愿望，歌颂新中国，欢庆新社会。）

② 嘿嘿，秘书长，你高兴得太早了吧，你看，我这儿还埋伏着一个车哪！将！秘书长！从全句来看，你输了，你完了，你交枪吧！（京剧《八一风暴》）

（是剧中打入敌军的地下工作人员张敏跟敌秘书长下棋时的一段双关语。表面上说的是下棋的事，实际上是暗指敌我双方军事斗争的形势，含蓄曲折，意味深长。）

③ 母亲和宏儿都睡着了。我躺着，听船底潺潺的水声，知道在走我的路。（鲁迅《故乡》）

("在走我的路"，表面上看是"我"离开故乡，在走水路，但作者扩展开去，将情、景自然地融合在一起，指的是人生的道路。作者发挥了丰富的想象力，借此寄托了自己美好的希望。)

△**运用双关要注意**：要依据特定的语言环境和特定的接受者巧用<u>表里两层含义，做到含蓄而不晦涩，做到不造成歧义或误会。</u>

△**语义双关和借喻不同**：

(1) 借喻是以喻体代本体，说的是喻体，要表达的是本体事物，是比喻与被比喻的关系，目的在于使抽象深奥的事物表达得具体、生动、简洁；

(2) 语义双关表达的是两种意思，借一个词语或句子的意义关顾两个事物，表里意思不一，目的在于收到含蓄委婉、幽默风趣的效果。

二、仿词

根据表达的需要，更换现成词语中的某个语素，临时仿造出新的词语，这种辞格叫仿词。仿词是仿拟形式之一，仿拟也叫"仿化"，还包括仿句和仿调。

(一) 仿词的基本类型

1) **音仿**：换用音同或音近的语素仿造新词语。

例如：

① 戏剧不同于历史书，也不同于报告文学，它不要求事事处处真实，正如郭沫若所说："历史研究是'实事求是'，历史剧作是'实事求似'。"（《假人真事与真人假事的艺术融合》）

② 大中城市年轻人，超前消费成"负翁"。（电视）（负翁这个词来自香港。1997年亚洲金融危机发生，给香港的经济带来巨大的灾难性后果，经济长期不景气，失业率高居不下，房产跳楼，股票套牢。直到2007年才会恢复到1997年危机前的水平。很多人因为贷款购楼和炒股一夜之间从百万富翁到负债百万，戏称"负翁"，负翁常与房奴紧密联系。）

③ 默默无"蚊"的奉献。（闻）（这是一条很有趣的广告词。"默默无闻"本是形容一个人做了好事，而大家不知道。现在将它谐音成"默默无蚊"，意思就变成了"四周默默地，没有蚊子的声音"，还可以解释成"用默默牌蚊香，蚊子立即死光光！"，真

是一语多义！）

④ 居高"淋"下。（临）（所谓"居高淋下"就是指有那么一些人从楼上往下倒脏水、扔垃圾的行为，这种行为当然要不得。贪图一时之便而不顾他人感受，这是在和谐社会中不该有的不和谐音符，"居高淋下"真的要不得。）

2）义仿：换用反义或类义语素仿造新词语。

例如：

① 有些天天喊大众化的人，连三句老百姓的话都讲不来，可见他就没有下过决心跟老百姓学，实在他的意思仍是小众化。（毛泽东《反对党八股》）

② 第二天早起，她们的头发上结了霜，男同志笑她们说："嘿，你们演《白毛女》都不用化装了！"她们也笑男同志："还说哩，你看，你们不是'白毛男'吗？"（魏巍《年轻人，让你的青春更美丽吧》）

仿词和被仿的词往往同时出现，这样，仿词在意义上有所依托，形成反义对用，收到互相映衬、启人联想的作用。仿词也可以单独出现，这时被仿的词潜在地起作用。

例如：

③ 有一些特产丰美、名胜古迹多的地区，更是宾客盈门，高朋满座。一二把手有时变成了"内交家"，自愿地或被迫地生活在彬彬有礼、客客气气的应酬活动之中……

因为有"外交家"这个词潜在地起作用，所以，"内交家"的仿词身份一眼便可看出，它的讽刺口吻、幽默情趣十分明显。

仿词也有近义、同义的仿造形式，词、短语（包括成语）都可以仿造。仿词一般是"一对一"的，也有"一词多仿"的，例如：

实现全党工作重心的转移，把主要精力集中到生产建设上来，加速实现四个现代化，要靠实干，不凭空谈，而"老实疙瘩"可贵之处，就在于有一股勤奋努力、虚怀若谷、老老实实的好作风。……许多事实说明，这些"老实疙瘩"是"金疙瘩"、"银疙瘩"，是实现四化的"宝贝疙瘩"。

(二)运用仿词要注意的问题

① 仿词都是临时创造的,它的特定含义一定要清楚明白,特别是当被仿的词不出现时。单用仿词要加引号,使人一目了然,例如例⑤中的"内交家"。

② 仿词只需词语的结构形式相同,而文字和意义均须同中有异,异中有同,一定要有创新性。

例如:

龙二井又有油和水的矛盾,这是它的特殊性。周队长说,要促使矛盾转化,就要捞水,把水捞干。我们想一不做,二不休,搞它个水落油出。(电影文学剧本《创业》)

"水落油出"是仿"水落石出"而造的,以"油"易"石",不仅用语贴切,而且很有表现力。

三、反语

故意使用与本来意思相反的词语或句子来表达本意,这种辞格叫反语,也叫"倒反"、"反话"。

反语的特点是:词语表里不一,但并不影响正面理解,因为词语的反义在表里之间起作用。

(一)反语的基本类型

反语可分为以正当反和以反当正两类。

1、以正当反(即反话正说,嘲讽性反语)。用正面的语句去表达反面的意思。

例如:

① 你真聪明,这么多天竟想不出一个好主意。

② 没见过这样的宝地!房子没有一间整的,一下大雨就砸死人,宝地!

③ 有几个,"慈祥"的老板到菜场去收集一些菜叶,用盐一浸,这就是他

们难得的"佳肴"。（夏衍《包身工》）

（"慈祥"、"佳肴"是反义词语；"慈祥"实则是"凶恶"，"佳肴"其实是"猪食"。）

嘲讽性反语构成的关键是褒义词语贬用。

2、以反当正（即正话反说，喜爱性反语）

用反面的语句去表达正面的意思。

例如：

④ 几个女人有点失望？也有些伤心，各人在心里骂着自己的狠心贼。（孙犁《荷花淀》）

（"狠心贼"，并没有什么恶意，相反更能表现出几个女人对自己丈夫深沉的爱。）

⑤ 他抗议无用，苏小姐说什么就要什么，他只好服从她善意的独裁。

喜爱性反语构成的关键是贬义词语褒用。

（二）运用反语要注意的问题

1. 反语有对待敌人的，有对待同盟者的，也有对待自己队伍的，要区别对待，必须防止滥用。
2. 运用反语应该力求鲜明，切忌含混。上文已经说明了正面的意思，再接着用反语，或者先反说后正说，这样可以加强讽刺的力量，也可以使意思更为显豁。

四、婉曲

有意不直接说明某事物，而是借用一些与某事物相应的同义语句婉转曲折地表达出来，这种辞格叫"婉曲"，也叫"婉转"。（故意不直白本意，而用迂回曲折、委婉含蓄的话来暗示、烘托）。

（一）婉曲的基本类型

婉曲可分为婉言和曲语两类。

1、婉言

不直接说出本意，故意换一种含蓄的说法。

例如：

① 周大勇说："反正我们人少，坐无形，走无踪，要打就打，要走就走，利索得很。可是老虎也说得对：'不能蛮干，蛮干，鼻子和眼就得调换位置'。"（杜鹏程《保卫延安》）

（不直说"蛮干"就会有牺牲，而说成"鼻子和眼就得调换位置"。）

② "你的个人问题怎么处理呀？""个人问题"是个"代名词"那意思谁都知道，大姐提起这事，我脸热得烫……（刘富道《眼镜》）

（"个人问题"代替婚姻恋爱问题，含蓄得体，有分寸。）

③ 我们觉得有些结论是值得商榷的。

（实际是说不同意，但不直说。）

2、曲语

不直接说出本意，而是通过描述与本意相关的事物来烘托本意。

例如：

① 我们不怕死，我们有牺牲的精神！我们随时像李先生一样，前脚跨出大门，后脚就不准备跨进大门！（闻一多《最后一次讲演》）

（加着重号的词语是描述闻一多不怕死的斗争决心。）

② 好一个娇女！走在公路上，小伙子看呆了，听不见汽车叫；走在街面上，两旁买卖都停掉；坐在戏院里，观众不往台上瞧……（高晓声《水东流》）

（加着重号的词语是间接曲折地描述了"娇女"的美丽动人。）

（二）运用婉曲要注意的问题

① **婉曲话语，妙在含蓄委婉，而意在言外。**

孙犁在《荷花淀》有一段描写四个青年妇女想去看新参军的丈夫的婉曲对话：

女人们到底有些藕断丝连。过了两天，四个青年妇女聚在水生家里来，大家商量。

"听说他们还在这里没走。我不拖尾巴，可是忘下了一件衣裳。"

"我有句要紧的话,得和他说说。"

"听他说,鬼子要在河口安据点……"水生的女人说。

"哪里就碰得那么巧?我们快去快回来。"

"我本来不想去,可是俺婆婆非叫我去看看他－－有什么看头啊!"于是这几个女人偷偷坐在一只小船上,划到对面马庄去了。(孙犁《荷花淀》)

(妇女们都不直说自己要去看看新参军的丈夫。)

② **婉曲的真正含义一定要让人悟得出,理解得了,最终得露出"庐山真面目"不能使人误解或产生歧义。**

例如:

他走着,走着,路灯一盏一盏的亮了。他走着,走着,路灯又一盏一盏的灭了。(茹志鹃《丢了舵的小船》)

(这运用的是曲语,例中加点的词语意思是说"走到天黑,又走到天亮"。在上下文语境中,这个含义还是清楚的。)

③ **婉曲可以借用比喻的方法来表现。**

例如:

聂耳以23岁的青春年华,过早地写下他生命的休止符。(何为《他的进军号》)　　(这是通过比喻来委婉说明音乐家的去世。)

第六节 辞格（三）

一、对偶

结构相同或基本相同、字数相等、意义上密切相连的两个短语或句子，对称地排列，这种辞格叫对偶。

作用：

形式上--音节整齐匀称，节律感强；

内容上--凝练集中，概括力强。

它有鲜明的民族特点和特有的表现力，便于记诵，因而在抒情、叙事、议论等文章中广泛使用。

（一）对偶的基本种类

对偶就上句和下句在意义上的联系可大致分为正对、反对、串对三类。

1、正对

从两个角度、两个侧面说明同一事理，表示相似、相关的关系，在内容上是相互补充的，以并列关系的复句为表现形式。

例如：

① 治学求深先去傲，

　做人要好务存诚。

（从两方面讲"去傲"、"存诚"对治学做人的必要。）

② 宝剑锋从磨砺出，

　梅花香自苦寒来。

（从两方面说明一个道理：铁杵磨成针，功到自然成。）

2、反对

上下联表示一般的相反关系或矛盾对立关系，借正反对照、比较以突出事物的本质。

例如：

① 斧头劈翻旧世界，

　镰刀开出新乾坤。

（用新与旧对比的方法，概括地描绘了革命者的大任。形象具体，气壮山河。）

② 理想，生活的旗帜；

　实干，成功的途径。

（从相对的两方面，说明了"理想"和"实干"的辩证关系。）

3、串对

上下联内容根据事物的发展过程或因果、条件、假设等方面的关联，连成复句，一顺而下，也叫"流水对"。

例如：

① 野火烧不尽，

　春风吹又生。

（上联表原因，下联表结果。）

② 漫道古稀加十岁，

　还将余勇写千篇。（王力《龙虫并雕斋诗集》）

（上下联表示事物间的转折关系。）

△对偶的上句和下句，一般是两个分句，也有的是句子成分。

例如：

① 然而我的坏处，是在论时事不留面子，砭痼弊常取类型，而后者尤与时宜不合。（鲁迅《伪自由书·前记》）

（对偶的上句和下句以联合短语的形式充当句子的宾语。）

② 大历四年的冬天，寒流侵袭潭州（长沙），大雪下得家家灶冷，户户衣单。

（对偶的上句和下句以联合短语的形式作补语。）

△对偶在对仗方面要求很严格。杜甫的诗句："两个黄鹂鸣翠柳，一行白鹭上青天"对得很工整，结构完全对仗。从语音上说，很讲究平仄："仄仄平平平仄仄，仄平仄仄仄平平"。对联的下联，末字应是平声。《大宅门》一开始说有一副对联："忠厚传家，诗书继世"。这副对联排反了。河南嵩山有个嵩阳书院，有一副对联："一片丹心育新人，满园春色催桃李"。这是中央电视台报道时展示在屏幕上的，一看便知，摆反了。

（二）运用对偶要注意的问题

对偶是汉语所独有的辞格，最能体现汉语的民族特点，早为广大群众所喜闻乐见，广泛使用。中国古代的骈体文、律诗应用对偶最多，对仗工整，节奏鲜明，音调铿锵，上口悦耳。这种对仗规定很严，不仅要求字数相等、结构相同、词性一致、实虚各自相对，而且平仄也要协调，这是严格的对偶。而现代诗文使用对偶，为了适应内容的需要，冲破了上面的一些限制，只要字数相等、结构大致相同、声韵基本协调就可以了。

二、排比

把结构相同或相似、语气一致、意思密切关联的句子或句子成分排列起来，使内容和语势增强，这种辞格叫排比。

（排比是指把三个或三个以上的结构相似、语气一致的词语或句子排列起来以表达相关内容的一种修辞格。）

作用：增强语势　提高表达效果

△排比有突出的表达力。古人说："文有数句用一类字，所以壮气势，广文义也。"这说的就是排比的功用。

例如：

　　这是心的呼唤，
　　这是爱的奉献，
　　这是人间的春风，
　　这是生命的源泉。　　（黄奇石《爱的奉献》）

生产多么需要科学！革命多么需要科学！人民多么需要科学！（秦牧《向科学技术现代化进军的战鼓》）（是由三个感叹句构成的排比，它从不同角度强调了"科学"的重要。）

（一）排比的基本类型

排比 { 句子排比
      句法成分排比

1、句子排比
分句与分句、句子与句子的排比。

例如：

① 不要轻信你听到的每件事，不要花光你的所有，不要想睡多久就多久。（无名氏《一些有意思的忠告》）

② 为什么人一定要当"官"或取得其它高级职位才算是活得有"价值"呢？为什么一定要高人一头、超人一等才算是有"前途"呢？为什么只有清闲、少劳或不劳动才算是"幸福"和"快乐"呢？为什么要把服务性行业看得那么卑贱见不得人呢？这是多么可怕而又可鄙的偏见！（魏巍《路标》）

2、句子成分的排比
句中同一句子成分的排比。

例如：

① 在他的词作中，你见不到一丁点世俗的哀怨，感到的只是祖国跳动的脉搏、民族不懈的追求、时代探索的脚步、人民热切的期盼。（王衍诗《倾情领唱主旋律》）

② 深夜，在大庆一间客房的会客厅里，王启民述说着往事，他的久违的父母、他的久违的故乡、他的久违的童年。（文乐然《宁静地带》）

（①是宾语的排比，②是同位成分的排比，此外还有主、谓、定、状、补语的排比等。）

3、段落的排比。

例如：

　　他哭了，不是因为邻居的眼色，这个从南市来的孩子从小见惯了各种各样冷漠和怀疑的眼色。

　　他哭了，不是因为路人的歧视，这个在各国港口为中国争取到荣誉的海员，有的是对付歧视的办法。

　　他哭了，不是因为亲人们——妻子儿女，特别是哥哥，那个一心一意支持他走上这条路的哥哥的质问。虽然他们疑虑的视线在他心上织起了压迫的和有罪的雾似的迷网……（柯岩《船长》）

（二）运用排比要注意的问题

① 排比都是三项或更多项排列连用。排比能突出文意的重心，周密地说明复杂的事理，表达强烈奔放的感情，增强语言的气势，因此必须从内容的需要出发，不能生硬地拼凑排比的形式。

② 排比有的是多项全举；有的是在多项之中举其要者，留有弦外之音，启发读者深思。后一种排比，句尾用省略号。

例如：

　　西去列车的这几个不能成眠的夜晚啊，我已经听了很久，看了很久，想了很久……（贺敬之《西去列车的窗口》）

③ 准确地使用提示语是提高表达效果的重要环节。

例如：

　　我们搞社会主义，没有远大的理想，没有宽阔的胸怀，没有自我牺牲精神，怎么行呢？

△**排比与对偶是不同的：**

① 排比是三项或更多项的平行排列，对偶只是两项的对称并列。

② 排比每项的字数可以不完全相等，对偶两项的字数必须相等。

③ 排比常反复使用相同的词语，对偶力避字面的重复。

三、层递

根据事物的逻辑关系，连用结构相似、内容递升或递降的语句，表达层层递进的事理，这种辞格叫层递。

作用：使认识层层深化

1. 层递的类别

（1）递升

按照数目的多少、范围的大小、时间的长短、程度的深浅、面的宽窄、量的轻重等依次上升排列，即由少到多，由小到大等等去排列。如：

① 生活中的许多厂长都像吕建国一样，为了上百号人、上千号人乃至上万号人的吃喝拉撒，在披肝沥胆地工作着。（卢腾《厂长看〈厂长〉》）

② 听说四川有一则民谣，大略是"贼来如梳，兵来如篦，官来如剃"。

（2）递降

递升的特点是步步上升，与此相反，步步下降的是递降，即使语意由深到浅，由重到轻，由高到低，由大到小等排列。如：

① 他父亲留下的一份家产就这么变小，变做没有，而且现在负了债！（茅盾《春蚕》）

② 我爱我的国家，爱我的石头城，爱我的家。

2. 层递和排比的区别

层递和排比都是由三项或三项以上组成，都有结构整齐、气势贯通的特点，但有所不同：

(1) 层递着眼于内容上具有级差性，排比主要着眼于内容上的平列性。

(2) 层递在结构上不强调相同或相似，往往不用相同的词语；排比在结构上必须相同或相似，往往要用相同的词语。

四、顶真

顶真，也叫联珠，指用上一句结尾的词语做下一句的起头，使前后句子头尾蝉联，上递下接的一种修辞格。

① 我站在桥上看风景，看风景的人在楼上看我。

② 文学是创造性劳动，创造性劳动需要灵感，灵感来自生活积累，生活的积累是作家对所写对象心灵的感受后认同。

③ 布匹是哪儿来的呢？是织布厂用纱织成的。纱呢？又是纺纱厂用棉花纺成的。棉花呢？必须从地里种出来。地呢？也得经过耕作播种，还要两次三番地浇水。水呢？又得挖掘灌溉渠，从河里引到地里来。

例①、②是严式的顶真，例③是宽式的顶真。

顶真的修辞作用是：

① 议事说理准确、谨严、周密。

② 状物叙事，条理清晰。

③ 抒情写意，格调清新。

五、回环

回环是指把前后语句组织成穿梭一样地循环往复的形式以表达不同事物间的有机联系的一种修辞格。

例如：

① 长相知，才能不相疑；不相疑，才能长相知。

② 我们两家搞了一辈子的戏，戏就是我们的命，命就是我们的戏。

③ 科学需要社会主义，社会主义更需要科学。

例①、②、③论述了互相依存、相互促进的密切关系。

作用：使语句整齐匀称，能揭示事物的辩证关系，使语意精辟警策。

顶真和回环在**头尾顶接**这一点上相似，但又有根本上的不同。**顶真**是反映事物间的**顺接或联结关系**的，它从一个事物到另一个事物，顺连而下，其**轨迹是直线形**，不是递升或递降的关系（这又与层递不同）。**回环**是在**词语相同的情况下，巧妙地变换词语顺序**，利用它们不同结构关系的不同含义形成回环往复的语言形式，反映从甲事物到乙事物，又从乙事物到甲事物，其**轨迹是圆周形**。它反映事物之间**相互依存或密切关联的关系**。回环在视觉上语感上都给人以循环往复的美感。

第七节 辞格（四）

一、对比

对比是指把两种不同事物或同一事物的两个方面放在一起相互比较的一种修辞格。

（一）对比的基本类型

对比可以分为**两体对比**或**一体两面对比**两类。

1、两体对比

把两种根本对立的事物放在一起进行对照，使好的显得更好，坏的显得更坏；大的显得更大，小的显得更小，等等。

例如：

> 有的人活着，
> 他已经死了；
> 有的人死了，
> 他还活着。（臧克家《有的人》）

臧克家为纪念鲁迅先生写的诗的前两节。对比鲜明，它歌颂了"永远活在人们心里的人"，打击和讽刺了行尸走肉般的人。

2、一体两面对比

把同一事物的正反两个方面放在一起说来，能把事理说得更透彻、更全面。

例如：

> 这种人，在上级领导面前点头哈腰，活像一条叭儿狗；而在平民百姓跟前则换了一副面孔，凶神恶煞，活像一个恶太岁。他们是羊，同时也是凶兽；但遇见比他凶的凶兽时便现羊样，遇见比他更弱的羊时便现凶兽样。（鲁迅《忽然想到〈七〉》）

对比其实是把互相对立的两个事物/一个事物的两个方面加以对照，从而突出双方的特点。

① 我们创造了一种独具风格的生活方式：有钱的真讲究，没钱的穷讲究。
② 正是夏天农忙的季节，王十成忽然来到北京！王掌柜又惊又喜。喜的是儿子不但来了，而且长得筋是筋、骨是骨，身量比爸爸高出一头，虽然才二十岁。惊的是儿子既没带行李，又满身泥土，小褂上还破了好几块。

(二) 对比的功能与运用

恰当地运用对比，可以揭示矛盾对立的意义，能使事理、语言鲜明突出。两体对比，能使人更易鉴别不同事物的好坏、善恶、美丑；一体两面对比，能使人更易认识同一事物的正反方面的特性、矛盾统一的关系。

运用对比要注意：对比的两种事物或同一事物的两个方面应该存在矛盾对立的联系，否则便是强为对比。

(三) 对比与对偶的区别

对比要求两项意义必须"对立"，不管结构是否相同、字数是否相等；对偶要求两项结构必须"对称"，字数必须"对等"，除了"反对"之外，不一定要求意义对立。可见二者立足点不同，对比立足内容上"对立"，对偶立足形式上"对称"。对偶中的"反对"，从内容上说是对比。

二、映衬

为了突出主体事物，用类似的或相反的、或相异的事物作陪衬的辞格叫"映衬"，也叫"衬托"。

(一) 映衬的基本类型

映衬可分正衬和反衬两种。

1、正衬

正衬是利用同主体事物相类似的事物作陪衬。

例如：

① 俗话说：人逢喜事精神爽。偏巧，这天又风和日暖，一路上山溪婉转，鸟语花香。莲子虽然没坐上花桥，心里依然是喜气洋洋。

② 这时候，我的脑里忽然闪出一幅神异的图画来：深蓝的天空中挂着一轮金黄的圆月，下面是海边的沙地，都种着一望无际的碧绿的西瓜，其间有一个十一二岁的少年，项带银圈，手捏一柄钢叉，向一匹猹尽力的刺去，那猹却将身一扭，反从他的胯下逃走了。

（鲁迅《故乡》）

例①以景衬情，用"风和日暖"、"鸟语花香"等衬托莲子的喜悦的心情。例②描绘海边沙地的美丽夜景，衬托少年闰土充满活力的形象。

2、反衬

反衬就是从反面衬托，利用同主题事物相反或相异的事物作陪衬。

例如：

当你下马坐在一块岩石上吸烟休息时，虽然林外是阳光灿烂，而在这遮住了天日的密林中却闪着烟头的红火光。（碧野《天山景物记》）

该例以作者骑马进入天山原始森林能看到闪着烟头的红火光，突出森林茂密、林子阴暗，这是"反衬"。

例如：

一九三七年四月中旬，正是樱花盛开的季节。日本横滨码头噪声沸腾，无数彩色的纸带，在远行人与送行者手中飘动。只有一个少妇，孤单地站在一艘英国轮船的甲板上，两手空空，没有彩带，默默地向祖国告别。这就是绿川英子——当时在日本叫长谷川照子。

借樱花盛开的美好季节和彩带"在远行人与送行者手中飘动"的欢快场面，反衬出长谷川照子离别祖国的痛苦和惜别的心情。

而衬托在其体运用中，主要又有两种类型。

△**以景衬情**，即通过具体生动的景物的描写，来烘托渲染人物的感情或人物的性格。

例如：

> 时候既是深冬，渐近故乡时，天气又阴晦了，冷风吹进船舱中，呜呜的响，从缝隙向外一望，苍黄的天底下，远近横着几个萧索的荒村，没有一些活气。（鲁迅《故乡》）

这段文字描写了故乡荒凉、冷落、窒息的景象，衬托了"我"的悲凉心情。这里是**以景衬情**。

例如：

> 这女人编着席。不久，在她的身子下面就编成了一大片，她像坐在一片洁白的雪地上，也像坐在一片洁白的云彩上。她有时望望淀里，淀里也是一片银白世界。水面笼起一层薄薄透明的雾，风吹过来，带着新鲜的荷叶荷花香。（孙犁《荷花淀》）

该例通过对水生嫂编织芦席的景物描写，渲染了一种清新宁静的氛围，烘托了水生嫂勤劳纯朴、温顺善良的形象，这里是**以景衬人**。

△**以动衬静**，即通过具体的声音或行动的描写，来烘托渲染幽静的自然环境或恬静的内心世界。

例如：

> 骑马穿行林中，只听见马蹄溅起在岩石上漫流的水的声音，更增添了密林的幽静。（碧野《天山景物记》）

该例用骑马穿行林间能听到蹄溅起的水声，来衬托天山森林处人迹罕至、幽深僻静。

例如：

> 在北平即使不出门去吧就是在皇城人海之中，租人家一椽破屋来住着，早晨走来，泡一碗浓茶，向院子一坐，你也能看到很高很高的碧绿的天色，听得到青天下驯鸽的飞声。（郁达夫《故都的秋》）

以秋天坐在院子里能听到青天下驯鸽的飞声,来衬托出周围环境的宁静及作者悲凉的心境。

此外,衬托的方法还可以举出一些,如以小衬大、以美衬美、以反衬正、以虚衬实、以宾衬主、以恶衬善、以正衬正等。

作用:突出正面或反面、或相异的事物的主题,表达强烈的思想感情,使要表达的对象更加鲜明。

三、反复

为了突出某个意思、强调某种感情,特意重复某个词语或句子的一种修辞格。

(一)反复的基本类型

反复可分为**连续反复**和**间隔反复**两类。

1、连续反复

连续反复是接着重复相同的词语或句子,中间没有其他词语出现。

例如:

> 周总理,我们的好总理,
> 你在哪里呵,你去哪里?(柯岩《周总理,你在哪里》)

例文中的"你在哪里呵,你在哪里?"是句子反复,表达了人民怀念周总理的深厚感情。

2、间隔反复

间隔反复是相同词语或句子的间隔出现,即有别的词语或句子隔开。

例如:

> ① 风雪一天比一天大,人们的干劲一天比一天猛,砍下的毛竹一天比一天堆得高,为竹滑道修的架在两座高山之间的竹桥,也一天比一天往

上长。（袁鹰《井冈翠竹》）

② 雪降落下来了，像柳絮一般的雪，像芦花一般的雪，像蒲公英的带绒毛的种子在风中飞，雪降落下来了。（郭风《松坊溪的冬天——写给孩子们》）

例①中的"一天比一天"是短语的间隔反复，例②中的"雪降落下来了"是句子的间隔反复。

间隔反复不仅可以隔着句子，有时甚至可以隔着段落，或者整个诗节。

有时连续反复和间隔反复交错使用，可以表现感情由一般到强烈的发展变化。

例如：

沉默啊！沉默啊！不在沉默中爆发，就在沉默中灭亡。

（鲁迅《记念刘和珍君》）

(二) 运用反复要注意的问题

反复具有突出思想、强调感情、分清层次、加强节奏感的修辞效果。因此，它可运用于各种文体中。有的文章，这些方面是综合体现的；有的文章则有所侧重。在说理文、记叙文中运用反复，能起到加强论点、分清条理的作用；在文艺作品特别是诗歌中运用反复，能表现强烈深挚的思想感情，起到强调主题思想、增强旋律美的作用。

间隔反复往往与排比合用。从句式看是排比，从语句重复看是反复，这是两种辞格的兼用现象。

例如：

了不起的人民，了不起的国家，了不起的成就！

反复与排比综合运用，即可使表达的意思更加突出，又能使气势更加磅礴。**反复与排比的区别是：反复着眼于词语或句子字面的重复，排比着眼于结构相同或相似、意义相近、语气一致；反复的修辞作用是强调突出，排比的修辞作用是增强气势。**

反复和重复不同。重复是一种语病，使人感到内容贫乏，语言累赘；反复则是一种常用的修辞手段。运用反复，是为了突出要表达的中心意思，强调感情。如果没有充实的内容、强烈的感情，而一味地采用反复的形式，那只能造成重复累赘。

四、设问

无疑而问，自问自答，以引导读者注意和思考问题。

例如：

① 是谁创造了人类世界？是我们劳动大众。

（作者用设问句引起读者注意和思考，随后自作答案，使读者领会作者的正确结论。）

② 人的正确思想是从那里来的？是从天上掉下来的吗？不是。是自己头脑里固有的吗？不是。人的正确思想只能从社会的生产斗争、阶级斗争、科学实验三项实践中来。（毛泽东《人的正确思想是从哪里来的？》）

（连续设问，首先提出问题：人的正确思想是从哪里来的？令人深思；接着连用两个设问句，否定了唯心主义的观点，进而用唯物主义认识论，正确而全面地回答了"正确思想"的来源问题。文意有起伏，耐人寻味。）

设问的修辞效果是引人注目。做文章标题，或文章的开头，启发思考，帮助读者掌握主题思想。段落之间可以承上启下，起过度作用。分析阐述问题，可以避免平板，使文气有变化。收尾用设问，可以点明主题，增加回味。

五、反问

反问也是无疑而问，明知故问，又叫"激问"。但它只问不答，把要表达的确定意思包含在问句里。否定句用反问语气说出来，就表达肯定的内容；肯定句用反问语气说出来，就表达否定的内容。

例如：

① 啊，黄继光，刘胡兰……不都是党亲手培育的，共产主义甘霖灌溉出

来的吗？人间还有什么花朵能同他们争妍呢？（曹靖华《花》）

例①是两个反问句连用。前句是用否定句反问，表达肯定的意思，它说明英雄是党培育的、共产主义甘霖灌溉的。后句是用肯定句反问，表达否定的意思，它说明花朵不能同英雄比美。

☆ 语言禁忌

一、语言禁忌的产生

禁忌作为一种社会心理活动，早在人类的蒙昧时期就产生了。那是。由于生产力水平低下，人们对风雨雷电、火山洪水等自然现象不可理解，对自然力的威慑产生恐惧和敬畏。恐惧和敬畏产生了迷信，迷信引起了灵物崇拜。

语言禁忌也是这样，语言被赋予一种超人的魔力，人们认为，"语言有一种超人的力量，既可以降幅又可以免灾，以至将语言所代表的事物同语言本身等同起来，把表示祸福的词语看成是祸福本身，生活中非常小心谨慎地使用与祸福有关的词语，唯恐触怒神灵，言语禁忌就这样产生了。"

据考证，汉人许慎于其《说文解字》中称：禁，吉凶之忌也。清人段玉裁注云：禁忌双声。而先秦文献《礼记·曲礼》中更有"入境而问禁"之语。这又说明，禁忌作为一种随处可见的风俗和牢固的文化通则，在中国同样是古已有之，并且一直为人们所严格遵循和恪守。

二、语言禁忌产生的原因

在人类蒙昧时期，原始人没有能力理解和征服自然。于是对一些自然现象和事物（特别是那些关系到人类生存死亡的）产生了畏惧心理。把畏惧的对象当作神灵加以崇拜，这就导致了语言迷信现象。再者为了避免接触畏惧对象，表现在语言上就产生了语言禁忌、避讳现象。

随着生产力的发展，人类文明程度的提高，人们逐渐把语言和客体区分开来，不在认为语言有神奇的魔力。源于畏惧的禁忌语也在逐渐消失，但和人类生活密切相关的那部分还是保存了下来，这主要是源于人们趋吉避凶的心理和对生活的美好愿望。

古人认为人的名字即是人本身或人身的一部分。可以说，名字和人的关系非常密切，对人来说如此重要，那名字的主人就会设法保护自己的名字。这在统治者、尊贵者那里表现为借用权势来迫使人们尊重其名字。久而久之，这种行为演化为一种道德规范，制约着老百姓和卑贱者的言语活动。另一方面，通过对语言文字的垄断，通过迫使别人对其名字加以敬避，还能起到加强和巩固统治者、尊贵者的尊严和特权的作用。

对一些语言文字的嫌恶也导致了一部分禁忌语的产生。客观世界中存在一些使人嫌恶的、让人在说话时不愿提及的现象，人们在交际中离不开这些概念，为了避免直接提及，往往采用一些含蓄委婉的方式来表达。体现了人们对语言美的一种自觉追求。

委婉语也是人们使用语言过程中协调人际关系的一种重要手段，委婉语是一种语言学现象，也是一种普遍的社会现象。它来源于希腊语，意思是"好听的话"，现代英语词典把它解释为"用温和、含糊和迂回的话语来替代粗俗、直率和生硬的说法"。由于委婉语是在一定的语言集团内，受制于特定社会文化域的语言应用，因此，它作为社会心理因素和语用因素综合作用的产物，从诞生的那一天起就带上了突出的社会习俗标记，表现出强大的交际功能，从中可折射出社会发展的一般性和特殊性，社会价值观、道德观以及文化的民族性和共同性。

三、语言禁忌的分类

1、称谓禁忌

称谓禁忌是指不使用正常的称谓，故意换用别的称谓。自周朝开始，人们有了讳避称谓的习俗。最初的避讳是在上层社会、权威人士之间实行，后来流行于民间，影响到各家各户，成为一种民间习惯。

在人际交往中，有时往往出于对对方的尊敬，也不宜呼其名。晚辈忌呼长辈名字，即使是同辈人之间，称呼时也有所忌讳。一般常以兄、弟、姐、妹、先生、女士、同志、师傅等等相称。在必须问到对方名字时，还要客气地说"请问尊讳"，"阁下名讳是什么"等等。

由于民间有浓重的地方观念和民族自尊观念，所以在地域和民族称谓方面存在着一些带有轻蔑、歧视意味的贬称或讳称。例如，中国有"南蛮子"、"北侉子"的说法。就是北南地域中人对异域人的蔑称、贬称。

称谓中某些序数词也要避讳。某些数字和某些被认为不吉利的字同音，因此回避，改用别的称呼。因各地语音系统和忌讳心理不同，所以回避什么数字及如何改称也不同。

总之，称谓禁忌大都与民俗礼法有关，是关乎某种尊卑、上下秩序的俗礼。当然，如果追溯其原始的禁忌观念，也多是基于吉凶方面的考虑。不过，如今这方面的许多称谓禁忌已经习惯化、传统化，人们只是习以为常地避开了某种称谓，而按另一种称谓去说而已，其中的吉凶意识大转化为表层的礼貌意识，或者说人们只记住了什么是可行的，而不再去注意那些已经不可行的禁事，更不愿再去追究那些不可行的禁事的原始意义了。

2、姓名禁忌

姓名禁忌产生是由于人们误认为姓名与指甲、毛发、牙齿一样是人体自身的一部分，灵魂附在姓名上，如果轻易暴露，容易被人利用于巫术，加害自身。

姓名禁忌登峰造极的表现是封建时代避帝王之讳，在这方面稍有不慎甚至会招来杀身之祸。

据《礼记·内则》记载，古人命名郑重其事，婴儿出世第三个月月底择日命名，"妻抱子出自房，当楣立东面。""父执子之右手，咳而名之。"可以看出，在给孩子命名时很庄重，也有很多避忌的地方。在给孩子起名字的时候，忌讳也很多。避忌与祖先、长辈之名同字、同音之外，还要考虑命相克妨。

中国人向有尊祖敬宗的习俗，祖先的名字和长辈的名字都不能直呼不讳。汉族、鄂伦春族、鄂温克族、哈萨克族、布依族、藏族等许多民族的祖先崇拜习俗中都有这一类禁忌事项。鄂伦春族认为直呼祖先的名字是对祖先的不尊，恐触怒了祖先而降灾于子孙。对于长辈，也不敢直呼其名，甚至不能把长辈的名字告诉别人，否则，认为家中会生下没有骨节的孩子来。如果有什么物件与长辈的名字相同，要把物件改一下名称，改一个说法。否则，就要折寿早夭。汉族不论说写，都忌言及祖先、长辈的名字。

宋朝知州一官吏名"田登"，为避其"登"字，下令百姓不能说"点灯"，而说"放火"，因此有"只许州官放火，不许百姓点灯"之说。

3、私隐词禁忌

私隐词指有关人体的私处，以及有关性交和排泄的词。这些词因为已有专用，所以在日常生活中尽可能回避使用。民间的荣辱观也促使一些带有亵渎意味的词语成为禁忌。民间通常以为涉及到性行为和性器官的词语是一种亵渎语。在不得不说到时，要用"那个"、"下部"、"阴部"等来代替。说到性行为时，也要用"房事"、"夫妻生活"、"同床"、"同房"、"云雨"等等委婉词语来代替。

有生理上的缺陷的人，也讳忌被人当面嘲笑。因此生理上的缺陷的表述，人们尽量用委婉语词。比如"耳朵聋"改说"耳朵背"，或者说"耳朵有点不好"，"耳朵有点不便"，古人则说"重听"。一般来说凡属对人不尊重、不礼貌的亵渎话题一般都是有所忌讳的。

4、数字禁忌

　　有些数字在民间也有吉凶的分别，因而也有宜忌。数字的单双有吉凶的感应性质，一般喜事忌单双喜，凶事忌双喜单。这是人们趋吉避凶的心理反映。

5、不吉利词禁忌

①年节语言禁忌。

　　中华传统节庆作为一种古老而恒久的文化式样和文化载体，其中也包容蕴涵了许多为人们所熟知习见的禁忌规则和程序。如传统年节中，忌说"碎"、"破"、"死"、"扫"、"倒"等不吉利、不喜庆的用语。

②日常生活用语禁忌

　　对凶祸词语的忌讳跟人的思想意识有关。解放以后人民群众的科学知识日益丰富，封建迷信思想逐步破除，这方面的禁忌语越来越少。在所有的凶语中，除死亡及疾病的字眼最为令人恐惧、忌讳外，还有就是些破财词语。因为财运的好坏直接关系到人们的命运，生活的贫富，所以民间很看重此事，时时处处惦念着发财，也时时处处警防着破财。

四、语言禁忌的替代形式

1. 凶语即不吉利的词语，在日常生活中人们是忌讳听到凶语的，惟恐这些字眼会招致凶祸的真正来临。然而在人际交往中，经常要表达不祥的内容，这便更改用另一些褒义或中性词代替。
2. 是用反义语来替换不吉的词语，谓"讨口彩"，此法在禁忌语中极普遍。
3. 用有关或相近的事物名称来代替。
4. 用比喻来代替不吉的词语。
5. 用假托文来代替。

△对禁忌语产生的语用效果的解读

　　顺应论认为,语言顺应要依赖语境,在语言使用过程中,语言不仅要顺应语境,同时语言也在改变和重塑语境.由此可见,交际语境决定了语言交际者对禁忌语的选择,同时也对禁忌语的语用效果产生影响。

以《红楼梦》中禁忌语的使用情况为例，运用交际语境顺应理论，可对使用禁忌语产生积极的语用效果这一现象进行解析。需要说明的是，交际语境顺应论的各个因素之间并不是割裂的，它们总是同时或几个同时对语言交际产生影响。

一、语言使用者对禁忌语语用效果的影响

这里的语言使用者并不限于参与谈话的双方，还包括与谈话内容有关的其他人。

例如《红楼梦》中：贾政点头道："畜生，畜生，可谓'管窥蠡测'矣"。

贾政一声断喝："无知的业障，你能知道几个古人，能记得几首熟诗，也敢在老先生前卖弄"！（《红楼梦》第17回）

此例的交际语境是：大观园竣工，贾政带着客人们去游园，以便根据所到之处的景色对园中的匾额、对联进行商讨，恰巧碰到宝玉，于是便让宝玉对对联、论匾额。当时站在贾政旁边未参与谈话但与谈话内容有关的客人们的地位都比贾政低微，所以不论宝玉所提的匾额、对联好或坏，贾政均用了"畜生"、"无知的业障"等禁忌语来呵斥儿子，却不会招致客人的反驳。另外，交际的时间和空间条件是在自家的园子里，当时社会盛行"君为臣纲，父为子纲"的准则规范，顺应这些因素，贾政才会毫无顾忌地呵斥儿子。此处禁忌语的应用达到了贾政在外人面前耍威风，表现自己家规严格、教子有方的交际意图和相应的语用效果。

二、社交世界的原则规范对禁忌语语用效果的影响

交际语境顺应观中的社交世界指社交场合、社会环境对交际者的言语行为所规范的原则和准则。

例如："怎么得有人也照着这个园子画一张，我带了家去，给他们见见，死了也得好处"。

刘姥姥道："这个菜里若有毒，俺们那菜都成了砒霜了。哪怕毒死了也要吃尽了"。（《红楼梦》第40回）

刘姥姥于贾府而言，只是一个"千里之外，芥豆之微"的小人物，她在游大观园的时候作为一位长者犯了中国人的大忌，说了好几处"死"字，对自己的贬损可谓毫不留情。这么做既顺应了当时的社会环境对语言交际者所规范的原则和准则，即根深蒂固的尊卑贵贱观念，又顺应了刘姥姥卑微的外表形象，其目的在于以言语上的自我牺牲来烘托贾府的权贵地位，让贾老太太、凤姐高兴，最终达到为自己女儿、女婿找门路的心理意图。

三、语言交际者的心理世界对禁忌语语用效果的影响

根据交际语境顺应观，心理世界主要涉及交际者的性格、情感、信念、意图等心理因素，说话人顺应交际双方心理世界的各个因素来选择语言，实现言语交际的目的。

例如：林黛玉道："我作践坏了身子，我死，与你何干"！宝玉道："何苦来，大正月里，死了活了的"。林黛玉道："偏说死！我这会子就死！你怕死，你长命百岁的，如何"？宝玉笑道："只管这样闹，我还怕死呢？倒不如死了干净"。（《红楼梦》第20回）

这段对话是在黛玉因吃醋而赌气转身回房，宝玉跟出来，二者独处的时空条件下发生的。黛玉顺应自己情绪化的性格和对宝玉深深的爱，连用了四个"死"字来表达自己的内心感受。宝玉一开始顺应他怜香惜玉的性情和对黛玉特殊的情感，用"何苦来，大正月里，死了活了的"来缓解气氛。没达到目的，只好接着笑道："只管这样闹，我还怕死呢？倒不如死了干净"。作出同样的语言选择，顺应了他埋怨黛玉不了解他的良苦用心的交际意图和继续哄黛玉高兴的交际目的。禁忌语"死"的运用，使二人以赌气吵架的方式互诉衷肠，从而产生了积极的语用效果。所以接下来在宝玉的一番"亲不间疏，先不僭后"的解释下，黛玉原谅了宝玉，两人的感情也在吵吵闹闹中日益加深。

结语

禁忌语是一种特殊的语言现象，它在一定程度上反映出人们的信仰和把语言神圣化的心理倾向,主要涉及语言使用者，社交场合和社会环境对交际者言语行为所规范的原则和准则;交际者的性格、情感、信念、意图等心理因素。这些因素使得使用禁忌语产生积极的语用效果成为可能。顺应论提出交际语境顺应的观点,用它来分析禁忌语可以弥补以往禁忌语的研究停留在静态分析的不足。通过介绍，从一个全新的视角来对待禁忌语,以拓宽其研究的范围。

主要参考文献

著作

刘丽平（2008）『关于连动句中连动项之间的语义关系分析』，宿州教育学院学5报，
　　　2008年　10月　第11卷．第5期　P14～15
www.edusrc.com
陆庆和（2006）《实用对外汉语教学语法》，北京大学出版社。
周有光，『汉语拼音文化津梁』，北京，新华书店，2007

北京大学中文系现代汉语教研室　编　《现代汉语》，商务印书馆。
陈阿宝　主编（2005)《现代汉语概论》，北京语言大学出版社。
郝靜儀　1993〈合音字淺探〉,《齊魯學刊》， 第4期，46-48．
黄伯荣、廖序东（2011）《现代汉语》(上、下，增订五版)，高等教育出版社。
兰宾汉、邢向东　主编（2010）《现代汉语》(上、下)，中华书局。
劉超班　1999 〈論會意字的構字功能與寫詞功能〉，《韶關大學學報》，第20卷，第5期，85-89
卢福波（2014）《对外汉语教学实用语法》，北京语言大学出版社。
卢福波（2010）《汉语语法教学理论与方法》，北京大学出版社。
陆俭明　主编（2012）《现代汉语》，北京师范大学出版社。
全国斌（2008）『粘合与结构的词汇化』，殷都学刊，P128～135
王开银（2012）『现代汉语强调句刍议』，昌吉学院学报，2012年　第4期，P55~57
吴门吉、周小兵（2004）『"被"字句与"叫、让"被动句在教学语法中的分离』，云南师范大学学报，2004年7月　第2卷，第4期 P66~71
夏　軍　2007〈"會意"字釋義模式研究〉，《語言研究》，第27卷，第3期，95-98．
夏　軍　2009《"說文"會意字研究》，博士論文，華東師範大學．
肖其峰　2005《會意字組合方式及其生成機制分析》，碩士學位論文，華中師範大學．
许文静、张辉松（2012）『现代汉语强调方式的认知语言学解释』，湖北师范学院学报（哲学社会科学版），第32卷，第4期 P33~36
张宝林（2007）《汉语教学参考语法》，北京大学出版社。
张庆翔、刘焱　主编（2008)《现代汉语概论》，上海大学出版社。
周有光（2007）《汉语拼音文化津梁》，新华书店。

【附录 I】

中华人民共和国国家标准
汉语拼音正词法基本规则

GB/T 16159-1996

国家技术监督局1996-01-22批准、发布

1 主题内容与适用范围

本标准规定了用《汉语拼音方案》拼写现代汉语的规则。内容包括分词连写法、成语拼写法、外来词拼写法、人名地名拼写法、标调法、移行规则等。为了适应特殊的需要，同时提出一些可供技术处理的变通方式。

本标准适用于文教、出版、信息处理及其他部门，作为用《汉语拼音方案》拼写现代汉语的统一规范。

2 术语

汉语拼音正词法

汉语拼音的拼写规范及其书写格式的准则。《汉语拼音方案》确定了音节的拼写规则。《汉语拼音正词法基本规则》是在《汉语拼音方案》的基础上进一步规定词的拼写规范的基本要点。

3 制定原则

3.1 以词为拼写单位，并适当考虑语音、语义等因素，同时考虑词形长短适度。

3.2 基本采取按语法词类分节叙述。

3.3 规则条目尽可能详简适中，便于掌握应用。

4 汉语拼音正词法基本规则

4.1 总原则

4.1.1 拼写普通话基本上以词为书写单位。

  rén（人）　pǎo（跑）　hǎo（好）　hé（和）　hěn（很）

fúróng（芙蓉）　qiǎokèlì（巧克力）
péngyou（朋友）　yuèdú（阅读）
dìzhèn（地震）　niánqīng（年轻）
zhòngshì（重视）　wǎnhuì（晚会）
qiānmíng（签名）　shìwēi（示威）
niǔzhuǎn（扭转）　chuánzhī（船只）
dànshì（但是）　fēicháng（非常）
diànshìjī（电视机）　túshūguǎn（图书馆）

4.1.2 表示一个整体概念的双音节和三音节结构，连写。
gāngtiě（钢铁）　wèndá（问答）
hǎifēng（海风）　hóngqí（红旗）
dàhuì（大会）　quánguó（全国）
zhòngtián（种田）　kāihuì（开会）
dǎpò（打破）　zǒulái（走来）
húshuō（胡说）　dǎnxiǎo（胆小）
qiūhǎitáng（秋海棠）　àiniǎozhōu（爱鸟周）
duìbuqǐ（对不起）　chīdexiāo（吃得消）

4.1.3 四音节以上表示一个整体概念的名称，按词（或语节）分开写，不能按词（或语节）划分的，全都连写。
wúfèng gāngguǎn（无缝钢管）
huánjìng bǎohù guīhuà（环境保护规划）
jīngtǐguǎn gōnglǜ fàngdàqì（晶体管功率放大器）
Zhōnghuá Rénmín Gònghéguó（中华人民共和国）
Zhōngguó Shèhuì Kēxuéyuàn（中国社会科学院）
yánjiūshēngyuàn（研究生院）
hóngshízìhuì（红十字会）
yúxīngcǎosù（鱼腥草素）
gǔshēngwùxuéjiā（古生物学家）

4.1.4 单音节词重叠，连写；双音节词重叠，分写。
rénrén（人人）　niánnián（年年）

kànkan（看看） shuōshuo（说说）
dàdà（大大） hónghóng de（红红的）
gègè（个个） tiáotiáo（条条）
yánjiū yánjiū（研究研究）
chángshì chángshì（尝试尝试）
xuěbái xuěbái（雪白雪白）
tōnghóng tōnghóng（通红通红）

重叠并列即AABB式结构，当中加短横。

láilai-wǎngwǎng（来来往往）
shuōshuo-xiàoxiào（说说笑笑）
qīngqīng-chǔchǔ（清清楚楚）
wānwān-qūqū（弯弯曲曲）
jiājiā-hùhù（家家户户）
qiānqiān-wànwàn（千千万万）

4.1.5 为了便于阅读和理解，在某些场合可以用短横。

huán-bǎo（环保——环境保护）
gōng-guān（公关——公共关系）
bā-jiǔ tiān（八九天）
shíqī-bā suì（十七八岁）
rén-jī duìhuà（人机对话）
zhōng-xiǎoxué（中小学）
lù-hǎi-kōngjūn（陆海空军）
biànzhèng-wéiwùzhǔyì（辩证唯物主义）

4.2 名词

4.2.1 名词与单音节前加成分（副、总、非、反、超、老、阿、可、无等）和单音节后加成分（子、儿、头、性、者、员、家、手、化、们等），连写。

fùbùzhǎng（副部长） zǒnggōngchéngshī（总工程师）
fēijīnshǔ（非金属） fǎndàndào dǎodàn（反弹道导弹）
chāoshēngbō（超声波） fēiyèwù rényuán（非业务人员）
zhuōzi（桌子） mùtou（木头）

　　　　chéngwùyuán（乘务员）　yìshùjiā（艺术家）

　　　　kēxuéxìng（科学性）　xiàndàihuà（现代化）

　　　　háizimen（孩子们）　tuōlājīshǒu（拖拉机手）

4.2.2　名词和后面的方位词，分写。

　　　　shān shàng（山上）　shù xià（树下）

　　　　mén wài（门外）　mén wàimian（门外面）

　　　　hé li（河里）　hé lǐmiàn（河里面）

　　　　huǒchē shàngmian（火车上面）

　　　　xuéxiào pángbiān（学校旁边）

　　　　Yǒngdìng Hé shàng（永定河上）

　　　　Huáng Hé yǐnán（黄河以南）

但是，已经成词的，连写。例如"海外"不等于"海的外面"。

　　　　tiānshang（天上）　dìxia（地下）

　　　　kōngzhōng（空中）　hǎiwài（海外）

4.2.3　汉语人名按姓和名分写，姓和名的开头字母大写。笔名、别名等，按姓名写法处理。

　　　　Lǐ Huá（李华）　Wáng Jiànguó（王建国）

　　　　Dōngfāng Shuò（东方朔）　Zhūgě Kǒngmíng（诸葛孔明）

　　　　Lǔ Xùn（鲁迅）　Méi Lánfāng（梅兰芳）

　　　　Zhāng Sān（张三）　Wáng Mázi（王麻子）

姓名和职务、称呼等分开写；职务、称呼等开头小写。

　　　　Wáng bùzhǎng（王部长）　Tián zhǔrèn（田主任）

　　　　Lǐ xiānsheng（李先生）　Zhào tóngzhì（赵同志）

"老"、"小"、"大"、"阿"等称呼开头大写。

　　　　Xiǎo Liú（小刘）　Lǎo Qián（老钱）

　　　　Dà Lǐ（大李）　A Sān（阿三）

　　　　Wú Lǎo（吴老）

已经专名化的称呼，连写，开头大写。

　　　　Kǒngzǐ（孔子）　Bāogōng（包公）

　　　　Xīshī（西施）　Mèngchángjūn（孟尝君）

4.2.4 汉语地名按照中国地名委员会文件（84）中地字第17号《中国地名汉语拼音字母拼写规则（汉语地名部分）》的规定拼写。

汉语地名中的专名和通名分写，每一分写部分的第一个字母大写。

  Běijīng Shì（北京市）　Héběi Shěng（河北省）

  Yālù Jiāng（鸭绿江）　Tài Shān（泰山）

  Dòngtíng Hú（洞庭湖）　Táiwān Hǎixiá（台湾海峡）

专名和通名的附加成分，单音节的与其相关部分连写。

  Xīliáo He（西辽河）

  Jǐngshān Hòujiē（景山后街）

  Cháoyángménnèi Nánxiǎojiē（朝阳门内南．．小街）

自然村镇名称和其他不需区分专名和通名的地名，各音节连写。

  Wángcūn（王村）　Jiǔxiānqiáo（酒仙桥）

  Zhōukǒudiàn（周口店）　Sāntányìnyuè（三潭印月）

4.2.5 非汉语人名、地名本着"名从主人"的原则，按照罗马字母（拉丁字母）原文书写；非罗马字母文字的人名、地名，按照该文字的罗马字母转写法拼写。为了便于阅读，可以在原文后面注上汉字或汉字的拼音，在一定的场合也可以先用或仅用汉字的拼音。

  Ulanhu（乌兰夫）

  Akutagawa Ryunosuke（芥川龙之介）

  Ngapoi Ngawang Jigme（阿沛·阿旺晋美）

  Seypidin（赛福鼎）

  Marx（马克思）

  Darwin（达尔文）

  Newton（牛顿）

  Einstein（爱因斯坦）

  Ürümqi（乌鲁木齐）

  Hohhot（呼和浩特）

  Lhasa（拉萨）

  London（伦敦）

  Paris（巴黎）

  Washington（华盛顿）

  Tokyo（东京）

汉语化的音译名词，按汉字译音拼写。

　　Fēizhōu（非洲）　Nánměi（南美）

　　Déguó（德国）　Dōngnányà（东南亚）

4.3 动词

4.3.1 动词和"着"、"了"、"过"连写。

　　kànzhe（看着）　jìnxíngzhe（进行着）

　　kànle（看了）　jìnxíngle（进行了）

　　kànguo（看过）　jìnxíngguo（进行过）

句末的"了"，分写。

　　Huǒchē dào le（火车到了。）

4.3.2 动词和宾语，分写。

　　kàn xìn（看信）　chī yú（吃鱼）

　　kāi wánxiào（开玩笑）　jiāoliú jīngyàn（交流经验）

动宾式合成词中间插入其他成分的，分写。

　　jūle yī gè gōng（鞠了一个躬）

　　lǐguo sān cì fà（理过三次发）

4.3.3 动词（或形容词）和补语，两者都是单音节的，连写；其余的情况，分写。

　　gǎohuài（搞坏）　dǎsǐ（打死）

　　shútòu（熟透）　jiànchéng（建成［楼房］）

　　huàwéi（化为［蒸气］）　dàngzuò（当做［笑话］）

　　zǒu jinlai（走进来）　zhěnglǐ hǎo（整理好）

　　jiànshè chéng（建设成［公园］）

　　gǎixiě wéi（改写为［剧本］）

4.4 形容词

4.4.1 单音节形容词和重叠的前加成分或后加成分，连写。

　　mēngmēngliàng（蒙蒙亮）　liàngtāngtāng（亮堂堂）

4.4.2 形容词和后面的"些"、"一些"、"点儿"、"一点儿"，分写。

　　dà xiē（大些）　dà yīxiē（大一些）

kuài diǎnr（快点儿） kuài yīdiǎnr（快一点儿）

4.5 代词

4.5.1 表示复数的"们"和前面的代词，连写。

wǒmen（我们） tāmen（他们）

4.5.2 指示代词"这"、"那"，疑问代词"哪"和名词或量词，分写。

zhè rén（这人） nà cì huìyì（那次会议）

zhè zhī chuán（这只船） nǎ zhāng bàozhǐ（哪张报纸）

"这"、"那"、"哪"和"些"、"么"、"样"、"般"、"里"、"边"、"会儿"、"个"，连写。

zhèxiē（这些） zhème（这么）

nàyàng（那样） zhèbān（这般）

nàli（那里） nǎli（哪里）

zhèbiān（这边） zhèhuìr（这会儿）

zhège（这个） zhèmeyàng（这么样）

4.5.3 "各"、"每"、"某"、"本"、"该"、"我"、"你"等和后面的名词或量词，分写。

gè guó（各国） gè gè（各个）

gè rén（各人） gè xuékē（各学科）

měi nián（每年） měi cì（每次）

mǒu rén（某人） mǒu gōngchǎng（某工厂）

běn shì（本市） běn bùmén（本部门）

gāi kān（该刊） gāi gōngsī（该公司）

wǒ xiào（我校） nǐ dānwèi（你单位）

4.6 数词和量词

4.6.1 十一到九十九之间的整数，连写。

shíyī（十一） shíwǔ（十五）

sānshísān（三十三） jiǔshíjiǔ（九十九）

4.6.2 "百"、"千"、"万"、"亿"与前面的个位数，连写；"万"、"亿"与前面的十位以上的数,分写。
　　jiǔyì líng qīwàn èrqiān sānbǎi wǔshíliù（九亿零七万二千三百五十六）
　　liùshísān yì qīqiān èrbǎi liùshíbā wàn sìqiān líng jiǔshíwǔ（六十三亿七千二百六十八万四千零九十五）

4.6.3 表示序数的"第"与后面的数词中间,加短横。
　　dì-yī（第一）
　　dì-èrshíbā（第二十八）
　　dì-shísān（第十三）
　　dì-sānbǎi wǔshíliù（第三百五十六）

4.6.4 数词和量词,分写。
　　liǎng gè rén（两个人）
　　liǎng jiān bàn wūzi（两间半屋子）
　　yī dà wǎn fàn（一大碗饭）
　　wǔshísān réncì（五十三人次）
表示约数的"多"、"来"、"几"和数词、量词分写。
　　yībǎi duō gè（一百多个）
　　jǐ jiā rén（几家人）
　　shí lái wàn rén（十来万人）
　　jǐ tiān gōngfu（几天工夫）
"十几"、"几十"连写。
　　shíjǐ gè rén（十几个人）
　　jǐshí gēn gāngguǎn（几十根钢管）

4.7 虚词
虚词与其他语词分写。

4.7.1 副词
　　hěn hǎo（很好）　dōu lái（都来）
　　gèng měi（更美）　zuì dà（最大）
　　bù lái（不来）
　　yīng bù yīnggāi（应不应该）

gānggāng zǒu（刚刚走）

fēicháng kuài（非常快）

shífēn gǎndòng（十分感动）

4.7.2 介词

zài qiánmiàn（在前面）

xiàng dōngbiān qù（向东边去）

wèi rénmín fúwù（为人民服务）

cóng zuótiān qǐ（从昨天起）

shēng yú 1940 nián（生于1940年）

guānyú zhège wèntí（关于这个问题）

4.7.3 连词

gōngrén hé nóngmín（工人和农民）

bùdàn kuài érqiě hǎo（不但快而且好）

guāngróng ér jiānjù（光荣而艰巨）

Nǐ lái háishi bù lái?（你来还是不来?）

4.7.4 结构助词"的"、"地"、"得"、"之"

dàdì de nǚ'ér（大地的女儿）

Zhè shì wǒ de shū.（这是我的书。）

Wǒmen guòzhe xìngfú de shēnghuó（我们过着幸福的生活。）

Shāngdiàn li bǎimǎnle chī de, chuān de, yòng de.

（商店里摆满了吃的、穿的、用的。）

mài qīngcài luóbo de（卖青菜萝卜的）

Tā zài dàjiē shàng mànman de zǒu.（他在大街上慢慢地走。）

Tǎnbái de gàosu nǐ ba.（坦白地告诉你吧。）

Tā yī bù yī gè jiǎoyìnr de gōngzuòzhe.

（他一步一个脚印儿地工作着。）

dǎsǎo de gānjìng（打扫得干净）

hóng de hěn（红得很）

xiě de bù hǎo（写得不好）

lěng de fādǒu（冷得发抖）

shàonián zhī jiā（少年之家）

zuì fādá de guójiā zhī yī（最发达的国家之一）

注："的"、"地"、"得"在技术处理上，根据需要可以分别写作"d"、"di"、"de"。

4.7.5 语气助词

Nǐ zhīdao ma?（你知道吗?）

Zěnme hái bù lái a?（怎么还不来啊?）

Kuài qù ba!（快去吧!）

Tā shì bù huì lái de.（他是不会来的。）

4.7.6 叹词

A! Zhēn měi!（啊!真美!）

Ng, nǐ shuō shénme?（嗯，你说什么?）

Hm, zǒuzhe qiáo ba!（哼，走着瞧吧!）

4.7.7 拟声词

pa!（啪!） huahua（哗哗）

jiji-zhazha（叽叽喳喳）

"honglong" yī shēng（"轰隆"一声）

Dà gōngjī wo-wo-tí.（大公鸡喔喔啼。）

"Du—"qìdí xiǎng le.（"嘟——"汽笛响了。）

4.8 成语

4.8.1 四言成语可以分为两个双音节来念的，中间加短横。

céngchū-bùqióng（层出不穷）

fēngpíng-làngjìng（风平浪静）

àizēng-fēnmíng（爱憎分明）

shuǐdào-qúchéng（水到渠成）

yángyáng-dàguān（洋洋大观）

píngfēn-qiūsè（平分秋色）

guāngmíng-lěiluò（光明磊落）

diānsān-dǎosì（颠三倒四）

4.8.2 不能按两段来念的四言成语、熟语等，全部连写。

  bùyìlèhū（不亦乐乎）

  zǒng'éryánzhī（总而言之）

  àimònéngzhù（爱莫能助）

  yīyīdàishuǐ（一衣带水）

  húlihútu（糊里糊涂）

  hēibuliūqiū（黑不溜秋）

  diào'erlángdāng（吊儿郎当）

4.9 大写

4.9.1 句子开头的字母和诗歌每行开头的字母大写。

（举例略）

4.9.2 专有名词的第一个字母大写。

  Běijīng（北京） Chángchéng（长城） Qīngmíng（清明）

由几个词组成的专有名词，每个词的第一个字母大写。

  Guójì Shūdiàn（国际书店）

  Guāngmíng Rìbào（光明日报）

  Hépíng Bīnguǎn（和平宾馆）

4.9.3 专有名词和普通名词连写在一起的，第一个字母要大写。

  Zhōngguórén（中国人） Míngshǐ（明史）

  Guǎngdōnghuà（广东话）

已经转化为普通名词的，第一个字母小写。

  guǎnggān（广柑） zhōngshānfú（中山服）

  chuānxiōng（川芎） zàngqīngguǒ（藏青果）

4.10 移行

4.10.1 移行要按音节分开，在没有写完的地方加上短横。

  ……………guāng-

  míng（光明）

不能移作"gu-āngmíng"。

4.11 标调

4.11.1 声调一律标原调，不标变调。

　　　　yī jià（一架）　yī tiān（一天）　yī tóu（一头）
　　　　yī wǎn（一碗）　qī wàn（七万）　qī běn（七本）
　　　　bā gè（八个）　qīshàng-bāxià（七上八下）
　　　　bù qù（不去）　bù duì（不对）　bùzhìyú（不至于）

但是在语音教学时可以根据需要按变调标写。

注：除了《汉语拼音方案》规定的符号标调法以外，在技术处理上，也可根据需要采用数字或字母作为临时变通标调法。

附加说明：

本标准由国家教育委员会、国家语言文字工作委员会提出。

本标准由汉语拼音正词法委员会负责起草。

本标准主要起草人尹斌庸、李乐毅、金惠淑。

【附录 II】

汉字的结构

1. 笔画

汉字的笔画多，据统计，最常见的是9-11画的汉字。笔画的种类繁多。我们知道，汉字的基本笔画有"横、竖、撇、捺、点、提、折、钩"，在此基础上，衍化出二十多种笔画。

笔画		名称	例字	笔画		名称	例字	笔画		名称	例字
1	一	横	大	11	一	横钩	你	21	亅	弯钩	了
2	丨	竖	十	12	乚	竖弯钩	元	22	乙	横折弯钩	九
3	丿	撇	八	13	㇁	撇折	去	23	乚	竖弯	四
4	丶	点	主	14	㇄	竖提	良	24	㇈	横折弯	没
5	㇆	横折	口	15	㇉	竖折	山	25	㇌	横折折钩	仍
6	乀	捺	人	16	㇇	撇点	女	26	㇌	横斜钩	凰
7	㇀	提	地	17	㇌	竖折折钩	弟	27	㇋	横折折撇	及
8	㇆	横折钩	月	18	㇂	斜钩	我	28	㇋	竖折撇	专
9	亅	竖钩	小	19	㇃	横撇弯钩	那	29	㇋	竖折折	鼎
10	㇇	横撇	水	20	㇋	横折提	课	30	㇋	横折折	凹
								31	㇍	横折折折	凸

2. 笔顺

汉字笔顺规则多，记忆不便。

汉字规则		例字	笔画序列
基本规则	先横后竖	十	一丨
	先撇后捺	人	ノ丶
	从上到下	亏	一一丂
	从左到右	孔	㇇丨㇄
	先外后里	月	ノ㇆一一
	先外后里再封口	日	丨㇆一一
	先中间后两边	小	丨ノ丶
补充规则	带点的字	点在正上及左上先写点	门	丶丨㇆
		点在右上后写点	犬	一ノ丶丶
		点在里面后写点	瓦	一㇉㇄丶
	两面包围结构的字	右上包围结构，先外后里	勺	ノ㇆丶
		左上包围结构，先外后里	庆	丶一ノ一ノ丶
		左下包围结构，先里后外	近	ノノ一丶㇌
	三面包围结构的字	缺口朝上的，先里后外	击	一一丨㇄丨
		缺口朝下的，先外后里	内	丨㇆ノ丶
		缺口朝右的，先上后下再右下	区	一ノ丶㇄

3. 部件（偏旁）---偏旁与部首

- 部件层级性。从外形上看，汉字是一个方块体。这个方块体是由一个或多个部件组成的，书写时，各部件有确定的位置，上下、左右、高低、大小，不能随意改变。各部件之间，形成一种层级关系。汉字在书写中要符合正字法规则，即组成汉字的部件都要处于合法位置。
- 部件变异性。随着部件位置的改变，其在形体上有一定的变异。如"口"这个部件，在"和"、"右"、"呼"、"如"、"品"、"吕"、"回"等汉字中，不仅所处的位置不同，而且书写的大小也不同。

\multicolumn{6}{c}{汉语偏旁部首大全（示例）}					
形状	名称	例字	形状	名称	例字
冫	两点水(liǎngdiǎnshuǐr)	次、冷、准	止	止字旁(zhǐzìpáng)	武
冖	秃宝盖(tūbǎogài)	军、写、冠	户	户字旁(hùzìpáng)	扇
十	十字儿(shízìér)	华	礻	示字旁(shìzìpáng)	祖
讠	言字旁(yánzìpángr)	论、计、识	王	王字旁(wángzìpáng)	琅
刂	立刀旁(lìdāopángr)	制、别、剑	木	木字旁(mùzìpáng)	村、杜、极
八	八字旁(bāzìpáng)	谷、分、公	车	车字旁(chēzìpáng)	辆、输、轻
人	人字头(rénzìtóu)	仓、全、合	日	日字旁(rìzìpáng)	暇、明、暗
厂	厂字旁(chǎngzìpáng)	原、压、历	日	冒字头(màozìtóu)	冒、暑、显
力	力字旁(lìzìpáng)	努	父	父字头(fùzìtóu)	爹、斧、釜
又	又字旁(yòuzìpáng)	艰	牛	牛字旁(niúzìpáng)	牵、特、物
亻	单人旁(dānrénpáng)	侵	攵	反文旁(fǎnwénpáng)	敏、故
卩	单耳刀(dāněrdāo)	却	斤	斤字头(jīnzìtóu)	新
阝	双耳刀(shuāngěrdāo)	陆	爫	爪字头(zhuǎzìtóu)	爱
廴	建字旁(jiànzìpáng)	延	月	月字旁(yuèzìpáng)	腹、肋、膛
勹	包字头(bāozìtóu)	甸	穴	穴宝盖(xuébǎogài)	穿、空、窟
厶	私字儿(sīzìér)	参	立	立字旁(lìzìpáng)	竖
匚	三框儿(sānkuàngér)	医	目	目字旁(mùzìpáng)	盲、瞳、盯
冂	同字框(tóngzìkuàng)	网	田	田字旁(tiánzìpáng)	男、胃、累
氵	三点水(sāndiǎnshuǐ)	泸	石	石字旁(shízìpáng)	研、砂、磊
彡	三撇儿(sānpiěér)	彤	矢	矢字旁(shǐzìpáng)	矮

形状	名称	例字	形状	名称	例字
忄	竖心旁(shùxīnpáng)	悄	疒	病字旁(bìngzìpáng)	疼
宀	宝盖儿(bǎogàier)	宜	衤	衣字旁(yīzìpáng)	衬
广	广字旁(guǎngzìpáng)	底	钅	金字旁(jīnzìpáng)	错
夕	夕字旁(xīzìpáng)	梦	罒	皿字头(mǐnzìtóu)	蜀
辶	走之旁(zǒuzhīpáng)	邀	皿	皿字底(mǐnzìdǐ)	孟、盖
寸	寸字旁(cùnzìpáng)	封	禾	禾木旁(hémùpáng)	秋、秀、秒
扌	提手旁(tíshǒupáng)	拖	白	白字旁(báizìpáng)	泉
土	提土旁(títǔpáng)	地	鸟	鸟字旁(niǎozìpáng)	鸭
艹	草字头(cǎozìtóu)	药	米	米字旁(mǐzìpáng)	粒、糕、料
大	大字头(dàzìtóu)	套	西	西字头(xīzìtóu)	栗、要
小	小字头(xiǎozìtóu)	肖	页	页字旁(yèzìpáng)	顷
口	口字旁(kǒuzìpáng)	唱	舌	舌字旁(shézìpáng)	乱
囗	方框儿(fāngkuàngér)	国	缶	缶字旁(fǒuzìpáng)	缸、缺
门	门字框(ménzìkuàng)	阅	耳	耳字旁(ěrzìpáng)	耽、职
巾	巾字旁(jīnzìpáng)	师	虫	虫字旁(chóngzìpáng)	蛹
山	山字旁(shānzìpáng)	峡	虍	虎字头(hǔzìtóu)	虑、虚、虎
彳	双人旁(shuāngrénpáng)	徐	竹	竹字头(zhúzìtóu)	管、篮
犭	反犬旁(fǎnquǎnpáng)	猪	舟	舟字旁(zhōuzìpáng)	船
饣	食字旁(shízìpáng)	饱	走	走字旁(zǒuzìpáng)	赵
尸	尸字头(shīzìtóu)	屡	足	足字旁(zúzìpáng)	距、踏、跳
弓	弓字旁(gōngzìpáng)	张	角	角字旁(jiǎozìpáng)	触、解
子	子字旁(zǐzìpáng)	孩	身	身字旁(shēnzìpáng)	躲
女	女字旁(nǚzìpáng)	妈	鱼	鱼字旁(yúzìpáng)	鲜、鳄、鳔
纟	绞丝旁(jiǎosīpáng)	绒	隹	佳字旁(zhuīzìpáng)	雀
马	马字旁(mǎzìpáng)	骝	雨	雨字头(yǔzìtóu)	露、霜、零
灬	四点底(sìdiǎndǐ)	热	齿	齿字旁(chǐzìpáng)	龄
方	方字旁(fāngzìpáng)	旅	革	革字旁(gézìpáng)	靴、鞭、勒
手	手字旁(shǒuzìpáng)	拜	骨	骨字旁(gǔzìpáng)	骼
欠	欠字旁(qiànzìpáng)	欲	音	音字旁(yīnzìpáng)	韶、韵
火	火字旁(huǒzìpáng)	灭	心	心字旁(xīnzìpáng)	意

4. 汉字结构类型

结构类别	结构名称		例 字
左右结构	左右结构		明 村 彻 棚
	左中右结构		街 辩 狱 掰
上下结构	上下结构		呆 需 盒 寄
	上中下结构		复 曼 京 鱼
	品字形结构		品 众 森 轰
内外结构	全包围结构		国 园 回 困
	半包围结构	上 包	同 用 闹 风
		下 包	凶 函 凼 幽
		左 包	医 匠 臣 匡
		左 上 包	席 病 尾 眉
		左 下 包	这 远 延 建
		右 上 包	司 甸 贰 载
特 殊 结 构（又称：对称结构、交叉结构）			巫 坐 爽 噩

【附录 III】

成语

绿肥红瘦[lù féi hóng shòu]

[释义]：绿叶茂盛，花渐凋谢。指暮春时节。也形容花已逐渐开败,而草木枝叶正盛的暮春景色。写出了作者对红颜易老的感慨。在李清照的《如梦令》一词中，特指绿色的多，红色的少。

出处：宋·李清照《如梦令》词：昨夜雨疏风骤，浓睡不消残酒。试问卷帘人，却道海棠依旧。知否，知否？应是绿肥红瘦！

红男绿女[hóng nán lǜ nǚ]

[解释]：指穿着各种漂亮服装的青年男女。

古代男人做官,礼服的裤子就是大红的,代表地位和身份,而女人要青衣黛眉,美丽了才有价值。现在指穿着各种漂亮服装的青年男女。

[出自]：清·舒位《修箫谱传奇》："红男绿女，到如今野草荒田。"

灯红酒绿[dēng hóng jiǔ lǜ]

[解释]：灯光酒色，红绿相映，令人目眩神迷。形容奢侈糜烂的生活。

[出自]：清·吴趼人《二十年目睹之怪现状》第三十三回："（玉生）侧着头想了一会道'灯红酒绿'好吗？"

[示例]：少数人过着～，醉生梦死的生活，人民不满。 老舍《鼓书艺人》十九

[释义]：形容夜饮聚会的情景。后多用来形容寻欢作乐的腐化生活，也形容都市或娱乐场所夜晚的繁华景象。

"灯红酒绿"中的"绿"，就是绿色的意思！古代有的酒的颜色，如翡翠一般，清凉透明，相当漂亮！一位资深考古学家在电视中解释说：这就是成语"灯红酒绿"中"绿"的颜色。

零敲碎打[líng qiāo suì dǎ]

[解释]：形容以零零碎碎、断断续续的方式进行或处理。

[出处]：毛泽东《<中国农村的社会主义高潮>的序言一》："没有一省一县一区一乡的完整的规划，只是零敲碎打地在那里做。"

一气呵成[yī qì hē chéng]
[解释]：一口气做成。形容文章结构紧凑，语气连贯。也比喻做一件事安排紧凑，迅速不间断地完成。
[出处]：明·胡应麟《诗薮·近体中》："若'风急天高'，则一篇之中句句皆律，一句之中字字皆律，而实一意贯穿，一气呵成。"

咬文嚼字[yǎo wén jiáo zì]
[解释]：形容过分地斟酌字句。多指死扣字眼而不注意精神实质。
[出自]：元·无名氏《杀狗劝夫》第四折："哎，使不的你咬文嚼字。"
[示例]：学习文件不能只～，关键是领会文件的精神实质。

破釜沉舟[pò fǔ chén zhōu]
[解释]：比喻不留退路，非打胜仗不可，下决心不顾一切地干到底。釜：锅。把饭锅打破，把渡船凿沉。
[出自]：《孙子兵法》所说的"焚舟破釜"虽然也表示誓死决战的意义，但尚未形成后世常谈的典故故事。
[示例]：只要我们有破釜沉舟的决心，就能克服学习上的各种困难。

大刀阔斧[dà dāo kuò fǔ]
[解释]：原指使用阔大的刀斧砍杀敌人。后比喻办事果断而有魄力。
[出自]：明·施耐庵《水浒全传》第一百十八回："当下催军劫寨，大刀阔斧，杀将进去。"
－－梁山泊好汉晁盖带领17个头领从法场上救下宋江后到白龙庙聚会，放哨的人跑来报告官军大刀阔斧地杀奔祝家庄来。李逵提起双斧就去迎战。晁盖等率众杀得官军尸横遍野、血流成河，直逼江州城下，好汉们才回梁山泊。
[示例]：世界上原有两种人：一种是大刀阔斧的人，一种是细针密线的人。 朱自清《山野掇拾》

功亏一篑[gōng kuī yī kuì]
[解释]：功：所做的事情；亏：缺少。篑：盛土的筐子。比喻做事情只差最后一步，没能完成。
[出自]：《尚书·旅獒》："为山九仞，功亏一篑。"
[示例]：我们做事一定要善始善终，否则终会功亏一篑。

排山倒海[pái shān dǎo hǎi]

[解释]：推开高山，翻倒大海。形容力量强盛，声势浩大。

[出自]：《资治通鉴·齐纪高宗建武二年》："昔世祖以回山倒海之威，步骑数十万，南临瓜步，诸郡尽降。"宋·杨万里《六月二十四日病起喜雨》："病势初来敌颇强，排山倒海也难当。"

[示例]：这种~的巨潮，是任何顽固势力所不能抵挡得住的。 邹韬奋《抗战以来·自动奋发的千万青年》

异曲同工[yì qǔ tóng gōng]

[解释]：工：细致，巧妙；异：不同的。不同的曲调演得同样好。比喻话的说法不一而用意相同，或一件事情的做法不同而都巧妙地达到目的。

[出自]：唐·韩愈《进学解》："子云相如，同工异曲。"

[示例]：至诚虽是个小弟弟，又是个"书朋友，他的观察力和记忆力却骎骎乎与大哥~。 朱自清《序叶氏兄弟的第二个集子》

水落石出[shuǐ luò shí chū]

[解释]：指潮水退下去，水底的石头就露出来。原指一种自然景象，后多比喻事情终于真相大白。

[出自]：宋·欧阳修《醉翁亭记》："野芳发而幽香，佳木秀而繁阴，风霜高洁，水落而石出者，山间之四时也。"，宋·苏轼《后赤壁赋》："山高月小，水落石出。"

[示例]：这件事情我一定要查到水落石出。

炉火纯青[lú huǒ chún qīng]

[解释]：纯：纯粹。道士炼丹，认为炼到炉里发出纯青色的火焰就算成功了。后用来比喻功夫达到了纯熟完美的境界。

[出自]：唐·孙思邈《四言诗》："洪炉烈火，洪焰翕赫；烟示及黔，焰不假碧。"

[示例]：到了现在，可已到了~的气候，正是弟兄们各显身手的时期。 清·曾朴《孽海花》第二十五回

登峰造极[dēng fēng zào jí]

[解释]：登：上；峰：山顶；造：到达；极：最高点。比喻学问、技能等达到最高的境界或成就。

[出自]：南朝·宋·刘义庆《世说新语·文学》："不知便可登峰造极不？然陶练之功，尚不可诬。"

[示例]：到了清末，梁启超先生的"新文体"可算~。 朱自清《经典常谈·文第十三》

一衣带水[yī yī dài shuǐ]
[解释]：一条衣带那样狭窄的水。指虽有江河湖海相隔，但距离不远，不足以成为交往的阻碍。
[出自]：《南史·陈后主纪》："我为百姓父母，岂可一衣带水不拯之乎？"
[示例]：香港地方，同中国大陆相离，仅仅隔~。 鲁迅《而已集·略谈香港》

坐吃山空[zuò chī shān kōng]
[解释]：只坐着吃，山也要空。指光是消费而不从事生产，即使有堆积如山的财富，也要耗尽。
[出自]：元·秦简夫《东堂老》第一折："便好道坐吃山空，立吃地陷。"
[示例]：到京之后，住在店里，已经是当卖度日，~。 清·李宝嘉《官场现形记》第二十八回

利令智昏[lì lìng zhì hūn]
[解释]：令：使；智：理智；昏：昏乱，神智不清。因贪图私利而失去理智，把什么都忘了。
[出自]：《史记·平原君虞卿列传》："鄙谚曰：'利令智昏。'平原君（赵胜）负冯亭邪说，使赵陷长平四十余万众，邯郸几亡。"
[示例]：独苦国人无识者，~，则不免受其饵矣。 章炳麟《敬告对待间谍者》

狗仗人势[gǒu zhàng rén shì]
[解释]：仗：倚仗、仗势。比喻坏人依靠某种势力欺侮人或物。
[出自]：明·李开元《宝剑记》第五出："（丑白）他怕怎的？（净白）他怕我狗仗人势。"
[示例]：你就狗仗人势，天天作耗，在我们跟前逞脸。清·曹雪芹《红楼梦》第七十四回

叠床架屋[dié chuáng jià wū]
[解释]：床上搁床，屋上架屋。比喻重复、累赘。
[出自]：北齐·颜之推《颜氏家训·序致》："魏晋已来，所著诸子，理重事複，递相模学，犹屋下架屋，床上施床耳。"
[示例]：说话写文章应力求简明扼要，切忌~，使人不得要领。

殃及池鱼[yāng jí chí yú]

[解释]：比喻无缘无故地遭受祸害。

[出自]：《吕氏春秋·必己》："宋桓司马有宝珠，抵罪出亡，王使人问珠之所在，曰：'投之池中。'于是竭池而求之，无得，鱼死焉。此言祸福之相及也。"

[示例]：电信公司的日子自然越来越不好过了，而那些必须使用固定线路的行业也被殃及池鱼，话费账单上涨，业务模式也遭到干扰。

凤毛麟角[fèng máo lín jiǎo]

[解释]：凤凰的羽毛，麒麟的角。比喻珍贵而稀少的人或物。

[出自]：南朝·宋·刘义庆《世说新语·容止》："大奴固自有凤毛。"《南史·谢超宗传》："超宗殊有凤毛。"《北史·文苑传序》："学者如牛毛，成者如麟角。"

[示例]：全县只考上你一个，无论如何是～。 梁斌《红旗谱》二十

提纲挈领[tí gāng qiè lǐng]

[解释]：纲：鱼网的总绳；挈：提起。抓住网的总绳，提住衣的领子。比喻抓住要领，简明扼要。

[出自]：《韩非子·外储说右下》："善张网者引其纲，不一一摄万目而后得。"《荀子·劝学》："若挈裘领，诎五指而而顿之，顺者不可胜数也。"《宋史·职官志八》："提纲而众目张，振领而群毛理。"

[示例]：因此便想到一个～的法子。 清·李宝嘉《官场现形记》第六十回

精卫填海[jīng wèi tián hǎi]

　　精卫填海，是中国上古神话传说之一。相传精卫本是炎帝神农氏的小女儿，名唤女娃，一日女娃到东海游玩，溺于水中。死后其不平的精灵化作花脑袋、白嘴壳、红色爪子的一种神鸟，每天从山上衔来石头和草木，投入东海，然后发出"精卫、精卫"的悲鸣，好像在呼唤着自己。

　　基于不同的研究视角，人们把"精卫填海"神话归于不同的神话类型。显然"精卫填海"神话属于典型的变形神话，且属于变形神话中的"死后托生"神话，即将灵魂托付给现实存在的一种物质。不仅如此'精卫填海"还属于复仇神话，女娃生前与大海无冤无仇，但是却不慎溺水身亡，如此与大海结下仇恨，化身为鸟终身进行填海的复仇事业。

　　有研究者认为："中国上古神话中记录了很多典型的非自然死亡，其中的意外让今人看到了先人在自然面前的弱小和无能为力，同时也透出了生命的脆弱。"女娃的死就是一种因事故而亡，展现出了人生命的脆弱和大海的强大。著名作家茅盾则认为："精卫与刑天是属于同型的神话，都是描写象征百折不回的毅力和意志的，这是属于道德意识的鸟兽

神话。"
[象征]：永恒志定、坚韧无畏。

天花乱坠[tiān huā luàn zhuì]
[解释]：传说梁武帝时有个和尚讲经，感动了上天，天上纷纷落下花来。形容说话有声有色，极其动听（多指夸张而不符合实际）。
[出自]：《心地观经·序品》："六欲诸天来供养，天华（花）乱坠遍虚空。"
[示例]：傅二棒锤索性张大其词，说得～。 清·李宝嘉《官场现形记》第五十六回

火中取栗[huǒ zhōng qǔ lì]
[解释]：偷取炉中烤熟的栗子。比喻受人利用，冒险出力却一无所得。
[出自]：十七世纪法国寓言诗人拉·封丹的寓言《猴子与猫》载：猴子骗猫取火中栗子，栗子让猴子吃了，猫却把脚上的毛烧掉了。
[示例]：我们目前自顾不暇，郑成功不来就是天主保佑了，我们还好去惹他么。我们不能为别人～。 郭沫若《郑成功》第五章

望梅止渴[wàng méi zhǐ kě]
[解释]：原意是梅子酸，人想吃梅子就会流涎，因而止渴。后比喻愿望无法实现，用空想安慰自己。
[出自]：南朝宋·刘义庆《世说新语·假谲》："魏武行役失汲道，军皆渴，乃令曰：'前有大梅林，饶子，甘酸可以解渴。'士卒闻之，口皆出水，乘此得及前源。"
[示例]：鸾拆书看了，虽然不曾定个来期，也当画饼充饥，～。 明·冯梦龙《警世通言》卷三十四

闻鸡起舞
[解释]：原意为听到鸡叫就起来舞剑，后比喻有志报国的人及时奋起。典出自《晋书·祖逖传》：传说东晋时期将领祖逖年青时就很有抱负，每次和好友刘琨谈论时局，总是慷慨激昂，满怀义愤，为了报效国家，他们在半夜一听到鸡鸣，就披衣起床，拔剑练武，刻苦锻炼。同义词：发奋图强、自强不息。
[出处]：资治通鉴

夜郎自大[yè láng zì dà]
[解释]：夜郎：汉代西南地区的一个小国。比喻人无知而又狂妄自大。
[出自]：《史记·西南夷列传》："滇王与汉使者言曰：'汉孰与我大？'及夜郎侯亦然。以道不通，故各以为一州主，不知汉广大。"

[示例]：驾炮车之狂云，遂以~。恃贪之逆气，漫以河伯为尊。　　清·蒲松龄《聊斋志异·绛妃》

发号施令[fā hào shī lìng]
[解释]：号：号令；施：发布。发布命令。现在也用来形容指挥别人。
[出自]：《尚书·冏命》："发号施令，罔有不藏。"《淮南子·本经训》："发号施令，天下莫不从风。"
[示例]：我们历来主张革命要依靠人民群众，大家动手，反对只依靠少数人~。
　　《毛泽东选集·对晋绥日报编辑人员的谈话》

舍生取义[shě shēng qǔ yì]
[解释]：舍：舍弃；生：生命；取：求取；义：正义。舍弃生命以取得正义。指为正义而牺牲生命。
[出自]：《孟子·告子上》："生，亦我所欲也，义，亦我所欲也。二者不可得兼，舍生而取义者也。"
[示例]：~兮捐微躯，谁云女妇兮夫弗如？　明·李昌祺《剪灯余话·鸾鸾传》

困兽犹斗[kùn shòu yóu dòu]
[解释]：被围困的野兽还要作最后挣扎。比喻在绝境中还要挣扎抵抗。
[出自]：《左传·定公四年》："困兽犹斗，况人呼？"
[示例]：况~，背城一战，尚有不可测之事乎？　明·冯梦龙《东周列国志》第七十九

短兵相接[duǎn bīng xiāng jiē]
[解释]：短兵：刀剑等短兵器；接：交战。指近距离搏斗。比喻面对面地进行激烈的斗争。
[出自]：战国·楚·屈原《九歌·国殇》："车错毂兮短兵接。"
[示例]：但恐怕也有时会逼到非~不可的，这时候，没有法子，就~。　鲁迅《两地书·二》

老骥伏枥 [lǎo jì fú lì]
[解释]：骥：良马，千里马；枥：马槽，养马的地方。比喻有志向的人虽然年老,仍有雄心壮志。
[出自]：三国魏·曹操《步出夏门行》："老骥伏枥,志在千里." 故事：东汉末年,曹操率军先后消灭董卓、黄巾军、吕布、袁术、袁绍、刘表等地方势力,控制北方领土.袁绍的儿子投奔北方的乌桓,53岁的曹操亲率大军彻底征服20万乌桓人,凯旋后作《步出夏门行》："老骥

伏枥,志在千里.烈士暮年,壮心不已。

物换[42]星移[wù huàn xīng yí]
[解释]：成语解释：物换：景物变幻；星移：星辰移位。景物改变了，星辰的位置也移动了。比喻时间的变化。
[出自]：兔走乌飞，搬不尽古今兴废，急回来物换星移，成就了凤鸾交鸳燕侣。（元 王子一《误入桃源》第三折）

鸾凤和鸣[luán fèng hé míng]
[详细释义] 鸾：凤凰一类的鸟。 凤：凤凰，传说中的神鸟。
鸾鸟凤凰相互应和鸣叫。比喻夫妻和谐。
[出处]：《左传·庄公二十二年》："是谓凤凰于飞，和鸣锵锵。"

一视同仁[yī shì tóng rén]
[解释]：一：相同；仁：仁爱。同样看待，不分厚薄。
[出处]： 唐·韩愈《原人》："是故圣人一视而同仁，笃近而举远。"
[示例]：警察却不怕自行车，更不怕洋车和三轮儿。他们对洋车和三轮儿倒是～，一个不顺眼就拳脚一齐来。 朱自清《回来杂记》

莫须有[mò xū yǒu]
[解释]：原意是也许有吧。后指凭空捏造。
[出自]：《宋史·岳飞传》："飞子云与张宪书虽不明，其事体莫须有。"

一言以蔽之[yī yán yǐ bì zhī]
[解释]：蔽：遮，引伸为概括。用一句话来概括。
[出自]：《论语·为政》："《诗》三百，一言以蔽之，曰：'思无邪。'"
[示例]：老师讲的这些话，～，就是让我们端正学习态度，刻苦学习。

迅雷不及掩耳[xùn léi bù jí yǎn ěr]
[解释]：雷声来得非常快，连捂耳朵都来不及。比喻来势凶猛，使人来不及防备。
[出自]：《六韬·龙韬·军势》："疾雷不及掩耳，迅电不及瞑目。"
[示例]：因此我给他个～的突然袭击，一口把他吃掉，是完全有可能的。

---
42) 换，不能写作"唤"。

曲波《林海雪原》二九

起承转合[qǐ chéng zhuǎn hé]
[解释]：起：开头；承：承接上文加以申述；转：转折；合：结束。泛指文章的做法。也比喻固定呆板的形式。
【出自】：清·金圣叹《西厢记读法》："有此许多起承转合，便令题目透出文字。"
【示例】：然而不得已，也只好～，上台去说几句。
　　　　鲁迅《而已集·通信》

世外桃源[shì wài táo yuán]
[解释]：原指与现实社会隔绝、生活安乐的理想境界。后也指环境幽静生活安逸的地方。借指一种空想的脱离现实斗争的美好世界。
[出自]：晋·陶潜《桃花源记》描述的一个与世隔绝，没有遭到祸乱的美好地方。
[示例]：在这儿，在这～的仙境中，有了人世喧嚣的声音。
　　　　杨沫《青春之歌》第一部第三章

后起之秀[hòu qǐ zhī xiù]
[解释]：后来出现的或新成长起来的优秀人物。
[出自]：《晋书·王忱传》："卿风流俊望，真后来之秀。"
[示例]：及浪游南北，与乡里阔疏，～，不乏其人。
　　　　清·盛大士《溪山卧游录》卷三

惨淡经营[cǎn dàn jīng yíng]
[解释]：惨淡：苦费心思；经营：筹划。费尽心思辛辛苦苦地经营筹划。后指在困难的境况中艰苦地从事某种事业。
[出自]：唐·杜甫《丹青引赠曹将军霸》："诏谓将军指绢素，意匠惨淡经营中。"
[示例]：这样～之后，这一所房屋，在那条贫民窟的街道上简直是一所很整洁的屋子了。　　　　邹韬奋《经历·惨淡经营之后》

包罗万象[bāo luó wàn xiàng]
[解释：包罗：包括；万象：宇宙间的一切景象，指各种事物。形容内容丰富，应有尽有。
[出自]：《黄帝宅经》卷上："所以包罗万象，举一千从，运变无形而能化物，大矣哉，阴阳之理也。"

[示例]：你怎言~，迟早飞升。明·许仲琳《封神演义》第十三回

顾全大局[gù quán dà jú]
[解释]：指从整体的利益着想，使不遭受损害。
[出自]：清·吴趼人《二十年目睹之怪现状》第九十一回："然而要顾全大局呢，也有个无可奈何的时候；到了无可奈何的时候，就不能不自己开解自己。"
[示例]：倘若东林、复社两党的朋友，能够~，解除纠纷，也未尝不可一变士林的风气。　欧阳予倩《桃花扇》第一幕

墨守成规[mò shǒu chéng guī]
[解释]：墨守：战国时墨翟善于守城；成规：现成的或久已通行的规则、方法。指思想保守，守着老规矩不肯改变。
[出自]：明·黄宗羲《钱退山诗文序》："如钟嵘之《诗品》，辨体明宗，固未尝墨守一家以为准的也。"
[示例]：~，不敢勇于创造也决然是和客观事物的发展规律不能相容的。
　　秦牧《辩证规律在艺术创作上的运用》

流芳百世[liú fāng bǎi shì]
[解释]：流：流传；芳：香，指好名声；百世：时间久远。好的名声永远流传下去。
[出自]：《三国志·魏志·后妃传》："并以圣明，流芳上世。"《晋书·桓温传》："既不能流芳百世，亦不足复遗臭万载耶！"
[示例]：将军若扶汉室，乃忠臣也，青史传名，~。
　　明·罗贯中《三国演义》第九回

危在旦夕[wēi zài dàn xī]
[解释]：旦夕：早晨和晚上，形容时间短。形容危险就在眼前。
[出自]：《三国志·吴书·太史慈传》："今管亥暴乱，北海被围，孤穷无援，危在旦夕。"
[示例]：现在桂林又~，柳州也将不保。
　　闻一多《组织民众与保卫大西南》

毛遂自荐[máo suì zì jiàn]
[解释]：毛遂自我推荐。比喻自告奋勇，自己推荐自己担任某项工作。
[出自]：《史记·平原君列传》记载：秦军围攻赵国都城邯郸，平原君去楚国求救，门下食客毛遂自动请求一同前去。到了楚国，毛遂挺身而出，陈述利害，楚王才派兵去救赵

国。
[示例]：我作~，居然被校长核准了。这样才勉强捱过难关。
邹韬奋《经历·深挚的友谊》

衣冠楚楚[yī guān chǔ chǔ]
[解释]：楚楚：鲜明、整洁的样子。衣帽穿戴得很整齐，很漂亮。
[出自]：《诗经·曹风·蜉蝣》："蜉蝣之羽，衣裳楚楚。"
[示例]：他整天~，但对工作却漠然置之。

解甲归田 [jiě jiǎ guī tián]
[解释]：解：脱下；甲：古代将士打仗时穿的战服。脱下军装，回家种地。指战士退伍还乡。
[出自]：高阳《清宫外史》上册："同时有些宿将，解甲归田以后，大起园林，广置姬妾，正在享福。"

见风使舵 [jiàn fēng shǐ duò]
[解释]：看风向转发动舵柄。比喻看势头或看别人的眼色行事。
[出自]：宋·释普济《五灯会元》："看风使舵，正是随波逐流。"
[示例]：他们也就~，凡事一混了之。 朱自清《闻一多全集编后记》

调虎离山[diào hǔ lí shān]
【解释】：设法使老虎离开原来的山冈。比喻用计使对方离开原来的地方，以便乘机行事。
【出自】：明·许仲琳《封神演义》第八十八回："子牙公须是亲自用调虎离山计，一战成功。"
【示例】：这自然是~之计，邓和武汉派都是不同意的。
郭沫若《海涛集·南昌之一夜》

引狼入室[yǐn láng rù shì]
【解释】：引：招引。把狼招引到室内。比喻把坏人或敌人引入内部。
【出自】：元·张国宾《罗李郎》第一折："我不是引的狼来屋里窝，寻的蚰蜒钻耳朵。"
【示例】：再娶者，皆~耳，况将于野合逃窜中求贤妇哉。
蒲松龄《聊斋志异·黎氏》

请君入瓮[qǐng jūn rù wèng]
[解释]：瓮：一种陶制的盛器。比喻用某人整治别人的办法来整治他自己。
[出自]：《资治通鉴·唐纪·则天皇后天授二年》："兴曰：'此甚易尔！取大瓮，令囚入中，何事不承！'俊臣乃索大瓮，火围如兴法，因起谓兴曰：'有内状推兄，请兄入此瓮。'兴惶恐叩头伏罪。"
[示例]：掬西江之水，为尔洗肠，即烧东壁之床，～。
　　　清·蒲松龄《聊斋志异·席方平》

稍纵即逝[shāo zòng jí shì]
[解释]：纵：放；逝：消失。稍微一放松就消失了。形容时间或机会等很容易过去。
[出自]：宋·苏轼《文与可画画云当谷偃竹记》："振笔直遂，以追其所见，如兔起鹘落，少纵则逝矣。"
[示例]：事机万变，～。
　　　蔡东藩、许廑父《民国通俗演义》第三十四回

三三两两[sān sān liǎng liǎng]
[解释]：三个两个地在一起，形容人数不多。
[出处]：宋·郭茂倩《乐府诗集》卷四十七引晋人《娇女》诗："鱼行不独自，三三两两俱。"，宋辛弃疾《念奴娇·双陆》词："袖手旁观初未说，两两三三而已。"
[示例]：《东周列国志》第八回："军士人人恐惧，三三两两，俱往太宰门上诉苦，求其进言于君，休动干戈。"，《闻一多全集·年谱》：时文林街一带已有歪戴呢帽的人～散在街上。

卿卿我我[qīng qīng wǒ wǒ]
[解释]：形容夫妻或相爱的男女十分亲昵。
[出自]：南朝宋·刘义庆《世说新语·惑溺》："亲卿爱卿，是以卿卿，我不卿卿，谁当卿卿？"

慢条斯理[màn tiáo sī lǐ]
[解释]：原指说话做事有条有理，不慌不忙。现也形容说话做事慢腾腾，不慌不忙。
[出自]：元·王实甫《西厢记》第三本第二折金圣叹批："写红娘从张生边来入闺中，慢条斯理，如在意如不在意。"
[示例]："办事要思量是对的"，老山东～的说，"不过有的是明摆着的事，也不要掂量。"
　　　冯德英《苦菜花》第八章

深思熟虑[shēn sī shú lǜ]
[解释]：反复深入地考虑。
[出自]：《楚辞·渔父》："何故深思高举，自令放为？"《史记·穰侯列传》："愿君熟虑之。"
[示例]：而其人亦得～，周旋于是，不过十年，将必有卓然可观者也。
　　　　宋·苏轼《策别第九》

处心积虑[chǔ xīn jī lǜ]
[解释]：处心：存心；积虑：经过长时间的考虑。形容蓄谋已久。
[出自]：《谷梁传·隐公元年》："何甚乎郑伯？甚郑伯之处心积虑成于杀也。"
[示例]：如此者～，已非一日。
　　　　清·李宝嘉《官场现形记》第四十六回

再接再厉[zài jiē zài lì]
[解释]：接：接战；厉：磨快，引伸为奋勉，努力。指公鸡相斗，每次交锋以前先磨一下嘴。比喻继续努力，再加一把劲。
[出自]：唐·韩愈《斗鸡联句》："一喷一醒然，再接再厉乃。"
[示例]：取得好成绩也不能自满，要～，不断进取。

变本加厉[biàn běn jiā lì]
[解释]：厉：猛烈。指比原来更加发展。现指情况变得比本来更加严重。
[出自]：南朝·梁·萧统《文选·序》："盖踵其事而增华，变其本而加厉，物既有之，文亦宜然。"
[示例]：断句取义是在一句两句里拉出一个两个字来发挥，比起断章取义，真是～了。
　　　　朱自清《经典常谈·诗经第四》

无微不至[wú wēi bù zhì]
[解释]：微：微细；至：到。没有一处细微的地方不照顾到。形容关怀、照顾得非常细心周到。
[出自]：宋·魏了翁《辞免督视军马乞以参赞军事从丞相行奏札》："臣窃念主忧臣辱，义不得辞，踽踽受命，退而差辟官吏、条列事目、调遣将士，凡所以为速发之计者，靡微不周。"
[示例]：还是在剑波十八岁的时候，要到战斗部队去，姐姐对这将要离开自己的弟弟，照顾得～。
　　　　曲波《林海雪原》一

自食其力[zì shí qí lì]
[解释]：依靠自己的劳动所得来生活。
[出自]：《礼记·礼器》："食力无数。"陈浩集说："食力，自食其力之人。"
[示例]：居贫，~，隐田里间，以教授为业，非义不为，人敬惮之。
　　　　明·李昌祺《剪灯余话·泰山御史传》

自食其果[zì shí qí guǒ]
[解释]：指自己做了坏事，自己受到损害或惩罚。
[出自]：茅盾《〈呼兰河传〉序》："除了因为愚昧保守而自食其果，这些人物的的生活原也悠然自得其乐。"
[示例]：玩火者只会自食其果。

侃侃而谈[kǎn kǎn ér tán]
[解释]：侃侃：理直气壮，从容不迫。理直气壮、从容不迫地说话。
[出自]：《论语·乡党》："朝，与下大夫言，侃侃如也。"
[示例]：却从来不曾见过象这位蛮子般的那末~，旁若无人的气概。
　　　　郑振铎《桂公塘·三》

夸夸其谈[kuā kuā qí tán]
[解释]：形容说话或写文章浮夸，不切合实际。夸夸：夸大。注意不能将"其"写成"奇"。
[出自]：清·吴敬梓《儒林外史》第十一回："进了书房门，听见杨执中在内夸夸而谈，知道是他已来了，进去作揖同，同坐下。"
[示例]：'闭塞眼睛捉麻雀'，'瞎子摸鱼'，粗枝大叶，夸夸而谈，满足于一知半解。——毛泽东《改造我们的学习》

螳臂当车[táng bì dāng chē]
[解释]：当：阻挡。螳螂举起前肢企图阻挡车子前进。比喻做力量做不到的事情，必然失败。
[出自]：《庄子·人间世》："汝不知夫螳螂乎，怒其臂以当车辙，不知其不胜任也。"
[示例]：谁知腹中虽离渊博尚远，那目空一切，旁若无人光景，却处处摆在脸上。可谓"~，自不量力。"
　　　　清·李汝珍《镜花缘》第十八回

急流勇退[jí liú yǒng tuì]
[解释]：在急流中勇敢地立即退却。旧时比喻仕途顺利的时候毅然退出官场，现在也比喻在复杂的斗争中及早抽身。
[出处]：宋·苏轼《赠善相程杰》诗："火色上腾虽有数，急流勇退岂无人。"
[示例]：官人宜~，为山林娱老之计。　　　　明·冯梦龙《警世通言》卷三十一

病入膏肓[bìng rù gāo huāng]
[解释]：膏肓：古人把心尖脂肪叫"膏"，心脏与膈膜之间叫"肓"。形容病情十分严重，无法医治。比喻事情到了无法挽救的地步。
[出自]：《左传·成公十年》："疾不可为也，在肓之上，膏之下，攻之不可，达之不及，药不至焉，不可为也。"
[示例]：吾观刘琦过于酒色，~，今见面黄羸瘦，气喘呕血，不过半年，其人必死。
　　　　明·罗贯中《三国演义》第五十二回

焕然一新[huàn rán yī xīn]
[解释]：焕然：鲜明光亮的样子。改变旧面貌，出现崭新的气象。
[出自]：唐·张彦远《历代名画记·论鉴识收藏购求阅玩》："其有晋宋名迹，焕然如新，已历数百年，纸素彩色未甚败。"
[示例]：依中国法度，造作旗帜大纛，~。
　　　　清·陈忱《水浒后传》第十一回

好逸恶劳[hào yì wù láo]
[解释]：逸：安逸；恶：讨厌、憎恨。贪图安逸，厌恶劳动。
[出自]：《后汉书·郭玉传》："其为疗也，有四难焉：自用意而不任臣，一难也；将身不谨，二难也；骨节不强，不能使药，三难也；好逸恶劳，四难也。"
[示例]：岂古之人有所异哉？~，亦犹夫人之情也。
　　　　清·黄宗羲《原君》

一曝十寒[yī pù shí hán]
[解释]：曝：晒。原意是说，虽然是最容易生长的植物，晒一天，冻十天，也不可能生长。比喻学习或工作一时勤奋，一时又懒散，没有恒心。
[出自]：《孟子·告子上》："虽有天下易生之物也，一日暴之，十日寒之，未有能生者也。"
[示例]：他们跑出英文教室，说的听的依然是中国话。这只是'~'的办法罢了，对于理解

的功夫完全抛荒。

　　　　叶圣陶《英文教授》

面面相觑[miàn miàn xiāng qù]
[解释]：觑：看。你看我，我看你，不知道如何是好。形容人们因惊惧或无可奈何而互相望着，都不说话。
[出自]：明·张岱《海志》："舟起如簸，人皆瞑眩，蒙被僵卧，懊丧此来，面面相觑而已。"
[示例]：墙外有数十人，～，各有惊异之状。

　　　　明·洪楩《清平山堂话本·死生交范张鸡黍》

酒后无德[jiǔ hòu wú dé]
[解释]：指醉酒之后胡言乱语或行为出格。
[出自]：清·曹雪芹《红楼梦》第四十五回："平姑娘，过来！我当着大奶奶姑娘们替你赔个不是，担待我酒后无德罢。"
[示例]：别劝她喝了，小心她酒后无德。

叱咤风云[chì zhà fēng yún]
[解释]：叱咤：怒喝声。一声呼喊、怒喝，可以使风云翻腾起来。形容威力极大。
[出自]：《梁书·元帝纪》："叱咤则风云兴起，鼓动则嵩华倒拔。"
[示例]：因此，一变而为欺人与自欺，而应当～的武士都变成了小丑。

　　　　老舍《四世同堂》九

居高临下[jū gāo lín xià]
[解释]：居：站在，处于；临：面对。占据高处，俯视下面。形容占据的地势非常有利。
[出自]：《淮南子·原道训》："登高临下，无失所秉，履危行险，无忘玄伏。"
【示例】：敌～，我战地不利。

　　　　清·毕沅《续资治通鉴·宋纪高宗绍兴十一年》

倩人捉刀[qiàn rén zhuō dāo]
[解释]：倩：请；捉刀：代人执笔作文。请人代做文章。
[典故]：魏武帝将要会见匈奴使臣，认为自己形象丑陋，不能够威慑远方的国家，让崔季珪代替，魏武帝亲自举着刀站在床边。见面完毕以后，让间谍问（匈奴使臣）"魏王怎么样？"使臣回答"魏王风雅威望不同常人，但床边举着刀的那个人，才是真英雄。"魏武帝

听到之后，派人追杀这个使臣。
1.深刻反映了曹操的矛盾心态。
2.表现出曹操嫉贤妒能，心胸狭窄，奸诈狡猾，残忍的性格。
3.描写曹操羞惭，自卑心理。
4.怕匈奴使者回匈奴后说不利于自己的话(丑行、丑貌)。
5. 匈奴使者是人才，不为己用必后患无穷。
[出处]：《三国志·魏志·陈思王植传》："言出为论，下笔成章，顾当面试，奈何倩人？"南朝·宋·刘义庆《世说新语·容止》："魏王雅望非常，然床头捉刀人，此乃英雄也。"

危如累卵[wēi rú lěi luǎn]

[解释]：比喻形势非常危险，如同堆起来的蛋，随时都有塌下打碎的可能。
[出自]：《韩非子·十过》："其君之危，犹累卵也。"《史记·范雎蔡泽列传》："秦王之国，危于累卵，得臣则安。"
[示例]：大名~，破在旦夕。
　　　　明·施耐庵《水浒全传》第六十三回

落拓不羁[luò tuò bù jī]

[解释]：形容人性情豪放，行为散漫。
[出自]：《北史·杨素传》："少落拓有大志，不拘小节。"
[示例]：阿素是~，就像她的父亲。
　　　　茅盾《子夜》

披沙拣金[pī shā jiǎn jīn]

[解释]：拨开沙子来挑选金子。比喻从大量的东西中选取精华。
[出自]：唐·刘知己《史通·直书》："然则历考前史，征诸直词，虽古人糟粕，真伪相乱，而披沙拣金，有时获宝。"
[示例]：~，所获甚尠。
　　　　清·陶曾佑《中国文学之概观》

不刊之论[bù kān zhī lùn]

[解释]：刊：削除，古代把字写在竹简上，有错误就削去。指正确的、不可修改的言论。
[出自]：宋·吴曾《能改斋漫录·议论》："故中兴难于创业，是谓不刊之说"。
[示例]：这可以说是~，我有同感。
　　　　孙犁《万国儒小引》

泰山北斗[tài shān běi dǒu]
[解释]：泰山：东岳，在山东省泰安市；北斗：北斗星。比喻道德高、名望重或有卓越成就为众人所敬仰的人。
[出自]：《新唐书·韩愈传赞》："自愈没，其言大行，学者仰之如泰山北斗云。"
[示例]：五兄梦中题孔子庙棂星门柱联有"～，景星庆云"之语，敬意如此者，士之望、人之瑞，一代不过数人。
　　　　清·恽敬《答姚秋农书》

委曲求全[wěi qū qiú quán]
[解释]：委曲：曲意迁就。勉强迁就，以求保全。也指为了顾全大局而让步。
[出自]：《汉书·严彭祖传》："何可委曲从俗，苟求富贵乎！"
[示例]：～的苟活决不是真正的生。
　　　　郭沫若《战声》诗

黄粱一梦[huáng liáng yī mèng]
[解释]：黄粱：小米。比喻虚幻不能实现的梦想。
[出自]：唐·沈既济《枕中记》："怪曰：'岂其梦寐耶？'翁笑曰：'人世之事亦犹是矣。'"
[示例]：应举不第，道经邯郸，得遇正阳子师父，点化～，遂成仙道。
　　　　元·范康《竹叶舟》第一折

礼尚往来[lǐ shàng wǎng lái]
[解释]：尚：注重。指礼节上应该有来有往。现也指以同样的态度或做法回答对方。
[出自]：《礼记·曲礼上》："礼尚往来。往而不来，非礼也；来而不往，亦非礼也。"
[示例]：雯青顾全同僚的面子，也只好～，勉强敷衍。
　　　　清·曾朴《孽海花》第六回

响遏行云[xiǎng è xíng yún]
[解释]：遏：阻止；行云：飘动的云彩。形容歌声嘹亮，高入云霄，连浮动着的云彩也被止住了。
[出自]：《列子·汤问》："抚节悲歌，声振林木，响遏行云。"
[示例]：跟手又唱第二出，便是《一夜九更天》，用老生挂白须，扮老人家，唱过岭时，全用高字，真是～。
　　　　清·黄小配《廿载繁华梦》第八回

得陇望蜀[dé lǒng wàng shǔ]

[解释]：陇：指甘肃一带；蜀：指四川一带。已经取得陇右，还想攻取西蜀。比喻贪得无厌。

[出自]：《后汉书·岑彭传》："人苦不知足，既平陇，复望蜀，每一发兵，头鬓为白。"

[示例]：我很希望兄有空，再画几幅，虽然太有些～。

　　　　《鲁迅书信集·致陶元庆》

重蹈覆辙[chóng dǎo fù zhé]

[解释]：蹈：踏；覆：翻；辙：车轮辗过的痕迹。重新走上翻过车的老路。比喻不吸取教训，再走失败的老路。

[出自]：《后汉书·窦武传》："今不想前事之失，复循覆车之轨。"

[示例]：要从失败中吸取教训，以免～。

湮没无闻[yān mò wú wén]

[解释]：湮：埋没；无闻：没有知道。名声被埋没，没人知道。

[出自]：《晋书·羊祜传》："由来贤达胜士，登此远望，如我与卿者多矣！皆湮灭无闻，使人悲伤。"

[示例]：高才博识，俱有可录，岁月弥久，～，遂传其本末，吊以乐章。

　　　　元·钟嗣成《录鬼簿序》

擢发难数[zhuó fà nán shǔ]

[解释]：擢：拔。拔下全部头发，难以数清。形容罪行多得数不清。

[出自]：《史记·范睢蔡泽列传》："擢贾之发以续贾之罪，尚未足。"

[示例]：可死之罪，～。

　　　　清·蒲松龄《聊斋志异·续黄粱》

惯用语：

走过场[zǒu guò chǎng]
[解释]：形容办事只在形式上过一下，却不实干。
[出自]：孙犁《文事琐谈·文过》："现在看来，完全没有必要。当时所谓清查什么，不过是走过场。"

吊胃口[diào wèi kǒu]
[解释]：用好吃的东西引起人的食欲，也比喻让人产生某种欲望或兴趣。
[示例]：我们都怀有"越被吊胃口越高兴"的矛盾心理。越是被吊胃口期待度就越高（即越想得到），想得到的欲望越强，当真正得到的时候也就越高兴。

敲边鼓[qiāo biān gǔ]
[解释]：比喻从旁帮腔、撺掇或助势。
[出自]：清·李宝嘉《官场现形记》第34回："这话须得你老哥自己去找他，我们旁人只能敲敲边鼓。"
[示例]：每天又有帮闲的～，给人们听惯了，就不但做得出，而且也行得通。
　　　　鲁迅《伪自由书·文章与题目》

放空炮[fàng kōng pào]
[解释]：比喻说实际做不到的空话、大话。
[出自]：杨沫《青春之歌》第二部第二七章："你光会喊……可是，北大南下示威捐款时，你为什么才捐了一块钱呢？好意思拿得出去呀！我最讨厌放空炮的人。"

吹牛皮[chuī niú pí]
[解释]：1.用来比喻不自量力或信口开河说大话，言过其实。2.闲聊天。
[出自]：路遥《平凡的世界》第五卷第七章："煤矿工人连不识字的女人都难找下，竟然有省报的女记者爱你小子？吹牛皮哩！"

钻空子[zuān kòng zi]
[解释]：乘隙钻营投机或利用空隙或漏洞进行活动。亦指利用可乘的机会。
[出自]：王朔《一点正经没有》："这么两句半话跟大人都说不清楚，让小人钻空子。"

挖墙脚[wā qiáng jiǎo]

[解释]：挖墙脚，本意是指将墙的下半部挖掉（对应于"墙头"概念），以至墙的整体失衡而倒塌。比喻拆台，为贬义词。而现今是指挖取竞争对手相关的人员、技术，从而使利益达到最大化。现在有些也指抢走朋友的对象，当然这是不符合本意的。现在人们也常用"只要锄头挥得好，哪有墙脚挖不倒"来比喻爱上一个有对象的人并把他（她）抢过来。注意常常误写为"挖墙角"。

[出自]：毛泽东《统一战线中的独立自主问题》："彼此不挖墙脚，彼此不在对方党政军内组织秘密支部。"

磨洋工[mó yáng gōng]

[解释]：引证解释故意拖延时间，不干或少干活。

[出自]：马烽 西戎《吕梁英雄传》第六回："咱们想法子要叫他这碉堡好修不成，咱们发动群众，以后拿上坏家具去，熬日头磨洋工。"

穿小鞋[chuān xiǎo xié]

[解释]：穿小鞋现在多指类似打小报告、公报私仇、私底下报复等；而古时候的"小鞋"，并不是我们现在所见到的给小孩子们穿的娃娃鞋，而是旧时代缠了小脚的妇女们穿的一种绣着花的"小鞋"。

[出自]：这种小鞋，是1000多年前，南唐后主李煜发明的"专利"。他别出心裁地命令宫女用很长的白布缠足，把脚缠成又小又尖的弯弯"月牙儿"，站在画有荷花的金莲台上跳舞，让自己观赏享乐，所以这种脚又叫"三寸金莲"。后来全国便兴起了妇女缠足的风气。缠足后，脚小了，当然只能穿小鞋了。

在封建时代，我国汉族妇女一直沿袭着缠足陋习，脚缠得越小就认为越美，而美其名曰"三寸金莲"。过去婚姻大事全凭父母之命，媒妁之言，男女双方根本互不相见，所以，只能依照脚的大小，而衡量女人的俊丑。因此，在媒婆说媒时，必先请男方看女方的鞋样儿，以示女方脚的大小，一旦男方同意了亲事，就留下此鞋样儿了，按此样尺寸作一双绣鞋连同订婚礼物一起送到女方家，成亲那天，新娘必须穿上这双绣鞋，以防脚大而受骗。

如果把这双绣花鞋故意做得很小，让新娘穿着难受，这不是故意整治她吗？这就是"穿小鞋"的由来，它是出于宋代的一个故事：

相传北宋时，有一个名叫巧玉的姑娘，她的后娘要将她许配给一个又丑又哑的有钱人，巧玉坚决不从。后娘也没有办法，便暗暗想法子整治她。

恰逢有一位媒婆，把巧玉说给一位秀才。巧玉很中意，后母却在背地里剪了一双很小的鞋样子，让媒婆带给男方。 巧玉出嫁那天，这双鞋怎么也穿不上，害得她上不了轿。

她又羞，又恼，又急，一气之下便上吊自尽了。人们非常惋惜。

开绿灯[kāi lǜ dēng]
[解释]：交通灯有"红灯停，绿灯行"之说，开亮绿色的信号灯，表示准予通行。比喻允许或不禁止。还表示为某事提供方便。

扣帽子[kòu mào zi]
[解释]：指随意给别人定性。
[示例]：他认为她非常主观，不了解情况便乱扣帽子。

拉后腿[lā hòu tuǐ]
[解释]：比喻利用亲密关系或感情牵制别人行动。亦指局部的工作上不去影响着全局。
[示例]：曾克《战地婚筵》："老婆是给自己娶的，对象就要好生注意注意。要是自己决心革命一辈子，找个拉后腿的就不行。"

挤牙膏[jǐ yá gāo]
[解释]：比喻说话不爽快，经别人一步一步追问，才一点儿一点儿说。

下马威[xià mǎ wēi]
[解释]：原指官吏初到任时对下属显示的威风，后泛指一开始就向对方显示自己的威力。
[出自]：《汉书·叙传》："畏其下车作威，吏民竦息。"
[示例]：取家法过来，待我赏他个～。
　　　　清·李渔《蜃中楼·抗姻》

马后炮[mǎ hòu pào]
[解释]：比喻不及时的举动。

墙头草[qiáng tóu cǎo]
[解释]：比喻无主见的人、顺风倒的人
[出自]：冯志《敌后武工队》第23章："一个人为国家要宁折不弯，别做墙头草。"

八面光[bā miàn guāng]
[解释]：非常世故，哪方面都应付得很周全（含贬义）。

避风港[bì fēng gǎng]
[解释]：供船只躲避大风浪的港湾。常比喻供躲避激烈斗争的地方，常用来比喻家庭。

闭门羹[bì mén gēng]
[解释]：拒绝客人进门叫做让客人吃闭门羹。
[出自]：唐·冯贽《云仙杂记》卷一："下列不相见，以闭门羹待之。"
【示例】：一次不见，第二次再去，谁知三番五次饱尝～。
　　　　高阳《清宫外史》上册

传声筒[chuán shēng tǒng]
[解释]：1.亦称"传话筒"。 2.用以提高音量的圆锥形话筒。 3.喻指只会传达别人的话，自己却毫无主见的人。 4.犹言小广播，谓私下传播不该传播的或不可靠的消息。

风凉话[fēng liáng huà]
[解释]：打消别人积极性的嘲讽话。以及不负责任的冷言冷语。有个别地区的方言也有"上凉菜"。意思是一样的。
[出处]：曾朴《孽海花》第18回："况且没有把柄的事儿，给一个低三下四的奴才含血喷人，自己倒站着听风凉话儿！"
[示例]：当然，那些说～的人还在继续说着。　路遥《平凡的世界》第六卷第35章

夹生饭
[解释]：①半生不熟的饭。②比喻开始做没有做好再做也很难做好的事情，或开始没有彻底解决以后也很难解决的问题。

软骨头[ruǎn gú tou]
[解释]：①谓骨质柔软。②常用以比喻意志薄弱、没有骨气的人，甚至丧失气节的人。
[出处]：陈残云《山谷风烟》第11章："想不到此人是个忘恩负义的软骨头，把我出卖了。"

抓辫子[zhuā biàn zi]
[解释]：比喻抓住缺点作为把柄。
[示例]：《人民文学》1976年第3期："我不怕你抓辫子！"《人民文学》1977年第2期："人还没得两根门槛高，抓辫子倒蛮里手。"

打交道[dǎ jiāo dao]
[解释]：指个人、组织或国家之间进行交易或发生联系。
[出处]：宋 王明清 《挥麈后录》卷二："惟婺州永康县有一杰黠老农鼓帅乡民，不令称贷，且云：'官中岂可打交道邪？'"

安钉子[āndīngzi]
[释义]：钉上钉子。比喻人为地制造困难或设置障碍物。

绊脚石[bàn jiǎo shí]
[解释]：比喻对前进有阻碍作用的事物。
[出自]：挫折就像一块石头，对于弱者来说是绊脚石，让你却步不前。[《善待挫折》]
[示例]：骄傲是进步的绊脚石。

定调子[dìng diào zi]
[释义]：确定乐曲的调子。今多用以比喻在开会、开展某种活动、进行某项工作等之前，事先下结论，确定其基本方向。比喻事前确定途径或做法。

清静无为[qīng jìng wú wéi]
[释义]：道家语。春秋时期道家的一种哲学思想和治术。指一切听其自然，人力不必强为。
[出自]：唐·贾至《虙子贱碑颂》："鸣琴汤汤，虙子之堂，清静无为，邑人以康。"

与民休息[yǔ mín xiū xī]
[释义]：与：给与，帮助；休息：休养生息。指在长期动乱后，亟需保养民力，复兴经济。
[出处]：《汉书·昭帝纪》："海内虚耗，户口减半，光知时务之要，轻徭薄役，与民休息。"

生离死别 [shēng lí sǐ bié]
[解释]：分离好像和死者永别一样，很难再见的离别或永久的离别。
[出自]：汉·无名氏《为焦仲卿妻作》诗："生人作死别，恨恨那可论。"北周·庾信《拟连珠》："盖闻死别长城，生离函谷。"
[示例]：他们已有那样的情感，又遇着那些~的事。（闻一多《冬夜评论》）
[用法]：作主语、宾语、定语；表现对分别的悲伤。

【近义词】：生死永别、悲欢离合
【反义词】：破镜重圆

报仇雪恨[bào chóu xuě hèn]
[解释]：雪：洗刷掉。报冤仇，除仇恨。
[出自]：《淮南子·氾论训》："（文）种辅翼越王勾践。而为之报怨雪耻。"
[示例]：滥官害民贱徒，把我全家诛戮，今日正好报仇雪恨！（明·施耐庵《水浒全传》第五十八回）
[用法]：联合式作谓语、宾语、定语；用于复仇方面。
【近义词】：报仇雪耻、深仇大恨、以牙还牙
【反义词】：以德报怨、忍辱负重、忍气吞声

生吞活剥[shēng tūn huó bō]
[解释]：原指生硬搬用别人诗文的词句。现比喻生硬的接受或机械的搬用经验、理论等。
[出自]：唐·刘肃《大唐新语·谐谑》："有枣强尉张怀庆好偷名士文章……人为之谚云：'活剥王昌龄，生吞郭正一。'"
[示例]：丁玲《杜晚香·妈妈回来了》："她还不懂的，就把听来的，～地逐条念一遍。"
[用法]：联合式；作谓语、状语、定语；含贬义。
【近义词】：食古不化、囫囵吞枣、生搬硬套、生拉硬扯
【反义词】：融会贯通

求全责备[qiú quán zé bèi]
[解释]：求、责：要求；全、备：完备，完美。对人对事物要求十全十美，毫无缺点。
[出自]：《论语·微子》："君子不施其亲，不使大臣怨乎不以，故旧无大故，则不弃也；无求备于一人。"
[示例]：于已成之局那么委曲求全，于初兴之事就这么～？
◎鲁迅《华盖集·这个与那个》
[用法]：联合式；作谓语、定语；含贬义
【近义词】：吹毛求疵、洗垢求瘢
【反义词】：人无完人、金无足赤

心平气和[xīn píng qì hé]
[解释]：平：安定。心情平静，态度温和，语气平和。思想或精神平静没有不安或压抑的情绪。指不急躁，不生气。

[出自]：宋·苏轼《菜羹赋》："先生心平而气和，故虽老而体胖。"
《儿女英雄传》第二五回："姑娘这段话，说了个知甘苦，近情理，并且说得心平气和，委屈婉转。"金 王若虚 《复之纯交说》："吾病始兆，悟而药之，治养以方……行之期月，乃复其常，心平气和，百邪不攻，乃愈而康。"
[示例]：一想到事情的前因后果，他也就心平气和了；
[用法]：联合式；作谓语、定语、状语；含褒义
【近义词】：平心静气、从容不迫
【反义词】：气急雷霆、气冲斗牛

改弦易辙[gǎi xián yì zhé]

[解释]：辙：车轮轧过的痕迹。琴换弦，车改道。比喻改变原来的方向、计划、办法等。
[出自]：唐·白居易《王公亮可商州刺史制》："况商土瘠，商人贫，可以静理而阜安，不宜改弦而易辙。"宋·王楙《野客丛书·张杜皆有后》："使其子孙改弦易辙，务从宽厚，亦足以盖其父之愆。"
[示例]：殿下放心，待老臣同进朝歌，直谏天子，~，以救祸乱。
◎明·许仲琳《封神演义》第八回
[用法]：联合式；作谓语、状语；比喻改变方向、计划和态度
【近义词】：改弦更张
【反义词】：旧调重弹

阿谀奉承[ē yú fèng chéng]

[解释]：阿谀：用言语恭维别人；奉承：恭维，讨好。曲从拍马，迎合别人，竭力向人讨好。
[出自]：明·东鲁古狂生《醉醒石》第八回："他却小器易盈，况且是个小人，在人前不过一味阿谀奉承。"
[用法]：联合式；作谓语、定语、补语；用于讨好拍马
【近义词】：阿谀逢迎、阿其所好
【反义词】：刚正不阿

大同小异[dà tóng xiǎo yì]

[解释]：大体相同，略有差异。
[出自]：《庄子·天下》："大同而与小同异，此之谓小同异；万物毕同毕异，此之谓大同异。"
[示例]：说的是侯统领一个，其实如今做官的人，无非与侯统领~罢了。

◎清·吴趼人《二十年目睹之怪现状》第八十四回
[用法]：联合式；作谓语；用于比较

土洋结合[tǔ yáng jié hé]
[解释]：用自制简单的设备或技术同外国（洋人）先进的设备或技术结合在一起。
[示例]：他采取~的办法解决了这个难题
[用法]：主谓式；作谓语、定语；指中外结合
【近义词】中西合璧
【反义词】一成不变

大智若愚[dà zhì ruò yú]
[解释]：某些才智出众的人不露锋芒，看来好像愚笨。
[出自]：宋·苏轼《贺欧阳少师致仕启》："大勇若怯，大智如愚。"
[示例]：执雌守黑，不敢自遂，~，于是乎在。
　　　　◎章炳麟《箴新党论》
[用法]：主谓式；作谓语、定语、分句；指有智慧的人不露锋芒
【近义词】：大巧若拙、虚怀若谷、不露锋芒、深藏若谷
【反义词】：锋芒毕露、不可一世、愚不可及

不进则退[bù jìn zé tuì]
[解释]：不前进就要后退。
[出自]：《邓析子·无后篇》："不进则退，不喜则忧，不得则亡，此世人之常。"
[示例]：逆水行舟，~，学外语也是一样，一刻也放松不得。
[用法]：紧缩式；作谓语、定语；用于人的思想、学习等。
【近义词】：逆水行舟
【反义词】：勇往直前

以守为攻[yǐ shǒu wéi gōng]
[解释]：用防御作为击破敌人的手段。
[出自]：宋·秦观《边防策下》："盖充国以先零穷寇，急与之角，则中国必有馈挽转输之劳，故罢骑留屯而图以期月，此则以守为攻者也。"
[示例]：我军决定暂时~，消耗敌人兵力，然后再集中力量突过河去，全歼敌人。◎李天银《扼住敌人的咽喉》
[用法]：作谓语、宾语、定语；用于战争或处事

【反义词】：以攻为守

古为今用[gǔ wéi jīn yòng]
[解释]：批判地继承文化遗产，使之为今天的无产阶级政治服务。
[出自]：曹禺(万家宝)《道路宽广大有作为》："过去曾经有过片面理解古为今用，搞影射，或者把现代思想强加于古人的现象，今天仍要引以为戒。"
[示例]：他也竭力主张中国五千年封建文化的精华应当继承而发展，而使～。
★茅盾《向鲁迅学习》
[用法]：用于定语
【近义词】：洋为中用
【反义词】：有名无实、以古非今、厚古薄今

外圆内方[wài yuán nèi fāng]
[解释]：圆：圆通；方：方正。比喻人表面随和，内心严正。
[出自]：南朝·宋·范晔《后汉书·郅恽传》："案延资性贪邪，外方内圆，朋党构奸，罔上害人。"
[示例]：静女士时常想学慧的老练精干，学王女士的～，又能随和，又有定见。
◎茅盾《幻灭》
[用法]：联合式；作谓语、宾语；含褒义
【近义词】：绵里藏针、外柔内刚
【反义词】：外方内圆

化险为夷[huà xiǎn wéi yí]
[解释]：险：险阻；夷：平坦。化危险为平安。比喻转危为安。
[出自]：唐·韩云卿《平蛮颂序》："变氛祲为阳煦，化险阻为夷途。"
[示例]：除夕遇险的一幕，自然又回忆起来，但我们这一次是～了，虽然费了一些周折。
◎郭沫若《革命春秋·南昌之一夜》
[用法]：兼语式；作谓语、定语；指危险的处境变成平安
【近义词】：转危为安

生离死别 [shēng lí sǐ bié]
[解释]：分离好像和死者永别一样，很难再见的离别或永久的离别。
[出自]：汉·无名氏《为焦仲卿妻作》诗："生人作死别，恨恨那可论。"北周·庾信《拟连珠》："盖闻死别长城，生离函谷。"
[示例]：他们已有那样的情感，又遇着那些~的事。（闻一多《冬夜评论》）
[用法]：作主语、宾语、定语；表现对分别的悲伤。
【近义词】：生死永别、悲欢离合
【反义词】：破镜重圆

报仇雪恨[bào chóu xuě hèn]
[解释]： 雪：洗刷掉。报冤仇，除仇恨。
[出自]：《淮南子·汜论训》："（文）种辅翼越王勾践。而为之报怨雪耻。"
[示例]：滥官害民贼徒，把我全家诛戮，今日正好报仇雪恨！（明·施耐庵《水浒全传》第五十八回）
[用法]：联合式作谓语、宾语、定语；用于复仇方面。
【近义词】：报仇雪耻、深仇大恨、以牙还牙
【反义词】： 以德报怨、忍辱负重、忍气吞声

生吞活剥[shēng tūn huó bō]
[解释]：原指生硬搬用别人诗文的词句。现比喻生硬的接受或机械的搬用经验、理论等。
[出自]：唐·刘肃《大唐新语·谱谑》："有枣强尉张怀庆好偷名士文章……人为之谚云：'活剥王昌龄，生吞郭正一。'"
[示例]：丁玲《杜晚香·妈妈回来了》："她还不懂的，就把听来的，~地逐条念一遍。"
[用法]：联合式；作谓语、状语、定语；含贬义。
【近义词】：食古不化、囫囵吞枣、生搬硬套、生拉硬扯
【反义词】：融会贯通

求全责备[qiú quán zé bèi]
[解释]：求、责：要求；全、备：完备，完美。对人对事物要求十全十美，毫无缺点。
[出自]：《论语·微子》："君子不施其亲，不使大臣怨乎不以，故旧无大故，则不弃也；无求备于一人。"
[示例]：于已成之局那么委曲求全，于初兴之事就这么~？
　　　　◎鲁迅《华盖集·这个与那个》
[用法]：联合式；作谓语、定语；含贬义

【近义词】：吹毛求疵、洗垢求瘢
【反义词】：人无完人、金无足赤

心平气和[xīn píng qì hé]
[解释]：平：安定。心情平静，态度温和，语气平和。思想或精神平静没有不安或压抑的情绪。指不急躁，不生气。
[出自]：宋·苏轼《菜羹赋》："先生心平而气和，故虽老而体胖。"
　　　《儿女英雄传》第二五回："姑娘这段话，说了个知甘苦，近情理，并且说得心平气和，委屈婉转。"金　王若虚　《复之纯交说》："吾病始兆，悟而药之，治养以方……行之期月，乃复其常，心平气和，百邪不攻，乃愈而康。"
[示例]：一想到事情的前因后果，他也就心平气和了；
[用法]：联合式；作谓语、定语、状语；含褒义
【近义词】：平心静气、从容不迫
【反义词】：气急雷霆、气冲斗牛

改弦易辙[gǎi xián yì zhé]
[解释]：辙：车轮轧过的痕迹。琴换弦，车改道。比喻改变原来的方向、计划、办法等。
[出自]：唐·白居易《王公亮可商州刺史制》："况商土瘠，商人贫，可以静理而阜安，不宜改弦而易辙。"宋·王楙《野客丛书·张杜皆有后》："使其子孙改弦易辙，务从宽厚，亦足以盖其父之愆。"
[示例]：殿下放心，待老臣同进朝歌，直谏天子，~，以救祸乱。
　　　　　◎明·许仲琳《封神演义》第八回
[用法]：联合式；作谓语、状语；比喻改变方向、计划和态度
【近义词】：改弦更张
【反义词】：旧调重弹

阿谀奉承[ē yú fèng chéng]
[解释]：阿谀：用言语恭维别人；奉承：恭维，讨好。曲从拍马，迎合别人，竭力向人讨好。
[出自]：明·东鲁古狂生《醉醒石》第八回："他却小器易盈，况且是个小人，在人前不过一味阿谀奉承。"
[用法]：联合式；作谓语、定语、补语；用于讨好拍马
【近义词】：阿谀逢迎、阿其所好
【反义词】：刚正不阿

大同小异[dà tóng xiǎo yì]

[解释]：大体相同，略有差异。
[出自]：《庄子·天下》："大同而与小同异，此之谓小同异；万物毕同毕异，此之谓大同异。"
[示例]：说的是侯统领一个，其实如今做官的人，无非与侯统领~罢了。
　　　　◎清·吴趼人《二十年目睹之怪现状》第八十四回
[用法]：联合式；作谓语；用于比较

土洋结合[tǔ yáng jié hé]

[解释]：用自制简单的设备或技术同外国（洋人）先进的设备或技术结合在一起。
[示例]：他采取~的办法解决了这个难题
[用法]：主谓式；作谓语、定语；指中外结合
【近义词】中西合璧
【反义词】一成不变

大智若愚[dà zhì ruò yú]

[解释]：某些才智出众的人不露锋芒，看来好像愚笨。
[出自]：宋·苏轼《贺欧阳少师致仕启》："大勇若怯，大智如愚。"
[示例]：执雌守黑，不敢自遂，~，于是乎在。
　　　　◎章炳麟《箴新党论》
[用法]：主谓式；作谓语、定语、分句；指有智慧的人不露锋芒
【近义词】：大巧若拙、虚怀若谷、不露锋芒、深藏若谷
【反义词】：锋芒毕露、不可一世、愚不可及

不进则退[bù jìn zé tuì]

[解释]：不前进就要后退。
[出自]：《邓析子·无后篇》："不进则退，不喜则忧，不得则亡，此世人之常。"
[示例]：逆水行舟，~，学外语也是一样，一刻也放松不得。
[用法]：紧缩式；作谓语、定语；用于人的思想、学习等。
【近义词】：逆水行舟
【反义词】：勇往直前

以守为攻[yǐ shǒu wéi gōng]

[解释]：用防御作为击破敌人的手段。

[出自]：宋·秦观《边防策下》："盖充国以先零穷寇，急与之角，则中国必有馈挽转输之劳，故罢骑留屯而图以期月，此则以守为攻者也。"
[示例]：我军决定暂时~，消耗敌人兵力，然后再集中力量突过河去，全歼敌人。◎李天银《扼住敌人的咽喉》
[用法]：作谓语、宾语、定语；用于战争或处事
【反义词】：以攻为守

古为今用[gǔ wéi jīn yòng]

[解释]：批判地继承文化遗产，使之为今天的无产阶级政治服务。
[出自]：曹禺(万家宝)《道路宽广大有作为》："过去曾经有过片面理解古为今用，搞影射，或者把现代思想强加于古人的现象，今天仍要引以为戒。"
[示例]：他也竭力主张中国五千年封建文化的精华应当继承而发展，而使~。★茅盾《向鲁迅学习》
[用法]：用于定语
【近义词】：洋为中用
【反义词】：有名无实、以古非今、厚古薄今

外圆内方[wài yuán nèi fāng]

[解释]：圆：圆通；方：方正。比喻人表面随和，内心严正。
[出自]：南朝·宋·范晔《后汉书·郅恽传》："案延资性贪邪，外方内圆，朋党构奸，罔上害人。"
[示例]：静女士时常想学慧的老练精干，学王女士的~，又能随和，又有定见。◎茅盾《幻灭》
[用法]：联合式；作谓语、宾语；含褒义
【近义词】：绵里藏针、外柔内刚
【反义词】：外方内圆

化险为夷[huà xiǎn wéi yí]

[解释]：险：险阻；夷：平坦。化危险为平安。比喻转危为安。
[出自]：唐·韩云卿《平蛮颂序》："变氛沴为阳煦，化险阻为夷途。"
[示例]：除夕遇险的一幕，自然又回忆起来，但我们这一次是~了，虽然费了一些周折。◎郭沫若《革命春秋·南昌之一夜》
[用法]：兼语式；作谓语、定语；指危险的处境变成平安
【近义词】：转危为安

【附录 Ⅳ】

现代汉语概述

一. 現代漢語 語法의 特徵

(一) 漢語는 형태변화가 발달되지 않았고, 일반적이지도 않다.

漢語에는, 형태변화와 유사한 현상이 혹 존재하기도 하나, 아주 적다. 어떤 단어의 유형은 비록 형태변화와 유사한 현상을 가지기도 하나, 이러한 변화 규칙은 보편성을 가지지 않는다. 뿐만 아니라, 통상적으로 단순한 형식상의 변화도 아니며, 기타 부수적인 의의를 가질 수도 있다. 이는 단어 유형형식의 변화로 하여금 그렇게 간단하지 않게 하였다. 예를 들면 다음과 같다.

1. 雙音節 동사의 중첩방식은 일반적으로 ABAB式이다. 예: 商量商量、照顾照顾이며; 雙音節 형용사의 중첩방식은 일반적으로 AABB式 이다. 예: 干净干净、舒舒服服. 그러나 소수의 雙音節 형용사에도 ABAB의 중첩방식이 있다. 예: 雪白雪白、通红通红. 설령 이 두 종류의 단어 유형에 ABAB혹은 AABB와 같은 이러한 형식상의 구별이 있다 하더라도, 이러한 중첩방식을 이율적인 표준으로 할 수는 없다. 그것은 모든 雙音節 동사와 형용사에 모두 이러한 종류의 중첩방식이 있는 것은 아니기 때문이다. 마치 동사"过来"·"担心"을 "过来过来"·"担心担心"이라 할 수 없고, 형용사 "美丽"·"聪明"도 "美美丽丽"·"聪聪明明"이라 할 수 없는 것과 같다.

동사의 중첩 또는 형용사의 중첩을 막론하고, 모두 단순한 단어 유형 형식을 구분의 표지로 하지 않는다. 그들은 또 각종 중첩형식이 가져오는 어법의의를 가진다.

2. 숫자를 나타냄에 있어서, "们"은 複數를 나타낼 수 있으나, 간단한 複數의 표기가 아니다. 漢語에서 만약 명사 앞에 구체적 수량의 수식어가 있다면, 오히려 "们"을 다시 사용할 수 없기 때문이다. 예를 들어, ＊五个工人们。분명히, "们"의 複數의의는 그렇게 단순하지 않아, 그 자체에 概數를 함유한 의의가 있다. 이외에도 "们"의 사용범위는 아주 큰 제한을 받고 있는데, 생명을 나타내고 있는 사람·동물 類의 명사 뒤만 쓰인다. 예컨대, 他们都是我的朋友。/

看来, 猴子们在这里生活得很自在。그러나 "＊这条路上汽车们很挤"라고는 할 수 없다.

3. 漢語의 동사는 형태에 있어서, 人稱·性·數·時의 변화에 따라 변화되지 않는다.
例 : 是→我是学生。／你是学生。／我们是学生。／他们是学生。
第一·第二·第三 인칭을 막론하고, 單數·複數도 "是"의 형태에 대하여 모두 어떠한 영향도 없다.

4. 漢語의 動詞·代詞 등도 그것의 문장에서의 기능의 변화에 따라 형태상의 변화가 일어나지 않는다. 예를 들어, 研究→研究语言／研究正在进行／注重研究／研究的方向。"研究"는 문장에서 主語·술어·賓語가 되든지, 단어를 수식 제한하든지를 막론하고 모두 단어 형태상의 변화가 없다.

또, 我 →我吃饭／他来看我／我朋友, 主語가 되든지·빈어가 되든지 수식어가 되든지를 막론하고, "我"는 모두 단어 형태상의 변화가 없다.

(二) 漢語에서는 語序과 虛詞가 중요하다.

漢語는 형태변화가 발달되지 않았으므로, 語序과 虛詞가 한어에서 특별한 지위를 보편적으로 형성하고 있다.

예를 들어, "我喜欢他"와 "他喜欢我", "不很好"와 "很不好", "在沙发上坐"와 "坐在沙发上", 每组의 문장 혹은 구에서 선택 사용된 단어는 완전히 일치하며, 기타 어떠한 부가의 어법 표기도 없다. 단지 배열순서의 다름으로 완전히 서로 다른 뜻을 표현한다.

또 예컨대, "看书"와 "看的书", "吃饭"와 "吃了饭" "吃着饭", "我把他摔倒了"와 "我被他摔倒了"는, 虛詞를 사용하고 있는지 혹은 어떠한 虛詞를 사용하는지에 따라 그 뜻도 크게 변화되었다.

(三) 漢語의 일부 구조형식과 용법은 비슷하며 단일하다. (汉语某些构式和用法相似、单一)

한어 어법은 일부 방면에 있어서 쉽게 배울 수 있다는 특점을 가지고 있는데, 이는 그의 일부 구조형식과 용법이 어떤 때에는 서로 비슷하거나 혹은 단일하기 때문이다. 예를 들어, 형태소와 형태소가 단어를 구성함에 있어서, 聯合·偏正·動賓·補充·主謂 등의 구조 유형이 있으며, 단어와 단어가 구를 구성하고, 단어와 구가 문장을 구성함에 있어서도 이러한 같은 구조 유형이 있다. 그러므로 같은 층위의 각종 구조 유형·어법의의·어법관계를 명확히 해야만, 각각의 층위를 관통하였다고 할 수 있다.

또 예컨대, 漢語 모든 유형의 수식한정어(定語·狀語)는 일률적으로 중심어 앞에 위치하며, 보충어는 일률적으로 중심어 뒤에 위치하는데, 이러한 종류의 관계를 명확히 해야만, 아주 쉽게 成分분석을 하고, 구를 구성할 수 있다.

또, 한어 수의 계열을 나타내는 것은 아주 단일한데, 기본적인 係數詞를 장악하기만 하면, 基數·序數·月分·星期를 막론하고, 아주 한정적인 것만 첨가한다면, 기본상 모두 해결된다.

(四) 기타특점

1. **풍부한 量詞**   한어에서는 왕왕 서로 다른 사물에는 서로 다른 量詞를 사용하므로, 거대한 양의 量詞가 있다. 예: 一匹马／一头牛／一张桌子／一把椅子／一支笔, 等等.

2. **잡다한 보어**   補語는 늘 동작에 의하여 일어나는 결과 혹은 변화를 구체적으로 나타낸다. 이렇게 술어동사 뒤에는 각종 각양의 보어를 연결할 수 있다. 예: 打开书／看不清楚／好极了／笑得很开心／走下来／来一趟／放在床上 等等.

3. **주술 술어구의 문장구성과 표현형식**   한어는 話題 우선 형 언어의 특점을 가지고 있다. 화제는 말의 출발점이고, 일반적으로 문두에 위치한다. 이 화제 성분 외, 만약 진술부분이 그래도 하나의 주술구조 관계라면, 비교적 복잡한 주술 술어구조 형식 및 정보전달과 상관된 비교적 복잡한 표현 형식을 구성한다. 예를 들어, 他身体很棒。／马丽汉语不错啊。／屋子我收拾好了。／治这种病李大夫最拿手。

4. **복잡한 語氣의 표현**   한어에는 일종의 단어가 있는데, 이를 "語氣詞"라 한다. 그 것의 도움을 빌려야만 정확하고, 적절하게 가지각색의 복잡한 情感態度와 말의 어기를 표현할 수 있다. 예를 들어, 吃吗？／吃吧。／吃啊！／吃呗。／吃嘛。／吃呢。

5. **音節의 韻律**   한어는 單·雙音節 단어 조합 시, 의의 상에서의 결합 외에, 또 음절 운율의 제약과 영향을 받는다. 예컨대, "进行学习"라고 할 수 있으나, "进行学"라고 하면 오히려 안 되며, "植树"라고 할 수 있으나, "种植树"라 할 수 없으며, "昂贵的代价"라 할 수 있으나, "贵的代价"라 할 수 없다. "美丽富饶的宝岛""又富又美的宝岛"라 할 수 있으나, 일반적으로 "美、富的宝岛"라 하지는 않는다. 等等이다.

二. 現代 漢語 語法 概述

(一) 語法單位
한어 어법 단위는 형태소·단어·구·문장 네 개 급의 단위를 포괄한다.

1. 형태소
한어 형태소의 절대 대부분은 단음절이며, 하나의 형태소를 써내면 하나의 한자이다. 예를 들어 "民、桌、子、学、就、的" 등 이다. 소수의 다음절도 있는데, 예를 들어 "玻璃、葡萄、巧克力"等 이다. 형태소는 한어에서 가장 작은 音義결합체이며, 가장 작은 어법단위이고 단어 구성의 단위이다.

2. 단어
한어의 단어는 대부분 單音節 혹은 双音節인데, 예를 들어 "大、听、才、医生、应该、永远、悠闲"等 이다. 소수의 三音節 혹은 三音節 이상의 것도 있는데, 예를 들어 "图书馆、现代化、现实主义"等 이다. 수량 상에서 보면, 双音節 단어가 가장 많다. 단어는 한어에서 가장 작은 독립적으로 운용할 수 있는 어법단위이다.

예:

   A：小王在吗？   A：谁来了？

   B：在   B：老师。

"在"와 "老师"는 단독으로 물음에 답할 수 있는데, 모두 단어이다.

    春天的校园 被他打了 在房间睡觉

"的""被""在"는 단독으로 문장에 쓰이어, 자유롭게 다른 단어들과 조합되어, 일정한 어법의의를 나타내고 있는데, 이것들도 모두 단어 이다.

3. 구
단어와 단어가 일정한 규칙에 의해 조합된 한 층 더 높은 문장 구성의 단위가 바로 구이다.

예를 들어:

我们学校　　打电话　　非常喜欢　　卖票的　　往前走　　对我

한어에서 단어와 구는 모두 문장구성의 예비단위이다.

4. 문장

문장은 독립적으로 완정한 뜻을 나타낼 수 있는 언어 단위이다. 문장에는 語調가 있어야하는데, 書面 상에서, 문장의 어조는 마침표·의문부호·감탄부호 등으로 나타낸다. 언어 운용에서, 문장은 가장 작은 언어 사용 단위이다.

예:

A : 最近身体怎么样？

B : 不错。

注意！

在朋友们的帮助下， 我克服了一个又一个困难。

(二) 단어 유형

本書에서는 한어에서의 단어를 어법기능에 따라 아래의 14가지 종류로 나눈다.

☆ 名詞·動詞·形容詞·數詞·量詞·區別詞·副詞·代詞·歎詞·擬聲詞 (이상은 實詞에 속한다.)

☆ 助詞·介詞·連詞·語氣詞 (이상은 虛詞에 속한다.)

1. 名詞: 사람·사물·시간과 처소 등의 명칭을 나타내는 단어이다.
　　中国　　思想　　人　　秋天　　刚才　　中间
2. 動詞: 사람 혹은 사물의 동작·행위·심리활동·존재·발전·변화와 소실을 나타내는 단어이다.
　　坐　　有　　研究　　喜欢　　过来　　能够
3. 形容詞: 사람 혹은 사물의 동작·행위·심리활동·존재·발전·변화와 소실을 나타내는 단어이다.
　　高　　难　　优秀　　雪白　　冰凉　　乱哄哄
4. 數詞: 數目·次序를 나타내는 단어이다.
　　零／〇　　八　　七十　　一万　　第一　　零点七
5. 量詞: 사람·사물·동작의 행위와 시간의 단위를 나타내는 단어이다.
　　个　　双　　群　　次　　遍　　公斤　　小时

6. 區別詞: 사물의 속성·유별을 구별하는 단어이다.

   正/副   主要/次要   高档/中档/低档   野生   多功能

7. 副詞: 동작·性狀의 범위·시간·정도·부정·어기·情態등을 설명하는데 쓰이는 단어이다.

   都   正在   很   再   没有   简直   亲自

8. 代詞: 類別을 가리키고, 대체 작용을 할 수 있는 단어이다.

   他们   自己   这   怎么   这么   哪儿

9. 歎詞: 감탄·외침·응답을 나타내는 단어이다.

   啊   唉   嗯   哼   咦   喂   哎呀

10. 擬聲詞: 어음으로 사물 혹은 자연계의 소리를 모방한 단어이다.

    哈哈   叮当当   呼呼   潺潺   哗哗   啪

11. 介詞: 명사·代詞·혹은 명사 성 구 앞에 쓰이어, 합쳐져서 방향·대상 등을 나타내는 단어이다. 주요하게 명사 성 단어와 개사 구를 구성하여, 중심 어를 수식·보충 설명하는데 쓰인다.

    在   向   跟   把   对   按照   随着

12. 連詞: 단어·구 혹은 단문을 연계하는 단어이다.

    和   或着   然后   如果   虽然   因为

13. 助詞: 단어 또는 구 뒤에 붙어서 어떠한 어법의의를 나타내는 단어이다.

    的   得   了   着   过   吗   似的

14. 語氣詞: 진술·의문·명령·감탄 및 각종의 복잡한 감정과 태도를 나타내는 단어이다.

    吗   啊   吧   呢   了   的   嘛

(三) 구(句)의 유형

구의 유형은 구조와 기능 두 가지 관점에서 구분할 수 있다.

1. 구조상에서 구분

◇ 實詞와 實詞로 구성된 句(短語)는:

(1) 주술구(主謂短語): 앞뒤 두 부분은 被 진술과 진술의 관계를 나타낸다.

   生活美好   我们去   今天星期日   他北京人

(2) 술빈구(述賓短語): 앞뒤 두 부분이 지배와 被 지배의 혹은 關涉과 被 關涉의 관계를 나타낸다.

   参观工厂   写文章   当医生   是朋友

(3) 편정구(偏正短語): 앞뒤 두 부분은 수식 제한과 피 수식 제한의 관계이다.

  明媚的春光 一份礼品 认真听 不做

(4) 술보구(述補短語): 앞뒤 두 부분은 보충설명과 피 보충설명의 관계이다.

  打中 好得很 住下来 读一遍 听不懂

(5) 연합구(聯合短語): 각 부분 사이에는 병렬·점층·선택 등의 관계가 있다.

  吃、住、行 伟大而高尚 骑车还是步行

(6) 동위 구(同位短語): 앞뒤 두 부분 사이에는 複指 관계가 있다.

  我们大家 首都北京 书法这种艺术

(7) 양사구(量詞短語): 數詞 혹은 指示代詞에 量詞가 더해져서 조성되었다.

  一个 这种 五斤 两次 这回

(8) 방위구(方位短語): 名詞 性 혹은 動詞 性 단어에 方位詞가 더해져, 처소·범위 혹은 시간 등을 나타낸다.

  房间里 朋友之间 五十左右 下课后

◇ **實詞와 虛詞로 구성된 句(短語)는:**

(9) 개사구(介詞短語): 介詞가 명사 혹은 명사 성 단어 앞에 붙어 구성되었다.

  对他 往南 从那时 关于这个问题

(10) "的"字句("的"字短語): "的"가 단어 혹은 句 뒤에 부가되어 구성되었으며, 그 작용은 名詞에 상당하다.

  买的 人家的 有用的 戴眼镜的

(11) "所"字句("所"字短語): "所"가 동사 앞에 부가되어 구성되었으며, 그 작용은 名詞에 상당하다.

  所有 所想 所关心 所了解

(12) 비교구(比況短語): "似的" "一般" "一样" 등 助詞가 단어 혹은 句 뒤에 부가되어 구성되었으며, 그 작용은 형용사에 상당하다.

  飞似的 母亲般的 大海一样

이 외에도 또 한 종류의 고정구(固定短語)가 있는데: 成語·慣用語와 부분적인 專有名詞 등을 가리킨다.

  胸有成竹 大海捞针 走后门 人民大会堂

2. 기능상에서 분석

(1) 名詞性句(名词性短语): 명사가 중심어가 되는 偏正句·數量句·方位句·"的"字句·"所"字句 등을 포괄한다.

　　实在人　　两张　　饭后　　红的　　所得

(2) 動詞性句(動詞性短语): 述賓句(述賓短语)·동사가 중심어가 되는 偏正句(偏正短语)와 述補句(述補短语) 등을 포괄한다.

　　干工作　　检查身体　　慢慢地跑　　写得很清楚

(3) 形容詞性句(形容詞性短语): 형용사가 중심어가 되는 偏正句(偏正短语)와 述補句(述補短语) 등을 포괄한다.

　　特别忙　　方便得很　　聪明可爱

(四) 문장 성분

문장 성분은 문장 조성의 부분이다. 8개의 개념이 언급되는데:

◎ 主语	◎ 谓语	◎ 述语	◎ 宾语
◎ 中心语	◎ 定语	◎ 状语	◎ 补语

1. 主語·謂語와 述語·賓語

주어는 진술의 대상이고, 謂語는 주어에 대한 진술이다. (_____ 와 같이 표시된 부분은 주어로, ____ 와 같이 표시된 부분을 謂語로 한다.)

① 我们的目的∥已经达到了。

② 他∥是个中学生。

謂語에 만약 賓語가 있다면, 述語와 賓語 두 성분으로 나뉠 수 있다. 述語는 일반적으로 동사 혹은 動詞性 句이며, 賓語는 동작의 支配·관련(關涉)의 대상이다. (～～～～ 와 같이 표시된 부분은 賓語이다.)

① 下午, 我们去看电影。

② 他刚打了一个电话。

2. 중심어와 규정어·상황어·보어

被修飾제한 성분을 중심어라하고, 수식제한 작용을 하는 성분을 附加成分이라고 하는데, 규정어와 상황어를 포괄한다.

규정어는 명사성 중심어 앞의 附加成分이고, 상황어는 동사·형용사 등 謂語性 중심어 앞의 附加成分이다. 규정어·상황어는 모두 수식어이다. 한어에서 수식어는 일률적으로 중심어 앞에 위치한다. 즉,

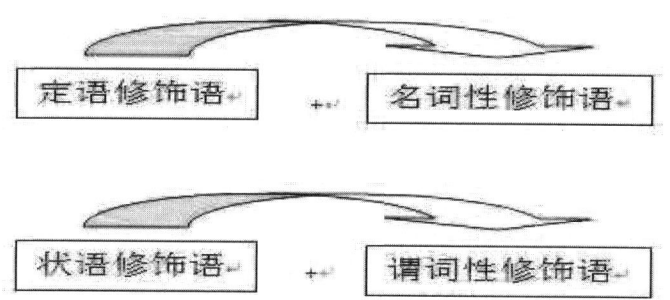

예를 들어: (( )가 더해진 부분을 규정어로, [ ]가 더해진 부분을 상황어로 한다.)
　　　　　(一位)(多日不见的)(老)朋友
　　　　　[认真地][对我]说

보어는 동사·형용사 等 謂語性 중심어 뒤의 연대 성분이다. 즉,

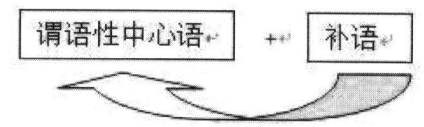

예를 들어: (< >가 더해진 부분을 보어로 한다.)
　　　　　写得＜很票亮＞

3. 한어 문장구조의 기본 틀
한어 단문의 기본 구조 모식은:

한어 단문의 6大 기본 성분은: 주어·謂語·賓語·규정어·상황어·보어.

单句的六大基本成分 { 单句的六大基本成分---主语（＿＿）、谓语（＿＿）
单句的六大基本成分---宾语（＿＿）、补语（＜　＞）
单句的六大基本成分---定语（（　））、状语（［ ］） }

예를 들어:

［昨天］（一向不起眼儿的）张伟‖［倒］做＜成＞了（一件）（大）事。

(五) 문장의 분류

문장은 서로 다른 각도에서, 서로 다른 표준에 따라 분류할 수 있다.

1. 문장의 어기 기능에 따라: 진술구·의문구·명령구·감탄구.

  (1) 陳述句: 일을 서술하고 혹은 사물에 대해 설명·묘사를 더하는 문장이다.

   春天，燕子从南方飞回北方。　　北京是中国的首都。

  (2) 疑問句: 문제를 제기하는 문장이다.

   现在几点了？　　难道连你也不去了？

  (3) 祈使句: 請求·命令·勸阻 혹 禁止를 나타내는 문장이다.

   帮我一下。　　快跑！　　请大家保持肃静！

  (4) 感歎句: 강렬한 감정을 표현하는 문장이다.

   这里的风景多美啊！　　真不讲理！

2. 문장의 일부분특징에 따라 다음과 같이 나눌 수 있다. 雙賓語句·주술술어문(主謂謂語句)·存現文·"把"字문·"被"字문·"連"字문·"比"字문·"是"字문·"有"字문 등등이다.

3. 문장의 구조 模式에 따라 (복문의 논리 관계 포함)주요하게 아래의 유형으로 나눌 수 있다.

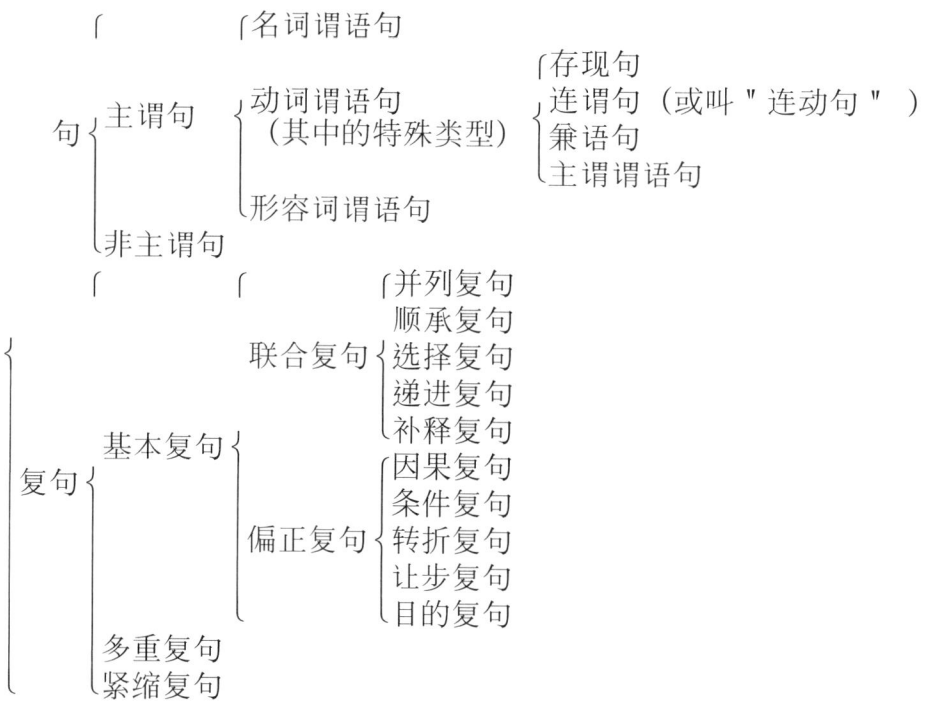

【附录 V】

现代汉语强调句

强调句的定义：

在话语或写文章中运用语音、词汇、语法、语用或修辞等各种表现手段，通过有标记或无标记的方法对重要的信息或强烈的情绪予以强调，使之凸显出来，成为句子的重心和信息的焦点的一种特殊句子。

一、强调句的分类及具体表现形式

汉语强调句 { 有标记性强调句 / 无标记性强调句 }

1. 标记性强调句：通过语言标记凸显句子焦点。

例如：
① 他**把**房子出租给了几个学生。
② 小孩儿**被老爷爷惊险的故事情节**迷住了。
③ 老王**在**看今天报纸上的头条新闻。
④ **是一位过路的解放军战士**救起了那名落水儿童。
⑤ 虽然她并不很漂亮，**但**很温柔。

在①中通过使用"把字句"突出受事对象是"房子"。②句通过运用"被子句"表示的被动结构强调"老爷爷惊险的故事情节"，使句子的信息焦点在句子谓语之前凸现出来。③句中的"在"字强调了作为句子主语同时也是施事的"老王"的整个动作状态是看报纸上的头条新闻。④句是所谓的"是字句"表示确认、强调的语言标记形式"是"字使得句子的施事凸显出来，得到强调。⑤句为含有关联词语的转折复句，通过形式上的转折关系，强调的是后一分句"他很温柔"。

☆**标记性强调句的特殊结构**

"把"字句表示强调：处置式

例如：
那些小学生还没**把**会场布置好。

班长一五一十地**把**食堂饭菜又差又贵的情况反映给了辅导员。
班长**把**我们大家的错误都往自己一个人身上揽。
班长慷慨地自掏腰包**把**这次班级聚餐的帐结了。

"被"字句表示强调：被处置
  例如：
    小王**被**姥姥批评了一顿。
    我们学校的"学霸狗"**被**姥姥收养了。
    姥姥**被**人从洪水中救了上来。
    年轻人追赶的时尚潮流已经很难**被**姥姥那代人理解了。

"有"字句表示强调：部分有强调意味
  例如：
    有一个英俊的美男子。
    当地**有**一位英俊的美男子。
    很多同学可能不知道，清真食堂晚上也**有**营业，会提供夜宵。

"是"字句表示强调：有时相当于副词"确实"、"的确"、"真的"等意义。
  例如：
    是共产党员的就带个头！
    正**是**唐玄宗的骄奢淫逸和好大喜功导致了安史之乱的爆发。
    他**是**收到了一份匿名感谢信。

"连"字句表示强调：连 ..也/都 .
  例如：
    弟弟出国后连个电话也没打。
    他连早饭都没吃就去上班了。
    他现在很有钱，连酸奶盖都不舔了。

"也"字句表示强调：类同
  例如：
    一本书也没看。
    门也没关，就慌忙跑掉了。

你也特爱吃零食？
我们也去上海。
我们明天也去上海。
明天我们也去上海

其他标记词强调

就

又

都（"一百块钱都不给我。"）

2. 无标记性强调句：运用非音质音位特征变化凸显句子焦点

例如：

⑥ 哪天星期天？/今天星期几？---- 今天星期天。

⑦ 我在超市碰到了他的妈妈。

⑧ 飞碟！

⑨ 禁止吸烟！

在⑥句中针对同样一句答复，对应的问题可能有两个：一是"哪天星期天？" 二是"今天星期几？"第一个问题的答复是"今天星期天"，其中心和信息焦点是"今天"，即不是"明天"或"后天"，也不是"昨天"或"前天"。第二个问题的答复也是"今天星期天"，但是它的中心和信息焦点则是"星期天"，而不是"星期一"、"星期二"、......或"星期六"。

对于⑦句"我在超市碰到了他的妈妈。"而言，如果逻辑重音不同，含义也不一样：

ⓐ 我在超市碰到了他的妈妈。（含有"是我而不是别人在超市碰到了他妈妈"的意思。）

ⓑ 我在超市碰到了他的妈妈。（含有"我在超市碰到了而不是约见了他妈妈"的意思。）

ⓒ 我在超市碰到了他的妈妈。（含有"我在超市里碰到了他的妈妈而不是别人的妈妈"的意思。）

ⓓ 我在超市碰到了他的妈妈。（含有"我在超市里而不是在公园或别的什么地方碰到他妈妈"的意思。）

ⓔ 我在超市碰到了他的妈妈。（含有"我在超市里碰到了他的妈妈而不是他的爸爸或其他什么人"的意思。

逻辑重音主要用来强调语义上的重点。这样就能运用逻辑重音构成无标记强调句。

⑧句为典型的名称性非主谓句，全句的中心就在名词"飞碟"上，其信息焦点与全句重合。凸显"飞碟"这一事物，因而是一个无标记强调句。⑨句是典型的祈使句，在表示命令、禁止等强制意义的同时，也显示了与之对应的强调意义。

无论是有标记性强调句还是无标记性强调句都有其特别的结构形式。

☆无标记性强调句的特殊结构
　句法强调：
　　○易位强调：汉语的语序也可以表达交际内容的重点。一般来说，这个重点在句子的后面部分，尤其是动词后面的部分。
　　　　例如：
　　　　　她在屋里死去活来地哭。VS. 他在屋里哭得死去活来。
（把"死去活来"放在动词的后面作补语，与第一句相比，更强调了"死去活来"这一意思。语序是表达凸显信息的一个重要手段。）
　　　　再例如：
　　　　　她哭了一场，为你。VS.她为你哭了一场。

　　○"周遍句"强调："周遍"的意义是指在一定范围而内，没有例外。有"所有的"、"每一"的意思。如**条条**大路通罗马。**谁都**不例外。在《现代汉语八百词》中提到有总结意义的词有"一概、到处、凡是、一律"等，
　　　　例：
　　　　　不分好坏，一概都要。
　　　　　过期一律作废。

（以上例子中，"一概"等词是可以去掉的，去掉之后句子仍都可成立，但与"一概"的句子相比，缺少了强调。）

　　○"双音节副词AABB式"强调
　　　　时刻--时时刻刻
　　　　的确--的的确确

　　○"双重否定句"强调
　　　　我不是没有看过这本书。（我只是不想讲给你听）

　　○"感叹句"强调

○"平行结构"强调
　　小王没买自行车，小张买了自行车。

○"缺省"强调
　　小丫写了几个字？——（小丫写了）五个（字）。
　　小丫什么时候写了五个字？——（小丫）昨天（写了五个字）。

○"感叹句"强调句

篇章强调：篇章强调是指从整个词汇篇章或篇章的某一部分或段落出发对句子整体的调配，以便达到强调主题或突出重点的目的。

○**段落首尾**位置；（文章开头总结性句子陈述论点，中间每个段落的中心句，文章末尾总结）

语句错落有致；

标志重要内容；（为了突出重要信息，经常使用总之，事实上，也就是说，当然等词）

非语言强调

利用标点符号、字体、书写格式、排版等非语言手段进行强调。

修辞强调、

　　从广义上来讲，上述的语音、词汇、句式等表示强调的手段都可以称作修辞手段，此处是取其狭义。主要包含排比、反问、夸张、比喻、拟人、反复、对偶、拈连、移就、顶真、层递等手段

○**拈连**：

　　"红烛啊！既制了，便烧着！烧罢！烧罢！烧破世人的梦，**烧沸世人的血**——也救出他们的灵魂，也捣破他们的监狱！"（闻一多《红烛》）

○**移就**：

　　"叶子底下是脉脉的流水。"（朱自清《荷塘月色》）

　　（"脉脉"是指默默地用眼神或行动表达情意，形容人含情的样子，有"脉脉含情""盈盈一水间，脉脉不得语"之词句，这里却用来修饰"流水"。）

○顶真：
"归来见天子，天子坐明堂。"（出自《木兰辞》。）
"军书十二卷，卷卷有爷名。"（出自《木兰辞》。）

3. 结语

通过以上对有标记性强调句和无标记性强调句的分析可以看出：

有标记性强调句多通过在句子中加入相应的语言标记的方式实现强调功能；

无标记性强调句则主要通过句子自身的非音质音位要素如逻辑重音的调整、句子成分的自身强化以及语序变换等方式实现强调功能。

关于强调句所强调的句子重心和信息焦点，需要依赖于具体的语境分析而定。同一句子在不同的语境下强调的成分可能有所不用，不可一概而论。

중국어 중등교사 임용시험 대비

중국어 어학 기본 이론서

부록

2015 개정 교육과정(중국어과) 번역본

일러두기

제2외국어과 교육과정은 아래의 문서를 기준으로 작성되었으며, 목차의 의미에 대한 해설을 참고하여 교육활동에 활용하시기 바랍니다.

1. 성격
   - 교과가 갖는 고유한 특성에 대한 개괄적인 소개
   - 교과교육의 필요성 및 역할(본질, 의의 등), 교과 역량 제시

2. 목표
   - 교과 교육과정이 지향해야 할 방향과 학생이 달성해야 할 학습의 도달점
   - 교과의 총괄목표, 세부목표, 학교급 및 학년군별 목표 등을 진술

3. 내용 체계 및 성취기준

   가. 내용 체계
   - 내용 체계 – 영역, 핵심개념, 일반화된 지식, 내용요소, 기능으로 구성
     - 영역: 교과의 성격을 가장 잘 나타내주는 최상위의 교과 내용 범주
     - 핵심개념: 교과의 기초 개념이나 원리
     - 일반화된 지식: 학생들이 해당 영역에서 알아야 할 보편적인 지식
     - 내용요소: 학년(군)에서 배워야 할 필수학습내용
     - 기능: 수업 후 학생들이 할 수 있거나 할 수 있기를 기대하는 능력으로 교과 고유의 탐구과정 및 사고 기능 등을 포함

   나. 성취기준

   (1) 영역명

   (가) 학습 요소
   - 성취기준 – 학생들이 교과를 통해 배워야 할 내용과 이를 통해 수업 후 할 수 있거나 할 수 있기를 기대하는 능력을 결합하여 나타낸 수업 활동의 기준

   (나) 성취기준 해설

   (다) 교수·학습 방법 및 유의 사항
   - 성취기준에서 학생들이 배워야할 학습 내용을 핵심어로 제시한 것임

   (라) 평가 방법 및 유의 사항
   - 제시한 성취기준 중 자세한 해설이 필요한 성취기준에 대한 부연 설명으로, 특별히 강조되어야 할 성취기준을 의미하는 것은 아님

4. 교수·학습 및 평가의 방향
   - 해당 영역의 교수·학습을 위해 제안한 방법과 유의사항
   - 학생 참여 중심의 수업 및 유의미한 학습 경험 제공 등을 유도하는 내용 제시

   가. 교수·학습 방향

   나. 평가 방향
   - 해당 영역의 평가를 할 수 있도록 제안한 방법과 유의사항
   - 해당 영역의 교수학습 방법에 따른 다양한 평가, 특히 과정 중심 평가가 이루어질 수 있도록 관련 내용 제시

   - 교과의 성격이나 특성에 비추어 포괄적 측면에서 교수학습의 철학 및 방향, 교수·학습의 방법 및 유의 사항을 제시함

   - 교과의 성격이나 특성에 비추어 포괄적 측면에서 교과의 평가 철학 및 방향, 평가방법, 유의 사항을 제시함

목차

생활 중국어(生活中国语)

1. 내용 체계 및 성취기준 ········· 05
   - 가. 내용 체계 ········· 05
   - 나. 성취기준 ········· 06
     - (1) 듣기 ········· 06
     - (2) 말하기 ········· 09
     - (3) 읽기 ········· 11
     - (4) 쓰기 ········· 13
     - (5) 문화 ········· 15

중국어 Ⅰ(中国语Ⅰ)

1. 성격 ········· 22
2. 목표 ········· 23
3. 내용 체계 및 성취기준 ········· 24
   - 가. 내용 체계 ········· 24
   - 나. 성취기준 ········· 25
     - (1) 듣기 ········· 25
     - (2) 말하기 ········· 28
     - (3) 읽기 ········· 30
     - (4) 쓰기 ········· 32
     - (5) 문화 ········· 35
4. 교수·학습 및 평가의 방향 ········· 39
   - 가. 교수·학습 방안 ········· 39
   - 나. 평가 방안 ········· 41

중국어Ⅱ(中国语Ⅱ)

1. 성격 ··· 44
2. 목표 ··· 45
3. 내용 체계 및 성취기준 ··· 46
   가. 내용 체계 ·· 46
   나. 성취기준 ·· 47
      (1) 듣기 ·· 47
      (2) 말하기 ·· 49
      (3) 읽기 ·· 51
      (4) 쓰기 ·· 53
      (5) 문화 ·· 56
4. 교수·학습 및 평가의 방향 ··· 58
   가. 교수·학습 방안 ··· 58
   나. 평가방안 ·· 60

생활 중국어(生活中国语)

1. 내용 체계 및 성취기준 (內容体系及成就基准)

가. 내용 체계 (內容体系)

(領域)	핵심 요소 (核心要素)	내용 (內容)	기능 (技能)
내용 (语言 内容)	발음 및 문자 (发音 及文字)	• 현대 중국어의 표준 발음 및 한어병음 现代中国语的标准发音及汉语拼音 • 한자(간화자 포함) 汉字（包括简化字）	• 발음을 듣고 변별하기 听发音，做分辨 • 발음을 듣고 의미 파악하기 听发音，把握其意 • 발음을 듣고 따라 말하기 听发音，跟读 • 질문에 대답하기 回答问题 • 상황에 맞게 말하기 说话要符合情况 • 정확하게 소리 내어 읽기 正确地大声读 • 읽고 의미 파악하기 读并把握意思 • 발음을 듣고 받아쓰기 听发音，听写 • 정보 채워 넣기 填入信息 • 간단한 문장 쓰기 写简单的文章
	어휘 (词汇)	• 일상생활의 기초적인 의사소통에 필요한 어휘의 의미 做日常生活基础交际所需词汇的意思 ＊고등학교 보통 교과 중국어 교육과정 [별표Ⅱ]에 제시된 기본 어휘를 중심으로 250개 내외의 낱말을 사용한다. 高级中学普通教科中国语教育课程【附表Ⅱ】中所提示的基本词汇为中心，使用250内外的单词。	
	문법 (语法)	• 중국어의 기본 어순 中国语的基本语序 • 기본 어휘의 용법 基本词汇的用法 ＊생활 중국어의 의사소통 기본 표현 및 고등학교 보통 교과 중국어 교육과정 [별표Ⅱ]에 제시된 기본 어휘표를 참고한다. 参考生活中国语的交际基本表达及高级中学普通教科中国语教育课程【附表Ⅱ】中所提示的基本词汇表。	
	의사소통 표현 (交际基本 表达话语)	• 사교의 표현, 감정 및 의사 표현, 사실 및 정보 전달, 요구 및 승낙 표현, 생활 관련 표현 등 의사소통 능력을 효율적으로 기를 수 있는 내용 交际表达话语、感情及意思的表达话语、事实及信息	

(領域)	핵심 요소 (核心要素)	내용 (内容)	기능 (技能)
		、要求及承诺的表达话语、有关生活的表达话语等能有效培养交际技能的内容。 * 생활 중국어의 의사소통 기본 표현을 참고한다. 参考生活中国语的交际基本表达话语。	
문화적 내용 (文化 内容)	문화 (文化)	• 중국 개관 中国概观 • 언어 문화 语言文化 • 생활 문화 生活文化 • 예술 문화 艺术文化 • 전통 문화 传统文化 * 이 외에 인물, 지리, 자연 등도 다룰 수 있다. 此外还可以使用人文、地里、自然等内容。	• 의사소통 상황에 적용하기 适用于交际情景 • 체험하기 进行体验 • 상호 비교하기 做相互比较

나. 성취기준 (成就基准)

(1) 듣기 (听)

[9생중-01-01] 발음을 듣고 성모, 운모, 성조를 변별한다.
　　　　　　　听发音，分辨声母、韵母和声调。

[9생중-01-02] 낱말이나 어구를 듣고 의미를 파악한다.
　　　　　　　听单词或语句，把握其意。

[9생중-01-03] 기초적인 의사소통 표현을 듣고 의미를 파악한다.
　　　　　　　听基础的交际表达话语，把握其意。

[9생중-01-04] 간단한 글이나 대화를 듣고 내용을 이해한다.
　　　　　　　听简单的字句或对话，理解其意。

(가) 학습 요소 : 기본 어휘표, 의사소통 기본 표현
　　　　学习要素 : 基本词汇表, 交际基本表达话语

• 사교의 표현 : 만남, 인적 사항, 약속, 축하/기원, 헤어짐
　　社交表达话语 : 见面、人籍事项、约会、祝贺／祈愿、分手

- 감정 및 의사 표현 : 감사, 사과, 기쁨/즐거움, 만족/불만, 칭찬/감탄, 격려, 놀람/의외
  感情及意思的表达话语：感谢、道歉、喜悦 / 快乐、满足 / 不满、表扬 / 感叹、鼓励、惊吓 / 意外

- 사실 및 정보 전달 : 묘사, 설명, 경험, 비교, 선택, 추측
  事实及信息传达：描写、说明、经验、比较、选择、推测

- 요구 및 승낙 표현 : 명령/금지, 부탁, 제안, 승낙/거절
  要求及承诺表达话语：命令 / 禁止、拜托、提案、承诺 / 拒绝

- 생활 관련 표현 : 시간, 날짜/요일, 날씨, 구매, 식사, 건강, 통신, 취미, 장소/교통, 학교생활
  与生活有关的表达话语：时间、日期 / 星期、天气、购物、吃饭、健康、通信、爱好、场所 / 交通、学校生活

(나) 성취기준 해설 (成就基准解说)

- 언어 4기능(듣기, 말하기, 읽기, 쓰기)으로 구분하여 성취기준을 제시하였지만, 학교 현장에서의 교수·학습 활동에서는 언어 4기능을 통합하여 활용할 것을 권장한다.
  虽分语言的四项技能（听、说、读、写）提示了成就基准，但在于学校现场的教授·学习活动，劝勉综合运用语言的四技能。

- 발음을 변별하는 단위는 낱말을 위주로 하여 낱말의 발음을 듣고 의미를 구별할 수 있도록 한다.
  分辨发音的单位以单词为主，听单词的发音，要能区分意义。

- 낱말이나 문장, 간단한 대화 등을 듣고 우선 대략의 의미를 파악하는 데 중점을 둔다.
  听单词或句子、简单的对话等，首先把重点放在握大概的意思。

(다) 교수·학습 방법 및 유의 사항 (教授·学习方法及注意事项)
① 교수·학습 방법 (教授·学习方法)

- 발음을 듣고 그에 해당하는 성조, 성모, 운모를 고르게 한다.
  听发音，要选择恰当的声调、声母和韵母。

- 발음 듣기 연습은 낱말을 기본 단위로 하여 표현, 문장 단위로 확장한다.
  听发音练习以单词为基本单位，扩展到表达话语及句子为单位。

- 억양에 따라서 평서문, 의문문, 명령문을 구별하고 그에 따라 적절히 반응하게 한다.

随语气区分陈述句、疑问句、祈使句，要按其适当地做出反应。

- 낱말이나 간단한 문장을 반복하여 듣고 의미를 그림이나 동작으로 표현하게 한다.
 反复听单词或简单的句子，要以画儿或动作表达其意。

- 기초적인 의사소통 표현이 활용된 짧고 쉬운 영상을 보고 의미를 유추하게 한다.
 看运用基础交际表达话语的又短又容易的影像，推理其意。

- 간단한 글이나 대화를 듣고 핵심적인 내용과 화자의 의사소통 의도를 파악하게 한다.
 听简单的句子或对话，把握其核心内容及话者的交际意图。

- 간단한 글이나 대화를 듣고 맥락에 맞게 문장 순서를 배열하게 한다.
 听简单的字句或对话，按语境排列字句的顺序。

② 유의 사항 (注意事项)
 - 듣기 영역은 듣고 말하기, 듣고 쓰기 등과 같이 다른 언어 기능의 성취기준과 통합하여 활용할 것을 권장한다.
 听力部分劝勉跟听后说、听后写等一样，与其他语言技能的成就基准综合运用。

(라) 평가 방법 및 유의 사항 (评价方法及注意事项)
 - 낱말이나 어구의 발음을 듣고 성조, 성모, 운모를 구분할 수 있는지를 평가한다.
 评价，听单词或语句的发音，能否区分声调、声母和韵母。

- 낱말이나 간단한 표현을 듣고 의미를 구분할 수 있는지를 그림, 동작, 자료 등을 이용하여 평가한다.
 利用图片、动作、资料等来评价，听单词或简单的表达话语能否区分其意。

- 기초적인 의사소통 표현이나 짧고 간단한 대화를 듣고 상황이나 의미를 파악하는지를 그림, 동작, 자료 등을 이용하여 평가한다.
 利用图片、动作、资料等来评价，听基础的交际表达话语或简单的对话，能否把握其情景或意思。

- 기초적인 의사소통 표현을 듣고 내용과 관련된 간단한 질문에 답할 수 있는지를 평가한다.
 评价，听基础的交际表达话语，能否回答与内容有关的简单提问。

(2) 말하기（说）

[9생중-02-01] 낱말이나 간단한 문장을 듣고 따라 말한다.
听单词或简单的文章，复述。

[9생중-02-02] 기초적인 의사소통 표현을 발음에 유의하여 말한다.
注意发音说出基础的交际表达话语。

[9생중-02-03] 개인 및 일상생활에 관한 간단한 질문을 듣고 상황에 맞게 대답한다.
听与个人及日常生活有关的简单提问，根据情景回答。

[9생중-02-04] 일상생활에서 요구되는 간단하고 쉬운 대화를 한다.
进行日常生活所需的简单容易的对话。

(가) 학습 요소 : 기본 어휘표, 의사소통 기본 표현
学习要素：基本词汇表，交际基本表达话语

- 사교의 표현 : 만남, 인적 사항, 약속, 축하/기원, 헤어짐
  人际关系的表达话语：见面、人籍事项、约会、祝贺／祈愿、辞别

- 감정 및 의사 표현 : 감사, 사과, 기쁨/즐거움, 만족/불만, 칭찬/감탄, 격려, 놀람/의외
  感情及意思的表达话语：感谢、道歉、高兴／快乐、满足／不满、表扬／感叹、鼓励、惊讶／意外

- 사실 및 정보 전달 : 묘사, 설명, 경험, 비교, 선택, 추측
  事实及信息的传达：描写、说明、经验、比较、选择、推测

- 요구 및 승낙 표현 : 명령/금지, 부탁, 제안, 승낙/거절
  要求及承诺的表达话语：命令／禁止、拜托、提案、承诺／拒绝

- 생활 관련 표현 : 시간, 날짜/요일, 날씨, 구매, 식사, 건강, 통신, 취미, 장소/교통, 학교생활
  与生活有关的表达话语：日期／星期、天气、购买、吃饭、健康、通信、爱好、场所／交通、学校生活

(나) 성취기준 해설 (成就基准解说)
- 언어 4기능(듣기, 말하기, 읽기, 쓰기)으로 구분하여 성취기준을 제시하였지만, 학교 현장에서의 교수·학습 활동에서는 언어 4기능을 통합하여 활용할 것을 권장한다.
  虽分语言的四项技能（听、说、读、写）提示了成就基准，但在于学校现场的教授·学习活动，劝勉综合运用语言的四技能。

- 우선 낱말이나 간단한 문장의 발음을 듣고 따라 말하는 연습을 한다.
  首先，听单词或简单文章的发音，练习跟读。

- 간단하고 기초적인 의사소통 표현을 상황에 맞게 말하게 한다.
  要按情景说简单基础的交际表达话语。

(다) 교수·학습 방법 및 유의 사항 (教授·学习方法及注意事项)
- 낱말이나 간단한 문장을 듣고 그에 따라 정확하게 발음하게 한다.
  听单词或简单的句子，要随其正确发音。

- 낱말이나 간단한 문장을 듣고 상대방에게 이어 전달하여 말하는 모둠 활동을 통해 반복 연습을 하게 한다.
  听单词或简单的文章，要通过给对方连着转告的小组活动做反复练习。

- 사교의 표현 및 생활 관련 표현 등과 관련된 질문을 듣고 적절하게 대답하게 한다.
  听与社交表达话语及生活相关表达话语等有关的提问，要适当地回答。

- 교실 안의 사물을 가리키며 묻고 대답하게 한다.
  要指着教室里的事物问答。

- 그림, 동작, 자료 등을 보고 적합한 낱말이나 간단한 문장을 말하게 한다.
  看图画、动作、资料等，要说适当的单词或简单的文章。

- 상황을 제시하고 그에 적합한 의사소통 기본 표현을 말하게 한다.
  提示情景，要说适其的交际基本表达话语。

- 시간, 구매, 통신 등 다양한 주제를 활용하여 묻고 답하는 연습을 하게 한다.
  运用时间、购买、通信等多样的主题，要做问答练习。

(라) 평가 방법 및 유의 사항 (评价 方法及注意事项)
① 평가 방법 (评价 方法)
- 낱말이나 간단한 문장을 비교적 정확한 발음으로 말할 수 있는지를 평가한다.
  评价，以比较正确的发音说出单词或简单的句子。

- 학습한 쉬운 대화에 대한 질문에 간단하게 답할 수 있는지를 평가한다.
  评价，已学过的有关较易的对话的提问，能否简单地回答。

- 간단하고 기초적인 의사소통과 관련된 질문에 적절하게 대답할 수 있는지를 평가한다.
  评价，与简单基础的交际有关的提问，能否适当地回答。

② 유의 사항 (注意事项)
- 수행평가를 실시할 때는 의사소통 기본 표현을 상황에 맞춰 활용할 수 있는지를 평가한다.
  实行遂行评价时评价能否按情景运用交际基本表达话语。

(3) 읽기 (读)

> [9생중-03-01] 한어병음이나 한자로 표기된 낱말이나 간단한 문장을 소리 내어 읽는다.
> 大声读以汉语拼音或汉字标记的单词或简单的句子。
>
> [9생중-03-02] 문장이나 간단한 대화문을 읽고 의미나 정보를 파악한다.
> 读句子或简单的会话，把握其意或信息。
>
> [9생중-03-03] 간단한 대화문이나 짧은 글을 읽고 의사소통 상황이나 주제를 파악한다.
> 读简单的对话或短文，把握交际情景或主题。

(가) 학습 요소 : 기본 어휘표, 의사소통 기본 표현
  学习要素：基本词汇表，交际基本表达话语

- 사교의 표현 : 만남, 인적 사항, 약속, 축하/기원, 헤어짐
  社交表达话语：见面、人籍事项、约会、祝贺/祈愿、分手

- 감정 및 의사 표현 : 감사, 사과, 기쁨/즐거움, 만족/불만, 칭찬/감탄, 격려, 놀람/의외
  感情及意思的表达话语：感谢、道歉、高兴/快乐、满足/不满、表扬/感叹、鼓励、惊吓/意外

- 사실 및 정보 전달 : 묘사, 설명, 경험, 비교, 선택, 추측
  事实及信息传达：描写、说明、经验、比较、选择、推测

- 요구 및 승낙 표현 : 명령/금지, 부탁, 제안, 승낙/거절
  要求及承诺表达话语：命令／禁止、拜托、提案、承诺／拒绝

- 생활 관련 표현 : 시간, 날짜/요일, 날씨, 구매, 식사, 건강, 통신, 취미, 장소/교통, 학교생활
  与生活有关的表达话语：时间、日期／星期、天气、购物、吃饭、健康、通信、爱好、场所／交通、学校生活

(나) 성취기준 해설 (成就基准解说)
- 언어 4기능(듣기, 말하기, 읽기, 쓰기)으로 구분하여 성취기준을 제시하였지만, 학교 현장에서의 교수·학습 활동에서는 언어 4기능을 통합하여 활용할 것을 권장한다.
  虽分语言的四项技能（听、说、读、写）提示了成就基准，但在于学校现场的教授·学习活动，劝勉综合运用语言的四技能。

- 한어병음이나 한자로 표기된 단어나 간단한 문장을 보고 소리 내어 읽을 수 있도록 한다.
  要看并能大声读出以汉语拼音或汉字标记的词语或简单的句子。

- 문장이나 간단한 글을 읽고 빈칸에 들어갈 단어나 내용을 파악하는 것에 중점을 둔다.
  重点放在读句子或简单的文章，把握要填空的词语或内容。

(다) 교수·학습 방법 및 유의 사항 (教授·学习方法及注意事项)
- 한어병음이나 한자로 제시된 낱말이나 표현을 정확하게 발음하게 한다.
  要正确发音以汉语拼音或汉字提示的单词或话语。

- 성모, 운모, 성조 및 성조 변화에 유의하여 정확하게 읽게 한다.
  注意声母、韵母、声调及声调的变化，要正确读出。

- 끊어 읽기에 유의하여 간단한 문장을 자연스럽게 낭독하게 한다.
  注意停顿，要流利地朗读简单的文章。

- 문장이나 간단한 글을 읽고 이에 해당하는 내용이나 그림 등을 고르게 한다.
  读句子或简单的文章，要根据所读内容选出对应的内容或图片等。

- 간단한 글이나 대화문을 읽고 주제나 요지를 파악하게 한다.
  读简单的文章或对话，要把握主题及主旨。

(라) 평가 방법 및 유의 사항 (评价方法及注意事项)
① 평가 방법 (评价方法)
- 한어병나 한자로 표기된 낱말이나 간단한 문장을 정확하게 소리 내어 읽을 수 있는지를 평가한다.
  评价，能否正确地大声读出以汉语拼音或汉字标记的单词或简单的句子。

- 짧고 간단한 글을 읽고 주제나 요지를 파악할 수 있는지를 평가한다.
  评价，读简短的文章，能否把握主题及主旨。

② 유의 사항 (注意事项)
- 낱말이나 문장의 의미나 내용을 이해하였는지를 평가할 때 한어병음이나 한자를 제시하는 것뿐만 아니라 설명이나 그림, 자료 등을 제시할 수도 있다.
  评价是否理解了单词或句子的意思或内容时，不仅能提示汉语拼音或汉字，还能提示说明或图片、资料等。

(4) 쓰기 (写)

[9생중-04-01] 낱말이나 간단한 문장을 듣고 한어병음이나 한자로 쓴다.
听单词或简单的句子，以汉语拼音或汉字写出来。

[9생중-04-02] 낱말이나 간단한 표현으로 정보를 기입한다.
以单词或简单的话语填写信息。

[9생중-04-03] 낱말의 용법과 어순에 유의하여 간단한 문장을 작성한다.
注意单词的用法和语序，造简单的句子。

(가) 학습 요소 : 기본 어휘표, 의사소통 기본 표현
学习要素：基本词汇表，交际基本表达话语

- 사교의 표현 : 만남, 인적 사항, 약속, 축하/기원, 헤어짐
  社交表达话语：约会、人籍事项、约定、祝贺／祈愿、分手

- 감정 및 의사 표현 : 감사, 사과, 기쁨/즐거움, 만족/불만, 칭찬/감탄, 격려, 놀람/의외
  感情及意思的表达话语：感谢、道歉、高兴／快乐、满足／不满、表扬／感叹、鼓励、惊吓／意外

- 사실 및 정보 전달 : 묘사, 설명, 경험, 비교, 선택, 추측
  事实及信息传达：描写、说明、经验、比较、选择、推测

- 요구 및 승낙 표현 : 명령/금지, 부탁, 제안, 승낙/거절
  要求及承诺表达话语：命令／禁止、拜托、提案、承诺／拒绝

- 생활 관련 표현 : 시간, 날짜/요일, 날씨, 구매, 식사, 건강, 통신, 취미, 장소/교통, 학교생활
  与生活有关的表达话语：时间、日期／星期、天气、购物、吃饭、健康、通信、爱好、场所／交通、学校生活

(나) 성취기준 해설 (成就基准解说)
- 언어 4기능(듣기, 말하기, 읽기, 쓰기)으로 구분하여 성취기준을 제시하였지만, 학교 현장에서의 교수·학습 활동에서는 언어 4기능을 통합하여 활용할 것을 권장한다.
  虽分语言的四项技能（听、说、读、写）提示了成就基准，但在于学校现场的教授·学习活动，劝勉综合运用语言的四技能。

- 학습 수준에 따라 기본 어휘를 한어병음 또는 한자로 쓸 수 있도록 한다.
  要根据学习水平，能以汉语拼音或汉字书写基本词汇。

- 간단한 문장을 기본 어순과 낱말의 용법에 유의하여 쓸 수 있도록 한다.
  要注意基本语序和单词的用法来书写。

(다) 교수·학습 방법 및 유의 사항 (教授·学习方法及注意事项)
- 처음에는 낱말이나 간단한 문장을 한어병음으로 쓰게 하고, 점차적으로 한자를 사용하여 쓰게 한다.
  初级阶段要以汉语拼音书写单词或简单的文章，逐步以汉字来书写。

- 빈칸에 낱말이나 간단한 표현을 넣어 문장을 완성하게 한다.
  空格里填写单词或简单的表达话语来完成文章。

- 일상생활과 관련된 간단한 서식에 필요한 정보를 기입하게 한다.
  与日常生活有关的简单格式里，填写所需信息。

- 주어진 낱말을 어순에 맞게 배열하여 문장을 완성하게 한다.
  按语序排列所给单词，组成句子。

- 시간, 날짜, 학교생활과 관련된 낱말을 학습한 후 하루 일과를 간단한 문장으로 적게 한다.
  学习有关时间、日期、学校生活的单词后，以简单的文章来写出一天的日程。

(라) 평가 방법 및 유의 사항 (评价方法及注意事项)

① 평가 방법 (评价方法)
- 낱말이나 간단한 문장을 한어병음이나 한자로 쓸 수 있는지를 평가한다.
  评价，能否以汉语拼音或汉字来书写单词或简单的文章。

- 간단한 문장을 읽고, 내용을 유추하여 빈칸에 들어갈 알맞은 단어를 기입할 수 있는지를 평가한다.
  评价，读简单的文章，推理其内容，能否填写恰当的词语。

- 낱말의 용법과 어순에 유의하여 간단한 문장을 쓸 수 있는지를 평가한다.
  评价，注意单词的用法和语序，能否写出简单的句子。

② 유의 사항 (注意事项)
- 한어병음과 한자 쓰기의 정확성을 평가하되 학생들의 수준에 맞추어 조절함으로써 중국어에 대한 학습 동기를 잃지 않도록 한다.
  评价汉语拼音和汉字书写的正确性，要根据学生的水平来调节，不要因而伤失对中国语的学习动机。

(5) 문화 (文化)

[9생중-05-01] 일상생활과 관련된 중국 문화를 이해하고 이를 기초적인 의사소통 상황에 적용한다.
理解有关日常生活的中国文化，并把这适用到基础的交际情景中去。

[9생중-05-02] 다양한 활동을 통해 중국 문화를 체험한다.
通过多样的活动，来体验中国文化。

[9생중-05-03] 중국 문화와 우리나라 문화를 비교하고, 문화의 다양성을 존중하는 태도를 갖는다.
比较中国文化与我国文化，要树立尊重文化多样性的态度。

(가) 학습 요소 : 기본 어휘표, 의사소통 기본 표현, 문화 관련 정보
　　学习要素：基本词汇表，交际基本表达话语、有关文化信息

- 중국 개관 : 국기, 언어, 소수민족, 인구, 행정구역 등
　中国概观：国旗、语言、少数民族、人口、行政区等

- 언어 문화 : 인사, 호칭, 숫자, 해음(諧音) 등
　语言文化：问候、称呼、数字、谐音等

- 생활 문화 : 여행, 운동, 가족, 하루 일과, 학교 생활, 건강, 취미, 교통수단, 식사 등
　生活文化：旅行、运动、家族、一天日程、学校生活、健康、爱好、交通方式、就餐等

- 예술 문화 : 경극, 음악, 영화, 문학 등
　艺术文化：京剧、音乐、电影、文学等

- 전통 문화 : 명절, 전통적인 의식주, 전통 놀이, 전통 공예 등
　传统文化：节日、传统衣食住、传统游戏、传统工艺等

- 기타 : 인물, 지리, 자연 등
　其他：人文、地里、自然等
　 * 상기 제시 문화 내용을 선택적으로 다룰 수 있다.
　　 可以选择使用，上述提示的文化内容。

(나) 성취기준 해설 (成就基准解说)
  - 중국 문화에 대하여 체험하고 조사한다.
　　体验并调查，有关中国文化。

  - 중국 문화와 우리 문화를 상호 비교하면서 문화의 다양성을 존중하는 태도를 기른다.
　　相互比较中国文化与我国文化，培养尊重文化多样性的态度。

  - 중국 문화에 대한 이해를 바탕으로 기초적인 의사소통 표현을 상황에 맞게 적용할 수 있다.
　　对中国文化的理解为基础，能符合情景地适用到基础的交际表达话语中去。

  - 중국 문화에 대한 이해를 통하여 다양한 가치를 존중하는 세계 시민으로서의 자세를 가질 수 있게 한다.
　　通过对中国文化的理解，要具有尊重多样价值的地球村村民的姿势。

(다) 교수·학습 방법 및 유의 사항 (教授·学习方法及注意事项)
① 교수·학습 방법 (教授·学习方法)
- 생일, 가족, 음식 등 중국인의 일상생활과 관련된 문화를 이해하고 이와 관련된 간단한 표현을 연습하게 한다.
理解生日、家族、饮食等与中国人日常生活有关的文化，要练习与其相关的简单表达话语。

- 전통 의상, 전통 놀이, 전통 공예 등 중국인의 전통 문화와 관련된 다양한 활동을 통하여 중국 문화를 직접 체험하게 한다.
通过传统服装、传统游戏、传统工艺等与中国人的传统文化有关的多样的活动，要亲身体验中国文化。

- 중국 문화와 관련된 다양한 자료를 조사해 보고 이를 모둠별로 발표하게 한다.
调查与中国文化有关的多种资料，要以分组发表其内容。

- 중국 문화를 소개하는 간단한 안내 자료를 만들게 한다.
要制造介绍中国文化的简单导游资料。

- 중국 영화나 만화, 가요 등 학생들이 좋아할 만한 자료들을 소개하고, 영화 감상문을 작성하게 하거나 노래를 따라 부르게 한다.
介绍中国电影或漫画、歌谣等学生能感兴趣的资料，要写作读后感或跟唱歌谣。

- 중국 문화와 우리 문화와의 차이점 및 유사점을 비교하게 한다.
要比较中国文化与我国文化的异同点及类似点。

② 유의 사항 (注意事项)
- 문화 내용 설명 시 필요한 경우에는 우리말을 사용할 수 있다.
解说文化内同时，必要的话可以使用母语。

- 문화 내용은 최근의 객관적이고 공신력 있는 자료를 위주로 구성한다.
文化内容，以最近即客观又有公信力的资料为主。

(라) 평가 방법 및 유의 사항 (评价方法及注意事项)
- 의사소통 상황과 관련된 일상생활 문화를 이해하는지를 평가한다.
评价，能否理解有关交际情景的日常文化。

- 한·중 문화 비교를 통해, 양국 문화의 공통점과 차이점을 이해하는지를 평가한다.
评价，通过韩·中文化的比较，能否理解两国文化的共同点和异同点。

- 중국 문화에 대한 이해 정도, 중국 문화와 우리 문화의 비교를 통한 문화의 다양성을 존중하는 태도 등을 한국어로 기술하게 하여 평가한다.
  对中国文化的理解程度，通过中国文化与我国文化比较的尊重文化多样性的态度等，以韩国语叙述来评价。

- 수행평가로 모둠 활동을 통하여 중국 문화를 조사하거나 체험하고 발표하는 활동 등을 할 수 있다.
  能以遂行评价的方式进行通过小组活动调查或体验后发表中国文化的活动等。

- 모둠별 협동 학습을 통하여 창의적인 중국 문화 소개 자료를 만들 수 있는지 평가한다.
  评价，通过分组协同学习，能否制作有创意的介绍中国文化的资料。

[별표]

[의사소통 기본 표현] (交际基本表达话语)

1. 사교의 표현 (社交表达话语)	
가. 见面 (见面)	你好！ 早上好！ 好久不见！ 认识你很高兴。 欢迎！欢迎！
나. 인적 사항 (人籍事项)	你叫什么名字？/ 我叫○○○。 你多大了？/ 我今年十五岁。 你是哪国人？/ 我是韩国人。
다. 약속 (约定)	咱们什么时候见面？ 下午两点在学校门口见。
라. 축하, 기원 (祝贺／祈愿)	祝你生日快乐！ 新年快乐！ 恭喜恭喜！
마. 헤어짐 (分手)	再见！ 明天见！

2. 감정 및 의사 표현 (感情及意思的表达话语)	
가. 감사, 사과 (感谢、道歉)	谢谢！/ 不客气！ 对不起。/ 没关系。 不好意思。
나. 기쁨, 즐거움 (高兴、快乐)	太高兴了！ 今天玩儿得很开心。
다. 만족, 불만 (满足、不满)	不错。 挺好的。 好是好，不过有点儿贵。
라. 칭찬, 감탄 (表扬、感叹)	你汉语说得不错！/ 哪儿啊。 真棒！
마. 격려 (鼓励)	加油！ 你一定能行。
바. 놀람, 의외 (惊吓、意外)	真的吗？ 真没想到！

3. 사실 및 정보 전달 (事实及信息传达)

가.	묘사 （描写）	他很热情。 那只熊猫真可爱呀。
나.	설명 （说明）	我是从韩国来的。 我昨天买了一些书。
다.	경험 （经验）	你去过中国吗？ 我以前没吃过北京烤鸭。
라.	비교 （比较）	哥哥比我大三岁。 今天没有昨天暖和。
마.	선택（选择）	在这儿吃还是带走？
바.	추측 （推测）	他会来的。 今天可能要下雪。

4. 요구 및 승낙 표현 (要求及承诺表达话语)

가.	명령, 금지 （命令、禁止）	站起来！ 大家安静一下！ 明天不要迟到。
나.	부탁 （拜托）	请帮我看一下，行不行？ 你能教教我吗？
다.	제안 （提案）	你来我家玩儿吧。 咱们去吃饭吧。 我们一起去，怎么样？
라.	승낙, 거절 （承诺、拒绝）	好吧。 没问题。 不行。

5. 생활 관련 표현 (与生活有关的表达话语)

가.	시간 （时间）	几点了？ 现在三点半。 我每天早上六点起床。
나.	날짜, 요일 （日期、星期）	今天星期几？ 你的生日是几月几号？

다.	날씨 (天气)	今天天气怎么样？ 今天下雨，你带把伞吧。
라.	구매 (购物)	这个多少钱？ 便宜点儿吧。 可以试试吗? 我要两个。 一共一百八十块钱。
마.	식사 (吃饭)	你想吃什么? 你来点吧。 尝尝这个菜。 我喜欢吃辣的。 味道怎么样? / 这个菜很好吃。
바.	건강 (健康)	你哪儿不舒服？ 我感冒了。 要注意身体。
사.	통신 (通信)	喂！是王老师吗？/ 我就是。 你打错了。 你的手机号码是多少? 我给你发短信。
아.	취미 (爱好)	你有什么爱好？ 我喜欢听音乐。
자.	장소, 교통 (场所、交通)	请问，地铁站怎么走？ 洗手间在哪儿？ 一直走，到十字路口往右拐。 走十分钟就到了。 我们走着去吧。
차.	학교생활 (学校生活)	上课了！ 今天就上到这儿，下课！ 休息五分钟。 她去图书馆看书。 老师，请再说一遍！

중국어 I (中国语 I)

1. 성격

교통과 정보통신 기술의 비약적 발전에 의하여 세계가 하나의 생활권으로서 각국의 정치, 경제, 기술, 문화 등이 서로 연결되어 있는 오늘날, 외국어 습득과 외국 문화의 이해는 세계 시민이 갖추어야 할 매우 중요한 자질이 되었다. 외국어를 학습하는 것은 외국어로 교류할 수 있는 수단을 갖추는 것뿐만 아니라 동시에 다른 나라 사람들의 사고방식과 문화를 경험할 수 있는 좋은 기회가 된다. 최근 우리나라도 다문화 사회로 점차 변화해 가고 있는데, 다양한 언어와 문화에 대한 이해와 소통을 기반으로 하는 평화롭고 안정적인 공동체를 이루기 위해서도 다양한 외국어 교육은 보다 활성화되어야 한다.

중국은 넓은 국토와 풍부한 자원, 많은 인구를 가진 나라로서 최근 비약적인 경제 성장을 바탕으로 국제 사회에서 막강한 영향력을 행사하고 있다. 중국어는 세계에서 가장 많은 사람들이 사용하는 언어이자 유엔(UN)의 공식 언어 중 하나이며, 한자 문화권의 대표적인 언어이다. 중국은 역사적으로 오래 전부터 우리나라와 매우 밀접한 관계를 맺어 왔으며, 현재 정치, 경제, 외교, 문화 등 많은 면에서 상호 의존관계가 높은 나라이다. 한중 수교 이후 경제 교류는 물론이고 많은 인적 교류가 이루어지고 있으며, 최근 한류의 영향으로 문화 교류 및 관광도 급속히 확대되는 추세이다. 국제 사회에서 중국의 위상과 우리나라와의 밀접한 관계를 생각할 때 중국어는 우리나라 외국어 교육과정에서 반드시 중요하게 다루어야 할 언어라고 할 수 있다.

제2외국어 교과는 외국어를 이용한 의사소통 능력과 외국 문화 이해를 통한 세계 시민 의식, 외국어로 된 다양한 정보를 활용할 수 있는 정보 처리 능력 등을 교과의 중요한 역량으로 삼고 있다. 학습자들은 중국어를 배움으로써 중국 사람들과 일상적인 의사소통을 할 수 있는 능력을 갖추고, 중국어로 표현된 문화적 가치와 정보를 향유할 수 있게 될 것이다. 또한 이로써 학습자들은 세상에 대한 견문을 넓히고, 포용과 창조의 덕목을 갖춘 세계 시민으로 성장할 수 있을 것이다.

'중국어I' 과목은 중국어를 처음 배우는 학습자를 대상으로 기초적인 의사소통 능력을 배양할 수 있도록 하는 과목이며, 중국 문화의 이해를 통해 타 문화를 존중하는 자세를 갖출 수 있도록 하는 과목이다. 또한 '중국어I'은 '중국어II' 과목을 학습하기 위한 기초를 다지는 과목이다.

2. 목표(目标)

일상생활에 필요한 기초적인 중국어를 습득하고 중국어에 대한 지속적인 흥미와 자신감을 기른다.
习得日常生活所需的基础中国语，培养对中国语的持续的兴趣和自信感。

또한 중국 문화와 우리 문화의 상호 이해를 통해 중국어로 의사소통하려는 적극적인 태도와 능력을 배양한다.
又通过中国文化与我国文化的相互理解，培养用中国语交际的积极态度和能力。

가. 기초적인 의사소통 기본 표현을 이해하고, 상황에 맞게 적극적으로 활용한다.
  理解基础的交际基本表达话语，根据情景积极运用。

나. 중국 문화의 이해를 바탕으로 의사소통 능력을 함양하고, 중국 문화와 우리 문화에 대한 상호 이해를 바탕으로 세계 시민으로서의 균형 잡힌 태도와 자세를 기른다.
  中国文化的理解为基础，涵养交际能力，对中国文化与我国文化的相互理解为基础，培养作为地球公民相称的态度和姿势。

다. 다양한 매체와 자료를 활용하여 중국어 및 중국에 관한 정보를 조사하고 처리하는 능력을 기른다.
  利用多种媒体和资料，调查处理中国语及有关中国信息的能力。

3. 내용 체계 및 성취기준 (内容体系及成就基准)

가. 내용 체계 (内容体系)

(领域)	핵심 요소 (核心要素)	내용 (内容)	기능 (技能)
내용 (语言 内容)	발음 및 문자 (发音及文字)	• 현대 중국어의 표준 발음 및 한어병음 现代中国语的标准发音及汉语拼音 • 한자(간화자 포함) 汉字（包括简化字）	• 발음을 듣고 변별하기 听发音，做分辨 • 발음을 듣고 의미 파악하기 听发音，把握其意 • 발음을 듣고 따라 말하기 听发音，跟读 • 질문에 대답하기 回答问题 • 상황에 맞게 말하기 说话要符合情况 • 정확하게 소리 내어 읽기 正确地大声读 • 읽고 의미 파악하기 边读，边把握其意 • 읽고 대의 파악하기 边读，边把握大意 • 발음을 듣고 받아쓰기 听发音，听写 • 정보 채워 넣기 填入信息 • 간단한 문장 쓰기 写简单的文章
	어휘 (词汇)	• 일상생활의 의사소통에 필요한 어휘의 의미 日常生活交际所需词汇的意思 *[별표Ⅱ]에 제시된 기본 어휘를 중심으로 400개 내외의 낱말을 사용한다. 以[附表Ⅱ]中提示的基本词汇为中心，使用400内外的单词。	
	문법 (语法)	• 중국어의 기본 어순 中国语的基本语序 • 기본 어휘의 용법 基本词汇的用法 • 주요 구문 主要句型 *[별표Ⅰ]에 제시된 의사소통 기본 표현 및 [별표Ⅱ]에 제시된 기본 어휘표를 참고한다. 参考【附表Ⅰ】中提示的交际基本表达话语及【附表Ⅱ】中所提示的基本词汇表。	
	의사소통 표현 (交际表达 话语)	• 사교의 표현, 감정 및 의사 표현, 사실 및 정보 전달, 요구 및 승낙 표현, 생활 관련 표현 등 의사소통 능력을 효율적으로 기를 수 있는 내용 交际表达话语、感情及意思的表达话语、事实及信息的传达、要求及承诺的表达话语、有关生活的表达话语等能有效培养交际技能的内容。 *[별표Ⅰ]에 제시된 의사소통 기본 표현을 참고한다. 参考【附表Ⅰ】中提示的交际基本表达话语。	
문화적 내용 (文化内 容)	문화 (文化)	• 중국 개관 中国概观 • 언어 문화 语言文化 • 생활 문화 生活文化 • 예술 문화	• 의사소통 상황에 적용하기 适用于交际情景 • 모둠활동하기 进行小组活动 • 체험하여 이해하기 体验理解 • 상호 비교하기

(領域)	핵심 요소 (核心要素)	내용 (内容)	기능 (技能)
		• 전통 문화 传统文化 ＊이 외에 인물, 지리, 역사, 자연 등도 다룰 수 있다. 此外还可以使用人文、地里、自然等内容。	进行相互比较

나. 성취기준 (成就基准)

(1) 듣기 (听)

[12중Ⅰ-01-01] 발음을 듣고 성모, 운모, 성조를 변별한다.
　　　　　　　听发音，分辨声母、韵母和声调。

[12중Ⅰ-01-02] 낱말이나 간단한 문장을 듣고 의미를 파악한다.
　　　　　　　听单词或简单的句子，把握其意。

[12중Ⅰ-01-03] 기초적인 의사소통 표현을 듣고 의미를 파악한다.
　　　　　　　听基础的交际表达话语，把握其意。

[12중Ⅰ-01-04] 간단한 글이나 대화를 듣고 내용을 이해한다.
　　　　　　　听简单的字句或对话，理解其意。

(가) 학습 요소 : 기본 어휘표, 의사소통 기본 표현
　　　学习要素：基本词汇表，交际基本表达话语

• 사교의 표현 : 만남, 인적 사항, 연락처, 약속, 축하/기원, 헤어짐
　社交表达话语：见面、人籍事项、约会、祝贺/祈愿、分手

• 감정 및 의사 표현 : 감사, 사과, 기쁨/즐거움, 만족/불만, 동의/반대, 칭찬/감탄, 걱정/위로, 책망, 놀람/의외
　感情及意思的表达话语：感谢、道歉、喜悦/快乐、满足/不满、同义/反义、表扬/感叹、担心/安慰、责怪、惊吓/意外

• 사실 및 정보 전달 : 묘사, 설명, 경험, 비교, 선택, 추측, 조건
　事实及信息传达：描写、说明、经验、比较、选择、推测、条件

- 요구 및 승낙 표현 : 명령/금지, 부탁, 건의/제안, 승낙/거절
  要求及承诺表达话语：命令 / 禁止、拜托、建议/提案、承诺 / 拒绝

- 생활 관련 표현 : 시간, 날짜/요일, 날씨, 구매, 식사, 건강, 통신, 취미, 장소/교통, 학교생활
  与生活有关的表达话语：时间、日期 / 星期、天气、购物、吃饭、健康、通信、爱好、场所 / 交通、学校生活

(나) 성취기준 해설 (成就基准解说)
- 발음에는 성조, 성모, 운모가 모두 포함되어 있다. 주요 모음과 각 성조의 배합, 성모 및 운모의 교체를 통해서 성조, 성모, 운모를 듣고 구별할 수 있도록 한다.
  声调、声母、韵母的发音都包括在发音里。通过主要元音和声调的组合、声母及韵母的替换练习，要听并区分声调、声母和韵母。

- 낱말이나 문장, 간단한 대화 등을 듣고 우선 대략의 의미를 파악하는 데 중점을 둔다.
  听单词或句子、简单的对话等，首先把重点放在把握大概的意思。

(다) 교수·학습 방법 및 유의 사항 (教授·学习方法及注意事项)
① 교수·학습 방법 (教授·学习方法)
- 발음을 듣고 그에 해당하는 성조, 성모, 운모를 고르게 한다. 이때 음절보다는 단어를 위주로 하여 들려줌으로써 실제 의사소통에 사용되는 발음을 들려 줄 수 있도록 한다.
  听发音要选择恰当的声调、声母和韵母。这时比起音节，听给学习者单词，要听给学习者实际交际上使用的发音。

- 억양에 따라서 평서문, 의문문, 감탄문, 명령문을 구별하고 그에 따라 적절히 반응하거나 행동하게 한다.
  按语气辨别陈述句、疑问句、感叹句、祈使句，并随之做出恰当的反应或行动。

- 낱말이나 간단한 문장을 반복하여 듣고 의미를 그림이나 동작으로 표현하게 한다.
  反复听单词或简单的句子，要以画儿或动作表达其意。

- 기초적인 의사소통 표현을 듣고 적절하게 반응하게 한다.
  听基础的交际表达话语，做出相应的反应。

- 기초적인 의사소통 표현이 활용된 짧고 쉬운 영상을 보고 의미를 유추하게 한다.
  看运用基础交际表达话语的又短又容易的影像，推理其意。

- 간단한 글이나 대화를 듣고 핵심어를 파악하여 전체적인 의미와 화자의 의사소통 의도를 파악하게 한다.
  听简单的句子或对话，把握核心内容，掌握总体意思及话者的交际意图。

- 간단한 글이나 대화를 듣고 맥락에 맞게 문장 순서를 배열하게 한다.
  听简单的字句或对话，按语境排列字句的顺序。

② 유의 사항 (注意事项)
- 듣기 영역은 듣고 말하기, 듣고 쓰기 등과 같이 다른 언어 기능과 통합하여 활용할 것을 권장한다.
  听力部分劝勉跟听后说、听后写等一样，与其他语言技能宗合运用。

- 발음 듣기 연습은 음절 단위부터 시작하여 낱말, 표현 단위로 확장한다.
  听发音练习，从音节扩展到单词、表达话语。

- 발음을 듣고 학습지에서 해당하는 발음을 고르게 할 경우 현대 중국어에 없는 발음(예：ja, zin, gi 등)을 오답지로 제시하지 않는다.
  听发音要在练习本上选择恰当的发音时，不要提示现代汉语发音里不存在的错例。（例如：ja, zin, gi）

(라) 평가 방법 및 유의 사항 (评价方法及注意事项)
- 낱말이나 간단한 표현의 발음을 듣고 성조, 성모, 운모를 변별할 수 있는지를 평가한다.
  评价，听单词或简单表达话语的发音，能否分辨声调、声母和韵母。

- 낱말이나 간단한 표현을 듣고 발음에 따른 의미를 구분할 수 있는지를 그림, 동작, 자료 등을 이용하여 평가한다.
  利用图片、动作、资料等来评价，听单词或简单的表达话语能否区分随发音的意思。

- 기초적인 의사소통 표현이나 간단한 대화를 듣고 상황과 의미를 정확하게 파악하는지를 평가한다.
  评价，听基础的交际表达话语或简单的对话，能否正确把握其情景或意思。

- 기초적인 의사소통 표현을 듣고 내용과 관련된 질문에 답할 수 있는지를 평가한다.
  评价，听基础的交际表达话语，能否回答与内容有关的提问。

(2) 말하기 (说)

[12중Ⅰ-02-01] 낱말이나 간단한 문장을 듣고 따라 말한다.
　　　　　　　听单词或简单的文章，复述。

[12중Ⅰ-02-02] 기초적인 의사소통 표현을 발음에 유의하여 말한다.
　　　　　　　注意发音说出基础的交际表达话语。

[12중Ⅰ-02-03] 개인 및 일상생활에 관한 질문을 듣고 상황에 맞게 대답한다.
　　　　　　　听与个人及日常生活有关的提问，根据情景回答。

[12중Ⅰ-02-04] 일상생활에서 요구되는 간단한 대화를 한다.
　　　　　　　进行日常生活所需的简单对话。

(가) 학습 요소 : 기본 어휘표, 의사소통 기본 표현
　　　学习要素 : 基本词汇表，交际基本表达话语

- 사교의 표현 : 만남, 인적 사항, 연락처, 약속, 축하/기원, 헤어짐
  人际关系的表达话语 : 见面、人籍事项、联系方式、约会、祝贺／祈愿、辞别

- 감정 및 의사 표현 : 감사, 사과, 기쁨/즐거움, 만족/불만, 동의/반대, 칭찬/감탄, 걱정/위로, 책망, 놀람/의외
  感情及意思的表达话语 : 感谢、道歉、高兴／快乐、满足／不满、同义／反对、表扬／感叹、担心／安慰、责怪、惊讶／意外

- 사실 및 정보 전달 : 묘사, 설명, 경험, 비교, 선택, 추측, 조건
  事实及信息的传达 : 描写、说明、经验、比较、选择、推测、条件

- 요구 및 승낙 표현 : 명령/금지, 부탁, 건의/제안, 승낙/거절
  要求及承诺的表达话语 : 命令／禁止、拜托、建议／提案、承诺／拒绝

- 생활 관련 표현 : 시간, 날짜/요일, 날씨, 구매, 식사, 건강, 통신, 취미, 장소/교통, 학교생활
  与生活有关的表达话语 : 时间、日期／星期、天气、购买、吃饭、健康、通信、爱好、场所／交通、学校生活

(나) 성취기준 해설 (成就基准解说)
- 성조, 성모, 운모에 유의하여 낱말이나 간단한 문장을 따라 말한다.
  注意声调、声母、韵母，跟读单词或简单的句子。

- 기초적인 의사소통 표현을 상황에 맞게 말한다.
  按情景说出基础的交际表达话语。

(다) 교수·학습 방법 및 유의 사항 (教授·学习方法及注意事项)
- 낱말이나 간단한 문장을 듣고 학습자가 그에 따라 정확하게 발음하게 한다.
  听单词或简单的句子，要学习者随其正确发音。

- 낱말이나 간단한 문장을 듣고 상대방에게 이어 전달하여 말하는 모둠 활동을 통해 반복 연습을 하게 한다.
  听单词或简单的文章，要通过给对方连着转告的小组活动做反复练习。

- 사교의 표현 및 생활 관련 표현 등과 관련된 질문을 듣고 적절하게 대답하게 한다.
  听与社交表达话语及生活相关表达话语等有关的提问，要适当地回答。

- 교실 안의 사물을 가리키며 묻고 대답하게 한다.
  要指着教室里的事物问答。

- 학습한 문장을 억양에 유의하여 자연스럽게 말하게 한다.
  注意语气自然地说学过的句子。

- 상황을 제시하고 그에 적합한 의사소통 기본 표현을 말하게 한다.
  提示情景，要说适其的交际基本表达话语。

- 시간, 구매, 통신 등 다양한 주제를 활용하여 묻고 답하는 연습을 하게 한다.
  运用时间、购买、通信等多样的主题，要做问答练习。

- 학습한 의사소통 기본 표현을 바탕으로 유사한 상황으로 재구성하여 간단한 역할극으로 연습하게 한다.
  以学过的交际基本表达话语为基础，以类似的情景改编成简单的角色剧来练习。

(라) 평가 방법 및 유의 사항 (评价 方法及注意事项)
① 평가 방법 (评价 方法)
- 낱말이나 간단한 문장을 비교적 정확한 발음으로 말할 수 있는지를 평가한다.
 评价，以比较正确的发音说出单词或简单的句子。

- 학습한 짧은 문장이나 쉬운 대화에 대한 질문에 간단하게 답할 수 있는지를 평가한다.
 评价，对已学过的有关短句或较易的对话的提问，能否简单地回答。

- 기초적인 의사소통과 관련된 질문에 적절하게 대답할 수 있는지를 평가한다.
 评价，与基础的交际有关的提问，能否适当地回答。

② 유의 사항 (注意事项)
- 수행평가를 실시할 때는 의사소통 기본 표현을 상황에 맞춰 활용할 수 있는지를 평가한다.
 实行遂行评价时评价能否按情景运用交际基本表达话语。

(3) 읽기 (读)

[12중Ⅰ-03-01] 한어병음이나 한자로 표기된 낱말이나 문장을 정확하게 소리 내어 읽는다.
大声读出以汉语拼音或汉字标记的单词或句子。

[12중Ⅰ-03-02] 문장이나 간단한 글을 읽고 의미나 정보를 파악한다.
读句子或简单的文章，把握其意或信息。

[12중Ⅰ-03-03] 대화문이나 짧은 글을 읽고 주제나 요지, 세부 내용을 파악한다.
读对话或短文，把握其主题及主旨、具体内容。

(가) 학습 요소 : 기본 어휘표, 의사소통 기본 표현
 学习要素：基本词汇表，交际基本表达话语

- 사교의 표현 : 만남, 인적 사항, 연락처, 약속, 축하/기원, 헤어짐
 社交表达话语：见面、人籍事项、联系方式、约定、祝贺／祈愿、分手

- 감정 및 의사 표현 : 감사, 사과, 기쁨/즐거움, 만족/불만, 동의/반대, 칭찬/감탄, 걱정/위로, 책망, 놀람/의외
 感情及意思的表达话语：感谢、道歉、高兴／快乐、满足／不满、同意／反对、表扬／感叹、担心／安慰、责怪、惊吓／意外

- 사실 및 정보 전달 : 묘사, 설명, 경험, 비교, 선택, 추측, 조건
  事实及信息传达：描写、说明、经验、比较、选择、推测、条件

- 요구 및 승낙 표현 : 명령/금지, 부탁, 건의/제안, 승낙/거절
  要求及承诺表达话语：命令 / 禁止、拜托、建议/提案、承诺 / 拒绝

- 생활 관련 표현 : 시간, 날짜/요일, 날씨, 구매, 식사, 건강, 통신, 취미, 장소/교통, 학교생활
  与生活有关的表达话语：时间、日期 / 星期、天气、购物、吃饭、健康、通信、爱好、场所 / 交通、学校生活

(나) 성취기준 해설 (成就基准解说)
- 한어병음이나 한자로 표기된 낱말이나 문장을 보고 소리 내어 읽는다.
  看以汉语拼音或汉字标记的单词或句子，大声读出来。

- 문장이나 간단한 글을 읽고 의미를 파악한다.
  读句子或简单的文章，把握其意。

- 간단한 메모, 편지, 전자우편 등을 읽고 중심 내용이나 세부 내용을 파악한다.
  读简单的字条、信件、电子邮件等，把握其中心内容或具体内容。

- 간단한 지시문이나 안내문, 지도 등을 읽고 정보를 파악한다.
  读简单的指示文或通知文、地图等，把握其信息。

(다) 교수·학습 방법 및 유의 사항 (教授·学习方法及注意事项)
- 한어병음이나 한자로 제시된 낱말이나 표현을 읽고 정확하게 발음하게 한다.
  读以汉语拼音或汉字标示的单词或表达话语，要正确发音。

- 성조 및 성조 변화에 유의하여 정확하게 읽는다.
  注意声调及声调变化，正确地读出来。

- 끊어 읽기에 유의하여 문장을 자연스럽게 낭독하게 한다.
  注意停顿，自然地朗读句子。

- 문장이나 간단한 글을 읽고 이에 해당하는 내용이나 그림 등을 고르게 한다.
  读句子或简单的文章，选择对应的内容或画片。

- 간단한 글이나 대화문을 읽고 주제나 요지, 맥락을 파악하게 한다.
  读简单的文章或对话，要把握其主题及主旨、语境。

(라) 평가 방법 및 유의 사항 (评价方法及注意事项)
① 평가 방법 (评价方法)
- 한어병음이나 한자로 표기된 낱말이나 간단한 문장을 정확하게 소리 내어 읽을 수 있는지를 평가한다.
  评价，能否正确地大声读出以汉语拼音或汉字标记的单词或简单的句子。

- 짧고 간단한 글을 읽고 주제나 요지, 세부 내용을 파악할 수 있는지를 평가한다.
  评价，读简短的文章，能否把握主题及主旨、细部内容。

② 유의 사항 (注意事项)
- 한어병음이나 한자를 보고 읽는 능력을 형성 평가를 통하여 수시로 점검하여 피드백을 줄 수 있도록 한다.
  通过形成评价随时检查能否看汉语拼音或汉字读出来，加以反馈。

- 낱말이나 문장의 의미나 내용을 이해하였는지를 평가할 때 한어병음이나 한자를 제시하는 것뿐만 아니라 설명이나 그림, 자료 등을 제시할 수도 있다.
  评价是否理解了单词或句子的意思或内容时，不仅能提示汉语拼音或汉字，还能提示说明或图片、资料等。

(4) 쓰기 (写)

[12중Ⅰ-04-01] 낱말이나 간단한 문장을 한어병음이나 한자로 정확하게 쓴다.
以汉语拼音或汉字正确书写单词或简单的句子。

[12중Ⅰ-04-02] 낱말이나 간단한 표현으로 정보를 기입한다.
以单词或简单的话语填写信息。

[12중Ⅰ-04-03] 낱말의 용법과 어순에 유의하여 문장을 작성한다.
注意单词的用法和语序造句。

[12중Ⅰ-04-04] 주어진 상황에 맞게 간단한 글을 작성한다.
造符合所提情景的短句。

(가) 학습 요소 : 기본 어휘표, 의사소통 기본 표현
学习要素：基本词汇表，交际基本表达话语

• 사교의 표현 : 만남, 인적 사항, 연락처, 약속, 축하/기원, 헤어짐
社交表达话语：见面、人籍事项、联系方式、约会、祝贺/祈愿、辞别

- 감정 및 의사 표현 : 감사, 사과, 기쁨/즐거움, 만족/불만, 동의/반대, 칭찬/감탄, 걱정/위로, 책망, 놀람/의외
  感情及意思的表达话语：感谢、道歉、高兴／快乐、满足／不满、同义／反对、表扬／感叹、担心／安慰、责怪、惊讶／意外

- 사실 및 정보 전달 : 묘사, 설명, 경험, 비교, 선택, 추측, 조건
  事实及信息的传达：描写、说明、经验、比较、选择、推测、条件

- 요구 및 승낙 표현 : 명령/금지, 부탁, 건의/제안, 승낙/거절
  要求及承诺的表达话语：命令／禁止、拜托、建议／提案、承诺／拒绝

- 생활 관련 표현 : 시간, 날짜/요일, 날씨, 구매, 식사, 건강, 통신, 취미, 장소/교통, 학교생활
  与生活有关的表达话语：时间、日期／星期、天气、购买、吃饭、健康、通信、爱好、场所／交通、学校生活

(나) 성취기준 해설 (成就基准解说)

- 학습 수준에 따라 기본 어휘를 한어병음 또는 한자로 정확하게 쓴다.
  根据学习水平，以汉语拼音或汉字正确书写基本词汇。

- 문장을 기본 어순과 낱말의 용법에 맞추어 작성한다.
  按基本语序和单词的用法来造句。

- 간단한 서식에 필요한 정보를 기입한다.
  简单格式里填写所需信息。

- 간단한 메모나 편지, 전자우편, 일기 등을 작성한다.
  写作简单字条或书信、电子邮件、日记等。

(다) 교수·학습 방법 및 유의 사항 (教授·学习方法及注意事项)

- 처음에는 낱말이나 간단한 문장을 한어병음으로 쓰게 하고, 점차적으로 한자를 사용하여 쓰게 한다.
  初级阶段要以汉语拼音书写单词或简单的文章，逐步以汉字来书写。

- 빈칸에 낱말이나 간단한 표현을 넣어 문장을 완성하게 한다.
  空格里填写单词或简单的表达话语来完成文章。

- 일상생활과 관련된 간단한 서식에 필요한 정보를 기입하게 한다.
  与日常生活有关的简单格式里，填写所需信息。

- 주어진 낱말을 어순에 맞게 배열하여 문장을 완성하게 한다.
  按语序排列所给单词，组成句子。

- 간단한 글이나 대화문을 읽고 질문에 대한 답을 간단한 문장으로 적게 한다.
  读简单的文章或会话，要以简单的句子写出所提问题的答案。

- 일상생활의 주제나 서식을 주고 이에 맞게 간단한 글을 작성하게 한다.
  要给出日常生活的主题或格式，按其写作简单的字句。

- 학습한 대화나 글에서 낱말과 간단한 표현만 바꿔 유사한 글을 쓰게 한다.
  在学过的绘话或句子中只换单词或简单的表达话语，要写出类似的句子。

- 낱말 및 문장을 제시하고 그 문장을 활용한 간단한 글을 쓰게 한다.
  提示单词及句子，要写出运用其句子的简单的文章。

(라) 평가 방법 및 유의 사항 (评价方法及注意事项)
① 평가 방법 (评价方法)
  - 낱말이나 간단한 문장을 듣고 한어병음이나 한자로 받아쓸 수 있는지를 평가한다.
    评价，能否以汉语拼音或汉字来书写单词或简单的文章。

  - 간단한 문장을 읽고, 내용을 유추하여 빈칸에 들어갈 알맞은 낱말을 쓸 수 있는지를 평가한다.
    评价，读简单的句子，推理其内容，能否给填空处填写恰当的词语。

  - 낱말의 용법과 어순에 유의하여 문장을 쓸 수 있는지를 평가한다.
    评价，注意单词的用法和语序，能否写出句子。

  - 학습한 문장을 활용하여 편지, 메모 등을 작성할 수 있는지를 평가한다.
    评价，运用学过的文章，能否写作信件、字条等。

② 유의 사항 (注意事项)
  - 한어병음과 한자 쓰기의 정확성을 평가하되 학생들의 수준에 맞추어 조절함으로써 중국어에 대한 학습 동기를 잃지 않도록 한다.
    评价汉语拼音和汉字书写的正确性，要根据学生的水平来调节，不要因而伤失对中国语的学习动机。

(5) 문화 (文化)

[12중Ⅰ-05-01] 중국 문화를 이해하고 의사소통 상황에 적용한다.
理解中国文化，并把这适用到交际情景中来。

[12중Ⅰ-05-02] 다양한 활동을 통해 중국 문화를 체험하고 이해한다.
通过多样的活动体验、理解中国文化。

[12중Ⅰ-05-03] 중국 문화에 대한 다양한 자료를 활용하여 모둠 활동에 참여한다.
利用多样的有关中国文化资料，参与小组活动。

[12중Ⅰ-05-04] 중국 문화와 우리나라 문화를 비교하고 문화의 다양성을 존중하는 태도를 갖는다.
比较中国文化与我国文化，要树立尊重文化多样性的态度。

(가) 학습 요소 : 기본 어휘표, 의사소통 기본 표현, 문화 관련 정보
学习要素：基本词汇表，交际基本表达话语、有关文化信息

- 중국 개관 : 국기, 언어, 소수민족, 인구, 행정구역 등
  中国概观：国旗、语言、少数民族、人口、行政区等

- 언어 문화 : 인사, 호칭, 숫자, 해음(諧音), 언어 예절 등
  语言文化：问候、称呼、数字、谐音、语言礼貌等

- 생활 문화 : 여행, 운동, 가족, 하루 일과, 학교 생활, 건강, 취미, 교통수단, 식사 등
  生活文化：旅行、运动、家族、一天日程、学校生活、健康、爱好、交通方式、吃饭等

- 예술 문화 : 경극, 음악, 영화, 문학 등
  艺术文化：京剧、音乐、电影、文学等

- 전통 문화 : 명절, 전통적인 의식주, 전통 놀이, 전통 공예 등
  传统文化：节日、传统衣食住、传统游戏、传统工艺等

- 기타 : 인물, 지리, 자연 등
  其他：人物、地里、自然等

  ＊ 상기 제시 문화 내용을 선택적으로 다룰 수 있다.
  可以选择使用，上述提示的文化内容。

(나) 성취기준 해설 (成就基准解说)
- 중국 문화에 대한 이해를 바탕으로 기초적인 의사소통 표현을 상황에 맞게 적용할 수 있다.
  对中国文化的理解为基础，能符合情景地适用到基础的交际表达话语中去。

- 중국 문화의 다양성에 대하여 조사하고 이해한다.
  调查多样的中国文化，理解其多样性。

- 중국 문화와 우리 문화를 상호 비교하면서 문화의 다양성을 존중하는 태도를 기른다.
  相互比较中国文化与我国文化，培养尊重文化多样性的态度。

- 중국 문화에 대한 이해를 통하여 다양한 가치를 존중하는 세계 시민으로서의 자세를 가질 수 있게 한다.
  通过对中国文化的理解，要具有尊重多样价值的地球村村民的姿势。

(다) 교수·학습 방법 및 유의 사항 (教授·学习方法及注意事项)
① 교수·학습 방법 (教授·学习方法)
- 생일, 가족, 음식 등 중국인의 일상생활과 관련된 문화를 이해하고 이와 관련된 간단한 표현을 연습하게 한다.
  理解生日、家族、饮食等与中国人日常生活有关的文化，要练习与其相关的简单表达话语。

- 전통 의상, 전통 놀이, 전통 공예 등 중국인의 전통 문화와 관련된 다양한 활동을 진행하여 중국 문화를 직접 체험하게 한다.
  进行传统服装、传统游戏、传统工艺等与中国人的传统文化有关的多样的活动，要亲身体验中国文化。

- 중국 영화, 음악, 경극 등을 감상해 보고 중국의 예술 문화에 대해 이해하게 한다.
  欣赏中国电影、音乐、京剧等，要对中国的艺术文化有所理解。

- 중국 영화나 만화, 가요 등 학생들이 좋아할 만한 자료들을 소개하고, 영화 감상문을 작성하게 하거나 노래를 여러 차례 따라 불러 자연스럽게 암기하게 한다.
  介绍中国电影或漫画、歌谣等学生能感兴趣的资料，要写作读后感或多次跟唱歌谣，以致自然而然地背出来。

- 중국 문화와 관련된 다양한 자료를 조사해 보고 이를 모둠별로 발표하게 한다.
  调查与中国文化有关的多种资料，要以分组发表其内容。

- 중국 문화를 소개하는 소책자, 홍보 포스터 등 다양한 안내 자료를 만들게 한다.
  要制作介绍中国文化的小册子、宣传海报等多样的介绍资料。

- 학습한 중국 문화와 관련된 대화 상황을 설정해 주고 모둠별로 역할극을 통해 이해한 내용을 표현해 보게 한다.
  设置给学过的与中国文化有关的会话情景，通过分组角色剧来表达所理解的内容。

- 중국 문화에 대해 알아보고 우리나라 문화와의 차이점 및 유사점을 비교하여 발표하게 한다.
  调查中国文化，要比较与我国文化的异同点及类似点来发表。

② 유의 사항 （注意事项）
- 문화 내용 설명 시 필요한 경우에는 우리말을 사용할 수 있다.
  解说文化内同时，必要的话可以使用母语。

- 문화 내용은 최근의 객관적이고 공신력 있는 자료를 위주로 구성한다.
  文化内容，以最近即客观又有公信力的资料为主。

- 문화 학습의 궁극적 목적은 중국어 의사소통 능력 배양에 도움이 되는 것에 있음을 주지하고 교수학습 방법을 계획한다.
  要周知文化学习的最终目的在于有助于中国语交际能力的培养，来计划教授学习方法。

(라) 평가 방법 및 유의 사항 （评价方法及注意事项）
- 의사소통과 관련된 일상생활 문화를 이해하는지를 평가한다.
  评价，能否理解有关交际情景的日常文化。

- 한·중 문화 비교를 통해, 양국 문화의 공통점과 차이점을 이해하는지를 평가한다.
  评价，通过韩·中文化的比较，能否理解两国文化的共同点和异同点。

- 중국 문화에 대한 이해 정도, 중국 문화와 우리 문화의 비교를 통한 문화의 다양성을 존중하는 태도 등을 한국어로 기술하게 하여 평가한다.
  对中国文化的理解程度，通过中国文化与我国文化比较的尊重文化多样性的态度等，以韩国语叙述来评价。

- 수행평가로 모둠 활동을 통하여 중국 문화를 조사하거나 체험하고 발표하는 활동 등을 할 수 있다.
  能以遂行评价的方式进行通过小组活动调查或体验后发表中国文化的活动等。

- 모둠별 협동 학습을 통하여 창의적인 중국 문화 소개 자료를 만들 수 있는지 평가한다.
  评价，通过分组协同学习，能否制作有创意的介绍中国文化的资料。

4. 교수·학습 및 평가의 방향 (教授·学习及评价的方向)

가. 교수·학습 방향 (教授·学习方向)

(1) 교육과정의 성격과 목표에 맞도록 교수·학습 계획을 수립한다.
요能符合教育课程的性质与目标，制定教授·学习计划。

- 협력을 통해 공통 과제를 해결하는 경험을 하도록 하고, 이를 통해 타인에 대한 배려와 공동체 의식 함양 등 인성 교육을 강화할 수 있는 방법도 고려한다.
要通过协助活动来尝试解决共同课题的经验，经这些来考虑对他人的照顾和共同体意识的涵养等强化人性教育的方法。

- 의사소통 능력 신장을 통해 상호 이해의 폭을 넓히고 더불어 개인의 창의성 계발이 함께 이루어지도록 한다.
通过提高交际能力，扩大相互了解的幅度，与其同时实现人创新意识的启发。

- 교수·학습의 궁극적 목표가 의사소통 기능의 습득이 되도록 교수·학습 계획을 수립한다.
教授·学习的最终目标交际技能能得以实现，制定教授·学习计划。

- 중국 문화에 대한 이해를 통하여 다양한 가치를 존중하는 세계 시민으로서의 자세를 가질 수 있게 한다.
通过对中国文化的理解，要具有尊重多样价值的地球村村民的姿势。

(2) 학습 내용을 분석하여 교수·학습 계획을 수립한다.
分析学习内容，制定教授·学习计划。

- 듣기, 말하기, 읽기, 쓰기의 4가지 기능을 유기적으로 연계하여 지도하는 통합적 교수·학습 방식을 지향한다.
提倡有机地联系听、说、读、写四项技能 进行教学的综合教授·学习方式。

- 학습한 내용을 실제 상황에 활용할 수 있도록 학습 활동을 주제 및 상황별로 전개한다.
能把已学过的内容能运用到实际情景中来，按主题及情景展开教学活动。

- 의사소통 중심의 연습과 반복을 통해 학습한 내용을 다양한 일상적 상황에 맞게 적극적으로 활용할 수 있도록 한다.
通过交际中心的练习和反复，能把已学过的内容符合多样的日常情景积极运用。

- 문화적 내용을 소재로 하여 언어 기능을 연습하는 등 언어 기능과 문화의 통합적 교수·학습을 지향한다.

  以文化内容为题材练习语言技能等，提倡语言技能与文化的综合教授·学习活动。

- 학생의 성취수준과 학습 동기를 고려한 학습자 중심의 교수·학습 계획을 수립한다.

  制定考虑学生的成就水准与学习动机的以学习者为中心的教授·学习计划。

- 한국어 사용을 줄이고 중국어를 최대한 활용한 주제 및 상황별 학습을 진행하여 실제 의사소통 능력을 배양한다.

  减少韩国语的使用，进行尽量运用中国语的不同主题及情景的教学活动，培养实际交际能力。

(3) 학습 동기 유발 방법, 활동 유형(개인, 짝, 모둠, 전체), 학생 중심 수업 활동, 수업 내용 확인 활동 등이 포함되도록 교수·학습 계획을 수립한다.

  制定能包括引发学习动机的方法、活动类型（个人、同桌、小组、全体）、学生为中心的课堂活动、确认课堂内容的活动等教授·学习计划。

- 학생들의 외국어 사용 능력, 학습 유형 및 전략 등을 고려하여 학생 중심의 수업 활동이 이루어지도록 다양한 교수·학습 방법을 선정한다.

  考虑学生的外国语使用能力、学习类型及策略等，使其能成为学生为中心的课堂活动，选定多样的教授·学习方法。

- 학생들의 동기를 유발하고 흥미와 자신감을 기를 수 있도록 역할극, 게임, 노래 등을 활용한다.

  要引发学生的动机，养成兴趣和自信感，运用角色剧、游戏、唱歌等活动。

- 짝 활동, 모둠 활동 등의 상호작용을 적극 활용하여 학생들의 자발적 참여를 유도한다.

  积极利用同桌活动、小组活动等相互作用活动，引导学习者的自发参与。

- 정보 통신 기술 및 기타 다양한 교수·학습 자료들을 학생들 스스로 활용하여 중국 문화를 이해하도록 수업을 전개한다.

  为学生自己利用信息通信技术及其他多种教授·学习资料来理解中国文化，而展开教学活动。。

- 학생 중심의 과제 및 체험 학습을 통해 자기 주도적 학습이 이루어지도록 한다.

  通过以学生为中心的课题及体验学习，要实现自我主导性学习。

- 자발적인 학습 상황을 전개하여 자유로운 분위기에서 발표할 수 있도록 한다.

  开展自发性地学习情景，使学生在宽松、自由的气氛中发表意见。

- 학습 효과를 높일 수 있도록 그림이나 사진, 녹음 자료, 동영상 등의 각종 시청각 자료 및 컴퓨터나 인터넷을 이용한 자료를 적극 활용한다.
  积极利用图片、照片、录音、影像等各种视听资料以及电脑、网络等资料来提高学习效率。

- 학교 여건, 수준, 특성 등을 감안하여 교수·학습 방법을 선택적으로 활용할 수 있다.
  考虑学校自身的条件、水平和特性等来选择运用教授·学习方法。

나. 평가 방향 (评价方向)

(1) 교육과정의 성격과 목표에 맞도록 평가 계획을 수립한다.
  根据教育课程的特征和目标制定恰当的评价计划(标准)

- 교수·학습의 기본 방향인 인성 교육, 의사소통 능력 신장, 세계 시민 의식 배양에 기반을 두고 평가 방향을 정한다.
  教授·学习的基本方向——人性教育、提高交际能力、培养地球村村民意识的培养为立足点，制定评价方向。

- 평가의 객관성을 유지하기 위해 명확한 평가 기준을 사전에 설정한다.
  为保持评价的客观性，事先设定明确的评价标准。

- 평가 결과는 개별 지도에 활용하는 한편, 향후 교수·학습 계획에 반영한다.
  评价结果运用于个别指导，还要反映到今后的教授·学习计划中。

- 포트폴리오를 활용하여 학습 과정에 대한 기록을 남기고 자기 평가 자료로 활용한다.
  利用学习档案，记录学习过程，并将其用为学生本人的自我评价资料。

(2) 학습 내용을 분석하여 평가 계획을 수립한다.
  分析学习内容，制定评价计划。

- 기본 어휘와 의사소통 기본 표현을 중심으로 일상생활과 관련된 기초적인 중국어를 이해하고 표현하는 언어 활용 능력을 평가한다.
  评价，以基本词汇和交际基本表达话语为中心，理解表达与日常生活有关的基础中国语的语言运用能力。

- 성취기준 도달 여부를 확인하기 위한 형성 평가를 수시로 실시하여 교수·학습의 일환으로서의 평가가 되도록 한다.
  随时进行为确认是否达到成就基准的形成评价，将其成为教授·学习一环的评价。

- 평가 문항은 성취기준에 근거하여 개발함으로써 평가를 통해 학생들의 성취기준 도달 여부를 알 수 있도록 한다.
  评价项目以成就基准为根据进行开发，要通过评价能了解学生的成就基准到达与否。

- 지엽적이고 예외적인 사항보다는 기본적이고 중요한 사항을 중심으로 평가한다.
  与其枝节、例外的事项，要基本的、重要的事项为中心进行评价。

- 단순한 암기 능력이 아닌 지식 활용 능력을 평가할 수 있도록 실생활과 관련된 내용과 상황을 문항의 소재로 활용한다.
  不是单纯死记硬背的能力，而是能评价知识的运用能力，把与实际生活有关的内容和情景运用为问项的素材。

- 학습 활동의 성격에 따라 유창성과 정확성의 비중을 탄력적으로 조절한다.
  随着学习活动的性质，灵活地调节流畅性和准确性的比重。

- 학습한 내용을 중심으로 듣기, 말하기, 읽기, 쓰기 능력을 고르게 평가한다.
  以学过的内容为中心，全面评价听、说、读、写四个方面的能力。

- 개별 언어 기능에 대한 평가와 더불어 통합 언어 기능에 대한 평가도 적절히 시행한다.
  与对个别语言技能的评价，也适当实行综合语言技能的评价。

- 문화 영역은 기초적인 지식보다는 의사소통과 관련된 일상생활 문화를 잘 이해하고 있는지를 중점적으로 평가한다.
  文化方面比起基础知识，重点评价是否充分理解与交际有关的日常文化。

(3) 학습 동기 유발 방법, 활동 유형(개인, 짝, 모둠, 전체), 학생 중심 수업 활동, 수업 내용 확인 활동 등이 포함되도록 평가 계획을 수립한다.
  制定能包括引发学习动机的方法、活动类型（个人、同桌、小组、全体）、学生为中心的课堂活动、确认课堂内容的活动等教授·学习计划。

- 교수·학습이 진행되는 도중에 형성 평가를 실시함으로써 학생이 배운 성취기준을 제대로 익혔는지 점검하고, 학습상의 문제점을 파악하여 도움을 주고, 학생의 추후 학습에 대한 방향을 제시한다.
  进行教授·学习中实施形成评价，检查学生是否熟知学过的成就基准，把握学习中存在的问题、给予帮助，并提示学生今后的学习方向。

- 적극적인 수업 참여를 유도하기 위해 학습자의 의사소통 활동 참여도를 평가에 반영한다.
  为引导积极参与课堂活动，要在平价中反映学生的交际活动参与情况。

- 성취기준의 특성을 고려하여 지필 평가와 수행평가 중 보다 적절한 평가 방법을 선정한다.
  考虑成就基准的特性，应在笔试与遂行评价中选择更适当的评价方法。

- 통합 언어 기능에 대한 평가는 교수·학습 과정에서 통합적 과제를 수행하도록 하면서 관찰 평가, 자기 평가, 학생 상호 평가 등 다양한 방법으로 실시한다.
  对于综合语言技能的评价，在教受·学习过程中使学习者遂行综合性课题，以观察评价、自我评价、学生相互评价等多种考察方式来实行。

- 정보를 수집하고 종합하는 능력이나 협업하여 의사소통하거나 문제를 해결하는 능력도 평가할 수 있도록 한다.
  把收集并综合信息的能力，或协作交际、解决问题的能力也要进行评价。

- 문화 관련 정보 통신 및 기타 교수·학습 자료 탐색과 활용 능력은 수행평가를 통해 가급적 직접 평가 방법을 활용한다.
  与文化相关的信息通讯及其他教授·学习资料的搜索和使用能力，通过遂行评价，尽可能利用直接评价的方法。

- 가급적 수행평가는 수업 활동과 연계하여 실시하고, 수업 중에 수행평가가 어떻게 시행될 것인지 구체적으로 계획하여 학생들한테 공지하고, 채점 기준을 구체적으로 마련하여 공정한 평가를 한다.
  遂行评价尽量联系课堂活动来实施，具体计划告知学生，课堂中怎样施行遂行评价，具体设计评分标准，进行公证的评价。

- 학교 여건, 수준, 특성 등을 감안하여 평가 방법을 선택적으로 활용할 수 있다.
  考虑学校自身的条件、水平、特性等，可以选择性地使用评价方法。

중국어Ⅱ(中国语Ⅱ)

1. 성격

교통과 정보통신 기술의 비약적 발전에 의하여 세계가 하나의 생활권으로서 각국의 정치, 경제, 기술, 문화 등이 서로 연결되어 있는 오늘날, 외국어 습득과 외국 문화의 이해는 세계 시민이 갖추어야 할 매우 중요한 자질이 되었다. 외국어를 학습하는 것은 외국어로 교류할 수 있는 수단을 갖추는 것뿐만 아니라 동시에 다른 나라 사람들의 사고방식과 문화를 경험할 수 있는 좋은 기회가 된다. 최근 우리나라도 다문화 사회로 점차 변화해 가고 있는데, 다양한 언어와 문화에 대한 이해와 소통을 기반으로 하는 평화롭고 안정적인 공동체를 이루기 위해서도 다양한 외국어 교육은 보다 활성화되어야 한다.

중국은 넓은 국토와 풍부한 자원, 많은 인구를 가진 나라로서 최근 비약적인 경제 성장을 바탕으로 국제 사회에서 막강한 영향력을 행사하고 있다. 중국어는 세계에서 가장 많은 사람들이 사용하는 언어이자 유엔(UN)의 공식 언어 중 하나이며, 한자 문화권의 대표적인 언어이다. 중국은 역사적으로 오래 전부터 우리나라와 매우 밀접한 관계를 맺어 왔으며, 현재 정치, 경제, 외교, 문화 등 많은 면에서 상호 의존관계가 높은 나라이다. 한중 수교 이후 경제 교류는 물론이고 많은 인적 교류가 이루어지고 있으며, 최근 한류의 영향으로 문화 교류 및 관광도 급속히 확대되는 추세이다. 국제 사회에서 중국의 위상과 우리나라와의 밀접한 관계를 생각할 때 중국어는 우리나라 외국어 교육과정에서 반드시 중요하게 다루어야 할 언어라고 할 수 있다.

제2외국어 교과는 외국어를 이용한 의사소통 능력과 외국 문화 이해를 통한 세계 시민 의식, 외국어로 된 다양한 정보를 활용할 수 있는 정보 처리 능력 등을 교과의 중요한 역량으로 삼고 있다. 학습자들은 중국어를 배움으로써 중국 사람들과 일상적인 의사소통을 할 수 있는 능력을 갖추고, 중국어로 표현된 문화적 가치와 정보를 향유할 수 있게 될 것이다. 또한 이로써 학습자들은 세상에 대한 견문을 넓히고, 포용과 창조의 덕목을 갖춘 세계 시민으로 성장할 수 있을 것이다.

'중국어Ⅱ' 과목은 '중국어Ⅰ' 과목에서 습득한 기초적인 언어 내용과 기능을 확장하고 심화하는 과목으로서, 조금 더 높은 수준의 듣기, 말하기, 읽기, 쓰기 활동과 중국 문화에 대한 이해를 통해 의사소통 능력을 한층 배양하는 과목이다.

2. 목표 (目标)

일상생활에 필요한 다양한 중국어를 습득하고 중국어에 대한 지속적인 흥미와 자신감을 기른다.
习得日常生活所需的多种方式的中国语表达话语，培养对中国语的持续的兴趣和自信感。

또한 중국 문화와 우리 문화의 상호 이해를 통해 중국어로 의사소통하려는 적극적인 태도와 능력을 배양한다.
又通过中国文化与我国文化的相互理解，培养用中国语交际的积极态度和能力。

가. 다양한 의사소통 표현을 이해하고, 상황에 맞게 적극적으로 활용한다.
　　理解多种方式的交际基本表达话语，根据情景积极运用。

나. 중국 문화에 대한 이해를 바탕으로 의사소통 능력을 함양하고, 중국 문화와 우리 문화에 대한 상호 이해를 바탕으로 세계 시민으로서의 균형 잡힌 태도와 자세를 기른다.
　　对中国文化的理解为基础，涵养交际能力，对中国文化与我国文化的相互理解为基础，培养作为地球公民相称的态度和姿势。

다. 다양한 매체와 자료를 활용하여 중국어 및 중국에 관한 정보를 조사하고, 중국어로 교류할 수 있는 능력을 기른다.
　　利用多种媒体和资料，调查中国语及有关中国的信息，培养用中国语交际的能力。

3. 내용 체계 및 성취기준 (内容体系及成就基准)

가. 내용 체계 (内容体系)

(领域)	핵심 요소 (核心要素)	내용 (内容)	기능 (技能)
내용 (语言 内容)	발음 및 문자 (发音及文字)	• 현대 표준 중국어의 발음 및 한어병음 现代标准中国语的发音及汉语拼音 • 한자(간화자 포함) 汉字（包括简化字）	• 발음을 듣고 의미 파악하기 听发音，把握其意 • 질문에 대답하기 回答问题 • 상황에 맞게 말하기 说话要符合情况 • 정확하게 소리 내어 읽기 正确地大声读 • 읽고 의미 파악하기 边读，并边把握其意 • 읽고 대의 파악하기 边读，边把握大意 • 정보 채워 넣기 填入信息 • 서식에 맞추어 글쓰기 按句式，写文章 • 짧은 글 쓰기 写短文
	어휘 (词汇)	• 의사소통에 필요한 어휘의 의미 交际所需词汇的意思 * [별표Ⅱ]에 제시된 기본 어휘를 중심으로 800개 내외의 낱말을 사용한다. 以[附表Ⅱ]中提示的基本词汇为中心，使用400内外的单词。	
	문법 (语法)	• 중국어의 **다양한 어순** 中国语的多种语序 • 기능어 및 상용 어휘의 용법 技能语及常用词汇的用法 • **각종 구문 및 문장 간의 연결** 各种短语及句子间的联系 * [별표Ⅰ]에 제시된 의사소통 기본 표현 및 [별표Ⅱ]에 제시된 기본 어휘표를 참고한다. 参考【附表Ⅰ】中提示的交际基本表达话语及【附表Ⅱ】中所提示的基本词汇表。	
	의사소통 표현 (交际表达话语)	• 사교의 표현, 감정 및 의사 표현, 사실 및 정보 전달, 요구 및 승낙 표현, 생활 관련 표현 등 의사소통 능력을 효율적으로 기를 수 있는 내용 交际表达话语、感情及意思的表达话语、事实及信息的传达、要求及承诺的表达话语、有关生活的表达话语等能有效培养交际技能的内容。 * [별표Ⅰ]에 제시된 의사소통 기본 표현을 참고한다. 参考【附表Ⅰ】中提示的交际基本表达话语。	
문화적 내용	문화	• 중국 개관 中国概观 • 언어 문화 语言文化 • 생활 문화 生活文化 • **예술 문화** 艺术文化	• 의사소통 상황에 적용하기 适用于交际情景 • 모둠 활동하기 进行小组活动 • 체험하여 이해하기 体验理解 • 상호 비교하기

(領域)	핵심 요소 (核心要素)	내용 (内容)	기능 (技能)
		• 문화 传统文化 * 이 외에 인물, 지리, 역사, 자연 등도 다룰 수 있다. 此外还可以使用人文、地理、自然等内容。 * '중국어Ⅰ'의 내용에 준하되, 필요에 따라 심화된 내용을 다룰 수 있다. '中国语Ⅰ'的内容为准, 随需要可以教深化的内容。	进行相互比较 • 조사하여 설명하기 调查说明

나. 성취기준 (成就基准)

(1) 듣기 (听)

[12중Ⅱ-01-01] 낱말이나 관용적 표현을 듣고 의미를 파악한다.
　　　　　　　听单词或惯用表达话语, 把握其意。

[12중Ⅱ-01-02] 의사소통 표현이나 문장 등을 듣고 의미를 파악한다.
　　　　　　　听交际表达话语或文章等, 把握其意。

[12중Ⅱ-01-03] 짧은 글이나 대화를 듣고 맥락을 파악한다.
　　　　　　　听短文或对话, 把握其语境。

(가) 학습 요소 : 기본 어휘표, 의사소통 기본 표현
　　　　学习要素 : 基本词汇表, 交际基本表达话语

• 사교의 표현 : 만남, 인적 사항, 연락처, 약속, 축하/기원, 헤어짐
　　社交表达话语 : 见面、人籍事项、约会、祝贺 / 祈愿、分手

• 감정 및 의사 표현 : 감사, 사과, 기쁨/즐거움, 만족/불만, 동의/반대, 칭찬/감탄, 걱정/위로, 책망, 놀람/의외
　　感情及意思的表达话语 : 感谢、道歉、喜悦 / 快乐、满足 / 不满、同义/反义、表扬 / 感叹、担心/安慰、责怪、惊吓 / 意外

• 사실 및 정보 전달 : 묘사, 설명, 경험, 비교, 선택, 추측, 조건
　　事实及信息传达 : 描写、说明、经验、比较、选择、推测、条件

- 요구 및 승낙 표현 : 명령/금지, 부탁, 건의/제안, 승낙/거절
  要求及承诺表达话语：命令 / 禁止、拜托、建议/提案、承诺 / 拒绝

- 생활 관련 표현 : 시간, 날짜/요일, 날씨, 구매, 식사, 건강, 통신, 취미, 장소/교통, 학교생활
  与生活有关的表达话语：时间、日期 / 星期、天气、购物、吃饭、健康、通信、爱好、场所 / 交通、学校生活

(나) 성취기준 해설 (成就基准解说)
  – 낱말이나 관용적 표현, 의사소통 표현, 짧은 글이나 대화문 등을 듣고 의미를 파악한다.
    听单词或惯用表达话语，交际表达话语，短句或对话等，把握其意。

(다) 교수·학습 방법 및 유의 사항 (教授·学习方法及注意事项)
① 교수·학습 방법 (教授·学习方法)
  – 낱말이나 관용적 표현을 반복하여 듣고 의미를 찾게 한다.
    反复听单词或惯用表达话语，寻找其意。

  – 관용적 표현이나 의사소통 표현을 듣고 모둠별로 내용을 질문하고 답하게 한다.
    听惯用表达话语或交际表达话语，分组提问内容并要回答。

  – 의사소통 표현이 활용된 간단한 영상을 보고 내용을 유추하게 한다.
    看运用交际表达话语的简单的影像，推理其内容。

  – 짧은 글이나 대화를 듣고 흐름에 맞게 순서를 배열하게 한다.
    听短文或对话，按其流程排列其顺序。

② 유의 사항 (注意事项)
  – 듣기 영역은 듣고 말하기, 듣고 쓰기 등과 같이 다른 언어 기능의 성취기준과 통합하여 활용할 것을 권장한다.
    听力部分劝勉跟听后说、听后写等一样，与其他语言技能的成就基准宗合运用。

(라) 평가 방법 및 유의 사항 (评价方法及注意事项)
  – 낱말이나 관용적 표현을 듣고 발음과 의미를 정확하게 파악할 수 있는지를 평가한다.
    评价，听单词或惯用的表达话语，能否正确把握发音与其意。

  – 의사소통 표현이나 문장 등을 듣고 상황과 의미를 정확하게 파악하는지를 평가한다.
    评价，交际表达话语或文章等，能否正确把握其情景或意思。

- 짧은 글이나 대화를 듣고 흐름에 맞게 순서를 배열할 수 있는지를 평가한다.
  评价，听短文或对话，按其流程排列其顺序。

- 짧은 글이나 대화를 듣고 관련된 정보를 파악할 수 있는지를 평가한다.
  评价，听短文或对话，能否把握有关信息。

(2) 말하기 (说)

[12중Ⅱ-02-01] 발음 및 억양에 유의하여 문장을 정확한 발음으로 말한다.
注意发音及语气，以正确的发音说出句子。

[12중Ⅱ-02-02] 개인 및 일상생활에 관한 비교적 긴 질문을 듣고 상황에 맞게 대답한다.
听与个人及日常生活有关的较长的提问，根据情景回答。

[12중Ⅱ-02-03] 의사소통 표현이나 문장 등을 상황에 맞게 자연스럽게 말한다.
按情景自然地说出交际表达话语或文章。

[12중Ⅱ-02-04] 일상생활에서 요구되는 비교적 긴 대화를 자연스럽게 표현한다.
自然地表达日常生活所需的比较长的对话。

(가) 학습 요소 : 기본 어휘표, 의사소통 기본 표현
    学习要素：基本词汇表，交际基本表达话语

- 사교의 표현 : 만남, 인적 사항, 연락처, 약속, 축하/기원, 헤어짐
  人际关系的表达话语：见面、人籍事项、联系方式、约会、祝贺/祈愿、辞别

- 감정 및 의사 표현 : 감사, 사과, 기쁨/즐거움, 만족/불만, 동의/반대, 칭찬/감탄, 걱정/위로, 책망, 놀람/의외
  感情及意思的表达话语：感谢、道歉、高兴/快乐、满足/不满、同义/反对、表扬/感叹，担心/安慰、责怪、惊讶/意外

- 사실 및 정보 전달 : 묘사, 설명, 경험, 비교, 선택, 추측, 조건
  事实及信息的传达：描写、说明、经验、比较、选择、推测、条件

- 요구 및 승낙 표현 : 명령/금지, 부탁, 건의/제안, 승낙/거절
  要求及承诺的表达话语：命令/禁止、拜托、建议/提案、承诺/拒绝

- 생활 관련 표현 : 시간, 날짜/요일, 날씨, 구매, 식사, 건강, 통신, 취미, 장소/교통, 학교생활
  与生活有关的表达话语：时间、日期／星期、天气、购买、吃饭、健康、通信、爱好、场所／交通、学校生活

(나) 성취기준 해설 (成就基准解说)

- 발음 및 억양에 유의하여 문장이나 표현을 정확한 발음으로 말한다.
  注意发音及语气，以正确的发音说出句子或表达话语。

- 비교적 긴 질문을 듣고 적절하게 대답한다.
  听较长的提问，适当地回答。

- 의사소통 표현을 주제나 상황에 맞게 말한다.
  按主题或情景说出交际表达话语。

(다) 교수·학습 방법 및 유의 사항 (教授·学习方法及注意事项)

- 발음과 억양에 유의하여 비교적 긴 문장을 듣고 정확하게 따라 말하게 한다.
  注意发音和语气，听较长的文章，要正确地跟读。

- 비교적 긴 문장을 읽고 상대방에게 내용을 이어 전달하게 한다.
  读较长的文章，要给对方连着转告其内容。

- 질문을 듣고 상황이나 주제에 맞게 대답하게 한다.
  听提问，按情景或主题回答。

- 의사소통 기본 표현을 활용하여 주제와 상황에 맞게 말하게 한다.
  运用交际基本表达话语，符合主题和情景地说出。

- 다양한 의사소통 주제를 활용하여 짝과 함께 묻고 답하는 연습을 하게 한다.
  运用多种交际主题，与同桌进行问答练习。

- 의사소통 기본 표현을 바탕으로 유사한 상황을 재구성하여 역할극을 해 보도록 한다.
  交际基本表达话语为基础，改编类似的情景，要试做角色剧。

(라) 평가 방법 및 유의 사항 (评价方法及注意事项)

- 비교적 긴 문장이나 대화를 정확한 발음으로 어순에 맞게 말할 수 있는지를 평가한다.
  评价，能否以正确的发音符合语序地说出较长的文章或对话。

- 학습한 문장의 내용에 대한 질문에 적절하게 대답할 수 있는지를 평가한다.
  评价，对已学过的句子内容的提问，能否适当地回答。

- 의사소통 표현이나 문장 등을 상황에 맞게 말할 수 있는지를 평가한다.
  评价，能否把交际表达话语或句子等符合情景地说来。

- 모둠별 역할을 나누어 의사소통 기본 표현을 상황에 맞춰 활용할 수 있는지 수행평가 등을 통하여 평가한다.
  通过遂行评价来评价，能否分组分角色按情况运用交际基本表达话语。

(3) 읽기 (读)

[12중Ⅱ-03-01] 낱말이나 문장을 발음에 유의하여 정확하게 읽는다.
注意发音正确地读出单词或文章。

[12중Ⅱ-03-02] 비교적 긴 문장이나 짧은 글을 읽고 의미나 정보를 파악한다.
读较长的句子或短文，把握其意或信息。

[12중Ⅱ-03-03] 짧은 글이나 대화문을 읽고 주제나 대의를 파악한다.
读短文或对话，把握其主题或大意。

(가) 학습 요소 : 기본 어휘표, 의사소통 기본 표현
   学习要素：基本词汇表，交际基本表达话语

- 사교의 표현 : 만남, 인적 사항, 연락처, 약속, 축하/기원, 헤어짐
  社交表达话语：见面、人籍事项、联系方式、约会、祝贺/祈愿、分手

- 감정 및 의사 표현 : 감사, 사과, 기쁨/즐거움, 만족/불만, 동의/반대, 칭찬/감탄, 걱정/위로, 책망, 놀람/의외
  感情及意思的表达话语：感谢、道歉、高兴/快乐、满足/不满、同意/反对、表扬/感叹、担心/安慰、责怪、惊吓/意外

- 사실 및 정보 전달 : 묘사, 설명, 경험, 비교, 선택, 추측, 조건
  事实及信息传达：描写、说明、经验、比较、选择、推测、条件

- 요구 및 승낙 표현 : 명령/금지, 부탁, 건의/제안, 승낙/거절
  要求及承诺表达话语：命令 / 禁止、拜托、建议/提案、承诺 / 拒绝

- 생활 관련 표현 : 시간, 날짜/요일, 날씨, 구매, 식사, 건강, 통신, 취미, 장소/교통, 학교생활
  与生活有关的表达话语：时间、日期 / 星期、天气、购物、吃饭、健康、通信、爱好、场所 / 交通、学校生活

(나) 성취기준 해설 (成就基准解说)

- 한어병음이나 한자로 표기된 문장을 정확한 발음으로 읽는다.
  以正确的发音读出汉语拼音或汉字标记的文章。

- 비교적 긴 문장이나 짧은 글, 대화문을 읽고 의미를 파악한다.
  读较长的文章或短文、对话，把握其意。

(다) 교수·학습 방법 및 유의 사항 (教授·学习方法及注意事项)

- 억양이나 끊어 읽기에 유의하여 문장을 자연스럽게 낭독하게 한다.
  注意语气或停顿，自然地朗读文章。

- 비교적 긴 문장이나 짧은 글을 읽고 핵심 정보를 간단하게 요약해 보게 한다.
  读较长的文章或短文，简单地概括核心信息。

- 짧은 글이나 대화문을 읽고 맥락을 파악하게 한다.
  读短文或对话，要把握其语境。

- 짧은 글이나 대화문을 읽고 전체적인 의미를 유추하여 발표하게 한다.
  读短文或对话文，推理全面的意思来发表。

(라) 평가 방법 및 유의 사항 (评价方法及注意事项)

- 비교적 긴 문장을 소리 내어 정확히 읽을 수 있는지를 평가한다.
  评价，能否正确地大声朗读较长的文章。

- 비교적 긴 문장이나 짧은 글을 읽고 주제와 대의를 파악하는 능력을 평가한다.
  评价，读较长的句子或短文，把握主题及主旨大意的能力。

- 비교적 긴 문장이나 짧은 글을 읽고 우리말로 정확히 해석할 수 있는지를 평가한다.
  评价，读较长的句子或短文，能否以韩国语正确地解释出来。

- 짧은 글이나 대화문을 단락으로 나눈 뒤, 흩어진 단락의 내용을 유추해 재배열할 수 있는지 평가한다.
  短文或对话文分成几个段落打乱后，能否从中推理出其内容来重新排列。

- 일상생활에서 사용하는 짧은 실용문을 읽고 내용을 유추하는 능력을 평가한다.
  评价，读日常生活所使用的较短的实用文，推理其内容的能力。

(4) 쓰기 (写)

[12중Ⅱ-04-01] 낱말이나 문장을 한어병음이나 한자로 정확하게 쓴다.
以汉语拼音或汉字正确书写单词或句子。

[12중Ⅱ-04-02] 서식에 맞추어 간단한 글을 작성한다.
按句式写作简单的文章。

[12중Ⅱ-04-03] 낱말의 용법과 어순에 유의하여 비교적 긴 문장을 정확하게 쓴다.
注意单词的用法和语序，正确书写较长的文章。

[12중Ⅱ-04-04] 주어진 상황에 맞게 짧은 글을 작성한다.
造符合所提情景的短句。

(가) 학습 요소 : 기본 어휘표, 의사소통 기본 표현
学习要素：基本词汇表，交际基本表达话语

- 사교의 표현 : 만남, 인적 사항, 연락처, 약속, 축하/기원, 헤어짐
  社交表达话语：见面、人籍事项、联系方式、约会、祝贺/祈愿、辞别

- 감정 및 의사 표현 : 감사, 사과, 기쁨/즐거움, 만족/불만, 동의/반대, 칭찬/감탄, 걱정/위로, 책망, 놀람/의외
  感情及意思的表达话语：感谢、道歉、高兴/快乐、满足/不满、同义/反对、表扬/感叹、担心/安慰、责怪、惊讶/意外

- 사실 및 정보 전달 : 묘사, 설명, 경험, 비교, 선택, 추측, 조건
  事实及信息的传达：描写、说明、经验、比较、选择、推测、条件

- 요구 및 승낙 표현 : 명령/금지, 부탁, 건의/제안, 승낙/거절
  要求及承诺的表达话语：命令/禁止、拜托、建议/提案、承诺/拒绝

- 생활 관련 표현 : 시간, 날짜/요일, 날씨, 구매, 식사, 건강, 통신, 취미, 장소/교통, 학교생활
  与生活有关的表达话语：时间、日期/星期、天气、购买、吃饭、健康、通信、爱好、场所/交通、学校生活

(나) 성취기준 해설 (成就基准解说)

- 한어병음이나 한자로 낱말이나 문장을 정확하게 쓴다.
  以汉语拼音或汉字，正确书写单词或句子。

- 비교적 긴 문장을 어순과 낱말의 용법에 맞추어 작성한다.
  按语序和单词的用法来写作较长的句子。

- 서식이나 상황에 맞추어 짧은 글을 작성한다.
  按句式或情景，写作短文。

(다) 교수·학습 방법 및 유의 사항 (教授·学习方法及注意事项)

- 문장을 한어병음이나 한자로 써 보게 한다.
  以汉语拼音或汉字写一写句子。

- 조건이나 질문을 제시하여 문장을 완성하게 한다.
  提示条件或提问来完成文章。

- 서식에 맞추어 간단한 글을 작성하게 한다.
  按句式写作简单的句子。

- 인터넷 사이트에 중국어로 입력하여 정보를 검색한다.
  以中国语在网络输入搜索词，搜索信息。

- 간단한 글이나 대화문을 읽고 질문에 대한 답을 문장으로 적게 한다.
  读简单的句子或会话，要以句子写出所提问题的答案。

- 학습한 표현을 활용하여 상황에 맞게 문장을 써서 모둠별로 하나의 글을 작성하게 한다.
  运用已学过的表达话语，符合情景地写作句子，小组别写成一个文章。

- 의사소통 기본 표현을 활용하여 주제에 맞는 짧은 글을 쓰게 한다.
  运用交际基本表达话语，要写出符合主题的短文。

- 일상생활, 학교생활 등 다양한 주제를 주고 자신의 생각을 간단하게 작성하게 한다.
  给出日常生活、学校生活等多样的主题，要简单地写出自己的想法。

(라) 평가 방법 및 유의 사항 (评价方法及注意事项)

- 심화 수준의 낱말이나 문장을 듣고 한어병음이나 한자로 정확히 쓸 수 있는지를 평가한다.
  评价，听难度较大的单词或文章，能否以汉语拼音或汉字正确地听写。

- 비교적 긴 문장을 읽고, 내용을 유추하여 빈칸에 들어갈 알맞은 낱말을 쓸 수 있는지를 평가한다.
  评价，读较长的句子，推理其内容，能否给填空处填写恰当的词语。

- 학습한 내용을 완전한 문장으로 요약하여 쓸 수 있는지를 평가한다.
  评价，能否把已学过的内容以完整的文章概括并写出来。

- 학습한 표현이나 문장을 활용하여 다양한 서식에 맞추어 짧은 글을 작성할 수 있는지를 평가한다.
  评价，运用已学过的表达话语或句子，能否按多样的句式写出短文。

(5) 문화 (文化)

[12중Ⅱ-05-01] 중국 문화를 이해하고 의사소통 상황에 적용하여 표현한다.
理解中国文化，并把这适用到交际情景中来进行表达。

[12중Ⅱ-05-02] 다양한 활동을 통해 중국 문화를 체험하고 이해한다.
通过多样的活动体验、理解中国文化。

[12중Ⅱ-05-03] 중국 문화에 대해 조사해 보고 이를 설명한다.
调查中国文化，并说明其内容。

[12중Ⅱ-05-04] 중국 문화에 대한 다양한 자료를 활용하여 모둠 활동에 참여한다.
利用多样的有关中国文化资料，参与小组活动。

[12중Ⅱ-05-05] 중국 문화와 우리나라 문화를 비교하고 문화의 다양성을 존중하는 태도를 갖는다.
比较中国文化与我国文化，要树立尊重文化多样性的态度。

(가) 학습 요소 : 기본 어휘표, 의사소통 기본 표현, 문화 관련 내용
学习要素：基本词汇表，交际基本表达话语、有关文化信息

- 언어 문화, 생활 문화, 예술 문화, 전통 문화 등을 다루되 중국어Ⅰ보다 심화된 내용을 다룬다.
  要运用语言文化、生活文化、艺术文化、传统文化等，可要运用比中国语Ⅰ深化的内容。

- 인물, 지리, 역사, 자연, 사회 문제, 가치등도 다룰 수 있다.
  也能运用人物、地里、历史、自然、社会问题、价值等。

(나) 성취기준 해설 (成就标准解说)

- 중국 문화의 다양성에 대하여 조사하고 이해한다.
  调查多样的中国文化，理解其多样性。

- 중국 문화와 우리 문화를 상호 비교하면서 문화의 다양성을 존중하는 태도를 기른다.
  相互比较中国文化与我国文化，培养尊重文化多样性的态度。

- 중국 문화에 대한 이해를 바탕으로 기초적인 의사소통 표현을 상황에 맞게 적용할 수 있다.
  对中国文化的理解为基础，能符合情景地适用到基础的交际表达话语中去。

(다) 교수·학습 방법 및 유의 사항 (教授·学习方法及注意事项)
- 언어 문화 및 일상생활과 관련된 문화의 특징을 이해하여 의사소통 상황에서 이를 고려하여 말하게 한다.
  理解语言文化及有关日常生活的文化特色，在交际情景中要考虑这些说话。

- 중국의 예술 문화를 감상하고 이에 대한 감상문을 작성하게 한다.
  欣赏中国的艺术文花，要写作对此的读后感。

- 중국의 정책이나 사회 이슈를 조사하고 우리나라와 비교하여 발표나 토론을 진행한다.
  调查中国的政策或社会新闻，与我国做比较，进行发表或讨论。

- 한·중 양국 문화를 비교하여 발표나 토론을 진행한다.
  比较韩·中两国文化，进行发表或讨论。

- 중국의 경제, 사회, 문화 등의 분야를 나누고 모둠별로 중국 신문을 만들어 발표한다.
  分经济、社会、文化等方面，分小组制作，中国报来发表。

(라) 평가 방법 및 유의 사항 (评价方法及注意事项)
- 중국 문화에 대한 짧은 글을 읽고, 요약하거나 정리하여 중국어로 발표할 수 있는지를 평가한다.
  评价，读与中国文化有关的短文，概括或整理其内容能否以中国语发表。

- 학습한 문화 주제의 한·중 문화 비교를 통해, 한국어로 자신의 입장이나 의견을 논리적으로 기술할 수 있는지를 평가한다.
  通过已学过的文化主题的韩·中文化比较，评价能否以韩国语逻辑地记述自己的立场或意见。

- 인터넷을 활용해 학습한 문화 주제 관련 정보를 검색하여 발표할 수 있는지를 평가한다.
  评价，能否利用网络搜索已学过的有关文化主题的信息来发表。

- 모둠별 협동 학습을 통하여 창의적인 중국 문화 소개 자료를 만들 수 있는지를 평가한다.
  评价，通过分组协同学习，能否制作有创意的介绍中国文化的资料。

4. 교수·학습 및 평가의 방향 (教授·学习及评价的方向)

가. 교수·학습 방향 (教授·学习方向)

(1) 교육과정의 성격과 목표에 맞도록 교수·학습 계획을 수립한다.
要能符合教育课程的性质与目标，制定教授·学习计划。

- 협력을 통해 공통 과제를 해결하는 경험을 하도록 하고, 이를 통해 타인에 대한 배려와 공동체 의식 함양 등 인성 교육을 강화할 수 있는 방법도 고려한다.
要通过协助活动来尝试解决共同课题的经验，经这些来考虑对他人的照顾和共同体意识的涵养等强化人性教育的方法。

- 의사소통 능력 신장을 통해 상호 이해의 폭을 넓히고 더불어 개인의 창의성 계발이 함께 이루어지도록 한다.
通过提高交际能力，扩大相互了解的幅度，与其同时实现人创新意识的启发。

- 교수·학습의 궁극적 목표가 의사소통 기능의 습득이 되도록 교수·학습 계획을 수립한다.
教授·学习的最终目标交际技能能得以实现，制定教授·学习计划。

- 중국 문화에 대한 이해를 통하여 다양한 가치를 존중하는 세계 시민으로서의 자세를 가질 수 있게 한다.
通过对中国文化的理解，要具有尊重多样价值的地球村村民的姿势。

(2) 학습 내용을 분석하여 교수·학습 계획을 수립한다.
分析学习内容，制定教授·学习计划。

- 듣기, 말하기, 읽기, 쓰기의 4가지 기능을 유기적으로 연계하여 지도하는 통합적 교수·학습 방식을 지향한다.
提倡有机地联系听、说、读、写四项技能 进行教学的综合教授·学习方式。

- 학습한 내용을 실제 상황에 활용할 수 있도록 학습 활동을 주제 및 상황별로 전개한다.
能把已学过的内容能运用到实际情景中来，按主题及情景展开教学活动。

- 의사소통 중심의 연습과 반복을 통해 학습한 내용을 다양한 일상적 상황에 맞게 적극적으로 활용할 수 있도록 한다.
通过交际中心的练习和反复，能把已学过的内容符合多样的日常情景积极运用。

- 문화적 내용을 소재로 하여 언어 기능을 연습하는 등 언어 기능과 문화의 통합적 교수·학습을 지향한다.
  以文化内容为题材练习语言技能等，提倡语言技能与文化的综合教授·学习活动。

- 학생의 성취수준과 학습 동기를 고려한 학습자 중심의 교수·학습 계획을 수립한다.
  制定考虑学生的成就水准与学习动机的以学习者为中心的教授·学习计划。

- 한국어 사용을 줄이고 중국어를 최대한으로 활용한 주제 및 상황별 학습을 진행하여 실제 의사소통 능력을 배양한다.
  减少韩国语的使用，进行尽量运用中国语的不同主题及情景的教学活动，培养实际交际能力。

(3) 학습 동기 유발 방법, 활동 유형(개인, 짝, 모둠, 전체), 학생 중심 수업 활동, 수업 내용 확인 활동 등이 포함되도록 교수·학습 계획을 수립한다.
  制定能包括引发学习动机的方法、活动类型（个人、同桌、小组、全体）、学生为中心的课堂活动、确认课堂内容的活动等教授·学习计划。

- 학생들의 외국어 사용 능력, 학습 유형 및 전략 등을 고려하여 학생 중심의 수업 활동이 이루어지도록 다양한 교수·학습 방법을 선정한다.
  考虑学生的外语使用能力、学习类型及策略等，使其能成为学生为中心的课堂活动，选定多样的教授·学习方法。

- 학생들의 동기를 유발하고 흥미와 자신감을 기를 수 있도록 역할극, 게임, 노래 등을 활용한다.
  要引发学生的动机，养成兴趣和自信感，运用角色剧、游戏、唱歌等活动。

- 짝 활동, 모둠 활동 등의 상호작용을 적극 활용하여 학생들의 자발적 참여를 유도한다.
  积极利用同桌活动、小组活动等相互作用，引导学生的自发参与。

- 정보 통신 기술 및 기타 다양한 교수·학습 자료들을 학생들 스스로 활용하여 중국 문화를 이해하도록 수업을 전개한다.
  为学生自己利用信息通信技术及其他多样的教授·学习资料，理解中国文化 而展开教学活动。

- 학생 중심의 과제 및 체험 학습을 통해 자기 주도적 학습이 이루어지도록 한다.
  通过以学生为中心的课题及体验学习，要实现自我主导性学习。

- 자발적인 학습 상황을 전개하여 자유로운 분위기에서 발표할 수 있도록 한다.
  开展自发性地学习情景，使学生在宽松、自由的气氛中发表意见。

- 학습 효과를 높일 수 있도록 그림이나 사진, 녹음 자료, 동영상 등의 각종 시청각 자료 및 컴퓨터나 인터넷을 이용한 자료를 적극 활용한다.
  积极利用图片、照片、录音、影像等各种视听资料以及电脑、网络等资料来提高学习效率。

- 학교 여건, 수준, 특성 등을 감안하여 교수·학습 방법을 선택적으로 활용할 수 있다.
  考虑学校自身的条件、水平和特性等来选择运用教授·学习方法。

나. 평가 방향 (评价方向)

(1) 교육과정의 성격과 목표에 맞도록 평가 계획을 수립한다.
   根据教育课程的特征和目标制定恰当的评价计划(标准)

- 교수·학습 방법의 기본 방향인 인성 교육, 의사소통 능력 신장, 세계 시민 의식 배양에 기반을 두고 평가 방향을 정한다.
  教授·学习的基本方向——人性教育、提高交际能力、培养地球村村民意识的培养为立足点，制定评价方向。

- 평가의 객관성을 유지하기 위해 명확한 평가 기준을 사전에 설정한다.
  为保持评价的客观性，事先设定明确的评价标准。

- 평가 결과는 개별 지도에 활용하는 한편, 향후 교수·학습 계획에 반영한다.
  评价结果运用于个别指导，还要反映到今后的教授·学习计划中。

- 포트폴리오를 활용하여 학습 과정에 대한 기록을 남기고 자기 평가 자료로 활용한다.
  利用学习档案，记录学习过程，并将其用为学生本人的自我评价资料。

(2) 학습 내용을 분석하여 평가 계획을 수립한다.
   分析学习内容，制定评价计划。

- 기본 어휘와 의사소통 기본 표현을 중심으로 일상생활과 관련된 기초적인 중국어를 이해하고 표현하는 언어 활용 능력을 평가한다.
  评价，以基本词汇和交际基本表达话语为中心，理解表达与日常生活有关的基础中国语的语言运用能力。

- 성취기준 도달 여부를 확인하기 위한 형성 평가를 수시로 실시하여 교수·학습의 일환으로서의 평가가 되도록 한다.
  随时进行为确认是否达到成就基准的形成评价，将其成为教授·学习一环的评价。

- 평가 문항은 성취기준에 근거하여 개발함으로써 평가를 통해 학생들의 성취기준 도달 여부를 알 수 있도록 한다.
  评价项目以成就基准为根据进行开发，要通过评价能了解学生的成就基准到达与否。

- 지엽적이고 예외적인 사항보다는 기본적이고 중요한 사항을 중심으로 평가한다.
  与其枝节、例外的事项，要基本的、重要的事项为中心进行评价。

- 단순한 암기 능력이 아닌 지식 활용 능력을 평가할 수 있도록 실생활과 관련된 내용과 상황을 문항의 소재로 활용한다.
  不是单纯死记硬背的能力，而是能评价知识的运用能力，把与实际生活有关的内容和情景运用为问项的素材。

- 학습 활동의 성격에 따라 유창성과 정확성의 비중을 탄력적으로 조절한다.
  随着学习活动的性质，灵活地调节流畅性和准确性的比重。

- 학습한 내용을 중심으로 듣기, 말하기, 읽기, 쓰기 능력을 고르게 평가한다.
  以学过的内容为中心，全面评价听、说、读、写四个方面的能力。

- 개별 언어 기능에 대한 평가와 더불어 통합 언어 기능에 대한 평가도 적절히 시행한다.
  与对个别语言技能的评价，也适当实行综合语言技能的评价。

- 문화에 대한 평가는 기초적인 지식뿐만 아니라 의사소통과 관련된 문화 내용을 잘 이해하고 있는지 여부를 중점적으로 평가한다.
  文化方面比起基础知识，重点评价是否充分理解与交际有关的日常文化。

(3) 학습 동기 유발 방법, 활동 유형(개인, 짝, 모둠, 전체), 학생 중심 수업 활동, 수업 내용 확인 활동 등이 포함되도록 평가 계획을 수립한다.
  制定能包括引发学习动机的方法、活动类型（个人、同桌、小组、全体）、学生为中心的课堂活动、确认课堂内容的活动等教授·学习计划。

- 교수·학습이 진행되는 도중에 형성 평가를 실시함으로써 학생이 배운 성취기준을 제대로 익혔는지 점검하고, 학습상의 문제점을 파악하여 도움을 주고, 학생의 추후 학습에 대한 방향을 제시한다.
  进行教授·学习中实施形成评价，检查学生是否熟知学过的成就基准，把握学习中存在的问题、给予帮助，并提示学生今后的学习方向。

- 적극적인 수업 참여를 유도하기 위해 학습자의 의사소통 활동 참여도를 평가에 반영한다.
  为引导积极参与课堂活动，要在平价中反映学生的交际活动参与情况。

- 성취기준의 특성을 고려하여 지필 평가와 수행평가 중 보다 적절한 평가 방법을 선정한다.
  考虑成就基准的特性，应在笔试与遂行评价中选择更适当的评价方法。

- 통합 언어 기능에 대한 평가는 교수·학습 과정에서 통합적 과제를 수행하도록 하면서 관찰 평가, 자기 평가, 학생 상호 평가 등 다양한 방법으로 실시한다.
  对于综合语言技能的评价，在教受·学习过程中使学习者遂行综合性课题，以观察评价、自我评价、学生相互评价等多种考察方式来实行。

- 정보를 수집하고 종합하는 능력이나 협업하여 의사소통하거나 문제를 해결하는 능력도 평가할 수 있도록 한다.
  把收集并综合信息的能力，或协作交际、解决问题的能力也要进行评价。

- 문화 관련 정보 통신 및 기타 교수·학습 자료 탐색과 활용 능력은 수행평가를 통해 가급적 직접 평가 방법을 활용한다.
  与文化相关的信息通讯及其他教授·学习资料的搜索和使用能力，通过遂行评价，尽可能利用直接评价的方法。

- 수행평가는 가급적 수업 활동과 연계하여 실시하고, 수업 중에 수행평가가 어떻게 시행될 것인지 구체적으로 계획하여 학생들한테 공지하고, 채점 기준을 구체적으로 마련하여 공정한 평가를 한다.
  遂行评价尽量联系课堂活动来实施，具体计划告知学生，课堂中怎样施行遂行评价，具体设计评分标准，进行公证的评价。

- 학교 여건, 수준, 특성 등을 감안하여 평가 방법을 선택적으로 활용할 수 있다.
  考虑学校自身的条件、水平、特性等，可以选择性地使用评价方法。

[별표 I]

[의사소통 기본 표현](交际基本表达话语)

○ 다음은 고등학교 교육과정에서 이수하기를 권장하는 의사소통 기본 표현이다. 여기에 제시되지 않는 상황이나 주제도 설정할 수 있다.
下列是高级中学教育课程劝勉要履修的交际基本表达话语。也可设定这里没提示的情景或主题。

○ 다음에 제시된 의사소통 기본 표현은 문장의 구조, 문장의 종류, 기타 문법에 관한 사항을 참고할 수 있도록 하였다.
下列交际基本表达话语是为参考句子的结构 句类和其他有关语法事项而提示的。

1. 사교의 표현 (社交表达话语)

가. 만남 (见面)	你好！ 好久不见！ 最近怎么样？ 早上好！ 我来介绍一下，这位是张老师。 认识你很高兴。 欢迎！欢迎！
나. 인적 사항 (人籍事项)	你叫什么名字？/ 我叫○○○。 您贵姓？/ 我姓○。 你多大了？/ 我今年十七岁。 他今年多大年纪了？ 你弟弟几岁了？ 你是哪国人？/ 我是韩国人。 我是○○高中二年级的学生。
다. 연락처 (联系处)	你的手机号码是多少？ 你的邮件地址是什么？ 我怎么跟你联系？
라. 약속 (约定)	咱们什么时候见面？ 下午两点在学校门口见，不见不散。
마. 축하, 기원 (祝贺/祈愿)	祝你生日快乐！ 祝贺你！

	新年快乐！ 恭喜恭喜！
바. 헤어짐 （分手）	再见！ 明天见！ 时间不早了，该回家了。 我走了。／慢走。

2. 감정 및 의사 표현 (感情及意思的表达话语)

가. 감사 （感谢）	谢谢！／不谢！ 太感谢你了！／不客气！ 非常感谢您帮助我。
나. 사과 （道歉）	对不起。／没关系。 真抱歉，我来晚了。
다. 기쁨, 즐거움 （高兴、快乐）	太高兴了！ 今天玩儿得很开心。
라. 만족, 불만 （满足、不满）	我觉得不错。 挺好的。 还行。 好是好，不过有点儿贵。
마. 동의, 반대 （同意、反对）	我也这么想。 可不是嘛！ 我听你的！ 我不同意你的意见。
바. 칭찬, 감탄 （表扬、感叹）	你汉语说得不错！／哪儿啊。 真棒！ 好极了！
사. 걱정, 위로 （担心、安慰）	我怕做不好。 加油！ 别担心。
아. 책망 （责怪）	你怎么现在才来？ 你为什么不接电话？ 你不该这么做。

자. 놀람, 의외 （惊吓、意外）		真的吗？ 怎么回事？ 真没想到！ 真是太突然了！

3. 사실 및 정보 전달 (事实及信息传达)

가. 묘사 （描写）		他人很好。 教室里干干净净的。 那里的风景美极了。
나. 설명 （说明）		我们班有三十个学生。 我是从韩国来的。 我昨天在网上买了一些书。
다. 경험 （经验）		你去过中国吗？ 这部电影我看过两遍。 我以前没吃过北京烤鸭。
라. 비교 （比较）		这个跟那个一样大。 哪个更好？ 哥哥比我大三岁。 今天没有昨天暖和。
마. 선택 （选择）		在这儿吃还是带走？ 喝咖啡或者喝绿茶都可以。 不是你去，就是我去。
바. 추측 （推测）		他会来的。 说不定他已经到了。 今天他没来，可能病了。 看样子，要下雪。
사. 조건 （条件）		要是有空，就去看一下吧。 明天不下雨，我就去。 有问题的话，就来找我。

4. 요구 및 승낙 표현 (要求及承诺表达话语)

가. 명령, 금지		站起来！

（命令、禁止）	你得好好儿听课。 不要迟到。 上课别说话。 请勿拍照。
나. 부탁 （拜托）	请把门关好。 麻烦你帮我照张相。 借我用用，行不行？ 你能教教我吗？
다. 건의, 제안 （建议、提案）	多喝点儿水。 最好明天去。 你来我家玩儿吧。 我们一起去，怎么样？
라. 승낙, 거절 （承诺、拒绝）	好吧。 没问题。 不行。 不好意思，我有事，去不了。

5. 생활 관련 표현 （与生活有关的表达话语）

가. 시간 （时间）	现在几点了？/ 八点二十分。 我每天早上六点起床。 我来北京已经一年多了。 你汉语学了多长时间了？
나. 날짜, 요일 （日期、星期）	今天星期几？ 你的生日是几月几号？ 你是哪年出生的？
다. 날씨 （天气）	今天天气怎么样？/ 晴转多云。 外面下着雨。 今天最高气温是多少度？ 春天风沙很大。
라. 구매 （购物）	这个多少钱一斤？ 苹果怎么卖？ 有没有大一点儿的？ 便宜点儿吧。 可以试试吗？ 我要两个。 一共一百八。

	找您五块钱。
마. 식사 （吃饭）	你想吃点儿什么？你来点吧。 我爱吃辣的。 来一碗牛肉面。 请慢用。 我已经吃饱了，不吃了。 尝尝这个菜，味道怎么样？
바. 건강 （健康）	你哪儿不舒服？ 有点儿头疼。 不用打针，吃点儿药就行。 这药怎么吃？一天三次，一次两片。 早睡早起身体好。
사. 통신 （通信）	喂！是王老师吗？/ 我就是。您是哪一位？ 请稍等。 你打错了。 我给你发短信。 你上网查查。 我发的邮件收到了吗？
아. 취미 （爱好）	你有什么爱好？ 我不会打太极拳，我想学。 我是一个棒球迷。
자. 장소, 교통 （场所、交通）	请问，地铁站怎么走？ 洗手间在哪儿？ 一直走，到十字路口往右拐。 走十分钟就到了。 我是坐火车来的。 来不及了，打车去吧。 路上堵车了。 电影院离这儿不太远，我们走着去吧。
차. 학교생활 （学校生活）	下星期就要考试了。 她去图书馆借书。 谁教你们汉语？ 我忘了带作业。 这个字怎么念？ 老师，请再说一遍！

[별표 Ⅱ]

[기본 어휘표] (基本词汇表)

○ 이 표에 제시된 기본 어휘의 사용을 권장한다.
　劝勉使用下列表所提示的基本词汇。

○ 낱말은 발음, 의미, 기능의 차이가 있더라도 형태를 기준으로 한 번만 제시한다.
　单词, 虽有发音、意义、语法等的差异, 以形态为准 只提示一次。

○ 아래의 경우는 기본 어휘로 간주한다.
　下列情况认为基本词汇。

　　- 수사(기수, 서수, 자릿수). 예) '一', '两', '零', '一百', '第一', '千', '万', '亿' 등.
　　　数词(基数、序数、位数)。例如：'一'、'两'、'零'、'一百'、'第一'、'千'、'万'、'亿' 等。

　　- 요일, 계절, 명절, 기념일 등을 나타내는 낱말. 예) '星期天', '礼拜一', '春天', '中秋节', '国庆节' 등
　　　星期、季节、节日、纪念日等的单词。例如：'星期天'、'礼拜一'、'春天'、'中秋节'、'国庆节' 等。

　　- 고유명사(인명, 지명, 국가명, 언어명 등).
　　　专有名词 (人名、地名、国家名、语言名等)。

　　- 단음절 방위사 및 이것과 '边', '面', '头'가 결합된 방위사. 예) '东', '前', '左', '里', '东边', '上面', '里头' 등
　　　单音节方位词及与其和 "边、面、头" 结合的方位词。例如：'东'、'前'、'左'、'里'、'东边'、'上面'、'里头' 等。

　　- 복합방향보어. 예) '～上来', '～上去', '～起来', '～过去' 등
　　　复合方向补语。例如：'～上来'、'～上去'、'～起来'、'～过去' 等

　　- '们'이 결합된 낱말. 예) '我们', '他们', '咱们' 등
　　　与们结合的单词。例如：'我们'、'他们'、'咱们' 等

○ 기본 어휘가 결합하여 만들어진 낱말이 원래 낱말의 의미를 그대로 유지하는 경우는 기본 어휘로 간주한다. 예) '头疼', '开门', '早饭', '绿茶', '冷水', '不行', '不够' 등
　基本词汇相结合而出的单词, 如保持着原单词意义时当作基本词汇。例如：'头疼'、'开门'、'早饭'、'绿茶'、'冷水'、'不行'、'不够' 等

○ 기본어휘에 포함된 '이합사(离合词)'가 형태소를 분리하여 사용될 경우 각각 기본어휘로 간주한다.
  包含在基本词汇里的'离合词'拆开语素来使用时，个个认为基本词汇。

○ 기본어휘에 포함된 중첩어는 각 형태소도 기본어휘로 간주한다. 예) '謝謝', '媽媽' 등
  包含在基本词汇里的重叠语，把其个个语素也认为基本词汇。例如：'謝謝', '媽媽' 等

○ 기본어휘에 접미사 '儿'이 부가되거나 생략되더라도 기본어휘로 간주한다. 예) '花儿', '鸟儿', '一点儿' 등
  基本词汇里虽附加或省略-儿，也认为基本词汇。例如：'花儿'、'鸟儿'、'一点儿' 等

* 기본 어휘표에 제시된 발음 표기는 『现代汉语词典』(第6版)에 따라 제시함.
  基本词汇表里所提示的发音标记，根据『现代汉语词典』(第6版)提示。

  단, 발음 중 방언, 성씨 등 일상생활에서 거의 사용하지 않는 것은 제외함.
  但，发音中除外日常生活几乎不使用的方言、姓氏等。

啊	ā, á, ǎ, ·a
矮	ǎi
爱	ài
爱好	àihào
安静	ānjìng
安排	ānpái
吧	ba
把	bǎ
爸爸	bà·ba
白	bái
班	bān
搬	bān
半	bàn
办	bàn
办法	bànfǎ
办公室	bàngōngshì
帮忙	bāng//máng
帮助	bāngzhù
棒	bàng
棒球	bàngqiú
包	bāo
包子	bāo·zi
饱	bǎo
抱	bào
报	bào
报名	bào//míng
抱歉	bàoqiàn
杯	bēi
杯子	bēi·zi
倍	bèi
被	bèi
本	běn
本来	běnlái
鼻子	bí·zi
比	bǐ
比较	bǐjiào
比如	bǐrú
比赛	bǐsài
必须	bìxū
毕业	bì//yè
边	biān, ·bian

遍	biàn
变化	biànhuà
表示	biǎoshì
表演	biǎoyǎn
别	bié
别人	biérén
病	bìng
不	bù
不但	bùdàn
部分	bù·fen
不过	bùguò
不好意思	bù hǎoyì·si
擦	cā
猜	cāi
才	cái
菜	cài
菜单	càidān
参观	cānguān
参加	cānjiā
餐厅	cāntīng
操场	cāochǎng
草	cǎo
层	céng
差	chā, chà, chāi
茶	chá
查	chá
差不多	chà·buduō
长	cháng, zhǎng
常	cháng
常常	chángcháng
尝	cháng
场	chǎng
唱	chàng
超市	chāoshì
炒	chǎo
车	chē
车站	chēzhàn
成绩	chéngjì
城市	chéngshì
吃	chī
迟到	chídào

出	chū		的话	·dehuà
出发	chūfā		灯	dēng
出生	chūshēng		等	děng
出现	chūxiàn		低	dī
初中	chūzhōng		弟弟	dì·di
出租(汽)车	chūzū (qì)chē		地方	dì·fāng
厨房	chúfáng		地铁	dìtiě
除了	chú·le		地图	dìtú
穿	chuān		地址	dìzhǐ
船	chuán		点	diǎn
传统	chuántǒng		点心	diǎn·xin
窗户	chuāng·hu		店	diàn
床	chuáng		电话	diànhuà
词	cí		电脑	diànnǎo
词典	cídiǎn		电视	diànshì
次	cì		电梯	diàntī
聪明	cōng·míng		电影	diànyǐng
从	cóng		电影院	diànyǐngyuàn
错	cuò		电子邮件	diànzǐ yóujiàn
打	dǎ		掉	diào
打开	dǎ//kāi		顶	dǐng
打算	dǎ·suàn		丢	diū
打招呼	dǎ zhāo·hu		东西	dōng·xi
打针	dǎ//zhēn		懂	dǒng
大	dà		动物	dòngwù
大概	dàgài		都	dōu, dū
大家	dàjiā		读	dú
大学	dàxué		堵车	dǔ//chē
大衣	dàyī		肚子	dù·zi
戴	dài		度	dù
带	dài		短	duǎn
大夫	dài·fu		短信	duǎnxìn
担心	dān//xīn		段	duàn
但是	dànshì		锻炼	duànliàn
当然	dāngrán		对	duì
当	dāng, dàng		队	duì
倒	dǎo, dào		对不起	duì·buqǐ
到	dào		多	duō
得	dé, ·de, děi		多么	duō·me
的	·de		多少	duō·shǎo
地	·de, dì		饿	è

而且	érqiě		刚才	gāngcái
儿子	ér·zi		高	gāo
耳朵	ěr·duo		高考	gāokǎo
发烧	fā//shāo		高兴	gāoxìng
发现	fāxiàn		高中	gāozhōng
发音	fāyīn		告诉	gào·su
发展	fāzhǎn		歌	gē
发	fā		哥哥	gē·ge
翻译	fānyì		个	gè
反对	fǎnduì		各	gè
饭	fàn		个子	gè·zi
饭店	fàndiàn		给	gěi
方便	fāngbiàn		跟	gēn
方法	fāngfǎ		更	gèng
方面	fāngmiàn		工夫	gōng·fu
方向	fāngxiàng		公交车	gōngjiāochē
房间	fángjiān		公斤	gōngjīn
访问	fǎngwèn		公里	gōnglǐ
放	fàng		公司	gōngsī
放心	fàng//xīn		恭喜	gōngxǐ
非常	fēicháng		公园	gōngyuán
飞机	fēijī		工作	gōngzuò
分	fēn		狗	gǒu
封	fēng		够	gòu
风	fēng		故事	gù·shi
风景	fēngjǐng		刮	guā
风沙	fēngshā		挂	guà
服务员	fúwùyuán		拐	guǎi
附近	fùjìn		关	guān
父母	fùmǔ		关系	guān·xi
复习	fùxí		关心	guānxīn
负责	fùzé		关于	guānyú
该	gāi		广播	guǎngbō
干	gān, gàn		贵	guì
干净	gānjìng		国	guó
敢	gǎn		国家	guójiā
感到	gǎndào		过	guò, ·guo
赶快	gǎnkuài		还	hái, huán
感冒	gǎnmào		还是	hái·shi
感谢	gǎnxiè		孩子	hái·zi
刚	gāng		寒假	hánjià

好	hǎo, hào		寄	jì
好处	hǎochù		季节	jìjié
好久	hǎojiǔ		既然	jìrán
好看	hǎokàn		继续	jìxù
好听	hǎotīng		家	jiā
好像	hǎoxiàng		加油	jiā//yóu
号	hào		价格	jiàgé
好吃	hǎochī		检查	jiǎnchá
号码	hàomǎ		简单	jiǎndān
喝	hē		间	jiān, jiàn
和	hé		见	jiàn
河	hé		件	jiàn
合适	héshì		健康	jiànkāng
黑	hēi		见面	jiàn//miàn
黑板	hēibǎn		将来	jiānglái
很	hěn		讲	jiǎng
红	hóng		交	jiāo
后来	hòulái		教	jiāo, jiào
后天	hòutiān		脚	jiǎo
互相	hùxiāng		角	jiǎo
护照	hùzhào		饺子	jiǎo·zi
花	huā		叫	jiào
画	huà		教室	jiàoshì
话	huà		接	jiē
坏	huài		节	jié
欢迎	huānyíng		结果	jiéguǒ, jiē//guǒ
换	huàn		结婚	jié//hūn
黄	huáng		节目	jiémù
回	huí		节日	jiérì
回答	huídá		结束	jiéshù
会	huì		姐姐	jiě·jie
活动	huódòng		解决	jiějué
火车	huǒchē		借	jiè
或者	huòzhě		介绍	jièshào
机场	jīchǎng		斤	jīn
鸡	jī		今年	jīnnián
鸡蛋	jīdàn		今天	jīntiān
机会	jīhuì		紧张	jǐnzhāng
极	jí		进	jìn
急	jí		近	jìn
几	jǐ		进步	jìnbù

精彩	jīngcǎi
经常	jīngcháng
经过	jīngguò
经济	jīngjì
京剧	jīngjù
精神	jīngshén, jīng·shen
久	jiǔ
旧	jiù
就	jiù
举	jǔ
句	jù
句子	jù·zi
觉得	jué·de
决定	juédìng
咖啡	kāfēi
卡	kǎ
开	kāi
开始	kāishǐ
开玩笑	kāi wánxiào
开心	kāixīn
看	kàn
看见	kàn//jiàn
考	kǎo
考试	kǎo//shì
烤鸭	kǎoyā
咳嗽	ké·sou
渴	kě
可	kě
可爱	kě'ài
可能	kěnéng
可是	kěshì
可惜	kěxī
可以	kěyǐ
刻	kè
课	kè
客气	kè·qi
客人	kè·rén
空	kōng, kòng
空气	kōngqì
口	kǒu
哭	kū

苦	kǔ
裤子	kù·zi
块	kuài
快	kuài
快乐	kuàilè
筷子	kuài·zi
矿泉水	kuàngquánshuǐ
困难	kùn·nan
拉	lā
辣	là
来	lái
来不及	lái·bují
蓝	lán
篮球	lánqiú
老	lǎo
老虎	lǎohǔ
老师	lǎoshī
了	·le, liǎo
累	lèi
冷	lěng
离	lí
梨	lí
离开	lí//kāi
礼貌	lǐmào
礼物	lǐwù
厉害	lì·hai
历史	lìshǐ
连	lián
联系	liánxì
脸	liǎn
练	liàn
练习	liànxí
凉	liáng
凉快	liáng·kuai
辆	liàng
亮	liàng
聊天	liáo//tiān
了解	liǎojiě
留	liú
流利	liúlì
楼	lóu

路	lù	拿	ná
录音	lùyīn	哪	nǎ, ·na
乱	luàn	哪里，哪儿	nǎ·lǐ, nǎr
旅行	lǚxíng	那	nà
旅游	lǚyóu	那里，那儿	nà·lǐ, nàr
绿	lǜ	那么	nà·me
绿茶	lǜchá	那样	nàyàng
嘛	·ma	奶奶	nǎi·nai
吗	·ma	男	nán
妈妈	mā·ma	难过	nánguò
麻烦	má·fan	难	nán
马	mǎ	呢	·ne
马上	mǎshàng	内容	nèiróng
买	mǎi	能	néng
卖	mài	你	nǐ
馒头	mán·tou	年	nián
满	mǎn	年级	niánjí
满意	mǎnyì	年纪	niánjì
慢	màn	年轻	niánqīng
忙	máng	念	niàn
猫	māo	鸟	niǎo
毛	máo	您	nín
帽子	mào·zi	牛	niú
没(有)	méi(·yǒu)	牛奶	niúnǎi
每	měi	农村	nóngcūn
美	měi	弄	nòng
美丽	měilì	努力	nǔlì
妹妹	mèi·mei	暖和	nuǎn·huo
们	·men	女	nǚ
门	mén	女儿	nǚ'ér
门口	ménkǒu	爬	pá
迷	mí	怕	pà
米	mǐ	拍	pāi
米饭	mǐfàn	拍照	pāi//zhào
面	miàn	排球	páiqiú
面包	miànbāo	旁边	pángbiān
民族	mínzú	胖	pàng
明白	míng·bai	跑	pǎo
明年	míngnián	跑步	pǎo//bù
明天	míngtiān	泡菜	pàocài
名字	míng·zi	朋友	péng·you

75

批评	pīpíng		热情	rèqíng
便宜	pián·yi		人	rén
票	piào		人口	rénkǒu
漂亮	piào·liang		人民币	rénmínbì
苹果	píngguǒ		认识	rèn·shi
乒乓球	pīngpāngqiú		认为	rènwéi
瓶	píng		认真	rènzhēn
平安	píng'ān		日	rì
破	pò		容易	róngyì
普通话	pǔtōnghuà		肉	ròu
骑	qí		如果	rúguǒ
奇怪	qíguài		伞	sǎn
旗袍	qípáo		散	sàn, sǎn
其实	qíshí		散步	sàn//bù
其他	qítā		色	sè
起	qǐ		晒	shài
起床	qǐ//chuáng		山	shān
汽车	qìchē		商店	shāngdiàn
气温	qìwēn		上	shàng
铅笔	qiānbǐ		上课	shàng//kè
钱	qián		上网	shàng//wǎng
前天	qiántiān		上午	shàngwǔ
墙	qiáng		上学	shàng//xué
轻	qīng		烧	shāo
清楚	qīng·chu		稍	shāo
晴	qíng		少	shǎo
情况	qíngkuàng		社会	shèhuì
请	qǐng		深	shēn
请假	qǐng//jià		身体	shēntǐ
请客	qǐng//kè		什么	shén·me
请问	qǐngwèn		声	shēng
球	qiú		生词	shēngcí
取	qǔ		生活	shēnghuó
去	qù		生气	shēngqì, shēng//qì
去年	qùnián		生日	shēngrì
全部	quánbù		声音	shēngyīn
劝	quàn		省	shěng
裙子	qún·zi		时候	shí·hou
然后	ránhòu		时间	shíjiān
让	ràng		十字路口	shízì lùkǒu
热	rè		使用	shǐyòng

事	shì		所以	suǒyǐ
是	shì		所有	suǒyǒu
试	shì		他	tā
市场	shìchǎng		她	tā
世界	shìjiè		它	tā
事情	shì·qing		台	tái
收	shōu		太	tài
收拾	shōu·shi		太极拳	tàijíquán
手	shǒu		太阳	tài·yáng
手表	shǒubiǎo		谈	tán
首都	shǒudū		汤	tāng
手机	shǒujī		糖	táng
瘦	shòu		躺	tǎng
输	shū		讨论	tǎolùn
书	shū		讨厌	tǎo//yàn
书包	shūbāo		套	tào
书法	shūfǎ		特别	tèbié
舒服	shū·fu		特点	tèdiǎn
叔叔	shū·shu		疼	téng
属	shǔ		踢	tī
暑假	shǔjià		提高	tí//gāo
数	shǔ, shù		体育	tǐyù
树	shù		替	tì
数学	shùxué		天	tiān
帅	shuài		添	tiān
双	shuāng		天气	tiānqì
谁	shéi		甜	tián
水	shuǐ		条	tiáo
水果	shuǐguǒ		条件	tiáojiàn
水平	shuǐpíng		跳舞	tiào//wǔ
睡觉	shuì//jiào		听	tīng
说	shuō		听说	tīngshuō
说话	shuōhuà		停	tíng
说明	shuōmíng		挺	tǐng
死	sǐ		通过	tōngguò
送	sòng		同学	tóngxué
宿舍	sùshè		同意	tóngyì
酸	suān		头	tóu, ·tou
算	suàn		头发	tóu·fa
虽然	suīrán		头疼	tóuténg
岁	suì		突然	tūrán

77

图书馆	túshūguǎn		咸	xián
脱	tuō		洗	xǐ
袜子	wà·zi		现代	xiàndài
外国	wàiguó		现在	xiànzài
外语	wàiyǔ		香	xiāng
完	wán		香蕉	xiāngjiāo
玩	wán		相信	xiāngxìn
完成	wán//chéng		想	xiǎng
完全	wánquán		响	xiǎng
碗	wǎn		像	xiàng
晚	wǎn		向	xiàng
晚会	wǎnhuì		消息	xiāo·xi
晚上	wǎn·shang		小	xiǎo
往	wǎng		小姐	xiǎojiě
网	wǎng		小时	xiǎoshí
网站	wǎngzhàn		小心	xiǎoxīn
忘	wàng		小学	xiǎoxué
忘记	wàngjì		笑	xiào
喂	wèi		些	xiē
位	wèi		鞋	xié
为	wéi, wèi		写	xiě
味道	wèi·dào		谢谢	xiè·xie
为了	wèi·le		新	xīn
为什么	wèi shén·me		新年	xīnnián
文化	wénhuà		新闻	xīnwén
问	wèn		信	xìn
问好	wèn//hǎo		星期	xīngqī
问题	wèntí		星星	xīng·xing
我	wǒ		行	xíng, háng
午饭	wǔfàn		行李	xíng·li
勿	wù		姓	xìng
希望	xīwàng		幸福	xìngfú
习惯	xíguàn		性格	xìnggé
喜欢	xǐ·huan		兴趣	xìngqù
洗手间	xǐshǒujiān		熊猫	xióngmāo
洗澡	xǐ//zǎo		休息	xiū·xi
下	xià		需要	xūyào
下课	xià//kè		许多	xǔduō
下午	xiàwǔ		学	xué
先	xiān		学生	xué·shēng
先生	xiān·sheng		学习	xuéxí

78

学校	xuéxiào		阴	yīn
雪	xuě		因为	yīn·wèi
呀	yā, ·ya		音乐	yīnyuè
颜色	yánsè		银行	yínháng
严重	yánzhòng		应该	yīnggāi
演出	yǎnchū		赢	yíng
眼睛	yǎn·jing		影响	yǐngxiǎng
眼镜	yǎnjìng		永远	yǒngyuǎn
样子	yàng·zi		用	yòng
要求	yāoqiú		用功	yònggōng
药	yào		邮件	yóujiàn
要	yào		邮局	yóujú
要紧	yàojǐn		游戏	yóuxì
要是	yào·shi		游泳	yóu//yǒng
爷爷	yé·ye		有	yǒu
也	yě		有点儿	yǒudiǎnr
也许	yěxǔ		有名	yǒu//míng
页	yè		有意思	yǒu yì·si
一般	yībān		又	yòu
一边	yībiān		鱼	yú
一点儿	yīdiǎnr		愉快	yúkuài
一定	yīdìng		雨	yǔ
衣服	yī·fu		元	yuán
一共	yīgòng		原来	yuánlái
一会儿	yīhuìr		原谅	yuánliàng
一起	yīqǐ		远	yuǎn
一切	yīqiè		愿意	yuàn·yì
医生	yīshēng		约	yuē
一下	yīxià		月	yuè
一样	yīyàng		月亮	yuè·liang
医院	yīyuàn		云	yún
一直	yīzhí		运动	yùndòng
以后	yǐhòu		杂志	zázhì
已经	yǐjīng		再	zài
以前	yǐqián		在	zài
以外	yǐwài		再见	zàijiàn
以为	yǐwéi		脏	zāng, zàng
椅子	yǐ·zi		早	zǎo
意见	yì·jiàn		早上	zǎo·shang
艺术	yìshù		怎么	zěn·me
意思	yì·si		怎么样	zěn·meyàng

增加	zēngjiā		重要	zhòngyào
炸酱面	zhájiàngmiàn		周末	zhōumò
站	zhàn		猪	zhū
张	zhāng		主要	zhǔyào
着急	zháo//jí		主意	zhǔ·yi
找	zhǎo		住	zhù
照顾	zhàogù		祝	zhù
照片	zhàopiàn		祝贺	zhùhè
照相机	zhàoxiàngjī		注意	zhù//yì
着	·zhe, zháo		转	zhuǎn, zhuàn
这	zhè		准备	zhǔnbèi
这里, 这儿	zhè·lǐ, zhèr		桌子	zhuō·zi
这么	zhè·me		字	zì
这样	zhèyàng		自己	zìjǐ
真	zhēn		自行车	zìxíngchē
正在	zhèngzài		总(是)	zǒng(shì)
之	zhī		走	zǒu
支	zhī		足球	zúqiú
知道	zhī·dào		组织	zǔzhī
只	zhī, zhǐ		嘴	zuǐ
纸	zhǐ		最	zuì
只好	zhǐhǎo		最后	zuìhòu
只是	zhǐshì		最近	zuìjìn
只要	zhǐyào		昨天	zuótiān
钟	zhōng		左右	zuǒyòu
中间	zhōngjiān		做	zuò
中午	zhōngwǔ		坐	zuò
中学	zhōngxué		座	zuò
终于	zhōngyú		作业	zuòyè
种	zhǒng, zhòng			
重	zhòng, chóng			

중국어 어학 기본 이론서

초판인쇄	2016년 12월 20일
초판발행	2017년 1월 1일
편저	정경미
펴낸이	엄태상
편집	중국어 편집부
디자인	박경미
마케팅	이상호, 오원택, 이승욱, 전한나, 박나연
온라인 마케팅	김마선, 심유미, 유근혜
펴낸곳	시사중국어사
주소	서울시 종로구 자하문로 300 시사빌딩
주문 및 교재문의	1588-1582
팩스	(02)3671-0500
홈페이지	http://www.sisabooks.com
이메일	sisachinabook@hanmail.net
등록일자	1988년 2월 13일
등록번호	제1 - 657호

ISBN 979-11-5720-077-1 13720

* 이 교재의 내용을 사전 허가없이 전재하거나 복제할 경우 법적인 제재를 받게 됨을 알려 드립니다.
* 잘못된 책은 구입하신 서점에서 교환해 드립니다.
* 정가는 표지에 표시되어 있습니다.